상담심리치료 수퍼비전

Susan Allstetter Neufeldt 저 | **강진령** 역

학지사

Supervision Strategies for the First Practicum (3rd ed.)
by Susan Allstetter Neufeldt

역자 서문

정신건강 분야의 전문가가 되려는 학생들과 상담교육자들에게 유용한 상담실습과 수련감독에 관한 지침서는 없을까? 역자가 국내외 온라인과 오프라인 공간을 서핑한 끝에 찾아낸 서적이 바로 Susan Allstetter Neufeldt의 『Supervision Strategies for the First Practicum』이다. 책의 저자가 private practice를 통한 임상경력과 대학원 상담전공 교수로서 상담 · 심리치료 수련감독 경력을 두루 갖춘 인물이라는 점이 마음에 든다.

이 책의 본문은 물론이고 초급과 고급으로 나누어 계열성 있게 제시된 수련감독 전략을 대할 때마다, 궤짝에 그득 담긴 금은보화가 연상된다. 이 책의 강점은 다음 세 가지로 정리할 수 있다. 즉, 첫째 경험적으로 검증된 다양하고 유용한 모형, 기술, 그리고 전략들을 다룬 점, 둘째 수련감독 실습생들에게 필수적인 기술과 전략들을 계열성 있고 체계적으로 제시한 점, 셋째 발달단계에 따라 수련감독 회기에서 이루어진 대화의 예들을 제시한 점이 그것이다.

이 책은 상담 · 심리치료 실습을 지도 · 감독할 수 있는 수련감독자를 위한 지침서다. 본문의 내용은 수련감독자들에게 수련감독이라는 망망대해

(茫茫大海)에서 목적지를 찾아갈 수 있게 좌표를 설정해 놓은 지도와 같다. 이러한 특성으로 정신건강 전문가가 되기 위해 실습에 임하는 학생들에게는 자기수련감독self-supervision을 위한 편람으로도 활용될 수 있다.

다른 한편으로, 이 책은 상담의 이론과 실제 강좌를 위한 교재로도 활용이 가능하다. 전문성을 두루 갖춘 수련감독자의 수가 크게 부족한 반면, 수련감독을 필요로 하는 실습생의 수는 급증하고 있는 현실을 고려할 때, 경험적 검증을 거친 모형과 기술 및 전략, 그리고 수련감독자와 실습생 사이에 이루어지는 대화의 예들은 상담기술과 전략의 향상을 원하는 독자들에게 실질적인 도움이 될 것이다.

이 책은 상담 · 심리치료 영역의 독자들에게 유용한 'clinical textbook'이다. 특히 전문가가 되기 위해 학업에 정진하는 학생들에게는 안내서로, 전문지식과 임상경험으로 정신건강 서비스를 담당하고 있는 전문가들에게는 매뉴얼로, 그리고 숙련된 임상경험을 바탕으로 후학들의 사례지도를 맡고 있는 수련감독자들에게는 'desk reference'로 활용될 것으로 확신한다.

끝으로, 이 책이 번역되어 세상에 나오기까지 직 · 간접적으로 성원해 준 지인들께 온 마음으로 감사의 뜻을 표하고 싶다. 저자에게는 이렇게 소중한 책을 집필해 주신 것에 대해 특별히 고마운 마음을 전하고 싶다. 동시에 우리나라에서도 전문지식과 임상경험을 고루 갖춘 상담 및 심리치료 전문가들의 지식과 경험이 오롯이 배어 있는 전문서적들이 출판되고, 또한 외국어로도 번역되어 전 세계에 보급될 수 있기를 바란다.

2017년 10월

역 자

제3판 서문

『상담심리치료 수퍼비전』 제3판에서는 수련감독자의 학습법에 관한 노이펠트의 개념화가 더욱 정교해진 것이 돋보인다. 이번 판은 이전 판들에 비해 수련감독을 가르치기 위한 교육이론에서의 중요한 동향에 훨씬 가깝게 접근하고 있다. 노이펠트는 실습 중 수련감독을 받는 실습생들의 타고난 이해력과 발달욕구를 존중하는 수련감독 접근을 정교하게 다듬기 위해 피아제(Piaget, 2003), 스콥홀트와 뢰니슈타트(Skovholt & Rønnestad, 1995), 스톨텐버그, 맥닐과 델워스(Stoltenberg, McNeill, & Delworth, 1998), 그리고 보더스와 퐁(Borders & Fong, 1989)의 인지발달에 대한 관점뿐 아니라 파울로 프레이어(Paulo Freire, 1993), 도널드 슈웬(Donald Schön, 1983), 그리고 파커 팔머(Parker Palmer, 1998a, 1998b)의 해방주의 교육철학적 입장을 취하고 있다.

이번 판에서 노이펠트는 수련감독자와 실습생들이 서로에게서 배울 수 있는 안전하고 평등한 수련감독 관계의 중요성에 대해 언급하고 있다. 이러한 상호관계는 교수학습에 대한 구성주의constructivist의 중요한 구성요소에 속한다. 프레이어(1993)의 관점에서 보면, 진정한 학습은 교사가 학습자를 단순히 수동적 수용기passive receptacle로 간주하여 학습자의 마음을 정보로만 채우려는 경우에는 일어나지 않는다. 진정한 학습은 교사와 학습자가 탐색 과정에 함께 참여할 때 일어난다. 노이펠트의 관점에서 보면, 수련감독자와 실습생은 관찰을 통해 분류하고, 관찰한 것에 대해 서로 다른 입장을 고려하며, 내담자와 그의 문제에 관한 개인적인 반응을 탐색 · 개념화하고, 검사와 평가를 위한 잠재적 전략을 일반화하는 공동 연구자다.

따라서 이전 판들과 마찬가지로 이번 판은 수련감독을 받는 실습생이 내담자의 문제와 욕구사정, 내담자의 핵심적인 관심사에 관한 가설설정, 그리고 창의적인 개입방법을 고안하기 위한 반성기술 강화의 중요성에 초점을 맞추고 있다. 이전 판에서처럼, 이번 판은 버나드(Bernard, 1979)가 명명한 수련감독자의 세 가지 주요 역할, 즉 교사, 상담자, 그리고 자문자에 관한 수련감독자 훈련을 기초로, 각자의 역할에 대한 유용한 수련감독 개입방법의 예를 강조하고 있다. 더욱이 이번 판에서는 훈련모형 내내 내담자의 관심에 관한 생태학적 관점에서 접근하고 있다. 내담자의 배경과 다양성에 관한 복합적인 조망은 다양성에 대해 언급하기 위한 모형들과 병행하여 제시되고 있다.

또한 제3판은 훈련장면의 설계 및 절차의 측면에서부터 수련감독 내에서의 대인관계 측면에 이르기까지 훈련 상황에서 부딪힐 수 있는 윤리 문제에 많은 지면을 할애하고 있다. 이번 판에서는 때로 모호할 수 있는 수련감독과 상담 사이의 경계선에 대해 언급하고 있다. 또한 사람들 사이의 차이점에 대해 실습생들과 어떻게 논의해야 하는가에 대한 명확한 예들을 제시하고 있다.

언제나 그렇듯이, 본문은 실습 중인 수련감독자들이 발달적 방식으로 다양한 수련감독 기술을 습득하도록 돕기 위한 전략들을 제시하고 있다.

이 책의 가장 큰 강점이라면, 발달단계별로 실습생들의 성장을 이끌어 내기 위해 수련감독의 상호작용을 나타내는 대화의 예들을 제시한 것이다. 지금까지 상담기술 습득에 관한 연구들을 통해 상담기술 증진에 행동모방이 긍정적인 효과가 있음이 입증되었다. 이 책에서 소개된 실용적인 상호작용 모형들 역시 실습생들에게 어떻게 개입할 것인가에 관한 지침을 필요로 하는 실습 수련감독자들에게 가치 있는 자산이 될 것임을 믿어 의심치 않는다.

위스콘신 대학교(University of Wisconsin)에서

M. 리 넬슨(M. Lee Nelson)

저자 서문

내가 다년간 전업 상담자practitioner로 있다가 캘리포니아 대학교 산타바바라 캠퍼스(University of California, Santa Barbara, UCSB) 대학원 상담 · 임상 · 학교심리학 전공교수로 임용되었을 때, 수련감독에 관한 교재는 단 한 권도 없었다. 그 이후로, 수련감독 이론과 실제에 관한 아주 뛰어난 책 몇 권이 나오기도 했지만, 매일매일 단계별로 수련감독을 어떻게 수행해야 하는지를 설명하는 책은 없었다.

두 명의 대학원생 수련감독자, 신디 전투넨(Cindy Juntunen)과 제닛 아이버슨(Janet Iversen)의 훌륭한 도움에 힘입어, 나는 1992년 초심 수련감독자가 초심 상담자와 치료자에 대한 수련감독 업무를 단계별로 도울 수 있는 편람 개발에 착수하였다. 우리는 수련감독 전략을 개발하고, 이를 말로 설명해서 기본 상담기술 과목과 상담실습 과목을 수강하는 실습생들에게 실제로 시범을 보인 바 있다.

지금까지 수많은 전문가들이 전국의 상담기관에서 이 편람을 사용해 왔다. 이들 중 몇몇은 내가 했던 것처럼, 수련감독과 상담의 기초에 관한 강좌의 교재로 이 책을 활용하였다. 또 다른 사람들은 실습 중인 전문가들에게 수련감독을 제공하기 위한 지침으로 활용하기도 하였다. 나는 이전 판들이 널리 사용되고 있다는 사실에 만족스럽기도 하지만, 이번 신판에 다시금 몇 가지 내용을 개정하였다.

즉, 이전 판들이 출판된 이래로 변화되어 온 방식으로서 다문화주의 multiculturalism를 다루었고, 심리학의 새로운 영역에 초점을 맞춘 교수 내용을 제공하였으며, 강의 시간에 활용할 수 있는 활동들도 수록하였다. 수련감독 전략들도 일부 수정되었고, 내용에 따라서는 완전히 다르게 수정되기도 하였다. 전반적으로, 나는 이번 판이 수련감독자가 실습생들과 효율적으로 작업할 수 있도록 아주 잘 도울 수 있는 방식에 부합된다는 느낌이 든다.

이 책은 세 부분으로 나뉘어 있다. 제1부에는 제1장의 서론이 있는데, 여기서는 수련감독과 상담에서 수련감독자와 상담자 발달과 다문화주의에 대한 나의 책무에 대해 논하고 있다. 나는 학생들이 단지 필요한 지식만을 채우려고 기다리기만 하는 일종의 수용기receptacles 역할을 하기 위해 대학원 훈련과정에 온다고 생각하지 않는다. 나는 학생들이 담당교수와 협력하여 다양한 배경을 지닌 치료자와 내담자가 함께 작업하는 법을 터득하기 바란다.

제2장에서는 수련감독자가 실습 중인 상담자들과 작업하고 그들의 윤리적 실습에 영향을 미치게 될 수 있는 상황에 필요한 수련감독자 윤리지침을 다루고 있다. 연구에 따르면, 미래의 전문 수련감독자와 치료자는 대학에서든 상담소이든 훈련 상황에서 윤리적으로 상담하는 법을 터득해야 한다.

이 편람에는 유용한 평가를 위한 윤리지침이 포함되어 있다. 실제 상담과 윤리적 차원에서, 나는 수련감독자와 상담자에게 전문적 경험, 개인적 · 전문적 가치관, 그리고 연구문헌의 관점에서 지속적으로 자기 자신을 돌아볼 것을 권한다.

제2부에서는 수련감독 전략들과 사례개념화 모형을 탐색하고 있다. 제3장에서는 기본 수련감독 전략들을 소개하고, 각 전략에 대해 실제 수련감독에서 발췌한 대화의 예와 함께 설명하고 있다. 제4장에서는 교사, 상담자, 그리고 자문자 기능이 결합된 사례개념화와 고급 수련감독 전략들을 다루고 있다.

제3부에서는 수련감독을 위한 장면, 즉 초심 상담전공 학생들을 위한 상담실습 과정에 대해 설명하고 있다. 제5장에 나와 있는 실습 1학기는 내담자와의 관계 형성에 초점을 맞추고 각 주별 계획에 대해 소개하고 있다. 나는 매주 강의 시간에 다루어야 하고 수련감독 회기에서 반드시 설명되어야 할 사항들을 제안하고 있다. 제6장에서 소개하는 실습 2학기는 사례개념화와 상담과정에 초점을 맞추고 있다.

나는 UCSB(캘리포니아 대학교 산타바바라 캠퍼스)의 대학원생들이 수련감독자와 초심 상담자로 참여해 준 것에 감사를 표하고 싶다. 이 학생들이 기꺼이 편람을 사용하고, 서로 상담해 주며, 수련감독 전략들과 상담실습 과정의 유용성에 대해 내게 피드백을 해 주지 않았다면, 나는 현재의 편람을 준비할 수 없었을 것이다. 학생들의 다양한 아이디어들은 이번 판에 중요한 영향을 끼쳤다.

메리 리 넬슨(Mary Lee Nelson), 톰 스콥홀트(Tom Skovholt), 헬지 뢰니슈타트(Helge Rønnestad), 데이빗 올린스키(David Orlinsky), 닉 라다니

(Nick Ladany), 캐롤 팔렌더(Carol Falender), 제닌 버나드(Janine Bernard), 엘리자베스 할러웨이(Elizabeth Holloway), 데니스 키블리건(Dennis Kivlighan), 그리고 여러 다른 동료들의 아이디어가 이 책의 틀을 구성하는 역할을 하였다. 줄스 짐머(Jules Zimmer)와 제임스 웰스(James Wells)는 30년 넘게 치료자, 교사, 그리고 수련감독자로서 나를 도와주었고, 빌리 알스테터(Billy Allstetter)는 내가 작가로서 발돋움하는 데 기여하였다.

내가 등을 돌리고 컴퓨터 앞에 앉았을 때, 산타바바라 가족들이 내게 보여 준 인내와 지지에 대해 감사를 표하는 뜻으로 이번 판을 가족들에게 바친다. 미국상담학회(American Counseling Association, ACA)의 캐롤린 베이커(Carolyn Baker)는 지난 12년 동안 나에게 많은 격려와 지지를 해 주었다.

수잔 알스테터 노이펠트

차 례

글상자 차례

제 **1** 부

서론 및 윤리적 체제

제 1 장

수련감독과 상담자 발달

지금까지 수많은 저자들이 상담자와 심리치료자를 준비시키는 데 있어서 수련감독의 중요성을 강조해 왔다(Bernard & Goodyear, 2004; Holloway, 1992; Holloway & Neufeldt, 1995; Rønnestad & Skovholt, 1998; Watkins, 1997a; Wiley & Ray, 1986). 이 편람은 수련감독 과정을 위해 개발된 것으로, 지금까지 개발된 것으로는 유일한 것이다(Bernard & Goodyear, 2004). 일관성 있는 훈련 이론을 바탕으로 제작된 이 수련감독 편람은 상담자와 치료자의 수련감독 방법 터득은 물론, 경험이 많은 수련감독자의 기술 연마에도 많은 도움이 될 것이다.

이 편람은 무엇보다도 초심 상담자들을 위해 고안되었다. 할러웨이(Holloway, 1995)는 수련감독의 목표를 실습생의 전문적 기능을 효과적으로 향상시키는 것으로 보았다. 다시 말해서, 수련감독자는 학생들로 하여금 선언적declarative · 학업적 지식을 잘 이해하도록 돕는 한편, 그 지식을 내담자에게 적용할 수 있는 능력인 절차적 지식을 개발하도록 돕는 역할을 한다(Binder & Strupp, 1993). 이 과정을 촉진하기 위한 수련감독 전략은 제2부(제3장, 제4장)에서 설명할 것이다. 초심자, 고급 과정의 실습생, 인턴 혹은 개업 임상가들을 대상으로 하는 수련감독에 이 전략들을 이용할 수 있다. 그러나 이 책에서 소개하는 대화의 예들은 실습생들의 첫해에 실시된 실제 수련감독에서 발췌된 것이다.

수련감독은 전문적 환경에서 실시되며, 실습생과 내담자의 복지와 연관성이 있다는 특징이 있다. 제2장에서는 수련감독자의 윤리적 책임에 대해 다루고 있다. 또한 일반 사람을 무능한 상담자들로부터 보호하는 파수꾼 기능을 수행하면서(Bernard & Goodyear, 2004), 치료자로서의 발달을 지원하는 방법으로 실습생들을 신중하게 평가할 것을 권고하는 내용도 포함되어 있다.

여기서 제시하는 접근방법은 상담자 발달과 교육 이론을 바탕으로 하고 있다. 그리고 수련감독은 아무런 제약이 없는 환경에서 실시하는 것이 아니므로, 훈련 경험의 제반 측면들이 고려되어야 한다. 전략, 윤리, 그리고 실습생 평가를 위한 틀을 제공하기 위해, 초심 상담자 실습과정과 이와 관련된 실습 수련감독을 제3부(제5장, 제6장)에서 다루고 있다. 또한 구체적인 수련감독 전략들을 제안하면서, 수련감독의 예를 주별로 제시하고 있다. 연습은 담당교수나 수련감독자의 필요에 따라 강의 시간에 활용한다. 수련감독자 훈련을 위한 편람 사용에 있어서 실습 개요를 반드시 따를 필요는 없다. '수련감독' 다음에 이어지는 예들은 여러 상황에서 유용하다는 사실을 알게 될 것이다.

훈련환경에서는 많은 사람들이 활동한다. 이 편람에서는 실습 수련감독자supervisors-in-training를 수련감독자supervisor로, 상담자 실습생counselor trainee을 실습생trainee으로, 그리고 실습과정을 담당하는 교수instructor of the practicum course를 담당교수instructor라는 명칭으로 사용하고 있다. 그리고 수석 수련감독자master supervisor는 매주 실습 중인 수련감독자들과 작업한다. 경우에 따라서 수석 수련감독자가 실습 담당교수의 역할을 하기도 한다.

이 모형은 세 가지 핵심 아이디어들로 구성되어 있다. 즉, (1) 상담자와 수련감독자의 반성적 상담자로의 발달(Neufeldt, 1994b, 1997, 2001; Neufeldt, Karno, & Nelson, 1996), (2) 초심자가 전문가로 성장하는 데 필요한 실습 방법의 적용(Bruffee, 1995; Ericsson, Krampe, & Tesch-Romer, 1993; Rosenberg, 1998; Skovholt & Jennings, 2004b), 그리고 (3) 변화를 위한 촉매로써 수련감독 관계의 활용(Gilbert & Evans, 2000; Holloway, 1995; Ladany, Friedlander, & Nelson, 2005; Museburke, Ladany, & Deck, 2001; Rønnestad & Skovholt, 1998)이 그것이다. 이 편람을 구성하는 데 적용된 상담자와 치료자 학습에 관한 가설은 다음 절에 기술되어 있다.

연구와 이론

역사적으로, 언제 어떤 수련감독 활동이 효과적인가를 결정하는 것은 쉽지 않은 일이었다(Bernard & Goodyear, 2004; Bradley & Kottler, 2001; Holloway & Hosford, 1983). 그러나 바인더(Binder, 1993)가 제시한 것처럼, 경험적 자료가 부족함에도 불구하고, "그러한 문제는 치료 훈련 노력에 충분히 중요할 뿐 아니라 사색적 논의도 가능하게 한다."(p. 305) 지난 35년 동안의 상담자 발달과 수련감독자 활동에 관한 연구들은 일반적으로 치료자 발달과 훈련에 대한 이해와 실마리를 제공해 왔다.

상담자 발달과정

지금까지 상담자 수련감독에 대한 수많은 논의는 대부분 상담자 발달에 초점을 맞추어 왔다(Bernard & Goodyear, 2004; Borders & Fong, 1989; Fong, Borders, Ethington, & Pitts, 1997; Stoltenberg, McNeill, & Crethar, 1994). 그동안 상담자 발달 모형들이 급증하였고(Blocher, 1983; Hogan, 1964; Loganbill, Hardy, & Delworth, 1982; Orlinsky, Rønnestad, & Collaborative Research Network of the Society for Psychotherapy Research, 2005; Skovholt & Rønnestad, 1995; Stoltenberg & Delworth, 1987; Stoltenberg, McNeill, & Delworth, 1998), 적잖은 연구자들은 이러한 모형들을 기초로 훈련받은 상담자들이 보인 변화에 지지를 보냈다(Borders & Fong, 1989; Fong et al., 1997; Heppner & Roehlke, 1984; Hill, Charles, & Reed, 1981; E. L. Worthington, 1987).

스콥홀트와 뢰니슈타트(Skovholt & Rønnestad, 1992)는 훈련을 받지 않은 준전문가로부터 40년의 경험을 가진 치료자에 이르는 100명의 치료자들을 대상으로 실시한 광범위한 질적 연구에서 전문가의 전 생애를 통한 치료자 발달 단계를 다음과 같이 정리하였다(Rønnestad & Skovholt, 2003; Skovholt & Rønnestad, 2001).

글상자 1. 심리치료자 발달단계

1단계: 비전문 조력자 / Lay Helper
2단계: 입문 학생 / Beginning Student
3단계: 고급 학생 / Advanced Student
4단계: 초심 전문가 / Novice Professional
5단계: 경력 전문가 / Experienced Professional
6단계: 상급 전문가 / Senior Professional

반면, 올린스키 외(Orlinsky et al., 2005)는 5,000명의 심리치료자들을 대상으로 실시한 국제적인 양적 연구에서 유사한 발달패턴을 발견하였다. 스콥홀트와 뢰니슈타트(1992)는 일생 동안 개인적 · 전문적 경험을 토대로 사회규준과 일치하는 보다 단순화된 사고부터 복잡한 개인분석에 이르는, 초심자에서 전문가로 이어지는 일련의 단계를 거쳐 발달하는 치료자가 있는 반면, 침체를 거듭하다가 그 직업을 떠난 치료자가 있다는 사실을 발견하였다. 연구자들은 심리치료자가 각 단계에서 도전에 직면하게 된다고 가정하였다. 도전을 어떻게 처리하는가에 따라 심리치료자는 '발달궤도 Developmental Track'에 진입할 것인가, 아니면 '유예기period of Moratorium' 혹은 '침체궤도Stagnation Track'로 진행하게 될 것인가의 여부가 결정된다.

정체 상태에 머물러 있을 때와 회기 중에 일어나는 사태의 원인 혹은 다음에 무엇을 해야 하는지 확신하지 못할 때, 심리치료자는 도전에 부딪힌다. 스톨텐버그와 델워스(Stoltenberg & Delworth, 1998)와 더불어, 스콥홀트와 뢰니슈타트(2001)는 피아제의 동화 · 조절 균형assimilation-accommodation balance(Ginsburg & Opper, 1969; Piaget, 2003)이 붕괴될 때에도 발달이 일어날 수 있다고 믿었다.

실습생이 이전의 인지체계나 조직구조에 부합되는 치료과정에서 문제에 부딪힐 때에는 내부 기관과 외부 경험 사이에 긴장상태를 지각하지 못한다. 실습생들은 지속적으로 새로운 경험을 피아제가 '동화assimilation'라고 명명한 과정인 기존의 구조에 결합시킨다(Flavell, 1985; Piaget, 2003). 재진술과 개방질문 같은 상담의 기본 기술을 익히게 되면서, 실습생들은 이 기술들을 대화 반응의 기존 구조에 동화시키게 된다. 실습생들의 기술은 증가하지만, 새로운 발달 단계로 넘어가지는 못한다.

그러나 실습생들이 기존의 인지구조에 부합되지 않는 치료과정에서 문제에 부딪치게 되면, 그들의 내부 기관과 외부 경험 사이에 긴장상태가 발생한다. 피아제는 이러한 긴장상태를 '불균형disequilibrium'이라고 명명하였다(Rosen, 1985). 예를 들어, 실습생들은 과도한 주의를 요하는 첫 내담자를 만나면, 밤낮 가리지 않고 아무 때나 이야기를 나누고 돈을 빌려주거나 쉴 곳을 제공해 주는 것처럼, 친구에게나 할 수 있는 일들이 상담 관계에서는 부적절하다는 것을 깨닫게 된다.

이러한 경우, 실습생들은 내적 조력 모형을 바꾸거나 내적 구조를 조절하고, 심리치료의 한계를 설정하며, 내담자와의 작업동맹working alliance을 형성해야 한다. 실습생들은 처음에는 불균형의 긴장상태에 불편을 느끼지만, 이를 해결하면 비로소 새로운 전문적 발달수준에 대한 강한 동기를 불러일으키게 된다(Guiffrida, 2005).

스콥홀트와 뢰니슈타트(1995)에 따르면, 조절과 발달은 치료자가 지지와 도전의 분위기 속에서 '지속적인 전문적 반성Continuous Professional Reflection' 과정을 활용할 때 일어날 수 있다. 범문화적 맥락에서, 발시너와 로렌스(Valsiner & Lawrence, 1980)는 유사한 과정, 즉 "성인의 삶은 개인의 의미 탐색으로 채워진 도전 기간을 수반한다."(p. 73)라고 기술하였다.

반성적 상담자 발달

스콥홀트와 뢰니슈타트(1995)는 지속적인 전문적 반성(사고 과정)을 "중심발달과정Central developmental process으로 기술하였다. 이는 세 가지 핵심요소, 즉 지속적인 전문적 · 개인적 경험, 개방적 · 지지적 환경에서 다른 사람들과의 탐색과정, 그리고 자신의 경험에 관한 적극적인 반성으로 구성된다."(p. 141) 마찬가지로, 도널드 슈웬(Donald Schön, 1983, 1987)은 반성적 상담자reflective practitioner의 과업을 특정 상황마다 독특한 해결방안을 고안하기 위해 상담자가 문제의 틀을 잡고 이를 적절하게 수정해 나가는 계속적인 과학적 탐구의 형태로 상담을 실시하는 것이라고 말하였다. 이는 실험과 기대하지 않은 결과를 타당한 정보로 활용할 것을 권장하고 있다(Neufeldt, 1999).

반성적 상담은 어떤 일이 일어났는가에 관한 단순한 사고 이상의 것이다. 즉, 반성reflectivity이란 그로부터 결과적으로 발생하는 사고와 행위 모두를 포함한다(Copeland, Birmingham, de la Cruz, & Lewin, 1993). 슈웬(Schön personal communication, 1994. 2. 16.)은 수련감독에서 반성적 탐색 수준이 높은 실습생들은 기꺼이 혼란스럽고 취약해지는 상황을 택하고, 새로운 아이디어를 받아들이며, 그것을 내담자와의 회기에서 검증한다고 주장하였다. 수련감독자는 실습생의 혼란과 실험에 대해 지지해야 한다(Guiffrida, 2005; Neufeldt, 1997).

슈웬(Schön), 스콥홀트(Skovholt), 뢰니슈타트(Rønnestad), 그리고 코플랜드(Copeland)도 반성적 사고의 개념에 대해 언급했기 때문에, 노이펠트, 카르노, 그리고 넬슨(Neufeldt, Karno, & Nelson, 1996)은 이 연구자들이 동일한 개념을 언급하고 있는지, 만일 그렇다면 그것을 어떤 요인들로 규정할 것인지를 결정하고자 하였다. 이들은 상담자와 치료자 수련감독에서 권위 있는 전문가인 엘리자베스 할러웨이(Elizabeth Holloway)와 함께 이

네 명의 이론가들을 면담하였다. 첫 면담에서, 그들은 일련의 면담에서 비평을 위해 전문가들에게 제시했던 예비 반성을 바탕으로 하는 사고 모형을 추출하였다. 수련감독에 적용할 때, 전문가들 가운데 의견의 일치를 보이는 반성을 바탕으로 하는 사고 요인들이 있는데, 이는 다음과 같다.

실습생들은 인지적으로 복잡하고 모호함을 견딜 수 있고, 아이디어에 개방적이고 질문의 가치를 인정하는 안전한 수련감독 관계에서 작업하는 경우에 한하여 반성적 사고를 할 수 있다. 반성적 사고는 실습생들이 이러지도 저러지도 못하고 앞으로 나아갈 방법에 확신이 없는 문제나 혼란이 발생했을 때 일어난다. 반성적 사고과정은 상담회기에서 치료자 자신의 행동, 정서, 사고, 그리고 내담자와 치료자 사이의 상호작용에 주의를 기울이는 것과 관련이 있다.

반성적 실습생들은 다양한 대안에 개방적이며, 이해를 추구한다. 임상경험을 이해하기 위하여 그들은 자신의 과거에 있었던 개인적 · 직업적 경험과 더불어 형식적 이론을 사용한다. 또한 그들은 이해를 위해 의문이 있는 회기에서의 경험에 주의를 기울인다. 어느 정도 깊이 있는 반성을 하게 되면 의미와 명료함을 얻게 된다. 반성적 사고로 인정받기 위해서는 사고과정에 결과가 있어야 하며, 실습생에게 변화가 수반되어야 한다. 게다가 수련감독에서 반성했다면, 실습생은 반성의 결과로 자신의 내담자들, 상담과정 혹은 자기 자신을 다르게 이해할 수 있어야 할 것이다.

이러한 사항들을 염두에 두고, 수련감독자는 지속적인 상담에 대한 탐색과정과 능동적인 반성을 지지하는 대인관계 환경을 조성해야 한다(Chen, 2001). 이러한 점은 상담 및 심리치료 이론들과 일맥상통하는 것이다(Kiesler, 1982; S. R. Strong & Claiborne, 1982; Teyber, 2006). 마찬가지로, 이는 다양한 전문직에 종사하는 사람들과의 효율성을 개발하기 위한 아지리스와 슈웬(Argyris & Schön, 1974)의 모형 II와 유사하다.

모형 II에는 타당한 정보가 탐색되는 환경 내에서 지속적으로 이루어지는 전문적 상담에 도전하고, 행위에 대한 자유롭고 설명된 선택informed choice이 옹호되며, 이러한 선택을 수행하는 것에 대한 내적 수행이 권장되는 것이 포함된다. 논의는 평가적인 진술보다 “직접적으로 관찰 가능한 범주들”(p. 90)을 토대로 협력적으로 진행되므로, 상호성mutuality 분위기가 한층 높아지게 된다. 정서지능은 이러한 환경에서 높아질 수 있다(Goleman, Boyatzis, & McKee, 2002).

상호성을 통해 우리는 ‘교사중심’ 혹은 ‘학생중심’ 접근에서 훈련으로 이동하게 된다. 즉, 우리는 학생들과 만나 “위대한 일great things”(Palmer, 1998a, 1998b) 주위로 모이게 된다. 우리는 함께 우리의 객관적 연구기반 지식과 우리의 주관적인 정서 경험들을 끄집어 내어 이해하려고 노력할 것이다. 우리가 던지는 질문들은 다음과 같다.

글상자 2. 수련감독자들이 던지는 질문의 예

1. 인간발달은 어떻게 이루어지는가?
2. 우리는 삶에서 사람들의 문제를 어떻게 이해하는가(Szasz, 1974)?
3. 연구, 전문적 경험, 그리고 개인적 경험으로부터 특정인들이 변화하고 성장하도록 돕기 위한 다른 방법은 무엇인가?

전문성을 향한 상담자의 발달 촉진

스콥홀트, 뢰니슈타트, 제닝스, 그리고 동료들(Jennings, Goh, Skovholt, Hanson, & Banerjee-Stevens, 2003; Rønnestad & Skovholt, 2003; Skovholt, Rønnestad, & Jennings, 1997; Skovholt & Rønnestad, 2001)은 전문가의 전문성을 향한 상담자들의 발달경로, 즉 고도로 숙련된 상담자의 섬세한 절차에 관한 지식에 관하여 기술하였다. 도즈(Dawes, 1994)는 경험만으로 성

공적인 상담자와 실패한 상담자를 구분하지 못한다는 점을 증명해 보였지만, 스콥홀트 외(Skovholt et al, 1997)는 무경험 상담자와 유경험 상담자를 비교한 수많은 연구들이 석사과정 학생들 혹은 석사학위 소지자들과 박사과정 학생들을 고작 수년의 상담경험을 지닌 졸업생들과의 비교를 토대로 수행되었다는 점을 지적하였다.

에릭손과 레만(Ericsson & Lehmann, 1996)은 어떤 영역에서건 전문성을 발달시킬 수 있는 최소 시간은 10년이라고 주장하였다. 스콥홀트 외(Skovholt et al., 1997)는 상담자나 심리치료자가 이처럼 극도로 복잡한 영역에서 전문가가 되기 위해서는 15년이 걸린다고 제안하였다.

전문 심리치료자들은 왕성한 학습의욕, 반성과 자각, 복잡성과 모호성에의 편안함, 개방성과 비방어성, 정서적 성숙, 탁월한 대인관계 기술, 그리고 자신의 정서건강이 자신의 일에 미치는 영향에 관한 의식을 가지고 자기 돌봄self-care을 실천한다는 특징이 있다(Jennings & Skovholt, 1999). 경험만으로는 개인의 행동을 평가하기 위한 수단을 제공하지도, 더 이상 발달하지도 못한다(Goleman et al., 2002; Guiffrida, 2005).

전문성 발달에 중요한 것은 단순한 경험보다는 의도적인 실습이다. 실습을 의도적으로 한다는 것은 상담자가 자신의 행동을 결과에 비추어 탐색하는 것을 의미한다. 도즈(Dawes, 1994)는 실력 증진을 위해 학습자들은 판단에서 부정확한 반응이나 판단오류를 구성하고 있는 것들을 이해하는 한편, 실수를 할 때 지속적이고 명확한 피드백을 받아야 한다고 제안하였다.

이 제안은 헨리, 샤흐트, 스트럽, 버틀러, 그리고 바인더(Henry, Schacht, Strupp, Butler & Binder, 1993)의 연구결과와 일치하는 것으로, 반더빌트 프로젝트Vanderbilt project에서 가장 효과적인 수련감독자는 실습생들과 특정 치료의 상호작용을 탐색하였고, 그들의 의도에 대해 진술하고 개입 결과를 검토하도록 격려하였다는 연구결과와 일치하는 것이었다. 나는 이 접근을 이 책에서 논의하는 수련감독 전략과 통합하였다.

특정 임상적 사건의 탐색은 반성과정을 촉진하고, 궁극적으로 전문성 발달을 증진시킨다. 나는 뢰니슈타트와 스콥홀트(1993) 그리고 슈웬(Schön, 1987)의 견해, 즉 개인의 임상작업을 정기적으로 검토하는 일은 구체적인 기술을 연습하는 것만큼이나 치료자 발달에 중요하다는 주장에 동의한다.

반성과정을 사용하는 것은 상담자와 치료자가 정규 훈련을 마친 후에 발달을 계속할 수 있게 하고(Rønnestad & Skovholt, 1998, 2003; Skovholt & Rønnestad, 1995), 전문가가 되기 위해 걸리는 시간인 10~15년에 걸쳐 의도적인 방식으로 실습할 수 있는 수단을 제공한다. 그러므로 수련감독은 두 가지 모두를 권장해야 한다. 이 편람은 수련감독자에게 어떻게 하면 상담자의 초기 반성 및 실행능력을 육성할 수 있는가를 보여 주고 있다.

기본 실습 구축

실습과정의 개요에서 나는 뢰니슈타트와 스콥홀트(Rønnestad & Skovholt, 2003; Skovholt & Rønnestad, 1995, 2001)가 기술한 발달과정에 주목하면서 기술 습득과 반성과정상의 실습 모두에 도움이 되는 상호작용 환경을 촉진하기 위한 전략을 통합하였다. 나는 문헌에서 기술하고 있는 것처럼, 실습과정을 처음으로 상담실습에 참여하는 학생들의 요구에 맞추고 있다.

수년간의 실험 끝에, 나는 이제 대학원생들이 이론적 패러다임 내에서 기능하는 방법을 습득하고 이론의 한계점을 비판하기 위해서는 이론적 접근이나 명백하게 통합된 접근을 터득하는 것이 중요하다고 믿는다. 웜폴드와 동료들(Wampold, 2001; Wampold et al., 1997)은 종합적인 메타분석을 통해 다른 이론들에 비해 특별히 뛰어난 성과를 산출하는 치료방법은 없다는 사실을 보여 주었다.

그러나 연구자들은 뛰어난 능력을 갖춘 치료자들은 타당한 이론적 접근을 기반으로 작업하는데, 여기에는 보통 내담자에게서 얻은 정보를 선택 · 조직하는 방법이 포함된다고 하였다. 따라서 이론적 지향theoretical orientation과는 상관없는 일반적인 기술만으로 내담자 면접을 해야 하는 초심자에게는 도전적인 일일 것이다.

그 결과, 초심 치료자들은 내담자에 관한 지식을 효과적으로 수집하지 못하고 그 지식을 구조화하지 못하게 된다(Mayfield, Kardash, & Kivlighan, 1999; Skovholt & Rønnestad, 2003). 동시에 초심 치료자들은 아주 참기 힘든 내담자와 작업을 하게 되면, 오리무중에 빠지는 것과 같은 경험을 하게 된다(Pica, 1998). 이러한 이유로 오래전부터 초심 치료자들은 초기 실습과 수련감독 경험에서 구조화가 필요하다고 보고해 왔다(Heppner & Roehlke, 1984; Stoltenberg & Delworth, 1987; Stoltenberg et al., 1998; Stoltenberg, McNeill, & Crethar, 1994).

다니엘즈, 뤼가지오-길리오, 그리고 아이비(Daniels, Rigazio-Gillio, & Ivey, 1997), 램버트와 아놀드(Lambert & Arnold, 1987)는 구조화가 구체적인 기술훈련으로 매우 효과적이라고 제안하였지만, 나는 구조화를 다음과 같은 다른 방식으로 개념화하고 있다.

첫째, 구조화는 이론을 고려하여 제공되어야 한다. 즉, 상담의 상호작용 현상을 직시할 수 있는 구체적인 방식으로 제공되어야 한다. 내담자와 상담자 모두의 행동을 조망하는 렌즈처럼, 이론에 관한 나의 생각은 이 책 전체에서 주장하는 반성과정과 일치한다. 이는 또한 면접을 통해 내담자에게서 수집되는 엄청난 양의 자료를 조직하고 구조화하기 위한 방법을 제공하기도 한다. 동시에, 실습생들은 내담자 행동과 개입의 효과를 설명하거나 예견을 위한 가치를 고려하여 이론을 평가할 수도 있다. 실습생들에게는 실습과정 전체에서 이론의 예언타당도predictive validity와 유용성에 대한 질문을 던지도록 해야 한다.

둘째, 초심에서 전문가에 이르는 경로novice-expert path에 관한 연구와 일치하는 것으로, 경청과 반응 모두에서 의도적인 실습을 제공해야 한다. 그러나 내 의도는 기술을 보여 주는 치료자를 양성하는 것이 아니라 실습생이 내담자와의 작업을 검토할 수 있는 토대를 제공하는 것이다. 이를 확인하기 위한 질문의 예는 다음과 같다.

글상자 3. 실습생이 내담자와의 작업을 검토할 수 있는 질문 목록

1. 상담자가 말에 대한 경청이 필수적으로 요구되는 내용을 재진술할 수 있을 정도로 주의 깊게 경청할 수 있는가?
2. 상담자는 비언어적 · 준언어적 행동까지도 필수적으로 주의를 기울여야 하는 감정을 반영할 수 있는가?
3. 치료자는 자신이 상담기법들을 정확하게 적용했다는 것을 어떻게 알 수 있는가?

이러한 질문을 통해 상담자는 내담자에 대한 개입의 효과를 주시할 수 있게 된다. 내담자는 눈살을 찌푸리고 있는가, 다른 곳을 바라보고 있는가, 고개를 끄덕이는가, 아니면 "아니요, 그게 아니에요." 혹은 "네, 정확해요!"라는 말로 반응하는가? 이러한 방식으로 치료자는 내담자로부터 회기 내에서 직접 피드백을 받는 능력을 개발하기 시작한다.

결국 이것은 전문성 발달에 필요한 치료자의 행동이나 판단에 있어서 실수를 사정하기 위한 방법이다(Dawes, 1994). 물론, 개입에 대한 내담자의 반응을 사정하기 위한 능력은 사례개념화와 개입방법이 보다 복잡해짐에 따라 더욱 복잡해지게 된다.

한 가지 이론 접근을 사용할 때, 상담실습 담당교수는 행동수정(Kazdin, 2001), 인지치료(Beck, 1995), 시간제한 역동심리치료(Strupp & Binder, 1984), 대인과정치료interpersonal process therapy(Teyber, 2006) 혹은 과정 · 경

험치료process-experiential therapy(Elliott, Watson, Goldman, & Greenberg, 2004) 등과 같이 여러 이론적 접근들 가운데 선택할 수 있다. 나는 한 가지 이론만을 다룬 책과 마찬가지로 기본 기술에 대해서만 다룬 책을 교재로 사용할 것을 권장한다. 이 목적에 부합되는 교재들은 얼마든지 있다(예, Cormier & Hackney, 2005; Ivey & Ivey, 2007; Skovholt & Rivers, 2004).

사프란과 시걸(Safran & Segal, 1990)은 행동치료자들도 치료관계에 주의를 기울여야 한다는 점을 강조하였다. 이러한 지적을 감안하여, 나는 클라라 힐(Clara Hill, 2004)이 개발한 통합 접근을 사용하고 있다. 힐이 쓴 교재에서, 기본 기술은 이론적 모형의 테두리 내에서 가르치고, 초점은 줄곧 치료관계에 맞추어진다. 실습생들은 반드시 특정 치료적 접근에 따른 치료관계와 치료과정의 성격을 이해해야 한다. 웜폴드와 동료들(Wampold, 2001; Wampold et al., 1997)이 인정한 것처럼, 공통 요인들은 치료결과에의 차이를 가져오게 하고, 공통 요인들 중 주요한 것은 치료관계의 질이다.

관계에 주의를 기울이는 것은 수련감독을 상호작용의 과정, 즉 상담관계의 모형으로 보는 나의 견해와 일치한다. 수련감독자는 어떤 접근에 대해 가르칠 때, 실습생들과 좋은 관계를 형성하는 것이 중요하다는 사실을 깨닫게 될 것이다(Chen, 2001; Chen & Bernstein, 2000; Holloway, 1995, 1997). 이 목적을 달성하기 위한 전략들은 추후에 언급될 것이다. 나는 다양한 접근들과 함께 사용될 수 있는 수련감독 전략을 제공하기 위해 모든 노력을 기울였다. 그러나 나는 초심 치료자는 한 가지 이론 혹은 명확하게 통합된 이론적 접근을 사용할 것을 제안한다.

목 표

치료자에게 필요한 기술을 바탕으로 설정되는 일차 목표는 실습을 시작하는 학기별로 선택되고, 교육과정은 그 목표를 중심으로 조직된다. 첫 학기 교육과정은 관계기술에 초점이 맞추어진다. 그 이유는 치료자와 내담자 사이의 좋은 관계가 성과와 긍정적인 연관성이 있다는 연구결과 때문이다 (Orlinsky et al., 2005; Orlinsky, Rønnestad, & Willutzki, 2004; Wampold, 2001; Wampold et al., 1997).

상담실습과정 담당교수는 치료관계 개념과 그 중요성을 입증할 만한 경험을 소개한다. 관계구축 기술을 가르치기 위해 담당교수는 학생들이 내담자의 말에 공감적으로 경청하고 구체적으로 반응하여 내담자가 이해받는 느낌이 들 수 있도록 해야 한다. 겔소와 카터(Gelso & Carter, 1985, 1994)가 기술한 것처럼, 수련감독자는 실습생들이 작업동맹, 전이관계, 그리고 실질적인 관계(예, 관계의 환상적 측면과 반대되는 현실적 관계)를 이해하도록 돕는다.

상담실습과정 내내 담당교수는 촉진적이고 협력적인 환경을 조성하여, 초심 실습생들 대부분이 느끼는 심한 불안에도 불구하고 실험의 가치를 인정하고 모험을 시도해 볼 수 있게 한다(Skovholt & Rønnestad, 2001, 2003).

2학기 교육과정은 사례개념화에 집중된다. 사례개념화를 배우는 데에는 복잡한 기술이 요구된다(Fong et al., 1997; Holloway & Wampold, 1986; Skovholt & Jennings, 2004b). 실습생들이 다양한 상담접근에서의 기본 치료기술을 아무리 빨리 습득하더라도, 내담자 사례를 구체적으로 공식화formulate하는 일은 결코 쉽지 않다(Shaw, 1984). 내담자가 전형적인 백인, 이성애자, 건강한 신체의 소유자와 같이 전형적인 미국인과 다른 경우에는 더욱 그렇다(Constantine & Sue, 2005b; Ladany, Inman, Constantine, & Hofheinz, 1997; López, 1997; Neufeldt et al., in press; R. L. Worthington, Mobley, Franks, & Tan, 2000).

이 편람에서는 팔비(Falvey, 2002), 프리에토와 쉴(Prieto & Scheel, 2002)과 같이 다른 사람들의 연구에 기초한 모형을 소개하고 있다. 이 연구자들은 내담자와의 작업을 위한 치료자의 목표와 계획을 표준 접수 정보와 통합하였다. 사례개념화는 학교상담센터에서부터 정신건강 기관에 이르기까지 상담자를 필요로 하는 다양한 장면에서 활용된다. 실습생들이 내담자를 만나고 동료의 내담자들에 대한 상담실습 동영상과 기록들을 접하게 되면서, 수련감독자는 실습생들이 만족할 만한 사례공식화case formulations를 할 수 있을 때까지 사례개념화의 각 측면에 대해 실습생들에게 지속적으로 질문을 던져야 한다.

실습생의 발달 특성에 따른 교육과정

연구자들이 기술한 것처럼, 경험은 초심 치료자들의 인지패턴에 연결된다. 보더스(Borders, 1989)는 실습생들의 사고에 관한 연구에서 몇 가지 유사한 점을 발견하였다. 보더스는 "실습생들의 계획에 관한 진술을 살펴보면 회기의 목표와 방향이 결여되어 있음을 알 수 있다. 마찬가지로, 현 회기에서의 사건에 초점을 맞춤으로써 주제와 패턴을 조기에 결론짓고 있다."(p. 167)고 하였다.

다시 말해서, 실습생들은 상담회기 내에서 일어나는 일로 압도되어 있었고, 다음에 무엇을 할 것인가에 대해 혼란스러워 하고 있었다. 이는 초기 훈련기간 동안 구조화가 필요하다는 점을 암시하는 것으로, 초심 치료자의 선호도에 관한 연구결과와 일치하는 것이다(Heppner & Roehlke, 1984; Reising & Daniels, 1983; Worthington, 1987; E. L. Worthington & Roehlke, 1979).

일반적으로, 첫 학기quarter에 경험하게 될 내용들은 사전에 계획된다. 그러므로 실습생들은 매주 강의시간에 새로운 상담기술을 익히고, 다른 실습생들과 역할연습을 통해 실습하게 된다. 강의시간을 통해 실습생들이 필수적으로 익혀야 할 상담기술은 다음과 같다.

글상자 4. 실습생들에게 요구되는 상담기술

1. 약속시간 정하기
2. 회기 시작과 종결
3. 내담자의 관심에 대한 공감 반응
4. 적절한 한계 설정
5. 흔히 발생하는 위기상황에의 대처방법

첫 학기 중간에 실습생들은 학부 강좌에서 자원한 내담자와 만나 제한된 회기 동안 새로운 상담기술을 실습한다. 2학기에 실습생들은 접수면접 intake interview을 실시하는 한편, 처음으로 지역사회의 실제 내담자를 만나게 된다. 이러한 방식으로 실습생들은 동료들과의 구조화되고 예측 가능한 경험으로부터 점차 실제 내담자들과의 예측불허의 경험으로 옮겨가게 된다.

뢰니슈타트와 스콥홀트(Rønnestad & Skovholt, 1993)와 함께, 나는 초기 실습을 지나치게 구조화시키는 것은 오히려 소극적 학습을 초래한다고 믿고 있다. 상담은 어떻게 하는 것인가에 대해 듣고 싶어 하는 학생들의 욕구는 어떻게 살아야 하는가에 대해 듣고 싶어 하는 내담자의 욕구와 유사하다. 반성적 상담자로서 성장시키기 위해서, 학생들은 처음부터 자기 자신의 아이디어, 의문점, 그리고 생각과 씨름할 필요가 있다. 내담자와 작업하는 법을 터득해 가면서 실습생들은 어떤 일이 진행되고 있는가를 이해하기 위해 열심히 노력해야 한다. 뿐만 아니라 자기, 삶, 상담자 교육과 심리치료 연구 및 특정 내담자들과의 상호작용을 통해 얻게 되는 경험을 통합한 것을 토대로 반응해야 한다.

만일 실습과정을 지나치게 구조화시킨다면, 실습생들은 외부 지향성 external orientation을 발달시킬 수 있고, 자신이 상담한 것에 대해 자신의 감각보다는 다른 사람의 말에 더 주의를 집중하게 될 수 있다(Rønnestad & Skovholt, 1993). 이는 실습생들의 지속적인 발달을 저해할 수 있다(Skovholt

& Rønnestad, 1992, 1995). 내담자가 자신의 답을 찾을 수 있도록 도와야 하는 치료자들처럼, 담당교수와 수련감독자는 실습생들이 특정 내담자들과 작업해 나가는 방법을 탐색하면서 가질 수 있는 불안을 너그럽게 받아들여야 한다.

수련감독자는 치료자 발달과 유사하지만, 동일하지 않은 과정을 거쳐 발달된다(Watkins, 1997a; Watkins, Schneider, Haynes, & Nieberding, 1995). 수련감독자는 실습생들과 작업하면서 기대했던 상황과 기대하지 못했던 상황 모두를 접하게 될 것이다. 만일 수련감독자가 구체적인 수련감독 개입방법의 결과와 함께 자신이 상담자로서 훈련받던 상황을 반성해 본다면, 그들의 자신감은 날로 높아질 것이다.

다양성의 중요성

미국 사회는 점차 다양해지고 있다(Constatine & Sue, 2005a; Falender & Shafranske, 2004; Jones & Smith, 2001)(역자 주: 한국사회 역시 점차 다양해지고 있다.). 유색인들이 인구의 40%를 차지하고 있다(Jones & Smith, 2001). 다양성에는 "연령, 성별, 성 정체성, 인종, 민족, 문화, 국적, 종교, 성 지향성, 장애, 언어, 그리고 사회경제적 지위를 기반으로 하는 것들을 포함해서 문화적, 개인적, 그리고 역할 차이" (American Psychological Association, 2002, p. 4)가 포함된다.

나는 실습생들에게 다양한 영향에 대해 즉각 관심을 보여야 한다는 입장을 분명히 하고 있고, 모든 다양한 집단들을 그들 자신의 문화의 구성원으로 간주한다. 학자들(Atkinson, Morten, & Sue, 2004; Constantin & Sue, 2005b; Sue & Sue, 2002; Tanaka-Matsumi & Draguns, 1997)이 보여 주었던 것처럼, 서로 다른 문화권에서 온 내담자들은 흔히 심리치료에 대해 각기 다른 기대를 갖는다. 그러한 차이를 존중하는 반응을 보이기 위해서 치료자는 다양성의 모든 측면에 대해 민감해야 하고, 내담자에게 적절한 개입 방법을 사용해야 한다.

여기서 나는 문화적으로 민감한 접근을 치료자 수련감독에 도입하는 것에 대해 논의하고 있지만, 수련감독이 요구되는 제반 훈련 프로그램은 다양성에 민감해야 한다는 미국심리학회(American Psychological Association, 2000, 2003), 콘스탄틴과 수(Constantine & Sue, 2005a), 라프롱부아와 포스터(LaFromboise & Foster, 1992), 스톤(Stone, 1997), 그리고 데이비드 수(David Sue, 1997)의 권장사항에 동의한다. 문화적 민감성에 관한 제반 훈련이 수련감독이나 실습상황에서 실시될 수는 없다. 그러면서도 동시에 실습과 수련감독은 특정 내담자에 대해 다문화적으로 이해한 것을 적용하는데 최적의 기회를 제공하기도 한다(Constantine & Sue, 2005a; Falender & Shafranske, 2004; Neufeldt, 2004).

피셔, 조움, 그리고 앳킨슨(Fischer, Jome, & Atkinson, 1998)은 매우 흥미로운 다문화상담 모형을 제공하였다. 구체적으로 말하면, 연구자들은 다양한 맥락에서 상담이 이루어질 때, 다문화상담을 타당화된 공통 요인을 사용하는 것으로 개념화하였다(Wampold et al., 1997). 여기서 다음과 같은 네 가지 요인이 추출되었다.

글상자 5. 다문화상담 모형의 네 가지 공통요인

1. 상담자가 내담자의 문화에 대한 지식과 존중을 나타내고 내담자의 문제를 문화적 맥락에서 조망할 때, 치료관계가 증진된다(Atkinson & Lowe, 1995).
2. 다양성의 관점에서 내담자 문제를 이해하는 것은 치료자가 공유된 세계관을 의사소통할 수 있게 해 준다.
3. 상담자가 내담자의 세계관 맥락에서 내담자의 문제를 설명할 때, 내담자는 보다 희망적인 느낌을 갖게 되고 상담을 통해 도움을 받을 수 있을 것이라고 믿는 경향이 있다.

4. 내담자는 자신이 속한 문화의 의식이나 문화적으로 수용된 치유과정과 일치된 방식으로 설명을 듣게 될 때, 상담 개입방법을 보다 잘 수용하고 사용하는 경향이 있다.

첫째 요인에는 인종적·민족적으로 다수 집단과 소수 집단, 남성과 여성, 이성애자와 동성애자, 종교집단, 신체장애가 없는 사람과 장애가 다소 있는 사람, 관심을 받지 못하는 문화에서 온 사람, 그리고 서로 다른 사회계급들 사이와 같이 폭넓은 문화에서 잦은 고통을 받았던 경험과 힘의 차이를 이해하는 것만으로도 상담관계에서의 신뢰구축을 촉진한다는 내용이 포함된다.

이 모형은 상담자가 자신의 문화적 배경과 다르거나 비슷한 내담자 모두를 돕기 위해 사용될 수 있다. 첫해 실습기간 내내 수련감독자는 실습생들에게 내담자와 치료자의 문화적 배경이 사례개념화와 심리치료에 미치는 영향을 고려할 것을 당부해야 한다.

마찬가지로, 수련감독자 역시 다음과 같은 다문화적 역량을 갖출 필요가 있다(Constantine & Ladany, 2001).

글상자 6. 수련감독자에게 요구되는 다문화적 역량

1. 자각
2. 다문화적 쟁점에 관한 일반 지식
3. 다문화상담에 대한 자기효율성
4. 문화 정체성 수준
5. 지배적 문화에의 동화와 사회경제적 지위
6. 효과적인 작업동맹 형성
7. 구체적인 다문화상담기술
8. 이를 적절하게 통합하는 방법과 같은 독특한 내담자 변인의 이해

수련감독의 효과에 중요한 역할을 하는 것은 수련감독자 자신과 다른 사람들의 문화에 대한 이해수준이다. 이 영역의 서적에 대한 지식 정도와 관계없이, 수련감독자는 자신의 문화적 정체성 수준이 실습생들보다 훨씬 더 높거나 적어도 동일한 수준에 도달할 수 있도록 문화를 둘러싼 자신의 감정, 편견, 그리고 경험에 직면해야 한다(Ancis & Ladany, 2001; Constantine, 1997, 2003; Miville, Rosa, & Constantine, 2005).

수련감독을 시작하기에 앞서, 수련감독자는 이러한 점에 대해 체계적으로 언급할 필요가 있다. 이에 관해 언급하는 방식은 이 책의 다음 장 첫 번째 실습 강의 부분과 수련감독 전략에 나와 있다. 덧붙여서, 이러한 논의와 경험을 위해 피더젠(Pedersen)의 『다문화 학습을 위한 110가지 경험(*110 Experiences for Multicultural Learning*)』(2004), 『다문화인식 개발을 위한 핸드북(*A Handbook for Developing Multicultural Awareness*)』(2000), 그리고 『문화중심상담자의 문화인식, 지식, 그리고 기술 증진시키기(*Increasing the Cultural Awareness, Knowledge, and Skills of Culture-Centered Counselors*)』(2003)와 싱겔리스(Singelis)의 『문화, 민족, 그리고 다양성에 관하여 가르치기(*Teaching About Culture, Ethnicity, and Diversity*)』(1998)를 비롯해서 수많은 연습들이 고안되었다.

이러한 일련의 작업은 문화적으로 경험이 많은 사람들에게조차 놀라울 정도로 어려운 일이다. 내가 담당했던 실습 중인 학생 수련감독자들을 위한 고급 세미나 시간에 문화적으로 지식이 많고, 다양하고, 책임감이 강한 학생들이 자신의 다문화적 경험에 대해 논의해 보자는 요청이 들어왔을 때 감돌았던 불편함에 나는 적잖게 놀랐다.

아무리 학생 개개인이 서로 다른 민족, 인종 혹은 종교집단의 구성원이라 하더라도, 이들이 4~5년 동안 신뢰할 만한 친구로 지내 왔음에도 불구하고 집단 내에는 팽팽한 긴장감이 감돌았다. 누구든지 자신의 경험에 관하여 이야기하려면 차례를 한참 동안이나 기다려야 했다. 다른 사람이 말을 시작할 때면 긴장감이 다소 완화되곤 했는데, 이러한 광경을 즐겁게 주시하는 학생들도 있었다. 나 역시 긴장된 나머지 몸까지 달아오르는 것을 보고 몹시 놀랐던 기억이 있다.

나는 매년 학생들과 이러한 사안에 대해 이야기를 나누지만, 나의 배경에 관해서는 한 번도 이야기한 적이 없다. 학생들과 함께 이러한 사안에 대해 이야기를 나누게 되면서 우리 사이에 신뢰수준이 높아졌다. 나는 이러한 논의는 수련감독자들 사이에서, 그리고 촉진자와의 신뢰수준이 어느 정도 형성될 때까지 기다렸다가 할 것을 강력하게 추천한다. 그렇지 않으면 역효과가 날 수 있기 때문이다. 어떤 사람들은 외부의 촉진자가 이 부분에 대한 훈련을 담당할 것을 권장하기도 한다.

다문화상담에 관한 연구에 비해 다문화 수련감독에 관한 연구의 수는 훨씬 적다(Bernard & Goodyear, 2004; Falender & Shafranske, 2004; Leong & Wagner, 1994; Miville et al., 2005). 그러나 피셔 외(Fisher et al., 1998)가 다문화상담에 관하여 정리한 원칙 몇 가지는 다문화 수련감독의 맥락에 적용될 수 있다. 예를 들어, 수련감독 관계를 설정하는 데 수련감독자는 실습생들의 문화적 배경이 자신의 것과 유사하든 그렇지 않든 간에 이를 존중하고 있음을 나타내어야 한다.

수련감독자는 특히 실습생들의 정체성 중 가장 두드러지는 측면을 알고 있을 필요가 있다. 예를 들어, 사람들 중에는 '군대 아이military kid' 혹은 종교집단의 일원이라는 사실을 가장 중요한 측면으로 인식하기도 한다. 힘의 차이에 관한 쟁점은 수련감독 자체가 힘의 차이가 분명하게 드러나는 사람들 사이에 관계가 형성된다는 점에서 특히 중요하다. 예를 들면, 퐁과 리즈(Fong & Lease, 1997)는 백인 수련감독자와 소수민족 실습생 사이에 고의성이 없는 인종차별, 힘의 역동, 신뢰와 수련감독 동맹, 그리고 의사소통 문제가 발생할 수 있는 가능성에 대해 기술하였다.

이러한 문제는 남성과 여성 실습생들에 대한 수련감독자 반응의 차이에 관한 연구(Nelson & Holloway, 1990) 혹은 소수민족 실습생들은 유럽계 미국인 수련감독자가 인종 관련 문제를 제기하기 전까지 그 문제에 대해 언급하기를 꺼려한다는 사실을 보여 준 연구들(Kleintjes & Swartz, 1996)에 의해 조명되었다. 훈련장면 밖의 세상에서는 성 지향성의 차이가 때로 영향을 줄 수 있다. 그러나 실습생이 자신을 게이, 레즈비언 혹은 양성애자임을 밝힌다면, 이성애자 수련감독자는 성 지향성이 다른 수련감독자에게 수련감독을 받아야 하는 상황에 관한 실습생의 느낌을 확인하고 나서 그 실습생을 받아들여야 한다.

현재의 수련감독에 관한 연구들에서는 성 지향성의 차이가 수련감독 관계에서의 힘의 차이에 어떻게 영향을 미치는가는 분명치 않다. 나는 또한 실습생들의 성적 선호도가 수련감독자의 종교적 신념과 대치되는 수련감독 상황에 놓인 적도 있었다.

우리 대학원 과정에서는 훈련 프로그램 수가 증가함에 따라, 수련감독자가 소수인종, 소수민족 혹은 여성인 경우가 흔해졌다. 반면, 실습생은 남성 혹은 인종이나 민족이 다른 학생들로 구성되는 경우가 잦아졌다. 이러한 경우, 수련감독자에게는 인종, 민족, 그리고 성차에 관한 쟁점도 다루도록 조언한다(Priest, 1994). 내 경험으로는 사회경제적 지위는 수련감독이나 내담자 관계 테두리 내에서 거의 언급되지 않지만, 낮은 사회경제적 지위에 속한 대학원생들은 눈에 띄게 부유한 배경을 지닌 내담자, 동료, 그리고 교수들에 대해 분노를 나타낸다고 들었다.

덧붙여서, 많은 저자들은 수련감독자들이 오히려 실습생들보다 인종 정체감 발달수준이 낮다는 점을 지적해 왔다(Bernard & Goodyear, 2004; Cook, 1994; Fong & Lease, 1997). 훈련 프로그램에서 수석 수련감독자는 이러한 쟁점에 대해 반드시 언급해야 한다. 이는 수석 수련감독자가 다문화 훈련을 받아 왔고, 높은 수준의 인종 정체감을 촉진시켜 본 경험을 가지고 있다고 가정하는 것이다. 만일 학생 수련감독자의 수련감독자가 생각하기에 실습 수련감독자의 인종 혹은 민족 정체감 발달 수준이 실습상담자보다 낮다고 판단되는 경우에는 수석 수련감독자가 반드시 개입해야 한다.

우선, 이 과정에는 문제를 언급하고 그 문제에 대해 추가로 사정을 실시하는 것에 대해 수련 중인 수련감독자와의 논의가 포함될 것이다. 만일 수련감독자의 발달 수준이 실습생들에 비해 심각할 정도로 낮고 이러한 상황이 만족할 만한 수련감독 실습에 지장을 초래한다면, 수석 수련감독자는 실습생들을 다른 수련감독자에게 보내는 조치를 취해야 한다. 수련감독자와 실습생들의 조심스러운 수련감독이 이 접근의 핵심이다.

편람 사용법

반성과정에 대한 믿음은 지침서에 대한 생각과 상충되는 것처럼 보인다. 그러나 편람은 외국어 강좌처럼, 보다 나은 발달을 위한 촉매로 사용될 수 있다. 만일 초심 수련감독자가 어휘(예, 수련감독 전략)를 배울 수 있다면, 실습생에 대한 반성적 탐구를 촉진할 수 있다. 수련감독자에게는 수련감독 회기 중과 회기 후에 수련감독에서 선택된 전략을 사용하고, 실습생들과 자기 자신에 대한 영향에 대해 반성해 보도록 한다.

수련감독자는 실습 중인 수련감독자들이 질문을 통해 전략을 수정하도록 돕는다. 일단 실습 수련감독자들이 이 작업을 시도하면 효과의 극대화를 위해 실행에 옮겨야 할 시기를 결정하게 함으로써 창조적인 혁신을 감행하도록 격려해야 한다. 이러한 방식으로 수련감독자는 개인 및 집단 수련감독의 지지적인 환경 속에서 스스로 탐색과정을 경험할 수 있는 기회를 갖게 된다. 만일 수련감독자들이 몇 주 동안 수련감독 개입이 가능한 기법들 중에 몇 가지 기술들만을 통합하여 사용하고 있다는 사실을 깨닫게 된다면, 적절할 때 빈번하지 않게 사용하는 기법을 실험해 볼 수 있다.

나는 소감문written journal을 통해 수련감독자가 반성해 보도록 권장해 왔다. 학생 수련감독자에게는 매주 실습생들에게 수련감독을 제공하는 것과 수석 수련감독자에게 수련감독을 받는 경험에 관하여 글로 쓰도록 하였다. 그러면 수석 수련감독자는 수련 중인 수련감독자들의 생각에 대해 글로 평을 써서 답한다.

노이펠트, 도우세트, 그리고 넬슨(Neufeldt, Doucette, & Nelson, 2003)은 두 학기quarters에 걸쳐 실습 수련감독자들이 작성한 소감문들을 발췌하여 검토하였다. 연구자들은 질적 분석을 통해 수련감독자들이 다른 진술에 비해 3배나 많은 반성적 의견을 기록하는 경향이 있었다는 사실을 발견하였다. 다른 실습 수련감독자들에게서도 동일한 현상이 나타날지는 알 수 없지만, 이는 소감문 작성이 반성을 증진시킬 수 있다는 사실을 나타내는 것이다.

수련감독에 관한 논의의 효율성을 높이기 위해, 제2장은 특히 초심 상담자에 대한 수련감독 윤리와 평가에 초점을 맞추고 있다. 수련감독 윤리기준은 다문화 맥락에서 대학원 과정의 실습생들에게 적용하는 사례와 함께 설명된다. 이어서 수련감독자의 윤리적 책임과 일치된 방식으로 개발된 실습생 평가방법을 소개하고 있다. 이는 비학위과정에서도 수련감독자의 용도에 따라 수정이 가능한 방법이다.

나는 수련감독자가 실습생의 목표와 욕구를 염두에 두고 사용 가능한 다양한 전략들을 개발해 왔다. 버나드(Bernard, 1979)는 수련감독자의 역할을 교사teacher, 상담자counselor, 그리고 자문자consultant, 세 가지로 정리하였다. 스티네크와 다이(Stenack & Dye, 1982)는 요인분석 연구에서 수련감독자의 기능들을 범주별로 분류하였다. 나는 스티네크와 다이의 목록을 활용하여 초기 수련감독 전략을 조직화하였고, 나중에 교수, 상담, 그리고 자문 역할을 결합한 지침서에 고급 전략을 추가하였다. 세세한 수련감독자 행동들은 모형의 안내기준에 따라 각 전략의 윤곽을 나타내도록 기술되었다.

수련감독 전략에 관한 기술이 버나드(Bernard, 1979)나 스티네크와 다이(Stenack & Dye, 1982)의 견해와 일치하지 않더라도, 이는 수련감독자 교육과 평가를 위한 기초를 제공하고 있다. 특히, 실제 수련감독에서 발췌한 짧은 대화의 예를 통해 실습생이 내담자, 수련감독자, 그리고 동료들로부터 반성을 통해 어떻게 협력적 학습과정을 도출하는가를 상세히 설명하고 있다. 이를 통해 수련감독자는 실습생들이 언제 고착상태에 빠지게 되는가를 인식하고, 회기 내에서 어떤 일이 일어나고 있는가에 대해 반성하며, 가설을 세우고, 실험하도록 도울 수 있게 된다.

각 대화의 예 다음에는 대화의 예에 대한 부연설명과 해설이 제시되어 있다. 전략에 대한 설명과 실제 수련감독 상황에서 발췌한 대화의 예들을 통해 수련감독자는 자기 자신과 수석 수련감독자가 평가할 수 있는 구체적인 수련감독 기술들을 개발할 수 있을 것이다.

이 지침서의 제2부(제3장, 제4장)에는 수련감독 전략과 사례개념화 모형과 평가에 대해 기술되어 있다. 기본 수련감독 전략(예, 설명하기 위해 실제 수련감독에서 발췌한 대화의 예)은 제3장에서, 고급 전략은 제4장에서 다루고 있다. 실습 중인 수련감독자들은 초기 실습과정의 개요를 설명하고 있는 후속 절section을 사용하지 않고도 제2부를 활용하여 수련감독 기술을 확장할 수 있을 것이다. 제6장의 내용은 실습생들에게 구체적인 영역에서의 고급 기술을 가르치는 데 유용할 것이다.

이 책의 제3부는 첫 실습 경험에 초점을 맞추면서 두 학기에 걸쳐 실시되는 실습과정의 개요를 담고 있다. 제5장에는 매주 실시되는 수련감독 회기를 위한 수련감독 행동뿐만 아니라 첫 학기 과정의 개요가 제시되어 있다. 이는 강의와 병행되는 것으로, 실습생들이 동료와 자원내담자들과 갖게되는 상담 경험에 관한 것이다. 다시 말하면, 실제 수련감독에서 발췌한 대화들은 이러한 과정을 예를 들어 설명하는 것이다.

제6장은 두 번째 학기의 구체적인 과정에 대한 개요를 담고 있다. 여기

서는 수련감독자들이 이때쯤이면 수련감독과 관련된 선택에 보다 능숙해질 것이라는 가정하에, 실습생들이 제시한 자료에 최적의 전략 사용법을 다룬다. 전체 수련감독 회기에서, 내담자는 수련감독 관계의 일부라고 가정한다(Holloway, 1992, 1995). 내담자가 어떤 사람인지 예견할 수 없으므로, 수련감독 회기는 편람을 얼마나 충실하게 따르는가에 따라 달라질 것이다.

각 학기의 교육과정에는 적절한 수련감독 전략과 함께, 15차시의 강의와 수련감독 회기가 포함된다. 이 중 10차시는 두 학기two quarters 과정에서 필수적이다. 추가적인 강의는 두 학기semester 과정에서 활용할 수 있도록 제공되는 것이므로, 담당교수의 의도에 따라 추가적인 강의의 일부를 첫 10회의 일부로 대체될 수 있다.

우리 대학원 상담 전공 학생들은 학업 면에서는 강한 경향이 있는 반면, 임상적으로 경험이 없는 편이다. 우리 학생들은 대학원 과정 첫 해 두 번째 학기quarter에 처음으로 상담과 실습과목을 수강하게 된다. 실습과목 수강에 앞서, 학생들은 기본 상담이론을 공부하고, 실습과 병행하여 다문화적 쟁점과 윤리에 관한 과목들을 수강하게 된다. 다른 실습기관들의 경우, 과목을 다소 조정하여 학생의 특성과 배경, 그리고 이전의 학업이나 임상경험에 동화될 수 있도록 할 수 있을 것이다.

전략을 구체화하고 실제 수련감독 상황에서 대화의 예를 발췌하기 위해 나는 상담실습은 반드시 녹화 시설이 갖추어진 곳에서 해야 한다는 가정을 세웠다. 모든 실습기관에 이러한 시설이 구비되어 있지는 않겠지만, 동영상 녹화는 녹음으로 대체할 수도 있다.

수련감독자와 실습생들이 상담내용을 녹음하거나 녹화할 수 없는 경우, 수련감독자는 실습생들에게 구두로 상담의 상호작용에 대해 보고하게 하고, 서면으로 작성된 과정일지를 통해 많은 양의 정보를 수집한다. 아지리스와 슈웬(Argyris & Schön, 1974, p. 47)은 반성적 탐구를 돕기 위해 과정일지process notes 모형을 제공하였다.

헨리, 스트럽, 버틀러, 샤흐트, 그리고 바인더(Henry, Strupp, Butler, Schacht, & Binder, 1993)는 치료 편람의 사용은 상담기술을 정확하게 시범 보일 수 있는 능력을 증진시킨다고 보고하였다. 나는 우선 수련감독자가 수련감독 편람을 철저하게 따라줄 것을 권한다. 연구자들은 또한 치료자가 지침서의 전략만을 고수하려고 하다 보면, 적개심이 증가되고 온정이 감소될 수 있다고 보고하였다.

따라서 나는 수련감독 관계의 질에 주의를 기울일 것을 권한다. 바꾸어 말해서, 수석 수련감독자는 자기 자신과 실습 중인 수련감독자와의 관계에 초점을 맞추고, 이들과 직접적으로 관련된 이러한 문제들의 발생 가능성에 대해 언급할 필요가 있다.

정확한 전략의 사용으로 좌절을 감소하기 위한 한 가지 방법은 실습 중인 수련감독자가 언어에 주의를 기울임으로써 전략을 개인화personalize하도록 돕는 것이다. 나는 정확한 용어로 전략을 기술하는 동시에 실습생들이 자신의 말로 전략들을 실행에 옮겨 볼 것을 권한다. 경험이 많은 치료자들 대부분은 새로운 치료법에 관한 워크숍에 참가했다가 집에 돌아와서 그 새로운 방법을 실행에 옮기려 하지만, 별로 도움이 되지 않았던 경험이 있을 것이다. 치료자나 수련감독자들은 그 방법을 자신의 성격 유형에 들어맞는 언어로 자신의 것으로 만들기 전까지는 효과를 발휘하는 전략은 없을 것이다. 람보와 쉬프츠(Rambo & Shifts, 1997)는 실습생들이 자신의 말로 '연습해 보도록play with' 권장하고 있고, 나는 수련감독자들도 동일하게 하는 것을 권장한다.

수석 수련감독자는 실습 수련감독자들과 정기적으로 모임을 가져야 한다. 그러면서 내담자, 실습생, 그리고 수련감독자 사이의 복잡한 관계에 주의를 기울여야 한다. 수석 수련감독자는 실습 수련감독자들의 반성과정을 조성하는 한편, 수련감독자들이 혼란을 경험해 보고, 가설을 설정하여 검증해 볼 수 있도록 한다. 수련감독에서 자신의 아이디어와 개입에 관하여 소리 내어 생각해 봄으로써 수석 수련감독자는 실습 수련감독자들을 위한 반성과정을 몸소 시범 보인다. 이러한 방법으로 좋은 수련감독의 모범을 보인다.

제 2 장

윤리적 수련감독과 초심 상담자 평가

- □ 실습생의 윤리 이해와 실습을 위한 절차
- □ 수련감독 관계에서의 윤리적 행동

시작하기에 앞서, 나는 정신건강 훈련 프로그램 교육자들에게 모든 학생들이 사전에 그들 자신, 배경, 그리고 실습생들과 수련감독의 일원으로서의 느낌에 대해 질문을 받게 될 것을 알고 있는지 확인해 보기를 권한다. 미국심리학회(American Psychological Association, APA)의 윤리강령(ethics code, 2002)의 원칙 7.04는 다음과 같다.

글상자 7. 수련감독 관련 APA 윤리강령 조항

심리학자는 학생이나 수련감독을 받는 실습생supervisee에게 강좌 혹은 프로그램 관련 활동에서 (1) 프로그램이나 훈련기관에서 분명하게 참가안내와 프로그램 자료에 필수 요건으로 명시한 경우나 (2) 학생의 개인적인 문제가 합당하게 판단되어, 훈련이나 전문적인 활동을 합법적으로 실행하지 못하게 하거나, 학생 혹은 다른 사람에게 위협이 되는 학생을 평가하거나 도움을 청할 수 있게 하기 위한 정보가 필요한 경우를 제외하고는, 구두나 글의 형태로 성 발달사, 학대와 방치, 심리적 치료, 그리고 부모, 또래 및 배우자나 중요한 타인과의 관계에 관한 개인 정보 노출을 요구하지 않는다(p. 10).

담당교수와 수련감독자 대부분은 이러한 사안들에 관하여 알아보려고 하지는 않겠지만, 학생들은 역할연습이나 수련감독자와 자신의 사례에 관하여 이야기를 나누는 도중에 이러한 문제들을 내비칠 수 있다. 실습 담당교수와 수련감독자는 학생들이 자신의 삶, 배경, 그리고 감정이 실습과정에서 논의의 주제가 될 수 있다는 사실을 이해하고 있는가를 반드시 확인해야 한다.

이 장에서는 초심 상담자들에 대한 교수instruction와 수련감독을 위한 윤리적인 체제를 제공하는 한편, 실습생들이 어떻게 윤리적인 방식으로 평가될 것인가를 다루고 있다. 다음 장에서는 임상적 사고clinical thinking와 실습에서 실습생들의 역량 발달을 위해 고안된 전략들에 대해 기술하고 있다. 그러나 윤리와 가치관에 대해 주의를 기울이지 않는다면, 모든 형태의 교육은 단지 기술적인 연습technical exercise에 지나지 않게 되고, "삶을 토막내고 세상으로부터 우리를 멀어지게 하는"(Palmer, 1998b, p. 25) 과정에 지나지 않는다. 도덕적 판단moral judgment은 또 하나의 발달과정이다. 레스트(Rest, 1984)는 도덕적 과정moral processes의 네 가지 구성요소를 아래와 같이 서술하였다.

글상자 8. 도덕적 과정의 구성요소

1. 한 사람의 행동이 다른 사람의 복지에 얼마나 영향을 미치는가를 고려하여 상황을 해석하는 것
2. 도덕성의 실행과정이 어떻게 되어야 하는가에 대해 명확하게 말할 수 있는 것; 특정 상황에서 도덕적 이상ideal을 잘 알고 있는 것
3. 가장 높은 가치를 지닌 사고의 결과들 중 한 가지를 택하여 실행하는 것; 자신의 도덕적 이상을 충족할 것인가의 여부를 결정하는 것
4. 자신이 의도한 것을 수행하고 실행하는 것

킹과 키치너(King & Kitchener, 2004)가 지적한 것처럼, 도덕적 추론moral reasoning은 점차 복잡하게 발달된다. 특히 레스트와 토마(Rest & Thoma, 1985)는 대학의 마지막 2년과 대학원 기간 동안 교육을 심화시키는 것은 대학을 졸업하지 않은 사람에 비해 도덕적 추론의 발달을 한층 끌어올리는 것과 연관이 있다는 사실을 보여 주었다. 수련감독자는 심리치료 회기에서 도덕적 쟁점 탐색을 지지하는 한편, 레스트(Rest, 1984)의 구성요소들을 토대로 일련의 질문들을 던져 볼 수 있다.

이 장에서는 이 책의 뒷부분에 제시되는 모든 전략과 실례들을 안내하는 윤리와 평가절차를 다루고 있다. 상담과 심리치료는 친밀한 활동으로서,

돌봄과 존중의 관계를 기반으로 이루어진다. 이처럼 수련감독자는 돌봄care(Gilligan, 1982)과 정의justice(Kohlberg, 1984)에 주의를 기울임으로써 실습생들과의 관계를 촉진시켜야 한다. 키치너(Kitchener, 1984)는 한 걸음 더 나아가서 자율성 존중respect for autonomy, 무해성nonmalificence, 선의beneficience, 정의justice, 그리고 충실성fidelity이라는 윤리기준을 부각시켰다. 미라, 슈미트, 그리고 데이(Meara, Schmidt, & Day, 1996)는 여기에 진실성veracity의 원리를 추가하였다.

이들은 또한 심리학자는 미덕virtue을 몸소 보여야 한다고 제안하였다. 즉, 심리학자는 선의 추구를 소망하고, 비전과 분별력을 보이며, 행위 평가에서의 정동 또는 정서의 역할을 인정하고, 자기이해와 인식을 몸소 보이며, 행위가 이루어지는 지역사회의 맥락에서 도덕적 의사결정을 내려야 한다.

상담자교육 · 수련감독학회(Association for Counselor Education and Supervision, ACES, 1995)에서는 수련감독 실습을 관리하기 위한 일련의 윤리지침을 개발하는 한편, 모든 상담 전문가 관련 학회들은 윤리강령 내에 수련감독의 실제를 위한 규정을 제공하고 있다. 라다니, 레만-워터만 몰리나로, 그리고 월가스트(Ladany, Lehman-Waterman, Molinaro, & Wolgast, 1999)는 수련감독자를 위한 ACES 윤리강령뿐 아니라 미국결혼 · 가족치료학회(American Association for Marriage and Family Therapy, 1991), 미국상담학회(American Counseling Association, 1995), 미국정신의학회(American Psychiatric Association, 1995), 미국학교상담자협회(American School Counselor Association, 1992), 그리고 전국사회사업가협회(National Association of Social Workers, 1996)에서 공들여 개발한 지침들을 검토하였다.

이 지침들로부터 연구자들은 실습 상담자에게 적용할 수 있는 윤리적 수련감독 실습의 18개 영역을 추출하였다. 이 영역들에서는 봐스케즈

(Vasquez, 1992)가 상담 내에서 실습생들의 윤리적 이해와 행동을 공고히 하고, 수련감독 관계 내에서 윤리적으로 행동할 수 있게 하기 위한 수련감독자들의 두 가지 책임을 기술하고 있다.

그 후, 미국심리학회(American Psychological Association, 2000, 2003)는 소수민족 집단과 레즈비언, 게이, 그리고 양성애자들을 다루기 위한 지침을 개발하였다. 미국상담학회(American Counseling Association, 2005)는 새로운 윤리기준에서 관련 쟁점들에 관하여 구체적으로 명시하였다. 윤리적으로 작업하고 실습하기 위해서는 수련감독자와 치료자는 자기 자신은 물론, 그들에게 수련감독을 받는 실습생들이 내담자와 실습생의 모든 수준의 다양성과 그들이 살아가는 범위 내에서의 맥락에 주의를 기울이고 있는지를 반드시 확인해야 한다.

수련감독자의 윤리기준 위반에 대한 실습생들의 불만에 관한 연구에서, 라다니 외(ladany et al., 1999)는 불만 내용의 1/3이 부적절한 평가와 피드백 절차에 있다는 것에 초점을 맞추었다. 이러한 불만 사항은 그 다음의 불만사항보다 거의 2배 정도 높았다. 따라서 수련감독자들은 평가와 피드백 영역에 특별히 주의를 기울여야 한다. 지속적으로 임상적, 개인적, 그리고 전문적 쟁점에 관한 피드백을 제공하는 것은 경험이 많은 수련감독자들에게조차 어려운 일이다(Hoffman, Hill, Holmes, & Freitas, 2005).

내 경험으로는, 초심 수련감독자들은 상담실습 동영상에서 상담 실습생들이 행한 구체적인 개입에 대해 피드백을 제공하는 것조차 힘들어한다. 나는 이들에게 피드백을 제공한다는 것은 실습생들이 변화할 수 있다는 사실을 믿고 있다는 것이며, 피드백을 제공하지 않는 것은 실습생들의 잠재력을 발달시킬 자신감이 없음을 나타내는 것과 같다는 점을 일깨워 주곤 한다.

다음 페이지에서는 초심 상담자와 치료자들을 위한 실질적인 제안을 하고자 한다. 이것은 라다니 외(Ladany et al., 1999)가 기술한 것으로, 봐스케즈(1992)가 정의한 일반 범주들로 구성되었고, 실습생들에 대한 피드백과 평가를 위한 구체적인 제안들이 포함되어 있다. 때때로 연습이나 예들을 통해 이러한 제안들을 설명하기도 한다. 덧붙여서, 수련감독 관계 내에서의 실습생 책임에 관해서는 워딩턴과 구글리오티(E. L. Worthington & Gugliotti, 1997)와 버나드(Bernard, 1999)가 상세하게 기술하고 있다.

실습생의 윤리 이해와 실습 절차

초심 치료자들에게 윤리 기준을 가르치는 것과 이 기준을 실전에서 사용하도록 하는 것은 상담자 교육과 수련감독의 가장 중요한 과제에 속한다. 플라이, 반 바크, 와인먼, 키치너, 그리고 랑(Fly, van Bark, Weinman, Kitchener, & Lang, 1997)이 발견한 것처럼, 심리학 전공 대학원생들이 훈련 중 윤리적 위반을 범하는데, 그중 극히 일부만이 교수진과 교수 수련감독자에게 알려진다. 대부분의 훈련 프로그램에서는 오직 한 강좌만이 전문직 내에서의 윤리기준에 초점을 맞추게 되는데, 이는 윤리적 상담을 보장하기에는 턱없이 부족하다. 수련감독자는 실습생들이 한 강좌에서 습득한 학문적 지식academic knowledge을 절차적 지식procedural knowledge으로 바꾸어 상담의 실제에 몸소 적용할 수 있도록 도와야 한다.

수련감독자는 자신에게 수련감독을 받고 있는 실습생들의 윤리적 행동에 대해 궁극적인 책임이 있다(Bernard & Goodyear, 2004; Corey, Corey, & Callanan, 1998; Falvey, Caldwell, & Cohen, 2002). 실습생들이 윤리적으로 상담할 수 있도록 수련감독자가 어떤 조치를 취할 것인가에 대해서는 다음에 논의된다. 즉, 전문가 역할과 상담기관 규정, 내담자에 대한 자기노출, 윤리적 행동과 윤리문제에 대한 반응, 성적 그리고 기타 이중 역할 문제, 내담자에 대한 다문화적 민감성(ACA, 2005; APA, 2000, 2003), 위기관리, 종결 관련 문제 등에 대해 집중 논의될 것이다.

명시적 실습기관 절차

일반적으로 실습생들은 윤리기준을 이해하고는 있지만, 이를 어떻게 실행에 옮길 것인가에 대해서는 잘 모를 수 있다. 대학 내 학위과정에 실습기관이나 훈련 클리닉을 자체적으로 보유한 경우에는 실습생들이 윤리적으로 상담할 수 있도록 절차를 만들 수 있다. 반면, 실습생들이 캠퍼스 밖의 기관에서 실습하게 되는 경우, 교수 수련감독자는 그 기관에 윤리적 상담을 위한 절차를 갖추고 있는지 확인해야 한다.

훈련 상태와 내담자 동의 공개

내담자가 상담을 받으러 오면, 내담자에게 상담 실습생이 상담을 맡게 될 것이라는 사실을 반드시 통보해야 하고, 과정이 진행되기 전에 내담자의 동의를 얻어야 한다. 대학기반 훈련 클리닉university-based training clinic에서는 이러한 사실을 우선 전화로 설명하고, 내담자에게 서신을 보내거나 접수면접 시에 상세히 설명해 준다. 그런 다음, 상담자는 첫 만남에서 내담자에게 자신의 훈련 상태를 설명해 주고, 녹음 · 녹화와 같은 수련감독을 위한 절차, 수련감독자의 이름과 면허 상태를 상세하게 설명해 준다.

실습생은 회기 내에서 일어나는 일을 누가 알게 될 것인지와 비밀이 어떤 방식으로 보호될 것인지에 대해 명확하게 말해 준다(예, 수련감독자와 수련감독을 함께 받고있는 다른 실습생들). 또한 실습생은 비밀보장에 대해 주state에서 요구하는 법적 한계를 설명한다(예, 내담자가 자기 자신이나 타인에게 위험한 상황 또는 아동학대 사실을 알릴 때). 더욱이 실습기관에서 연구가 정기적으로 실시된다면, 내담자의 익명성과 비밀이 확실히 보장되기 위한 절차에 대해 반드시 설명해 주어야 한다. 응급상황에서 내담자가 치료자나 다른 전문가와 어떻게 접촉할 수 있는가에 대해서도 말해 주어야 한다.

상담을 시작하기에 앞서, 상담자는 내담자에게 이러한 절차의 개요를 문서로 된 동의서consent form에 서명함으로써, 이 절차에 정식으로 동의하도록 요청한다. 만일 내담자가 동의하지 않는다면, 상담자는 정중하게 거절을 받아들이고, 내담자의 요구에 부응할 수 있는 다른 기관에 의뢰한다. 이런 상세한 설명과 동의서는 내담자와 상담자 모두가 기대될 수 있는 내용을 정확하게 이해할 수 있도록 실행되고 작성되어야 한다.

기록유지

실습기관의 모든 수련감독자들은 기록유지에 관한 안내를 해야 한다. 각각의 예와 함께 접수보고서, 경과일지progress notes, 상담료 청구 기록, 그리고 종결 양식의 개요에 대해 명확하게 설명해 줌으로써 초심자는 서류 작업을 적절하게 관리할 수 있게 된다. 수련감독자는 자신에게 수련감독을 받는 상담자를 훈련하는 한편, 제반 기록들이 기록유지를 위한 윤리기준에 합당하게 작성 · 유지되도록 제반 기록들을 지속적으로 꼼꼼히 확인해야 한다.

응급상황 및 보고 절차

상담자는 잠재적인 위험을 어떻게 인식하고 그것에 대처하기 위해 무엇을 해야 하는지 명확하게 이해해야 한다. 초심 치료자가 자살, 습관성 약물 사용 또는 기타 일탈행동을 할 위험이 없는 내담자를 선택하려고 아무리 노력해도, 이런 문제들이 훈련 상황에서 일어나지 않으리라는 보장이 없다(Neufeldt, 1994a).

그러므로 과정이 분명해야 하고, 수련감독자는 상담자를 지원해 줄 수 있도록 현장에 있어야 하며, 때로 잠재적인 위험이 발생했을 때 직접 개입할 수 있어야 한다. 마찬가지로, 수련감독자는 상담자가 법적으로 공식 보고를 요구받는 상황이 발생할 것을 예상해서 이에 대한 절차를 마련해야 한다.

대부분의 주에서 상담자는 아동학대child abuse 또는 자신이나 타인을 해칠 수 있다는 의심이 드는 경우에 반드시 보고해야 할 것을 명시하고 있다. 법적 절차는 실습생들에게 명확해야 하고, 수련감독자는 이런 법적 보고에 대해 언제든지 도움을 제공할 수 있어야 한다. 고급 훈련은 응급상황을 위해 마련된 수련감독의 중요한 구성요소다. 이는 상담자가 실제 응급상황에 직면하기 전에 모의 응급상황에서 취해야 할 적절한 행동을 모방해 보고, 상담자에게 동료나 수련감독자와 역할연습을 해 볼 수 있게 하기 위한 과정이다. 이러한 모델링과 연습은 제3부에서 다루는 상담실습 과정과 통합된다.

종 결

종결 절차도 마찬가지로 구체적으로 명시되어야 한다. 실습생은 언제, 어떻게 내담자에게 종결에 관하여 말을 꺼내는가와 그 결과에 따라 수반되는 일에 대해 알고 있어야 한다. 뿐만 아니라 휴가를 떠날 때마다 '약식 종결mini-terminations'을 해야 하는 점을 이해하고 있어야 하고, 이렇게 상담의 일시적 중단에 따른 내담자의 감정에 대해 논의할 준비를 해야 한다.

이상적으로는, 상담자와 내담자가 엄정하게 임상적 요인들에 기초하여 종결하기로 결정을 내려야 하지만, 때로 기타 요인들이 좀 더 일방적인 종결 결정에 영향을 미치곤 한다. 내담자는 때로 더 이상 상담 받지 않겠다는 결정을 일방적으로 내리기 때문이다.

더 나아가서, 저렴한 상담 서비스를 이용하는 사람은 흔히 불안정한 직업과 생활여건 때문에 상담이 상담자와 내담자 모두가 만족스러운 상태에 이르기 전에 중도에 그만두는 경우가 흔하다. 훈련 프로그램에 있는 상담자 역시 다른 기관으로 옮겨 가거나 훈련을 마치게 되면서 흔히 일방적으로 변화를 주게 된다(Teyber, 2006).

이러한 경우, 흔히 사례는 다른 치료자에게 넘겨진다. 이 모든 경우에, 상담자는 내담자가 종결에 따른 감정에 대해 내담자와 논의하도록 훈련되어야 한다. 마찬가지로, 상담자는 내담자에게 억압된 감정을 무의식적으로 행동화하지 않도록 수련감독자와 종결에 관한 자신의 감정에 대해 이야기를 나눈다.

사례 이전case transfer과 종결에 대한 서류작업을 고려할 때, 실습생은 필수적으로 요구되는 서류를 정확하게 알고 있어야 한다. 여기에는 흔히 상담관계나 그 시점까지 상담의 성공 여부를 평가하기 위한 양식이 포함된다. 내담자가 편견 없이 이러한 양식들을 작성하도록 하기 위해서는 내담자가 작성한 결과는 상담자조차 볼 수 없다는 사실을 언급해 줄 필요가 있다. 상담자에게는 비밀을 유지하도록 요청한다. 실습기관에 따라서는 추수상담 절차follow-up procedures를 필수로 요구하기도 한다. 상담자는 내담자에 대한 추수상담을 어떻게 해야 하는지를 잘 알고 있어서 종결 시간에 내담자에게 이에 대해 설명해 준다.

상담관계에서 제기되는 윤리적 현안에 대한 반응

상담의 시작이나 종결과 같은 여러 상황에 대한 구체적인 절차가 명시되어 있지만, 윤리문제는 여전히 발생한다. 수련감독자는 제기되는 윤리문제를 처리해야 할 의무가 있다. 윤리문제들 중 두 가지, 즉 성적 감정과 다문화 민감성은 특히 실습생들에게 문제의 소지가 될 수 있다(Ladany, Brittan-Powell, & Pannu, 1997; Ladany et al., 1999). 다음 절에서는 이 두 가지 문제에 대해 논의하고자 한다.

성적 감정

일반적으로 실습생들은 내담자와 성적 관계나 연애 관계를 맺지 말아야 한다는 것을 알고 있다. 그러나 오히려 이에 대해 알고 있는 것이 내담자에게 가질 수도 있는 성적·연애 감정에 대한 논의를 어렵게 하기도 한다. 라다니 외(Ladany et al., 1997)가 실시한 질적 연구에서, 실습생들은 성적 감정이 드는 내담자에게 더 많은 시간과 노력을 들여 돌보며 주의를 기울이는 반면, 때로는 더 거리를 두고, 주의가 산만해지며, 객관성을 잃게 된다고 보고하였다. 이러한 어려움에도 불구하고, 연구자들은 이 연구와 다른 연구(Ladany, Hill, Corbett, & Nutt, 1996)에서 실습생들이 수련감독자에게 이러한 감정을 보고하지 않는다고 응답하였다는 점을 지적하였다.

워딩턴과 구글리오티(E. L. Worthington & Gugliotti, 1997)는 수련감독에서 자신의 감정을 보고하는 것은 실습생들의 책임이라고 주장했지만, 실습생들은 그런 보고를 할 정도로 수련감독 동맹이 견고하지 않았고, 수련감독자들이 도움을 줄 수 없거나 이러한 감정을 노출한 이후에 자신을 더 부정적으로 인식할 거라는 두려움 때문에 보고하지 않았다고 응답하였다.

결과적으로, 실습생들이 경험하고 있지만 눈에 잘 띄지 않는 관심사를 알아차리거나, 내담자에 대한 거리감을 인식하고, 그러한 감정을 탐색하는 것은 전적으로 수련감독자가 담당해야 할 과업이다. 이러한 탐색은 제3장에서 논의될 전략 7(상담회기 중 발생한 실습생의 감정을 탐색한다)을 조심스럽게 이용하여 민감하게 이루어져야 한다. 이것은 수련감독자 혹은 훈련프로그램에서 성적 매력을 느끼게 되는 것에 대해 적절히 처리되지 않았던 두 편의 연구(Ladany et al., 1999; Ladany, O'Brien, et al., 1997)에서 거론되었던 실습생들에게는 중요한 관심사다.

내담자에 대한 다문화적 민감성

실습생과 다른 문화적 배경을 가진 내담자에 대해 공감을 발달시키기 위한 구체적인 전략과 다문화적 문제들을 처리할 수 있는 방법은 제3부에 개관된 실습과정에 상세히 기술되어 있다. 여기서는 윤리적 구성요소의 일부에 대해서만 언급된다. 미국심리학회(American Psychological Association, 2000, 2003)는 게이, 레즈비언, 그리고 양성애자뿐 아니라 인종적 · 언어적 · 문화적으로 다양한 사람들에 대한 서비스 지침을 규정하고 있다. 또한 상담자와 심리학자에 대한 모든 윤리규범들은 인종, 민족, 성별, 연령, 차별화된 능력, 종교, 경제적 지위, 그리고 성 지향성과 같은 것들을 토대로 가해질 수 있는 차별을 금하고 있다.

그럼에도 불구하고, 상담자는 이러한 차원에 대해 자신과는 다른 내담자에 대해 가질 수 있는 기본 가정을 의식하지 못할 수도 있다(Helms & Cook, 1999; Ivey, D'Andrea, Ivey, & Simek-Morgan, 2002; Miville et al., 2005). 또한 실습생들은 수련감독자가 내담자에 대하여 흔히 다문화적으로 민감하지 못한 발언을 했다고 보고하였다(Ladany et al., 1999). 윤리훈련을 위한 추가적인 자원들은 ADPTC(Association of Directors of Psychology Training Clinics, 2005a) 웹사이트에서 찾아볼 수 있다. 때로 보호받는 종교와 성 지향성 때문에 갈등이 일어나는 상황이 발생하기도 한다. 이러한 상황들은 돌봄과 민감성을 가지고 다루어져야 한다.

자신과 다른 내담자에 대한 실습생의 감정을 탐색하는 것은 수련감독자가 담당해야 할 과업이다. 수련감독자는 자기 자신과 실습생의 차이점에 대해 언급할 필요가 있다. 수련감독자는 특히 실습생의 두드러지는 정체성에 관하여 알아본다. 즉, 흑인 실습생은 '군인자녀Army brat'(역자주: 육군사관 · 하사관 등의 자녀로, 특히 군 기지와 같이 군인들과 그 가족들만의 환경에서 자란 아이들을 일컫는 속어)를 자신의 가장 중요한 정체성으로 여기거나, 아시아계 실습생은 기독교적 입장을, 유대인 실습생은 자유주의 정치 입장을 취하기도 한다. 이러한 것들을 알게 됨으로써, 수련감독자는 실습생 개개인이 동일시하는 다양성에 적절하게 반응할 수 있게 될 것이다. 동시에, 수련감독자는 실습생들의 인종과 민족은 여전히 그들의 삶의 경험에 영향을 미칠 수 있다는 사실을 염두에 두어야 한다.

덧붙여서, 수련감독자는 다양성 문제에 대해 민감성을 갖춘 모델 역할을 담당해야 한다. 특히, 수련감독자는 실습생들에게 문화적으로 적절한 방식으로 수련감독하기 위해 실습생들이 담당하고 있는 내담자의 사회적 · 문화적 경험에 대해서도 잘 알고 있어야 한다. 제1장에서 언급하였듯이, 이는 생각보다 훨씬 더 복잡한 작업이다. 수련감독자는 고정관념을 피하는 한편, 특별히 다양한 사회적 · 문화적 경험이 영향을 미칠 가능성을 고려해야 한다. 여기에는 특히 탄압의 역사와 가치관 문제를 겪은 사람들이 포함된다. 더욱 중요한 점이라면, 수련감독자는 다른 문화적 배경을 가진 실습생이 자신의 내담자에 대해 어떤 감정과 태도를 취하고 있는가를 반드시 탐색해야 한다는 것이다.

피더젠(Pedersen, 1991)은 모든 개인차는 문화적 차이로 개념화되고 언급될 수 있다고 주장하였다. 이러한 정의는 수련감독자가 자신과 실습생의 감정을 처리해야 하는 영역을 넓혀 준다. ACES(1995) 수련감독 윤리규정에는 진술되어 있지 않지만, 라다니 외(Ladany et al., 1999)와 곤잘레스(González, 1997)는 그것을 수련감독자 윤리행동의 필요 요소로 기술하였다.

수련감독 관계에서의 윤리적 행동

수련감독자는 심리치료자로서 윤리기준을 준수하고 실습생들에게 이를 가르쳐야 하는 한편, 수련감독 관계에서도 보호적이고 공정한 방식으로 처신해야 한다. 문헌상에서의 수련감독자 윤리에 대한 수많은 논의는 실습생들에 대한 수련감독자의 존중과 공정한 대우에 초점을 맞추고 있다(예, ACES, 1995; Bernard & Goodyear, 2004; Corey et al., 1998). 다음 절에서는 라다니 외(Ladany et al., 1999)가 개관한 윤리적 쟁점들에 대해 다루고

자 한다.

수련감독에서의 수련감독자 훈련

ACES(1995)의 수련감독 윤리기준에는 수련감독에서의 훈련이 수련감독자의 역할에 대한 가정을 위해 필요한 필수 선행 요건이라고 나와 있다. 많은 주 면허국state licensing boards에서는 인턴들의 수련감독을 담당하는 사람들에 대한 수련감독 훈련을 의무화하고 있다. ACES를 대신하여 보더스 외(Borders et al., 1991)는 수련감독자 훈련을 위한 바람직한 교육과정을 개관하였다. 수련감독하에 실시되는 수련감독 실습 역시 추천되고 있다. 적절한 수련감독자 훈련을 공고히 하기 위해 유자격 상담자 전국 위원회(National Board for Certified Counselors, NBCC)는 현재 국가 자격증을 소지한 상담자에게 수련감독자 자격증을 발급하고 있다.

불행하게도, 상담자나 다른 정신건강 종사자들의 수련감독자들은 실제로 명시적인 수련감독 훈련을 받은 사람은 거의 없다(Corey et al., 1998). 전문기구들과 주 면허 위원회가 수련감독자들에게 요구되는 면허 후 실습 경험을 명시하고 있지만, 경험이 적은 전문치료자 지도에 초점을 맞춘 훈련은 의무화하지 않고 있다. 결과적으로, 대학원에서 받지 못한 훈련을 받는 것은 전적으로 수련감독자 자신에게 달려 있는 셈이다. 한 가지 방법은 책을 읽고 임상 수련감독에 관한 강좌에 참여하는 것이다.

이 책은 수련감독을 위한 수많은 실질적인 제안을 제공하고 있다. 그리고 이론과 연구에 대해 보다 완성도가 높은 서적들, 즉 『임상 수련감독의 기초(*Fundamentals of Clinical Supervision*)』(Bernard & Goodyear, 2004), 『심리치료 수련감독 핸드북(*Handbook of Psychotherapy Supervision*)』(Watkins, 1997b) 그리고 『임상 수련감독: 역량기반 접근(*Clinical Supervision: A Competency-based Approach*)』(Falender & Shafranske, 2004)은

전체적으로 그 분야에 대한 더 큰 그림을 제공하고 있다.

초심 수련감독자는 자신이 실습생들을 수련감독하는 것에 대해 수련감독을 받을 필요가 있다. 수련감독을 시작하는 전문가는 경험이 많은 수련감독자를 찾아 지방이나 부근 대학을 방문하기도 한다. 어떤 주에서는 면허국에 연락하여 최근에 수련감독자 훈련을 받은 사람의 명단을 알아보기도 한다. 국가자격증을 갖춘 상담자가 되기를 원하는 사람은 '유자격 상담자 전국 위원회(NBCC)'에 연락하여 근처의 유자격 수련감독자 명단을 구할 수 있다. 그러나 초심 수련감독자는 자신보다 경험이 많은 상담전문가로부터 상담에 대한 지도를 받음으로써 자신의 상담기술을 향상시킬 수 있다.

기대 설정

수련감독자는 수련감독을 시작하면서 필수요건과 절차에 대해 상세히 언급함으로써 수련감독 관계에서의 윤리적 실천을 위한 기초를 다진다. 실습생들은 첫 실습에 임할 때 매우 초조해하는 특징이 있다(Rønnestad & Skovholt, 2003; Skovholt & Rønnestad, 1995). 그러나 자신에게 기대되는 것이 무엇인지를 이해하게 되면, 그러한 불안이 다소 완화될 수 있을 것이다.

전문가 역할에 대한 오리엔테이션과 수련감독 동의

오랫동안 실습을 해 왔던 사람에게는 놀라운 일이겠지만, 의외로 많은 실습생들이 수련감독에서 기대되는 것을 잘 알지 못한다. 실습생들은 자신이 어떻게 행동해야 하는지, 그리고 수련감독자에게 무엇을 기대할 수 있는지를 잘 알지 못한다. 초심 상담자가 수석 수련감독자의 지도하에 실습 중인 수련감독자의 수련감독을 받는 상황에서, 그 수석 수련감독자가 상담의 기본 과목도 가르치고 있다면, 초심 상담자는 전문가 역할에 관하여 혼란을 겪을 수 있다.

실습과정을 시작하면서 수석 수련감독자는 실습과정이 어떻게 진행될 것이며, 참여자 개개인의 역할이 무엇인지를 정확하게 설명해 주어야 한다. 이 절의 끝부분에 소개되는 수련감독 계약서를 통해 제반 방침들을 명료하게 정리할 수 있다. 강의계획서를 나누어 주는 것과 함께, 담당교수는 수련감독 모임을 몇 차례 가질 것인지, 학생들이 학생 수련감독자들student supervisors과 몇 차례 모임을 가질 것인지에 대해 설명해 준다. 각자, 즉 담당교수, 수석 수련감독자, 학생 수련감독자, 그리고 실습생의 책임에 대해서도 요약 · 정리해 준다. 특히, 담당교수는 수련감독 목적상 모든 상담과 수련감독 회기를 녹음 또는 녹화해야 한다는 점을 강조한다.

이와 같은 분명한 방침으로, 수련감독자나 실습생에 의해 일어나는 대부분의 의식적 윤리위반을 예방할 수 있다. 실습생이 간결하고 단계화된 수련감독 동영상을 시청하는 것은 수련감독 과정뿐 아니라 치료와 수련감독에서의 역전이 감정과 같이 수련감독을 받는 실습생이 논의하기 어려운 사안에 대해서도 도움이 된다.

이 책의 전략들은 대화의 예 개발에 좋은 출발점을 제공하고 있다. 실습생들은 이러한 상황에서 수련감독자와의 만남을 좋아하는 것 같다. 대화의 예에는 반드시 초보 치료자와 수석 수련감독자를 포함시켜야 한다.

비밀유지의 한계

실습생들은 처음부터 비밀을 유지해야 할 것과 하지 않아도 될 것, 그리고 누구로부터 비밀을 유지해야 하는 것인지를 정확하게 알 필요가 있다. 그리고 이 방침은 수련감독 계약서에 구체적으로 명시되어야 한다. 예를 들어 학생 수련감독자에게 말한 내용이 수석 수련감독자에게 전달되지 않으리라는 보장은 할 수 없다. 왜냐하면 수석 수련감독자는 실습생의 능력과 행동을 책임지고 있기 때문이다.

모든 수련감독 회기는 녹화되기 때문에 실습생들은 수련감독 회기에서 일어나는 일들이 수련감독자가 수련감독을 받는 집단에서도 노출될 것으로 예견할 수 있다. 실습생들의 일거수일투족이 녹화될 거라는 사실을 알게 됨으로써 실습생들은 학생 수련감독자와 나눌 이야기의 내용과 수준을 결정할 수 있다.

동시에, 수련감독자 집단의 구성원은 자신들 간에 비밀유지에 대한 방침을 설정할 필요가 있다. 마찬가지로 이 방침은 수석 수련감독자와 체결한 계약서에 구체적으로 명시되어야 한다. 실습생들은 수련감독에서 논의한 것들을 수련감독 모임 밖에서 수련감독자가 언급하지 않을 것임을 알고 있을 필요가 있다. 훈련을 받고 있는 수련감독자와 상담자는 동일한 훈련 프로그램의 구성원이고, 수련감독 밖의 상황에서는 동료일 수도 있기 때문에 이러한 상황에 대해 특별히 강조하는 것이 중요하다.

실습 집단의 '스타stars'가 누구이고, 어떤 실습생이 어려움을 겪고 있는가에 관한 문제는 대학원 과정에서 잡담의 주제로 삼을 만한 내용은 결코 아니다. 무례한 잡담의 가능성을 더욱 제한하기 위하여 우리는 실습 수련감독자에게 수련감독 모임 밖에서나 동료들 사이에서도 절대 논의하지 않도록 당부하고 있다.

일반적으로 수련감독에서 논의된 내용은 다른 교수진이나 직원들과 공유해서는 안 되지만 예외가 있다. 실습생들의 상담실습에 대한 평가는 당연히 공식 기록의 일부가 될 것이고, 수석 수련감독자는 필요하다면 실습생의 부족한 점이나 보완해야 할 점에 대해 관련 교수진들과 상의해야 한다. 수석 수련감독자가 실습생들(예, 모든 실습 수련감독자들과 실습 상담자들)에 관하여 다른 교수진들과 이야기를 나눌 계획이 있는 경우, 사전에 실습생들에게 알려 줄 것이라고 약속하는 것이 좋다. 이렇게 하면, 불신이 줄고 수련감독 관계가 향상된다.

의심스러운 수행으로 다른 교수진의 논의 대상이 되는 실습생은 그것 때문에 특별히 기분 나빠지지도 않을 것이며, 다른 실습생들도 뒤에서 욕을

먹지는 않을 것임을 알 수 있게 될 것이다. 필수적으로 회기를 녹음이나 녹화하는 것과 같은 제반과정에 관한 방침들은 비밀유지 원칙의 한계와 함께 계약서상에 상세하게 기록해야 한다. 실습생, 실습과정 담당교수, 그리고 수련감독자들은 계약서에 서명해야 하고, 추후 참조를 위해 각자 사본을 보관한다. 이렇게 하면 오해의 가능성을 줄일 수 있다.

최근 들어, 수련감독 실습생 권리장전supervisee bill of rights(Giordano, Altekruse, & Kern, 2000a)과 견본 수련감독 계약서(Falender & Shafranske, 2004; Falvey, 2002; Giordano, Altekruse, & Kern, 2000b)를 개발한 연구자들이 있었다. 수석 수련감독자는 견본 몇 장을 초심 수련감독자에게 제시하여 수석 수련감독자와 실습생 모두와의 계약서를 고안해 보도록 할 수 있다. 이렇게 해 봄으로써 이들이 수련감독자로서, 그리고 수련감독자 실습생supervisor trainees으로서의 역할을 할 때뿐만 아니라 계약서를 제시하고 서명하게 되는 경우, 계약과정을 선명하게 기억할 수 있도록 할 수 있다.

회기 경계 및 정중한 치료

언제, 어디서 수련감독이 이루어질 것인가를 알면, 실습생들의 준비가 가능해진다. 수련감독자가 회기를 취소하거나 단축할 필요가 있는 경우에는 이러한 사실을 시의 적절하게 알려 주고 일정을 다시 편성해야 한다. 실습생들은 한 회기당 적어도 한 번씩은 수련감독자의 전적인 관심을 기대하고 방해받지 않을 권리가 있다. 간단히 말해서, 수련감독자는 치료자가 내담자와 시간을 규모있게 사용하는 것처럼, 조심스럽게 실습생들과 예정된 시간을 사용할 필요가 있다.

위기 수습 및 개입

앞서 언급한 것처럼, 수련감독자는 긴급한 사태를 관리할 책임이 있다. 수련감독자는 모든 실습생들이 상담을 진행하는 동안 직접 또는 전화로 쉽게 연락이 닿을 수 있는 장소에 있을 필요가 있다. 초심자가 상담을 진행할 때, 학생 수련감독자나 교수 수련감독자는 그 기관에 머무는 것이 특히 중요하다. 수련감독자는 실습생이 긴급 상황 절차나 법적으로 위임된 보고를 필요로 하는 상황이 발생할 때마다 상담실 밖으로 나와 조언을 듣도록 조치해야 한다.

수련감독자를 위한 서면 방침written policies에는 긴급 상황 절차가 상세하게 기술되어 있어서, 수련감독자와 실습생이 언제 무엇을 해야 하는지 정확하게 알 수 있어야 한다. 심지어 가장 경험이 많은 수련감독자조차도 내담자와의 부정적인 결과를 예방하는 것이 가능하지 않을 수 있다. 그러나 유능한 수련감독자는 실습생이 최적의 가능한 절차를 수행할 수 있도록 도울 수 있다. 예를 들어 만일 이러한 절차를 적용했어도 내담자의 자살을 막을 수 없었다면, 수련감독자는 그러한 일이 발생할 때 자연스럽게 발생하는 실습생의 감정을 다룸으로써 실습생을 도울 수 있다.

총괄평가를 위한 서면절차

첫 모임에서 수련감독자는 학기말에 실시될 평가를 위한 준거와 절차들을 다음과 같은 말로 설명해 줄 필요가 있다.

글상자 9. 학기말 평가를 위한 준거와 절차 관련 수련감독자 진술의 예

수련감독자 1: 실습생 여러분들은 각각 총 3회기 동안 각각 3명의 자원내담자들을 상담하게 될 것입니다.

수련감독자 2: 실습생 여러분들은 회기 동안 상담자에 대한 내담자의 감정을 유도해 낼 수 있는 능력을 직접 보여 줄 수 있어야 할 겁니다.

이러한 예처럼, 수련감독자는 성공적으로 완수할 문서화된 과제 목록들을 통해 실습생들이 수련감독에 대한 기대를 명확하게 할 수 있도록 해야 한다. 이처럼 최종 평가서 사본이 제시되어야 한다. 심리학 훈련클리닉 상담실습 역량 작업집단 책임자협회(Association of Directors of Psychology Training Clinics Practicum Competencies Work Group, 2004)가 제시한 상담실습 역량은 훈련의 수준과 상관없이 유용한 기초 자료라 하겠다.

ADPTC(2005b)는 또한 전국에 걸쳐 다양한 프로그램들로부터 수집한 견본 총괄평가summative evaluation 양식들을 제공하고 있다. 수련감독자는 학기 중에 언급되지 않은 내용과 중요한 평가 의견을 듣는 첫 번째 시기에 구체화되지 않은 처치방법이 기말평가에서 다루어지게 될 일은 없을 것이라는 점을 실습생들에게 확신시킬 필요가 있다.

평가서에는 실습생들이 평가받아야 할 영역들이 모두 포함되어 있어야 한다. 좋은 평가서는 다음과 같은 영역들로 구성된다.

글상자 10. 실습생 평가서의 주요 영역

1. 임상 및 관계기술
2. 문화적 측면의 숙련성
3. 전문적 발표 및 행동
4. 지식 시범
5. 실습기관에서 요구되는 행동

평가서는 5점 척도로 되어 있고 각 영역별 평가에 대한 설명을 기입하도록 구성되어 있다. 각 숫자는 점수를 나타내는 것이 아니라 실습생이 여전히 그 영역에서 필요로 하는 수련감독의 양을 나타낸다. 대학원 과정에서 부족한 부분을 채우고 있으면서 성취도가 높은 학생들에게 이 점을 반복해서 말해 주는 것이 중요하다.

글상자 11. 학기말 평가 관련 수련감독자 진술의 예

수련감독자: 여러분은 이제 훈련의 시작 단계에 있기 때문에 첫 해에 수행 영역에서 2나 3 이상의 점수를 얻을 것으로 기대되는 사람은 아무도 없습니다. 만일 여러분이 이 시점에서 수련감독 없이 자신의 역할을 잘 수행할 수 있다면, 더 이상의 실습 경험이 필요없겠지요.

이 예에서처럼 설명하는 것은 실습생들의 불안을 줄여 주는 데 도움이 된다. 더구나 실습생들의 상담실습에 대해 특정 예를 포함하여 작성된 평가는 각 영역에서 등급으로 나타낸다. 숫자 그 자체로는 거의 도움이 되지 않을 수 있지만, 행동 관찰은 장차 실습생의 상담기술 발달을 위한 방향을 제공할 수 있다는 점에서 의의가 있다. 단, 개인의 인성이나 특성을 평가하는 것은 부적절하다. 만일 실습생이 불완전한 수행을 보이면, 수행에 관한 진술을 첨부해야 하는데, 예를 들면 다음과 같다.

글상자 12. 실습생에 관한 수련감독자 수행평가 내용의 예

- 실습생은 내담자를 다루는 데 지나치게 억제되어 있고 소극적임. (나쁨)
- 실습생은 회기 중에 내담자의 말에 더 자주 반응하고 감정의 반영, 내용의 재진술, 그리고 때로 해석 기법을 활용할 필요가 있음. 그러면 내담자는 상담자가 자신의 경험을 이해하고 있다고 여길 수 있을 것으로 판단됨. (좋음)

실습생에게 단지 건네주는 데만 의의가 있는 평가서는 없어야 한다. 대신, 실습과정 담당교수와 학생 수련감독자가 사전에 약속된 시간에 실습생을 만나야 한다. 실습생들에게는 상담에서의 강점뿐 아니라 더 개발할 필요가 있는 영역에 관해 생각해 보는 것으로 평가를 준비하도록 한다. 이러한 사안들에 대한 논의는 평가서를 나누어 주기 전에 이루어져야 한다.

실습생과 수련감독자는 다음 실습과정 기간에 현재 수련감독자의 참여 여부와 상관없이 실습생이 작업할 수 있는 목표를 개발한다. 또한 실습과정에서의 경험에 관한 실습생의 소감을 들어보는 것이 도움이 된다. 어떤 학생은 이러한 상황에서 목소리를 높이는 것을 주저하는 한편, 수련감독 모임 중에 제공된 익명의 과정 평가에 더 쉽게 반응할 수 있지만, 모임 동안에 실습생들의 소감을 들어보는 것은 평가가 양 방향으로 이루어지고 수련감독자가 논의에 개방적이라는 인상을 전달할 수 있다.

논의는 실습생들이 평가서를 읽고난 후에 실시한다. 그런 다음, 평가의견에 대해 질문하도록 한다. 수련감독자와 실습과정 담당교수는 평가서에 서명하고, 실습생들도 평가서를 읽었음을 확인하는 의미로 서명한다. 수련감독자는 실습생들에게 나중에라도 지적사항이나 평가 등급에 대한 궁금한 점이 있으면 다시 찾아오도록 한다.

또한 실습생들에게 만일 자신의 등급을 인정할 수 없다면, 어떤 후속 조치를 취할 수 있는지에 대해 말해 준다(예, 평가서와 함께 자신의 입장을 글로 써서 제출할 수 있음). 학생 수련감독자에게는 해당 영역에 적합한 기술과 과제를 포함하도록 수정한 평가서가 사용될 수 있다. 마찬가지로, 수석 수련감독자는 학기말에 학생 수련감독자들과 개별적으로 만나 실습생 개개인의 수행과 장래 목표를 논의해야 한다.

지속적인 윤리적 행동

명확하게 예측하는 것은 상담실습 방침과 기대치를 명확하게 하는 데 효과가 있다. 그러나 실습과정 초기에 윤리적 딜레마를 일일이 예측해서 계획적으로 명문화할 수는 없다. 실제로, 전년도에 발생한 딜레마를 다루기 위해 새로 추가된 방침이 금년도에는 발생하지 않아서 무용지물이 되기도 한다. 수련감독자는 수련감독 및 상담과 관련된 지속적인 현안을 윤리적으로 다룰 준비가 되어 있어야 한다.

형성평가와 수련감독을 받는 실습생 활동에 대한 일관된 모니터링

라다니 외(Ladany et al., 1999)가 열거한 많은 실습생들의 불만사항들은 부적절하게 진행된 피드백에 관한 것이었다. 이러한 불만사항 중에는 다음과 같은 내용도 있었다.

글상자 13. 실습생의 수련감독자에 대한 불만사항의 예

실습생: 수련감독자 선생님이 내가 수행한 상담에 불만족스러워 한다는 말을 듣고 너무 놀랐어요. 저는 그동안 이러한 점에 대해 평가되거나 비판을 받은 적이 한 번도 없었거든요(p. 457).

이 예에서처럼 총괄과정평가에서 지적사항에 대해 놀랄 만한 거부감이 있었다. 이처럼 기말평가에서 갑작스런 지적사항 때문에 놀라는 실습생이 한 사람도 없어야 한다. 대신, 부적절한 수행에 대한 피드백은 학기 중에 명확하고 자주 제공되어야 한다.

헨리, 샤흐트, 그리고 동료들(Henry, Schacht, & associates, 1993)은 치료자에게 구체적인 사안에 대해 즉각적이고 명확한 피드백을 제공한 수련감독자는 치료자가 해당 영역에서 성장하는 데 기여하였다고 보고하였다. 실습생들은 이런 피드백을 원하고 있으면서, "수련감독자는 피드백을 거의 해 주지 않아요." "내 녹음테이프를 한 번도 들어본 적이 없어요." (Ladany et al., 1999, p. 457)라고 말하며, 그러한 피드백을 받지 못한 것에 대한 불만을 나타내기도 한다.

실습생들은 수련감독자의 생각과 상담자로서의 역량이 향상될 수 있는 방법에 대해 알 권리가 있다. 이러한 피드백을 제공하지 않는 것은 수련감독자가 수련감독의 가장 핵심적인 과업을 실행하지 않은 것이기 때문에 심각한 윤리적 위반에 해당된다. 면허를 소지하고 있으며 경험이 많은 수련감독자를 포함한 수련감독자들은 비판적인 피드백 제공을 힘들어 하는 것으로 조사되었다(Hoffman et al., 2005). 연구 대상자 대부분은 직접 혹은 비디오테이프로 관찰한 기술적인 부분에 대해 피드백을 제공하는 것은 비교적 쉽게 여기는 것으로 나타났다.

그러나 많은 연구자들은 수련감독을 받는 실습생의 상담을 방해하는 복잡한 임상기술이나 전문적, 개인적 현안에 대해 피드백을 제공하는 것을 어려워하거나 불가능한 것으로 여겼다. 당연히 이러한 기술들은 비판단적인 치료자 역할에 익숙한 실습 수련감독자로서는 매우 어려운 일일 것이다. 잘못된 수행에 대해 피드백을 제공하지 않는 것은 수련감독을 받는 실습생들이 아무것도 배울 수 없고 향상될 수 없다고 믿고 있음을 의미한다는 사실을 초심 수련감독자들은 상기할 필요가 있다.

수련감독 전문가들(Bernard & Goodyear, 2004; Falvey, 2002; Knapp & VandeCreek, 1997)은 교육 및 위기관리 목적상 수련감독자가 자신의 수련감독 회기를 치료자가 내담자에 대한 경과일지progress notes를 작성하는 것처럼, 글로 써서 기록 · 관리할 것을 강력하게 추천해 왔다. 문서자료를 분류 · 정리하기 위한 좋은 모형들은 팔비, 캘드웰, 그리고 코헨(Falvey, Caldwell, & Cohen, 2002)의 뛰어난 FoRMSS 시스템, 폴과 서튼(Fall & Sutton, 2004)의 수련감독자 핸드북, 그리고 브리지와 바스큐(Bridge & Bascue, 1990)의 문서화에 관한 뛰어난 논문에서 찾을 수 있다.

수련감독자는 실습생 개개인의 수행에 관한 관심사를 글로 남기면서, 후속 회기에서 실습생에게 말로 전달할 수 있는 방법들을 고려할 수 있다. 이렇게 함으로써, 수련감독자는 수련감독 회기마다 피드백을 일관성 있게 제공할 수 있게 된다.

전문성과 능력에 관한 쟁점

수련감독자는 수련감독 사례에 등장하는 내담자 문제에 대한 전문 지식을 소유한 것으로 기대된다(APA, 2002; Bernard & Goodyear, 2004; Corey et al., 1998; Falender & Shafranske, 2004; Knapp & VandeCreek, 1997). 만일 그런 지식을 소유하고 있지 않다면, 사례를 다른 실습생에게 넘기거나, 실습생을 다른 수련감독자에게 의뢰하는 것이 바람직하다. 이것이 여의치 않다면(예, 흔치 않는 섭식장애와 같은 예기치 않은 문제가 치료과정에서 밝혀지고, 이 실습생이 활용할 수 있는 다른 수련감독자가 없을 경우), 수련감독자는 그 사례에 관해 정기적으로 이 분야의 전문가와 협의할수 있다(Bernard & Goodyear, 2004).

마찬가지로, 수련감독자는 각 사례에서 내담자의 도전을 감당할 수 있을 정도의 기술을 갖춘 실습생에게 내담자를 배정하였는가를 반드시 확인해야 한다. 이것은 일종의 '심판 판정judgment call', 즉 지극히 주관적이며 의론의 여지가 있는 결정이다. 즉, 수련감독자는 새로운 기술을 배우려는 실습생의 욕구와 적절한 치료를 받고 싶어 하는 내담자의 욕구 사이에 균형을 유지해야 한다. 따라서 수련감독자는 실습생이 내담자와의 관계를 형성하고 주의 깊은 수련감독으로 필요한 구체적인 기술을 개발할 수 있는 충분한 자원을 소유하고 있다는 사실을 실제로 입증해야 한다.

이중 역할

모든 윤리규정은 실습생과 수련감독자 간에 성적 관계를 명확하게 금하고 있다(Corey et al., 1998). 그럼에도 불구하고, 대학원생들이 임상 수련감독자를 포함해서 교수들과 성적 관계를 가져왔다는 증거들이 많이 있다(Larrabee & Miller, 1993; Pope, Levenson, & Schover, 1979; Pope, Schover, & Levenson, 1980). 또한 수련감독자와 실습생 간의 성적 감정이 자연스럽게 일어나고 있으므로, 이에 대해 논의할 필요가 있다(Bernard &

Goodyear, 2004; Ladany, O' Brien, et al., 1997; Larrabee & Miller, 1993). 물론 실습생들은 그렇게 하는 것을 주저하고 있다(Ladany, O'Brien, et al., 1997).

수련감독자는 감정을 말로 표현하게 되면, 굳이 행동으로 표출하지 않아도 된다는 사실을 기억해야 한다. 버나드와 굿이어(Bernard & Goodyear, 2004)는 실습생과 수련감독자가 수련감독 관계에서 성적 관계를 추구할 수 있다고 시사하였다. 그러나 치료자와 마찬가지로, 수련감독자가 자신의 역할을 단순히 그러한 관계를 추구하는 것으로 끝내서는 안 된다. 현재 수많은 대학에서 학생 · 교수 간 성적 접촉을 금하는 규정을 마련하고 있다. 교수 수련감독자는 실습생이 졸업하고 나서 오랜 시간이 지날 때까지 실습생과 성적 관계를 맺어서는 안 된다.

대학 내에서 비성적nonsexual 이중 역할은 도처에 널려 있고 피할 수 없다(Goodyear & Sinnett, 1984). 수련감독자가 어떤 식으로든 실습생을 학대, 착취 혹은 해를 입히지 않는 것이 중요하다(Bernard & Goodyear, 2004; Falender & Shafranske, 2004). 학생 수련감독자들은 일반적으로 대학원 과정의 학생이므로, 실습생들과의 관계에 있어서 독특한 위치에 있다. 즉, 그들은 수많은 다른 관계를 맺고 있다. 이러한 점을 감안할 때, 수련감독자에게 실습생을 배정하는 데 있어서 고려할 사항은 다음과 같다.

글상자 14. 수련감독자에게 실습생 배정 시 확인 사항

1. 서로 개인적으로 친밀한/연인관계에 있는가?
2. 연구 프로젝트 팀에서 긴밀하게 작업하고 있는가?
3. 서로 부정적인 상호작용을 하는 관계인가?
4. 서로에 대해 부정적인 감정을 지니고 있는가?

만일 확인사항에 해당되는 점이 있다면, 해당 실습생을 다른 수련감독자에게 배정하는 것이 좋다. 그렇지 않으면, 수련감독자는 실습생과 정기적으로 강의를 함께 수강해야 하는 등의 비공식적인 사회적 상호작용을 하게 될 것이다.

수련감독자가 실습생과 만날 수 있다는 두려움 때문에 특정 강의시간이나 사회적 행사에 참석하지 않을 것으로 기대하는 것은 매우 불합리한 일일 것이다. 대신, 첫 모임에서 수련감독자들이 실습생들과 이러한 문제에 대해 논의하는 한편, 그들의 현재 역할이 친구로서 친밀한 관계를 형성해서는 안된다는 것을 설명하도록 한다. 그들은 함께 수련감독 밖에서의 관계를 관리하기 위한 비공식적인 규칙을 정할 수 있다. 특정 상황에서 의심이 된다면, 학생 수련감독자는 수련감독을 받아야 한다.

문화적 가치관은 수련감독자와 맺고 있는 관계에 대한 실습생들의 지각에 영향을 미친다. 한 유럽계 미국인 실습생은 라틴계 미국인 실습생이 복도를 지나갈 때, 수련감독자가 그 실습생에게 말을 걸지 않았다고 해서 수련감독자가 그 실습생을 좋아하지 않는다고 믿고 있다는 사실을 알고는 깜짝 놀랐다. 그리고 이러한 경험은 수련감독 관계에 영향을 미쳤다. 또한 라틴계인 다른 수련감독자가 유럽계 미국인에게 라틴 문화권에서는 아는 사람을 만날 때마다 항상 인사를 해야 한다는 것을 알려 주었을 때, 그 수련감독자는 회기 외적인 행동이 어떻게 지각되는지를 이해하게 되었다.

심리치료 · 상담과 수련감독의 구별

윤리규정에 따르면, 수련감독자는 실습생과의 치료 관계를 피해야 하고(Kitchener, 1988; Neufelt & Nelson, 1999; Whiston & Emerson, 1989), 실습생을 상담 내담자로서 받아들이는 것이 금지되어 있다(Bernard & Goodyear, 2004; Corey et al., 1998). 라다니 외(Ladany et al., 1999)는 그들이 조사한 실습생들 가운데 단 5%만이 자신들의 수련감독 관계에서 부적절한 상담이 발생한다고 보고하였다. 이는 실로 복잡한 주제이다. 그 이유는 조심스럽게 제한된 상담행동(Bernard, 1979)이 흔히 수련감독자들의 바람직한 반응이기 때문이다(Neufelt & Nelson, 1999). 실습생의 감정과 정서 탐색은 봐스케즈(Vasquez, 1992)가 지적한 것처럼, 수련감독의 중요한 과제를 수행하는 데 필요할 수 있다.

글상자 15. 실습생에 대한 수련감독자의 책무

수련감독자의 가장 중요한 책임 가운데 하나는 실습생들이 상담하고 있는 내담자의 안녕을 보호하기 위하여 실습생의 한계, 단점, 그리고 약점을 사정하는 것이다. ……따라서 수련감독자들의 한 가지 목표는 치료과정에 부정적인 영향을 미칠 수 있는 개인적인 문제들을 인식할 수 있도록 실습생의 자각과 능력을 향상시키는 것이다(p. 199).

경험이 많은 수련감독자들조차도 실습생의 한계를 사정하고, 자각을 격려하며, 내담자들을 보호하는 것을 어려워한다(Hoffman et al., 2005). 수련감독자는 이 책(전략 7~12)에 수록된 수련감독의 상담행동을 이용함으로써 도움을 받을 수 있다. 특히, 실습생들은 언제 자신의 감정과 반응이 내담자에 대한 반응을 방해하는가를 이해할 필요가 있다(Neufelt & Nelson, 1999; Whiston & Emerson, 1989).

이와는 대조적으로, 실습생들은 또한 언제 이러한 감정이 내담자에 대한 이해를 촉진시키는가를 알고 있을 필요가 있다(Neufelt & Nelson, 1999). 수련감독자는 실습생들이 감정에 주목하도록 격려하면서 반성적 자기질문 reflective self-questioning하는 법을 가르쳐야 한다. 이 과정은 수련감독자의 다음과 같은 관찰을 통해 촉진된다.

글상자 16. 수련감독자의 반성적 질문의 예

수련감독자: 그 시점에서 당신은 내담자에게서 물러나서 고개를 다른 곳으로 돌리는 것 같군요. 그때 당신에게 어떤 일이 일어나고 있었나요?

이 예와 같은 진술은 실습생들이 자기 질문에 대한 단서로써 자신의 행동 변화에 주목하는 데 도움이 된다. 이렇게 함으로써 실습생들은 비로소 반응을 가로막는 감정을 확인할 수 있게 된다. 그러나 치료를 방해하는 문제들이 확인되었을 때, 수련감독자는 실습생들에게 스스로 그런 감정을 말로 표현해 보도록 하는데(Whiston & Emerson, 1989), 흔히 감정을 명료하게 정리하는 것만으로도 충분하다. 즉, 실습생들은 자신의 내면 과정에 주의를 기울임으로써, 그 상황에서 빠져나와 내담자에게 주의를 기울이게 될 수 있다. 그렇게 하지 못한다면, 실습생들은 수련감독과는 무관한 다른 전문가와 자신의 역동을 탐색해 볼 수 있다.

다른 경우에 있어서, 치료자는 자신의 감정을 통해 내담자에 관하여 알게 된다. 만일, 예를 들어 철수withdrawing에 대한 수련감독자의 질문에 대해 실습생이 "제가 왜 이 내담자에게 그런 느낌이 들었는지 잘 모르겠어요. 평상시의 제 반응과는 달라요."라고 반응한다면, 이것 역시 가르칠 수 있는 기회가 된다. 예를 들어, 실습생은 자신의 감정이 내담자의 삶 속에 있는 다른 사람의 감정과 같을 수 있다는 사실을 배울 수 있어서 내담자의 경험을 더 효과적으로 이해할 수 있게 된다. 마찬가지로 자신의 반응을 확인함으로써, 치료자는 회기 중 내담자의 통상적인 관계 경험 재현을 피할 수 있다(Teyber, 2006).

이런 상황 외에도, 실습생들의 과도기적인 개인 문제들이 수련감독에 방해가 되는 경우, 실습생 감정에 대한 논의가 필요하다(Neufelt & Nelson, 1999). 예를 들어, 희망했던 인턴십 기관으로부터 거절당한 실습생은 혼란스러운 감정이 정리되고 나서야 수련감독을 진행할 수 있게 될 것이다. 감정을 인정해 주는 일은 간단하면서도 초점을 맞추어 줄 필요가 있다. 만일 실습생이 감정에 너무 압도되어 수련감독 과제에 초점을 맞출 수 없다면, 수련감독은 연기되어야 한다.

수련감독자가 앞서 기술된 상황에서의 감정들을 윤리적으로 탐색할 수 있다고 하더라도, 탐색의 범위는 현재 실습생의 전문적 기능에 영향을 미치는 문제들로 제한할 필요가 있다. 개인사에 대한 조사나 실습생 역동에 관하여 세밀하게 조사하는 것은 실습생들이 비판단적nonjudgmental 활동인 상담과, 평가가 필수적인 수련감독을 구별하는 법을 잘 모르므로 부적절하다.

실습생의 아이디어와 대안적 조망 존중

수련감독자가 주목하는 주요 윤리문제에는 속하지 않지만, '대안적 조망에 대한 존중respect for alternative perspectives'은 비밀유지confidentiality와 함께 수련감독자에 대한 실습생의 두 번째로 자주 언급되는 불만사항으로 꼽힌다(Ladany et al., 1999). 다른 많은 훈련 모형들과 마찬가지로, 나는 특정 이론적 모형을 적용하는 것을 추천한다. 그러나 실습생들이 거부반응을 보이는 것은 특정 접근의 실제 적용에 대해서가 아니라 실습생들의 이론적 조망에 대한 존중 결여에 대한 것 같았다. 예를 들어, 실습생은 다음과 같은 말로 이에 대한 불만을 토로하곤 한다.

글상자 17. 이론적 지향에 대한 실습생 불만의 예

실습생 1: 수련감독자는 자신의 이론적 지향에 대한 선호도가 너무 높아서 제 것을 포함해서 다른 이론적 지향들에 대해서는 너무 무시하는 듯한 지적을 하곤 합니다.

실습생 2: 수련감독자는 모든 것을 알고 있는데, 그것이 그의 방식이냐 아니냐의 차이일 뿐입니다(Ladany et al., 1999, p. 459).

수련감독자에게 모든 이론적 지향theoretical orientation에 관하여 일정한 수준의 지식을 갖추고 또한 적용하도록 요구하는 것은 그리 합리적이지 않다. 초심 수련감독자라면 더욱더 그렇다. 그러나 수련감독자가 실습생에 대해 존중하는 분위기를 유지하는 것은 중요하다. 만일 수련감독자가 실습생의 말을 듣는 데 관심이 있다면, 그들의 아이디어와 감정에 대해 수용하고 있다는 것을 나타내는 것은 존중뿐만 아니라 실제적인 것이다.

실습생이 치료 수단으로 점성술astrology을 추구한다 할지라도, 만일 우리가 그들의 아이디어를 조롱한다면, 창의적인 아이디어들을 시도할 수 있는 분위기를 조성할 수 없을 것이다. 이것은 우리가 치료 방법으로 점성술에 의한 상담의 경험적 타당도empirical validity에 의문을 제기하지 않을 것이라는 의미는 아니다.

나는 상호성mutuality의 가치를 강하게 믿는다. 그리고 그 상호성이 여기서도 통용되고 있다. 수련감독자가 실습생에게 자기 자신과 자신의 생각을 존중해 줄 것을 요구하는 것처럼, 수련감독자도 실습생들과 그들의 생각을 존중해 주어야 한다. 같은 맥락으로, 수련감독자는 실습생에게 다른 영역에서 기대의 상호성에 관하여 직접 언급한다. 예를 들어, 실습생이 어려움을 겪을 수 있는 경험에 참여하도록 제안한다. 즉, 역할연습에서 실질적인 문제를 지닌 내담자 역할을 하고, 내담자의 허락을 받은 다음 집단 앞에서 내담자와의 작업을 보여 준다.

동일한 방법으로, 수련감독자는 수련감독 초기에 평가에 대해 말하면서 상호성에 관하여 언급할 때, 다음과 같은 점들을 유념한다.

글상자 18. 상호성에 관한 수련감독자 지침

1. 실습생들이 상담한 사례에 대하여 지적사항이 있으면, 실습생에게 직접 말해 줄 것이라고 한다.
2. 실습생들에게 수련감독자의 수련감독에 대해 이의가 있으면, 수련감독자에게

직접 말해 줄 것을 당부한다.
3. 기말평가에서 뜻밖의 점수는 주지 않을 것이라고 말해 준다.
4. 기말평가서에 기입될 내용들은 이미 그 전에 구두로 전달하게 될 것이라고 설명한다.
5. 실습생이 익명으로 제출하는 평가서에 수련감독자를 놀라게 하는 내용을 기입하지 않도록 당부한다.

비판적 발언을 하면 보복을 당할 수 있을 거라는 두려움 때문에, 이러한 지침은 실습생들에게는 거의 실현 불가능한 기준일 수 있다는 점은 인정하지만, 어느 정도는 효과가 있을 것이다. 실습생들이 비판을 할 때 존중하는 태도로 그들이 꼭 해야 할 말에 귀를 기울이고 참작한다면, 실습생들이 수련감독 회기에서 개방적으로 말할 수 있게 하는 계기가 될 것이다. 이를 통해 신뢰 분위기가 조성될 것이다. 마찬가지로, 만일 수련감독자가 다른 학생들이나 다른 교수들에게 실습생에 관하여 무시하는 듯한 말을 한다면, 보통 그 말은 다른 방식으로 되돌아오게 되고, 상호 존중감과 신뢰를 잃게 된다.

라다니 외(Ladany et al., 1999)가 보여 준 것처럼, 실습생들과 그들의 아이디어에 대해 반응함으로써, 수련감독자는 좋은 수련감독 작업동맹으로 이어질 수 있는 일종의 윤리적 풍토를 조성할 수 있게 된다. 수련감독자는 다음과 같은 질문을 스스로에게 던져 봄으로써, 자신이 전문적 윤리에 대한 책임을 다하고 있는가를 확인할 수 있다.

글상자 19. 수련감독자의 윤리적 책임실천 확인을 위한 체크리스트

1. 첫 모임부터 수련감독자로서 실습생의 수행과 평가절차에 대해 기대하는 바를 분명히 전달했는가?
2. 실습생과 내담자를 윤리적으로 합당하고, 존중하는 방식으로, 그리고 문화적으

로 적절하게 대우하고 있는가?
3. 실습생의 아이디어와 생각하는 것에 대해 긍정적으로 반응하고 있는가?
4. 실습생이 상담한 것에 대해 솔직하고 일관된 피드백을 제공하고 있는가?
5. 수련감독과 기타 활동 사이의 경계를 명확하게 긋고 있는가?
6. 수련감독자의 지위에서 오는 힘을 깨닫고 있고, 이를 합법적으로 집행하고 있는가?
7. 지위를 통해 실습생과 내담자의 취약점을 부당하게 이용하고 있지는 않은가?

수련감독자가 실습생을 어떻게 다루는가는 실습생이 장차 어떻게 내담자뿐만 아니라 자신의 실습생을 다루는가를 결정하게 될 것이다.

제 2 부

수련감독 전략 및 사례개념화

제2부에서 소개하는 제반 전략들은 지지적이고 도전적인 수련감독 환경을 제공함으로써 상담자 발달에 기여할 수 있도록 고안되었다. 전략 1~17은 제3장에, 전략 18~27은 제4장에 수록되어 있다.

할러웨이(Holloway, 1995)는 실습생들은 수련감독 관계 참여를 통해 유능한 심리치료 전문가로 성장 · 발달할 수 있다고 강조하였다. 각 장에 제시된 대화의 예는 관계의 협력적 특성을 나타내고 있다. 이 예들은 또한 수련감독자가 실습생들의 학업적 지식을 실습에 필요한 절차적 지식으로 바꾸기 위해 필요한 조치를 어떻게 취할 수 있는지를 보여 준다. 대화의 예에서 수련감독자들은 실습생들이 내담자, 상담관계, 상담이론과 전략, 윤리적 함의, 그리고 수련감독의 대인과정에 관하여 말하도록 격려하고 있다.

각 전략은 실습생들의 입장에서 반성적 탐구를 촉진하도록 고안되었다. 실습생들은 대학에서의 학업 준비와 함께 삶과 인간관계에서의 경험을 가지고 대학원에 입학한다. 그리고 수련감독자들은 현명하게도 그것을 인정하고 그 위에 상담능력을 쌓아 올려 줄 것이다. 주어진 내담자와 무엇을 할 것인지를 곧바로 실습생에게 묻는 대신, 이러한 예에서의 수련감독자들은 먼저 실습생들에게 상담회기에서의 경험, 사고, 그리고 감정에 대해 질문한다.

반성과정 실습은 이런 식으로 통합된다. 이는 훈련 기간 동안과 훈련을 마친 후에도 전문가 발달에 핵심적인 과정이다. 장기목표는 자기평가를 할 수 있고 훈련이 끝난 후 10년에서 15년까지 전문성을 점진적으로 발달시켜 나갈 수 있는 반성적 상담자를 길러내는 것이다(Rønnestad & Skovholt, 2003; Skovholt, & Rønnestad, 1995, 2001).

반성적 상담자는 특정 방식으로 실습 중에 어떤 일이 일어나는가를 살핀다. 여기서 설명하는 모형은 아지리스와 슈웬(Argyris & Schön, 1974)의 '모형 II Model II'에 근거한 것이다. 상담자는 상담이론으로 시작한다. 훈련에서 이것은 주요 이론적 접근들 중 하나일 것이다. 주요 이론적 접근으로는 인지행동, 가족체계, 정신분석, 게슈탈트, 정신역동(예, 대인과정) 등이 있다. 각 이론은 가설, 주요 변인, 그리고 실행전략에 바탕을 두고 있다. 상담자는 이론을 통해 상담회기에서 내담자와의 상호작용, 기타 상황(예, 학교)에서의 관찰, 그리고 형식적 평가나 의료기록과 같은 보고서에 근거한 정보를 조망한다.

이러한 관점에서 상담자는 내담자의 주요 호소문제나 회기 중에 발생하는 문제, 그리고 내담자의 성격이나 내담자 체제(예, 가족이나 학교)에 관한 가설을 세운다. 이때 상담자는 회기 중에 가설을 검증하기 위해 이론과 일치하는 실행계획을 수립하고 회기 중에 그것을 실험한다. 만일 상담자가 기대한 결과를 얻는다면, 다음 실험을 진행할 수 있다. 그러나 뜻밖의 결과가 나왔다면, 상담자는 가설을 수정해야 한다. 결과가 일관된 기초 위에서 이론과 조화를 이루지 않을 때 상담자는 이론을 수정할 수 있다.

예기치 않은 결과를 실패가 아니라 정보로 간주하는 것은 초심 상담자에게는 일종의 도전이다. 일반적으로 그들은 기대한 결과를 얻고, 자신의 수행에 대한 불안을 완화하고 싶어한다. 이러한 상황에서, 수련감독자가 그들에게 무엇을 하도록 말하지 않고 참고 있기는 어렵다. 이러한 현상은 초심 수련감독자에게서도 마찬가지여서, 이들은 "지나칠 정도로 지지적이고, 교훈적이며, 구체적이고, 구조화되어 있으며, 과업 지향적"(Borders & Fong, 1994)인 경향이 있다. 이 책은 초심 수련감독자가 초심 상담자의 불안을 다루고 반성적 상담을 격려하는 것을 도울 것이다.

여기에 제시한 수련감독 전략들은 실습 중인 수련감독자들이 사용할 수 있도록 고안되었다. 따라서 이 전략들은 매우 구체적이다. 수련감독 전략들은 실습생 탐색을 격려하고, 실습생이 이미 알고 있는 것, 심지어 그들이 알고는 있지만 깨닫지 못하는 것까지도 강화시킬 것을 강조하고 있다.

질문은 치료자가 회기 중에 경험했던 것이나 내담자가 이미 실행했던 것에 초점을 맞춘다. 즉, 다음에 무엇을 할 것인가보다는 무엇에 주의를 기울일 것인가를 강조한다. 수련감독 전략들은 내담자에게 지속적으로 초점을 맞추는 평범한 습관을 깨는 한편, 내담자와 무엇을 할 것인가에 초점을 두도록 고안되었다. 칼 로저스(Carl Rogers)조차 로드 굿이어(Rod Goodyear, 1982)와의 인터뷰에서 다음과 같이 고백하였다.

글상자 20. 수련감독에 관한 로저스의 고백

나의 주요 목표는 치료자가 자신감을 늘리고, 치료과정에 대한 이해를 높이도록 돕는 것입니다. ……때로 인터뷰 장면이 담긴 비디오테이프를 보거나 녹음 테이프를 들을 때, 내 감정이 너무도 강렬해진 나머지 이런 느낌이 들곤 합니다. "저 의자 좀 치우세요. 내가 직접 해 볼게요." 난 정말 치료하는 것을 좋아하거든요.

동료나 다른 초심 수련감독자들과 수련감독 전략을 연습하는 것은 접근방식을 체득하는 데 도움이 된다. 수련감독자가 전략 이면의 원리와 자신만의 방식, 자연스러운 언어 구사, 삶의 경험과 치료자와 수련감독자로서의 경험, 그리고 특정 실습생과의 지속적인 작업을 통합시키는 것 역시 중요하다. 또한 수석 수련감독자가 수련감독자를 훈련시킬 때, 반성적 탐구를 이용하는 것도 중요하다. 만일 수련감독자들이 그들 자신의 작업을 반성해 볼 기회를 갖지 못한다면, 그들 역시 그들이 훈련을 담당한 상담자들에게 유사한 기회를 제공할 수 없을 것이다.

제 3 장

초급 수련감독 전략

- □ 교사 기능
- □ 상담자 기능
- □ 자문자 기능

수련감독자들이 습득해야 하는 기본 전략의 결정은 의외로 쉬운 것으로 판명되었다. 선행 연구들은 버나드(Bernard)가 '차별모형Discrimination Model' (Bernard, 1979, 1997; Ellis, Dell, & Good, 1988; Putney, Worthington, & McCullough, 1992; Stenack & Dye, 1982)으로 기술한 '사회역할 모형Social Role Model'을 지지하였고, 이 모형은 지속적으로 연구에 사용되고 있다(예, Clingerman & Bernard, 2004; Haley, 2002). 버나드는 수련감독자 역할들을 구분하였다.

한편, 스티네크와 다이(Stenack & Dye, 1982)는 각 역할에 대하여 구체적인 기능을 기술하였다. 버나드의 모형을 타당화하는 연구들 중, 스티네크와 다이는 36명의 수련감독자와 실습생들에게 수련감독자 행동 목록을 나누어 주고, 연구 참여자들에게 교사, 상담자, 자문자 기능에 따라 구분하게 하였다. 그 결과, 교사와 상담자 역할은 분명하게 구별한 반면, 자문자 기능은 그렇지 못하였다. 여기서 제시된 초기 전략들은 스티네크와 다이의 연구에서 각 역할을 구성하고 있는 종합적인 수련감독자 기능 목록을 기초로 개발되었다.

스티네크와 다이가 열거한 각 기능은 행동용어로 기술되고, 하나의 전략으로 정의된다. 한 가지 행동을 두 가지 전략(7과 8)으로 나눔으로써 기존의 기능 목록에 한 가지 전략이 추가되었다. 전략 명칭은 스티네크와 다이의 것을 인용하였다. 반면, 설명은 반성적 상담을 진작시키기 위해 수련감독 관계 내에서의 작업을 위해 내가 정리한 원리들을 반영하고 있다.

각 전략은 스티네크와 다이의 연구에서 붙여진 교사, 상담자, 자문자 역할로 구분되어 있어서, 수련감독 기술을 개발하기 위한 기초를 제공하고 있다. 여기에 제시된 대화의 예들은 문화가 수련감독과 교육에 보다 효과적으로 통합될 수 있는 방법을 실제로 보여 주고 있다.

스콥홀트와 뢰니슈타트(Skovholt & Rønnestad, 1995)가 정리해서 발표한 수련감독자 발달에 관한 연구는 여전히 초기 단계에 있다. 최근 연구(Baker, Exum, & Tyler, 2002; Steven, Goodyear, & Robertson, 1998; Watkins et al., 1995)와 학위논문(Haley, 2002; Pelling, 2001)을 통해 수련감독자 발달에 대한 탐색이 보다 심층적으로 이루어졌다. 우리는 발달이 초심자에서 전문가로 이어지는 연속선상을 따라 진행된다고 가정한다.

교사를 대상으로 수행한 연구에서, 벌리너(Berliner, 1988)는 초임교사가 재능을 발휘할 때, "표준 수업 형식 및 대본"(p. 22)을 사용한 것이 많은 도움이 되었다고 보고하였다. 보다 최근에 파자크(Pajak, 2000)는 교사장학 모형들을 기술하였는데, 이 중 몇 개는 전략적 개입방법들을 통합한 것이었다.

이와 유사하게 로젠버그(Rosenberg, 1997, 1998)는 어떤 영역에서라도 전문가 발달에 필요한 요소인 의도적인 상담실습, 자기반성, 그리고 지속적인 교정적 피드백으로 구성된 수련감독자 훈련 프로그램을 개발하였다(Chi, Glaser, & Farr, 1988; Dawes, 1994; Ericsson & Lehmann, 1996). 수련감독자들 역시 구체적인 전략들을 활용한 실습을 통해 배우게 된다.

17개의 기본 전략들(〈표 1〉 참조)은 실습생들에게 적용하기에 앞서, 동료와의 역할연습을 통해 반드시 개별적으로 시행해 보아야 한다. 이 전략들을 실제로 연습해 보면서 수련감독자들은 실습생들과의 경험을 반성해 보고 수행에 대해 동료와 수련감독을 담당하는 수련감독자에게 피드백을 받아 보아야 한다. 이러한 방식으로 실습 중인 수련감독자는 전략 사용의 시기와 방법을 평가할 수 있고, 자신에게 적합한 방식으로 수정할 수 있게 된다. 이들은 이러한 전략들을 자신의 것으로 만들어서 다양한 상황에서 효과적으로 사용할 수 있을 것이다.

표 1. 초급 수련감독 전략

교사 기능

전략 1. 관찰된 상담회기의 상호작용을 평가한다.

전략 2. 상담자에게 내담자에 관한 가설을 제공하도록 한다.

전략 3. 적절한 개입방법을 확인한다.

전략 4. 개입기법을 가르치거나, 시범을 보이거나, 모델 역할을 한다.

전략 5. 구체적인 전략과 개입방법 이면의 근거를 설명한다.

전략 6. 상담회기에서 중요한 사건들을 해석한다.

상담자 기능

전략 7. 상담회기 동안 실습생의 감정을 탐색한다.

전략 8. 수련감독 회기 동안 실습생의 감정을 탐색한다.

전략 9. 구체적인 기법이나 개입방법에 관한 실습생의 감정을 탐색한다.

전략 10. 상담회기에서의 자신감 및 불안에 대한 실습생의 자기탐색을 격려한다.

전략 11. 실습생이 개인 역량과 성장을 위한 영역을 설정하는 것을 돕는다.

전략 12. 실습생에게 자신의 정동과 방어를 처리할 수 있는 기회를 제공한다.

자문자 기능

전략 13. 실습생용 대안적 개입방법이나 사례개념화를 제공한다.

전략 14. 실습생이 전략과 개입방법에 대해 브레인스토밍하도록 격려한다.

전략 15. 실습생이 내담자의 문제와 동기에 대해 논의하도록 격려한다.

전략 16. 수련감독 회기 중 실습생의 욕구충족을 추구하고 시도한다.

전략 17. 실습생이 수련감독 회기를 구조화하게 한다.

주. 〈표 2〉 고급 수련감독 전략(p.148) 참조.

교사 기능

수련감독자가 교사로서 기능한다는 것은 실습생을 가르치는 것을 말한다. 그러나 가르친다는 것은 '교육의 은행업무 개념'(Freire, 1993), 즉 학생은 '수용기'이고 교사는 지식을 '예치'하는 것을 의미하지 않는다. 프라이어(Freire, 1993)는 유능한 교사를 '학생 교사들'(p. 61) 사이에 있는 '교사

학생' 으로 묘사하였다.

이 장에서 다루는 교수전략에서 수련감독자는 학생 치료자에게 문제를 제기하고, 그 문제를 이해하고 해결하기 위해 함께 노력한다. 수련감독자는 전문적인 연구와 과거의 임상 · 교수 경험에 의존(Neufelt et al., 2003)하는 한편, 실습생은 객관적 지식 혹은 사회적 상호작용, 작업환경, 심리치료(내담자, 상담자 혹은 준전문적 조력자로서)에서 이전의 주관적인 경험을 적극 활용한다.

전략 1 관찰된 상담회기의 상호작용을 평가한다

이 전략에서 수련감독자는 상담회기를 직접 관찰하거나 상담회기 테이프를 듣는다. 관찰하는 동안 수련감독자는 다음 세 가지 사항을 확인한다.

글상자 21. 상담회기 관찰 시 수련감독자의 확인이 요구되는 사항

1. 실습생의 행동은 상담회기의 그 시점에서 자신의 의도를 잘 반영하고 있는가?
2. 실습생의 행동은 그 시점에서 내담자와 내담자의 문화적 역사의 맥락에 적절한가?
3. 실습생은 상담기술을 잘 활용하고 있는가?

관찰에 이어, 수련감독자는 상담자 역할 수행에 대한 실습생의 감정을 탐색한다. 수련감독자는 실습생이 관찰한 것을 인정해 주고, 실습생의 사고 과정을 확인하며, 실습생의 수행에 대한 관찰 결과를 추가로 제시한다.

수련감독자가 피드백을 할 때 중요한 것은 회기 중 실습생의 개입에 대한 추론을 이해하는 것이다. 피아제처럼, 우리는 학생의 명백한 실수에 대해 호기심을 가질 필요가 있다(J. M. Zimmer, personal communication, 1998. 10. 13.). 나의 동료인 유카리 오카모토(Yukari Okamoto)는 취학전 아동에게 수학에 관한 질문을 던졌다가 생긴 일화를 내게 들려주었다. 그는 처음에 아이의 '잘못된' 대답 때문에 깜짝 놀랐다고 하였다.

글상자 22. 취학전 아동의 추론에 관한 일화

교사: 여기에 피자 반쪽이 있단다. 여기에 한 아이가 피자 반쪽을 먹을 때 마실 물 두 잔이 있단다. 자, 그러면 피자 한 판이 있는데, 한 아이가 피자와 함께 마실 물은 몇 잔이 필요하겠니?
아동: 한 잔이요.
교사: (당황하면서) 어떻게 한 잔만 필요하지?
아동: 피자 한 판에 물을 네 잔이나 마시면 배탈나요.

오카모토는 아이의 추론에 관하여 묻고 이해한 후에야 수업을 계속할 수 있었다고 한다.

똑같은 방식으로, 실습생의 개입시기와 방법 결정 과정을 제대로 이해하지 못하면, 우리는 훌륭한 추론을 간과하고 가르칠 기회를 잃을 수 있다. 예를 들어 실습생이 내담자에게 남편을 위해 뒤뜰에서 바베큐 저녁식사 준비를 하도록 제안했다면, 우리는 상담자가 부적절하게 조언하고 있다고 생각할 수도 있다.

그러나 실습생은 내담자가 남편을 위해 노력할 만큼 충분히 마음을 쓰고 있는지를 시험해 보고 싶을 수도 있다. 일단 그런 추론을 이해한다면, 우리는 실습생이 부적절한 충고를 하지 않으면서 내담자의 감정을 확인할 수 있는 새로운 전략을 설계하도록 도울 수 있게 된다.

전략에 명시되지는 않았지만, 수련감독자는 자신이 제안한 것을 실습생이 얼마나 이해하고 있는지를 때로 확인해 보아야 한다. 학생을 가르치고 시험을 실시해 보았던 사람은 교사가 말한 것을 간혹 아주 다른 방식으로 재구성하는 학생들이 있다는 것을 알고 있을 것이다. 이에 대해 학생들에게 질문하는 것은 상호작용과 반성과정 이론들과 일치한다. 이는 슈웬(D. A. Schön, personal communication, 1994. 2. 16.)이 유럽에서 수련감독자 · 치료자 관계와 함께 사용한 전략이라고 보고한 것이었다.

대화의 예

수련감독자: 존(John, 내담자 역할을 한 친구)에게 감정을 반영하는 선생님 자신을 보면서, 어떤 느낌이 들었나요?

실습생: 저는 제가 한 말을 다시 듣는 것을 싫어해요. 좀 이상한 것 같기도 하고요. 그렇지만 귀를 기울였을 때, 내담자의 기분을 정확하게 감지했다는 생각이 들었어요. 내담자는 우울했고, 저는 그렇게 말했고요.

수련감독자: 그랬군요. 어떻게 내담자가 우울해한다는 느낌이 들었죠?

실습생: 글쎄요. 우울증을 암시하는 말을 많이 했어요. "울고 싶어요."라든지 "나는 항상 그 여자에 대해 생각해요."와 같은 말을요. 그리고 슬퍼 보이기도 했고요.

수련감독자: 선생님 생각이 의미가 있고, 내담자의 문화적 배경에도 부합되는것 같아요. 상담을 진행하면서 좀 더 확인해 보아야 할 것 같네요. 음, 가설도 잘 설정했다고 생각해요. 내담자가 우울증 같다는 것 말이에요. 하지만 그건 진단적인 용어이고, 다소 분석적으로 들리네요. 내담자는 진단적인 말을 자신에 대한 판결로 들을 수 있거든요. 선생님이 방금 나한테 말한 것, 내담자가 슬퍼 보였다는 것은 내담자에게 반영기법으로 반응해 주는 것이 훨씬 좋을 것 같은데, 이 점에 대해 어떻게 생각하세요?

실습생: 예, 무슨 말씀인지 알겠어요. 슬프다는 것은 모든 사람들이 이해하는 감정이고, 내가 내담자를 범주화하기보다는 내담자의 경험을 이해하려고 애쓰고 있다고 내담자가 느낄 수도 있겠군요.

수련감독자: 바로 그거예요.

이런 방식으로 수련감독자는 실습생이 어떻게 지각하고 있는가를 확인하는 한편, 내담자와 다른 언어를 사용하도록 격려함으로써 실습생의 상담 기술을 더욱 심화 · 발달시키고 있다. 수련감독자는 또한 실습생이 무슨 생각을 하는지에 대해 알아봄으로써, 수련감독자가 말한 것을 실습생이 어떻게 통합시켰는가를 확인하고 있다.

전략 2 상담자에게 내담자에 관한 가설을 제공하도록 한다

내담자에 관한 가설을 세우고 검증하는 것은 반성적 치료방법의 기본이다. 이 전략에서 수련감독자는 실습생이 첫 번째 조치를 취하도록 한다. 회기 중에 내담자가 어떤 행동을 보였는지에 대해 말하도록 하고, 행동의 원인에 관한 아이디어를 제안해 보도록 한다. 이런 아이디어들은 내담자의 내적 경험, 내담자 행동의 근원, 내담자 행동의 문화적 맥락 또는 내담자 행동이 항상 있어 왔던 것인지 또는 새로운 것인지의 정도에 대한 가설이 될 수 있다. 수련감독자는 실습생이 몇 가지 가설을 개발하고, 유연성과 창의성을 발휘하도록 격려한다. 그러고 나서 수련감독자는 실습생에게 회기 중에 좀 더 탐색해 볼 만한 가설 한 가지를 선정하게 한다.

대화의 예

수련감독자: 이 부분에서 내담자가 무얼 하고 있는지 말해 보세요.

실습생: 음……, 의자에 앉아 몸을 많이 움직이고 있네요.

수련감독자: 예……. 그 밖에는요?

실습생: 음, 다시 보니까 저를 거의 쳐다보고 있지 않네요.

수련감독자: 그러면 내담자에게는 특이한 건가요?

실습생: 네, 내담자는 이곳 문화에 꽤 동화된 편이거든요. 그리고 조금 전 내

가 반응할 때는 내 눈을 잘 쳐다보고 있었는데……. 그런데 지금은 입도 꽉 다물고 있네요. 조금 전까지만 해도 제 눈을 똑바로 쳐다보고 있었는데……. 그리고 입 모양이 우스꽝스럽네요.

수련감독자: 자, 지금 다시 볼 때, 내담자의 내면에 어떤 일이 진행되고 있다고 생각하나요?

실습생: 이런, 참……. 그때는 눈치 채지 못했는데, 내담자가 울컥 했다가 울지 않으려고 참고 있다는 생각이 드네요.

수련감독자: 무엇에 대해서 그렇게 하고 있다고 생각하세요? 방금 전에 어떤 일이 있었죠? [동영상의 앞부분으로 다시 가서 그 부분을 다시 본다.]

실습생: 흠……, 누나의 결혼에 대해 얘기하고 있네요. 아마 누나에 대해 걱정하거나 그리워하는 것 같기도 하고……. 잘 모르겠네요. 그렇지만 누나에 대한 것 같기는 한데요.

수련감독자: 예. 그 말이 맞는 것 같아요. 다른 가설이 있나요?

실습생: 흠……, 아마 조금 전에는 기분이 언짢았던 것 같아요. 우리가 일에 대해 이야기를 나누고 있었을 때 말이에요.

수련감독자: 이런 생각에 대해 어떻게 확인하실 건가요?

실습생: 글쎄요, 내담자에게 직접 누나에 대해 걱정하고 있는지 물어볼 수 있겠죠.

수련감독자: 예, 그렇게 시작하는 것이 괜찮을 것 같네요.

이 대화의 예에서 수련감독자는 소크라테스식 접근을 통해 실습생이 내담자를 좀 더 주의 깊게 관찰하고, 관찰에 근거한 가설을 설정하게 하고 있다. 첫 실습에 임하는 실습생들은 질문을 받으면 흔히 말이 없어지곤 한다(Holloway & Wampold, 1983). 그 이유는, 추측컨대 정말 무슨 말을 해야 할지 모르거나 '틀린 대답'을 할까 봐 두렵기 때문일 것이다.

이 점에 유념하며, 이 대화의 예에서 수련감독자는 첫 번째 던지는 질문의 초점을 상담실습 동영상에서 분명하게 관찰할 수 있는 것에 맞추었다. 실습생이 내담자의 행동에 관해 생각을 하게 되자, 수련감독자는 내담자의 내적 경험에 관한 가설을 도출해 내도록 요구하였다.

그러나 실습생에 따라서는 불안이 너무 심해서 심지어 첫 번째 질문도 너무 어렵게 여길 수도 있다. 그런 경우, 수련감독자는 상담실습 동영상에서 관찰한 것을 말한다. 그러고 나서 "나보다 이 내담자에 대해 더 잘 알고 있을 텐데, 얼굴 표정과 몸동작이 무엇을 의미하고 있다는 생각이 드나요?"와 같은 말로 실습생이 말을 시작할 수 있도록 용기를 북돋아 준다. 실습생이 가설을 제안하면, 수련감독자는 그것을 이용해 더 많은 아이디어들을 이끌어 낸다.

전략 3 적절한 개입방법을 확인한다

수련감독자는 실습생이 개입방법을 찾아보게 하여, 그중에서 선택하도록 돕는다. 수련감독자는 실습생에게 탐색할 가설 한 가지를 선택하게 하고(전략 2), 가설을 검증할 수 있는 개입방법을 고려해 보도록 한다. 수련감독자는 실습생에게 목표 달성을 위해 적절한 개입방법을 제시하게 한다. 만일 실습생이 너무 긴장한 나머지 아무런 생각도 할 수 없는 상태인 것 같으면, 수련감독자는 한두 가지 개입방법의 명칭을 들면서 실습생에게 더 많은 개입방법을 생각해 보도록 한다.

실습생이 개입방법을 제안하면, 수련감독자는 몇 가지를 더 추가할 수 있다. 수련감독자는 실습생에게 가설탐색을 위한 개입방법 하나를 선정하게 한다. 수련감독자는 선정된 개입방법이 실습생의 방식과 확실히 잘 맞는지 확인한다. 전혀 새로운 개입방법이거나 아니면 실습생이 이전에 사용했던 것일 수도 있기 때문이다. 그런 다음, 실습생은 반성과정의 다음 단계인 실행으로 넘어간다.

대화의 예

[이 상황에서 실습생은 내담자가 대학원에서 대우 받고 있는 방식에 대한 분노감정 표출을 두려워하고 있다는 가설을 세웠다.]

수련감독자: 정말 괜찮은 가설이네요. 좀 더 탐색할 수 있는 방법을 생각할 수 있을까요?

실습생: 글쎄요, 저는 단지 제가 듣고 있는 것을 재진술할 수 있을 거예요. "할 일은 많은데 어떻게 해야 할지 잘 생각이 나지 않는가 봐요."와 같이 말이에요.

수련감독자: 네……, 또 달리 생각나는 것은 없나요?

실습생: 그냥 단순히 최소한의 언어적 반응을 보일 수 있겠어요. "음흠."이나 "그것에 대해 좀 더 말씀해 보세요."라는 반응이요.

수련감독자: 둘 다 가능하겠군요. 제가 몇 가지 추가해 보죠. 그러면 내담자와 선생님 방식에 가장 잘 들어맞는 것을 결정할 수 있을 거예요. 아니면 내담자의 말과 얼굴 표정 사이의 불일치에 대해 직면할 수도 있고요. 그 점이 내담자의 문화적 경험과 일치한다는 생각이 들면 말이에요.

실습생: 예, 알겠어요.

수련감독자: 아니면 내담자가 느끼고 있다고 생각하는 감정을 단순히 반영할 수도 있겠지요. "지금 상당히 화가 나신 것 같다는 느낌이 들어요. 제 말이 맞나요?" 라고 말이죠.

실습생: 글쎄요, 아주 직접적인데요!

수련감독자: 네. 머릿속으로 내담자에 관한 가설은 세웠지만, 막상 소리 내서 말로 표현하지 못한다는 게 좀 우스워요. 그냥 얘기하는 게 가장 쉬울 수도 있는데 말예요. 그 밖에 시도해 보고 싶은 것이 있나요?

실습생: 현재로서는 더 이상 생각나는 것이 없는데요.

수련감독자: 네. 그럼 질문으로 넘어갈까요? 어떤 질문을 해야 원하는 정보

를 얻을 수 있고, 가장 편안할까요?

실습생: 글쎄요, 재진술이나 최소한의 반응을 해 주면, 내담자가 가설을 확인해 줄 수도 있겠고 아닐 수도 있겠죠. 차라리 직면과 반영을 사용하면, 가설의 옳고 그름을 즉시 알 수 있을 것 같은데요.

수련감독자: 그거 좋은 생각이네요. …… 자, 그러면 어느 쪽이 편안할까요? 멕시코계 미국인 여성 치료자가 이민 가정에서 자란 멕시코계 미국인 남성 내담자를 상담하려고 한다면 편안할까요?

실습생: 글쎄요, 그 내담자와의 관계에서 편안할지 잘 짐작되지 않네요. 그 내담자가 편안해할지도 잘 모르겠고요……. 그렇지만 그걸 해 볼 수는 있을 거예요. 아마도 가설을 세워 볼 거예요. 잠정적일 수 있기 때문에, 선생님께서 제안하신 것처럼, 내담자가 어떤 생각을 하는지 물어볼게요. 그렇게 하는 것이 더 존중하고 있음을 나타내는 것 같아요.

수련감독자: 네. 그리고 가설을 확인하는 것 못지않게 가설이 잘못된 것을 알아내는 것도 유용하다는 사실을 기억하시면 좋겠어요. 둘 중 하나가 다음에 진행할 방향을 제시해 주니까요.

이 대화의 예에서 수련감독자는 전략을 제공하기 전에 실습생에게서 가능한 전략들을 유도해 내고, 적절한 질문을 통해 어떻게 한 가지 전략을 선정하는가를 보여 주었다. 개입방법을 제시하라는 요구에 대해 실습생이 침묵을 지키자, 수련감독자는 한두 가지 전략을 제안하였다.

여기서 어떻게 진행할 것인가를 파악하는 것은 생각만큼 쉽지 않다. 왜냐하면 수련감독자가 너무 빨리 전략을 제시하면 실습생은 스스로 전략을 세우지 않는 반면, 너무 오래 기다리다 보면 창의적으로 생각할 수 없는 정도까지 실습생의 불안이 더 높아질 수 있기 때문이다.

실습생과의 긴밀한 관계를 형성하는 것은 수련감독자의 최우선적인 과업이다. 이를 통해 수련감독자는 상황을 평가하고, 그 안에서 내담자가 누구이고 실습생은 무엇을 필요로 하는가를 토대로 활동할 수 있게 되기 때문이다.

전략 4 개입기법을 가르치거나, 시범을 보이거나, 모델 역할을 한다

이 전략에서는 수련감독자가 먼저 구두로 개입방법을 설명한다. 마찬가지로, 서면으로 된 지침을 제공할 수도 있다. 그러고 나서 수련감독자는 상담실습 관련 시청각 자료를 보여 주거나, 직접 시범을 보이거나, 실습생과의 역할연습을 통해 시연한다. 기법에 대한 시범을 보이고 나면, 실습생들에게 가상의 상황과 목표를 설정하여 역할연습을 하게 한다.

그런 다음, 수련감독자는 실습생들에게 어떤 경험을 했는지에 대해 묻는다. 이러한 작업을 통해 실습생들은 두 사람 사이의 상호작용에 대해 반성적 사고를 할 수 있게 된다. 역할연습에는 단순히 말로 반응을 보이거나, 수련감독자나 다른 실습생과 내담자로서 좀 더 복잡한 상호작용을 해 보는 활동이 포함된다.

대화의 예

수련감독자: 선생님이 내담자의 감정을 이해하고 있다는 것을 내담자가 알아주기를 바라고 있군요.

실습생: 네.

수련감독자: 그렇게 하는 방법 한 가지를 보여드릴게요. 지난 주 모임에서 모의 회기 때, 연습 파트너에게 이해받고 있다는 느낌이 들었나요?

실습생: 네. 파트너가 저한테 말한 것을 통해서 정말로 내 감정을 이해하고 있다는 것을 알았어요.

수련감독자: 파트너가 어떻게 했는데요?

실습생: 글쎄요, 모르겠어요……. 제가 말하고 있는 것에 정말로 관심이 있는 것 같았어요. 그리고 어느 시점에서 상처받은 제 마음에 대해 얘기를 했고, 그때 저는 제가 정말로 상처받았다는 사실을 알게 되었거든요.

수련감독자: 그러면 파트너가 선생님의 감정을 정확하게 반영했고, 선생님은 이해 받는 느낌이 들게 되었군요?

실습생: 네.

수련감독자: 오케이. 그러면 오늘은 정확한 감정 반영 연습을 해 봅시다.

실습생: 네, 좋아요. 그런데 어떻게 하는지 잘 모르겠는데요.

수련감독자: 그렇군요. 간단한 역할연습을 통해서 반영해 봅시다. 이것을 녹화해서 다시 봅시다. 우선, 내가 상담자 역할을 할 테니까 잠시 내담자가 되어서 감정에 대해 말해 보실래요?

실습생: 네.

수련감독자: 좋아요. 그러면 먼저 시작하세요. 그냥 선생님한테 중요한 것에 대해 말해 보세요. 그리고 편안한 마음으로 나한테 말해 보세요. 하지만 오랜 시간 상담이 필요한 그런 것은 말고요.

실습생: 네……. 글쎄요, 최근에 저는 굉장히 심한 스트레스를 받았어요.

수련감독자: 스트레스를 받았다고요.

실습생: 네. 저는 매사에 남들보다 뒤쳐지고 있다는 것을 알게 되었고, 내가 해야 할 일에 대해 걱정하면서 밤늦도록 잠을 이루지 못했어요.

수련감독자: 그 일에 대해 잠 못 이룰 정도로 걱정이 되시나 봐요.

실습생: 네. 저는 지금까지 내가 필요하다면 항상 제시간에 일을 끝낼 수 있었고, 오히려 시간이 남기까지 했거든요. 항상 학점도 좋았고요.

수련감독자: 더 이상 그렇게 할 수 없다는 것에 실망스러운가 봐요.

실습생: 네, 그래요.

수련감독자: 자, 여기까지 할까요? 할 말이 많겠지만요. 자, 내가 한 반영이 정확하다고 느꼈나요?

실습생: 네. 그래서 제가 이야기를 계속할 수 있었던 것 같아요.

수련감독자: 네, 선생님은 계속 감정에 대해 말을 했어요. 내가 생각에 대해서는 묻지 않고 감정에만 반응한다는 것을 눈치챘나요?

실습생: 네.

수련감독자: 그러면 역할을 바꾸어 봅시다. 내가 내담자 역할을 할게요. 자, 시작합니다. 저는 최근 들어 정말 일을 열심히 했는데, 집에 오기만 하면 사소한 일에도 짜증을 잘 내는 것이 염려가 돼요. 딸아이도 나한테 퉁명스러워졌고요.

실습생: 아, 다소 걱정이 되시나 봐요.

수련감독자: 네. 사실 많이 걱정돼요. 잘해 보려고 계속 노력하고 있거든요.

실습생: 최근 들어서는 그렇게 썩 다정하지 않았다고 느끼시는군요.

수련감독자: 네. 최근 들어서는 아내와 외식해 본 적도 없고, 사소한 일에도 짜증만 냈고요.

실습생: 사소한 일에 짜증을 냈다고요?

수련감독자: 네. 식탁에 안 치우고 남겨둔 그릇이며, 거실에 제멋대로 흩어져 있는 신발이며, 평소에는 신경조차 쓰지 않았던 것들이 자꾸 짜증스럽게 느껴지네요. 자, 여기서 멈추고 녹화한 것을 들어 봅시다. [녹화한 동영상을 함께 본다.] 감정에 초점을 두고 대화가 진행되었다는 생각이 드나요?

실습생: 글쎄요, 부분적으로는요. 그렇지만 어떤 면에서는 곁길로 빠진 것 같아요. 갑자기 이야기가 세세한 부분까지 들어가니까 감정 반응을 잘 못하겠어요.

수련감독자: 네, 맞아요. 어떤 부분에서 곁길로 나간 것 같나요?

실습생: 글쎄요, "최근 들어서는 그렇게 썩 다정하지 않았다고 느끼시는군요."라고 말했을 때부터였어요.

수련감독자: 맞아요. 왜 그런지 아세요?

실습생: 잘 모르겠어요.

수련감독자: 자, 도와줄게요. 선생님은 이 부분에서 감정에 대해 말하지 않으면서도 '느낀다'는 말을 사용했어요. 선생님은 생각에 대해 말하고 있었거든요. 다정한 일들을 하지 않는 것에 대한 생각 말이에요.

실습생: 잘 이해가 안 되는데요.

수련감독자: 좀 더 명확하게 말하면, "최선을 다하지 못했다고 느낀다."라는 말에서 '느낀다'를 '생각한다'는 말로 바꾸는 게 좋을 것 같아요. '느낀다'라는 말을 썼지만 사실은 '생각한다'로 바꿔야 할 사항들이거든요. 그렇게 바꿔야 비로소 감정을 말하는 방법을 배울 수 있을 거예요. 흔히 우리는 "통계학은 연구설계 다음에 배워야 한다는 느낌이 들어요."라고 말하는데, 사실은 "생각해요."라는 말을 써야 됩니다. 만약 감정을 표현하려면, "나는 통계학에 압도당하는 느낌이 들어요."라는 식으로 말해야겠지요. 이해가 되나요?

실습생: 예, 이제 알 것 같아요.

수련감독자: 이 말을 달리 해 보면 어떻게 할 수 있을까요?

실습생: 글쎄요, 충분히 잘해 주지 못했다고 표현한 문장에 대해 반영을 한다면, "부적절하다는 느낌이 드시나 봐요."라고 할 수 있겠네요.

수련감독자: 그렇죠, 아주 좋아요! 자, 이 말을 어느 시점에서 사용해야 할지 생각해 봅시다.

실습생: 글쎄요, 정말 내담자의 감정을 정확하게 알고 싶으면, 내담자가 표현하는 감정을 정확히 반영하는 것부터 시작해야 된다는 말씀처럼 들리는데요. 그런데 틀리게 반영하면 어쩌죠?

수련감독자: 그땐 내담자가 말해 줄 거예요! 예를 들어, "부적절하다는 느낌이 드시나 봐요."라고 반영했는데 그것이 틀렸다면, 내담자가 "아니요. 저는 그냥 슬펐어요."라고 반응할 거예요. 상담자가 감정에 초점을 두고 '부적절한'이라는 단어를 사용했을 때, 내담자가 그 말이 자신의 감정상태를 나타내는 단어가 아니라고 느끼면 좀 더 정확한 단어를 사용해서 자신의 감정을 알려 줄 거예요. 그래서 감정단어feeling word를 사용하면, 감정에 대한 상담자의 가설이 틀리더라도 내담자가 수정해 주기 때문에 정확한 감정 이해에 도달할 수 있죠.

실습생: 그렇군요.

수련감독자: 반영은 또 어떤 상황에 적절할까요?

실습생: 글쎄요, 감정은 한마디도 얘기하지 않고 사건에 대해서만 너무 세부적으로 설명하는 내담자에게 사용하면 될 것 같은데요. 그런데 내담자가 어떻게 받아들일지 모르겠어요.

수련감독자: 예, 그것 좋은 예군요. 또 다른 경우는요?

실습생: 글쎄요, 상담자가 내담자를 이해하고 있다는 것을 내담자에게 알리고 싶을때요.

수련감독자: 그렇지요.

이 예에서 수련감독자는 실습생에게 질문한 후, 개입방법에 대해 시범을 보였고, 실습생에게 연습할 기회를 제공하였으며, 실습생의 반응이 곁길로 나간 것을 스스로 깨닫도록 도왔다. 그러고 나서 실습생이 실제 상담에서 사용할 수 있는 방법들을 생각해 보도록 하였다. 이는 상담의 기본 기술에 대한 시범이었지만, 더 복잡한 상담 기술에도 동일한 전략을 적용할 수 있다.

전략 5 구체적인 전략과 개입방법 이면의 근거를 설명한다

수련감독자는 특정 내담자에게 사용할 구체적인 개입방법을 제안하고 나서, 실습생에게 이 개입방법을 이용하면 회기 중에 어떤 일이 일어날 것으로 예상하는지를 알아본다. 수련감독자는 내담자의 성, 인종, 그리고 문화적 배경을 참고하여 개입방법의 의미를 탐색한다. 수련감독자는 실습생의 반응을 강화해 주고, 개입방법의 이론적 근거와 의도를 설명한다.

대화의 예

[이 사례에서 학생 치료자는 내담자에게 침묵을 사용하기로 의견을 같이하였다.]

실습생: 좋아요. 저는 더 오랫동안 침묵할 수 있다고 생각해요. 저한테는 어려운 일이지만, 제가 거기에 앉아서 내담자를 바라보고만 있으면, 내담자가 초조해 할까 봐 염려돼요.

수련감독자: 예. 항상 그것이 문제지요. 내담자가 초조해하는지 어떻게 알 수 있죠?

실습생: 글쎄요, 아마 초조해 할 사람은 바로 저 자신일 거예요. 내담자는 아마 저만큼 회기에 대해 책임을 느끼지 않을 테니까요.

수련감독자: 네, 그것이 문제군요, 그렇죠?

실습생: 무슨 뜻이죠? ……아, 알겠어요. 제가 회기에 대한 책임을 지고 있는 것에 부담스러워 한다는 의미죠. 하지만 내담자는 자신에게 중요한 것을 말할 책임을 느낄 필요가 있잖아요.

수련감독자: 바로 그거예요. 그러면 회기 내내 상담자가 아무 말도 하지 않는다면, 책임감이 강한 이 유럽계 미국인 남성에게 어떤 일이 일어날까요?

실습생: 아마 내담자가 책임을 떠맡겠죠.

수련감독자: 그래요. 그 점이 중요해요, 특히 상담자가 여성이기 때문에 더 그렇죠. 내 경험으로는, 많은 남성들은 여성들이 감정에 대해 잘 알고 있다고 생각하죠(C. D. Hollister, personal communication, 1991. 3. 12.). 그리고 상담자가 이 내담자에게 자신의 감정에 대해 생각하고, 그 감정에 대해 말할 수 있는 여지를 남겨 두도록 하는 것이 중요해요. 그런 감정이 아주 서서히 드러날 수도 있지만요. 내담자는 유럽계 미국인 남성이고, 상담자가 뭔가 하지 않으면, 자기가 뭔가 해야 한다고 생각할 거예요. 그래서 아마 상담자가 말을 안 하면, 내담자가 말을 할 거예요. 그리고 내담자가 자신에게 중요한 것

에 대해 입을 열게 되면서 상담자와의 동맹관계가 탄탄하게 될 거예요. 하지만 문화 집단이 다르면, 문화동화 수준에 따라서 상담회기 초에 동맹관계 형성을 위해 다른 것들을 할 필요가 있겠죠.

실습생: 예, 제가 상담했던 아프리카계 미국인 내담자에 대해서 그렇게 생각했어요. 실제로 저는 그 내담자에게 침묵을 지키려고 했는데 잘 안 되었거든요. 그 내담자는 "언제 상담을 진행하실 거예요?"와 같은 말을 하는 것을 보면, 그런 침묵을 견디지 못하는 것 같았어요.

수련감독자: 침묵이 그 내담자와의 작업동맹 형성에 역효과를 낸 것 같네요. 그 이유가 무엇이라고 생각하나요?

실습생: 글쎄요, 어떤 아프리카계 미국인들은 상담자에게서 더 많은 충고와 제안을 기대한다고 알고 있거든요.

수련감독자: 그러면 선생님은 그 말이 이 내담자에 대해서 맞는다고 생각하나요?

실습생: 네, 이 내담자는 그 유형에 꼭 맞는 것 같아요. 내가 어떤 제안을 하면, 내담자는 훨씬 더 적극적으로 반응을 보이거든요.

수련감독자: 침묵이 무능한 것처럼 보일 수 있다고 생각하나요? 아니면 더 나쁜가요, 일종의 속임수처럼 보일까요?

실습생: 바로 그거예요.

수련감독자: 그러면 그 내담자와 뭘 했나요?

실습생: 내담자의 문제에 관하여 구체적인 질문을 해 보려고 했죠. 그리고 계획을 세울 수 있게 내가 이러한 것들을 알고 싶다고 내담자에게 말했어요. 물론, 그렇게 해서 제 맘이 훨씬 편안해졌고요. 가정교사 생활을 해 봐서 어떻게 하는지는 알고 있거든요.

수련감독자: 그렇게 해서 얼마나 효과가 있었던 것 같나요?

실습생: 훨씬 효과가 있었어요. 다음에 동영상을 보여드릴 수 있어요.

수련감독자: 좋아요, 보고 싶네요. 그리고 기억할 점은 일단 내담자와 좋은 동맹관계가 형성되면, 나중에 침묵을 적절히 사용할 때가 올 거라는

것이죠. 예를 들면, 내담자에게 자신의 감정을 경험할 기회를 주고 싶을 때가 있거든요. 우리가 내담자의 문화적 정체성과 우리가 말하는 것에 대해 반응하는 것을 이해한다면 우리는 다양한 문화적 배경을 지닌 내담자들에게 다양한 개입 방법을 사용할 수 있습니다. 동맹 구축을 위해서는 우리가 내담자들과 어떻게 타이밍을 맞추는가가 실제로 어떤 개입을 사용하느냐보다 중요하답니다.

실습생: 예. 이제 알 것 같아요.

여기서의 핵심은 인종이나 성별에 관한 관찰이 반드시 정확하다는 것은 아니다. 오히려 수련감독자는 치료자가 내담자와 확고한 동맹관계를 구축하는데 도움이 되는 개입방법을 이용하도록 격려한다. 그리고 동맹관계는 성별과 문화를 고려해야 한다는 것을 의미한다. 이를 위해 수련감독자와 상담자는 특정 유형의 내담자와 특정 시간에 이용할 수 있는 개입방법들에 관하여 협의한다.

개입방법 이면의 이론적 근거를 탐색하는 것도 한 방법이다. 이 예에서 실습생은 다문화상담에 어느 정도 익숙해 있었다. 만일 그렇지 않았다면, 수련감독자는 문화선호도에 관한 연구기반 정보의 일부를 제공하는 한편, 이 정보가 이 내담자에게 어떻게 적용할 수 있을지에 관하여 이야기를 나눌 수 있었을 것이다.

전략 6 상담회기에서 중요한 사건들을 해석한다

전략 2에서처럼, 수련감독자는 실습생에게 내담자의 주요 호소문제의 원인에 관하여 생각해 보도록 한다. 특히, 내담자의 외적 행동을 문화적 배경과 이전의 생활 사건들, 그리고 잠재적인 내적 과정들과 연결되는 사안들을 고려해 보도록 한다. 그리고 실습생이 제시한 대체적인 윤곽에 살을 붙여 내용을 충실하게 만든다. 그러고 나서 그 해석이 적절하다면, 실습생에게 대안적 해석을 제시하게 하고, 그 해석이 옳은지 알 수 있는 방법에 대해 묻는다.

실습생이 한두 가지 가능성을 제시하면, 수련감독자가 여기에 몇 가지를 더 추가할 수 있다. 수련감독자는 실습생의 해석이 옳다고 판단되면, 그 해석이 앞으로의 상담에 어떤 의미가 있는지를 묻는다. 이 전략은 치료자가 한동안 내담자를 상담해 왔고, 이미 내담자의 주요 호소문제에 관한 원인으로 판단되는 정보와 자료 몇 가지를 확보한 이후에 가장 유용하다. 그러나 초심 상담자들은 흔히 내담자의 주요 호소문제의 원인에 관한 자신의 아이디어에 대해 자신 없어 하는 경향이 있다. 그러므로 수련감독자는 아이디어를 계속 발전시켜 나가도록 격려한다.

대화의 예

수련감독자: 선생님께서는 일정 기간 동안 이 내담자를 상담해 오셨죠. 우리는 방금 내담자가 체중유지를 위해 열심히 운동을 하고 있는데, 내담자의 아내는 계속 체중이 늘고 있는 상황에 대해 내담자가 아주 언짢아하는 장면을 보았고요. 내담자의 호소문제에 관하여 해석해 본 것이 있다고 전에 말한 것으로 알고 있는데요. 그 분노는 무엇에 관한 거라고 생각하나요?

실습생: 글쎄요, 아, 그거요. 내담자가 남성우월주의자인데다가 날씬한 여성을 좋아하는 것에 대해 제가 더 이상 언짢아하지 않기로 한 이후에 관한 것 말이죠?

수련감독자: 예. 그런 감정은 중요해요. 그 감정으로 다시 돌아가 봅시다. 그러한 감정을 통해 내담자가 아내에게 어떤 영향을 주는지를 알 수 있을 거예요. 또 선생님 속을 뒤집어 놓으려고 했던 것에 관해서도 알

수 있을 거예요. 하지만 그 부분은 조금 건너뛰어서 내담자가 선생님에게서 반응을 얻으려 하기보다 단지 자신의 감정에 충실했다고 가정합시다. 이러한 감정을 어떻게 이해할 수 있을까요?

실습생: 무슨 말씀이신지 잘 모르겠어요.

수련감독자: 글쎄요, 선생님은 내담자의 배경과 삶에 대한 것을 알고 있잖아요. 그러한 정보가 도움이 될 것 같아서요.

실습생: 내담자가 어떻게 그 많은 것을 성취해 왔는가에 관한 것인가요?

수련감독자: 그건 잘 모르겠어요. 나는 선생님만큼 내담자에 대해 잘 몰라요. 하지만 선생님 말씀은 여기서 어떤 묘안이 있는 것처럼 들려요. 그 점에 대해 말씀해 보세요. 그리고 그것이 어떻게 부합된다고 생각하는지에 대해서도요.

실습생: 글쎄요, 내담자는 저소득층 가정에서 성장했고 엄청난 노력 끝에 출세했고요. 내담자는 아주 똑똑하고 잘 나가는 회계사라는 점. 이건 내담자가 엄청나게 절제를 했어야 되었다는 의미가 되거든요. 그래서 내담자는 아내가 자기만큼 절제하지 못하고 '그저 될 대로 되라는 식으로 무절제하게 살아가는 것'에 대해 아주 언짢아하고 있을 거라는 생각이 들었고요.

수련감독자: 그럼 우리가 방금 보았던 부분에서 무엇 때문에 내담자가 그렇게 화를 냈다고 생각하세요?

실습생: 글쎄요, 괜히 오버하는 게 아닐까요?

수련감독자: 좋아요. 그것이 내가 하고 싶은 거예요. 여기서 그저 내담자 행동의 원인에 대한 해석을 가지고 노닥거려 보는 거죠.

실습생: 좋아요. 글쎄요, 내담자는 가족들이 좀 극단으로 흐르는 것 같다고 했어요. 내담자는 어려서 어머니를 정말 의지했었거든요. 그런데 어머니는 일을 마치면 소위 '여자들과' 술을 마시곤 했대요. 일단 마셨다 하면 만취상태가 될 때까지 끝장을 보곤 했고요. 어머니는 그 때문에 여러 차례 경찰서 유치장의 만취자보호실drunk tank 신세를 졌

고요. 내담자에게는 아주 끔찍한 일이었죠. 그래서 내담자는 누나를 아주 좋아했어요. 누나는 운동선수 출신이거든요. 그러다가 누나가 집을 떠나 결혼을 하고 세월이 한참 지나고 나서 집에 다니러 왔었는데, 뚱뚱해진 거예요. 그래서 아마도 내담자는 아내를 생각하게 된 것 같아요. 뚱뚱해지는 것은 내리막길의 시작이고, 내담자도 역시 내리막길에 접어들게 할 거라고 생각하고 있을 거예요.

수련감독자: 그렇죠. 그래서 선생님은 내담자가 긴장을 늦추는 것 같은 경험이라도 할라치면 모든 것이 파멸에 이를 거라는 암시로 여길 거라고 생각하는군요. 그러면 내담자는 자신이 결혼할 때 생각했던 것과는 다른 모습으로 변한 사람과 남겨지게 되겠네요.

실습생: 예, 바로 그거예요.

수련감독자: 네, 아주 멋진 해석이네요. 상담자로서 검증해 볼 수 있는 해석말이에요. 해석을 내담자에게 어떻게 말로 옮길 것인지 말해 보세요.

실습생: 이렇게 말할 수 있을 것 같은데요. "○○씨는 아내의 체중이 느는 것에 대해 말할 때 굉장히 화를 내시는데, 예를 들어 어떤 일에 대해 아내와 실제로 논쟁을 할 때면, 보통 때보다 더 많이 화를 내시는 것 같아요. 혹시 아내가 누나처럼 뚱뚱한 사람으로 변해서 결혼할 때와는 완전히 다른 사람의 모습으로 변할까 봐 두려우신가 봐요."

수련감독자: 오, 굉장한데요! 이 해석이 맞는지의 여부는 어떻게 알 수 있을까요?

실습생: [웃으며] 내담자가, "아, 예, 맞아요. 이렇게 멋진 해석을 어떻게 생각해 내셨어요?"라고 말하면, 제 해석이 맞았다는 사실을 알 수 있겠죠. 근데 솔직히 말하면, 내담자가 그것에 대해 생각하는 것 같고, 그리고 나서 "네, 선생님 말씀이 맞는 것 같아요."라고 말하고, 저한테 그것과 같은 또 다른 예를 제시한다면 알 수 있을 것 같아요.

수련감독자: 하지만 내담자가 그렇게 하지 않으면 어떻게 할 작정이세요? 내담자가 "글쎄요, 하지만 누나가 뚱뚱해지는 것은 그렇게 화가 나지

는 않았어요."라고 말한다면, 어쩔 작정인가요?

실습생: 글쎄요, 제가 틀렸다고 생각하겠죠.

수련감독자: 그럴 수 있겠죠. 그리고 나 같으면 내담자의 말이 내 가설의 진위에 대한 가장 중요한 자료라고 생각할 거예요. 그렇지만 그것을 잠시 잘 보관해 놓았다가 해석이 옳다는 것이 판명되고 다른 방식으로 다시 거론될 때, 내담자는 해석에 좀 더 귀 기울일 준비가 되어 있겠죠. 좋은 해석은 일단 정확해야 합니다. 그런데 해석은 정확할 수 있지만, 타이밍이 맞지 않아서 내담자의 문제를 명확하게 밝히지 못하게 될 수도 있죠.

이 상황에서 수련감독자는 억지같이 보일지라도 실습생에게 가급적 많은 해석을 생성해 내도록 하였다. 그러고 나서 수련감독자는 실습생의 불현듯 떠오르는 생각을 따라 약간 더 단순한 형태로 해석을 재진술해 주었다. 실습생이 해석을 말로 표현할 때, 수련감독자는 그것이 어떻게 타당화될 수 있는지 물었다. 끝으로, 수련감독자는 해석을 통해 상담의 효과를 높이기 위해서는 정확성과 타이밍timing이 요구된다는 사실을 덧붙였다.

상담자 기능

수련감독자가 상담자 역할을 맡게 되는 경우, 실습생에게 수련감독자와의 상호작용과 내담자와의 상호작용 맥락에서 내적 탐색을 하도록 한다. 이는 스콥홀트와 뢰니슈타트의 발달 모형과 일치하며, 반성적 탐구의 또 다른 측면이다(Skovholt & Jennings, 2004a; Skovholt & Rønnestad, 1995 참조). 이것이 가장 흔히 윤리적으로 고려해야 할 부분이다. 제4장에서 기술되어 있는 것처럼, 수련감독자는 자기반성을 격려할 필요가 있지만, 일정한 선을 넘어서는 안 된다. 즉, 아무리 실습생이 원한다고 하더라도 실습생에게 치료자가 되어서는 안 된다.

따라서 수련감독자는 상담회기와 수련감독 회기에서의 경험처럼, 규칙에 의거하여 감정에 관한 질문을 던지는 작업을 하게 되지만, 그러한 감정의 탐색에 제한을 두지는 않는다. 때때로 논의를 통해 실습생의 삶에서의 더 큰 문제들을 다루지만, 수련감독자는 항상 그런 논의의 초점을 특정 내담자와의 상호작용에 맞춘다. 이는 수련감독의 초점을 유지시키기도 하지만, 실습생과의 이중 역할이 되는 상황을 피하게 해 준다.

전략 7 상담회기 동안 실습생의 감정을 탐색한다

실습생은 내담자와 자기 자신을 이해하기 위해 자신의 감정을 수용하고 활용하는 법을 배워야 한다. 수련감독자는 실습생이 상담하는 동안의 감정에 주목하고, 그 의미를 고려하도록 격려함으로써 이 과정을 돕는다. 이는 초심자에게는 매우 어려운 일이다. 왜냐하면 초심자들은 내담자를 귀찮거나 매력 없는 사람으로 경험할 때, 흔히 이런 감정을 가져서는 안 되고 언제나 내담자를 좋아해야 하며, 공감해 주어야 한다고 믿기 때문이다.

그러나 상담자가 자신의 감정을 인정하지 않으면, 이러한 감정을 무의식적으로 행동화act out할 수도 있다(Teyber, 2006). 수련감독자와 감정에 대한 논의를 통해 실습생들은 상담회기 중 일어날 수 있는 행동화를 피할 수 있다. 그러나 수련감독자는 배경이 달라서 감정에 대한 언급을 어려워하거나 부적절한 것으로 여기는 실습생과는 좀 더 여유를 가지고 논의할 필요가 있다. 실습생의 자존심이 손상되지 않게 자연스럽게 이러한 점에 대해 논의하기 위한 방법을 찾는 것은 매우 중요하다.

수련감독자는 상담자가 상담회기 중에 억압된 감정에 따라 행동하지 않는 대신, 내담자에 관한 자료로서 자신의 감정을 활용하는 것이 중요하다는 것을 설명해 준다. 이를 위해 수련감독자는 수련감독 회기에서 실습생에게 다음과 같은 일반적인 질문을 던질 수 있다.

글상자 23. 실습생의 감정 탐색을 촉진하기 위한 질문의 예

1. 이 내담자를 좋아합니까?
2. 내담자와 함께 있으면 편안합니까?
3. 내담자를 상담할 때, 부적절하다는 느낌이 듭니까?

수련감독자는 실습생이 자신의 감정이 내담자가 다른 사람에게 불러일으킨 감정과 유사한지 평가하도록 도와주기 위해 더 깊이 탐색해도 좋다. 이는 실습생이 관계에 있어서 내담자의 어려움을 이해하는 데 도움이 되기 때문이다. 이러한 과정을 통해 실습생은 내담자의 관계 행동에 관한 정보를 축적하여 상담에 사용할 추가적인 가설과 전략을 조직적으로 세울 수 있게 된다. 이는 또한 실습생이 내담자의 삶에서 다른 사람들의 반응과는 상이한 반응, 즉 비상보적 반응noncomplementary response을 할 수 있는 기회이기도 하다.

여기서는 실습생이 반응을 선택하도록 돕는 것이 중요하다. 이는 어느 시점에서 다음 회기로 넘어갈지를 결정하는 데 도움이 될 것이다. 다른 한편으로, 내담자들 중에는 실습생에게 과거의 어떤 사람을 떠올리게 하거나 아니면 끊임없이 실습생에게 특정 감정을 불러일으키는 성별, 인종 혹은 성적 지향 집단에 속해 있는 사람들이 있을 수 있다.

이런 경우, 수련감독자는 실습생에게 감정을 더 깊이 탐색해 보도록 한다. 수련감독자는 수련감독 시간에 실습생에게 감정을 표현하게는 하지만, 감정 해석 등과 같은 작업을 자제함으로써 수련감독 시간이 상담회기로 탈바꿈되지 않도록 한다. 다시 말해서, 수련감독자는 실습생의 감정은 중요하며, 실습생이 혼자 있거나 친구나 전문가와 함께 있을 때 더 깊이 탐색할 수는 있지만, 내담자에게 그러한 감정을 드러내는 행동은 자제하도록 한다. 실습생의 감정이 올라올 때마다, 수련감독자는 실습생과 심리적으로 함께하면서 실습생 자신의 감정을 경험하게 한다. 그러면 상담회기와 다른 경험과 구분 짓는 상황을 탐색하는 질문을 통해 논의의 초점은 다시금 상담회기에 맞추어지게 될 것이다.

대화의 예

[이 상황에서 수련감독자는 방금 동영상에서 보았던 상담회기에서 실습생의 감정을 탐색한다.]

수련감독자: 내담자가 울기 시작했을 때, 상담자의 몸이 약간 뒤로 움직이더군요. 그때 어떤 느낌이 들었죠?

실습생: 이런, 잘 모르겠어요. 저는 그냥 내담자가 울지 않기를 바랐었던 것 같아요.

수련감독자: 그 상황에 대해 말해 보세요.

실습생: 글쎄요, 저는 정말 사람들이 화내는 것이 싫어요. 마음이 불편해지거든요. 저는 지금까지 그게 너무 싫었거든요.

수련감독자: 무엇 때문인지 아세요?

실습생: 잘 모르겠어요. ……글쎄요, 확실하지는 않지만, 제가 어렸을 때, 학교에서 집에 돌아올 때마다 저는 항상 엄마가 화내지 않고 울지도 않기를 바랐던 것 같아요. 내가 어렸을 때는 엄마가 많이 우울해 했어요. 엄마는 항상 침대 아니면 소파에 누워 있곤 했어요. 좋지는 않았지만, 그래도 엄마가 잠들어 있거나 TV를 보는 것은 견딜 수 있었어요. 저는 학교를 마치고 친구들을 집에 데려온 적이 한 번도 없었어요. 엄마가 그렇게 하고 있을 때는 저한테 전혀 관심이 없었거든요. 그래서 저는 매일같이 밖에 나가서 놀았어요. 하지만 이따금씩 집에 오면, 엄마는 울면서 나한테 무엇인가에 대해 말하고 싶어 했어요.

…… 저는 어떻게 해야 할지 몰랐어요. 정말 무서웠는데, 일종의 무기력하다는 느낌이 들었어요. 저는 아빠가 집에 오셔서 이런 상황에서 나를 구해 주시기를 바라곤 했어요.

수련감독자: 그래서 어머니와 함께 있어도 외로움과 책임감을 느꼈고, 그 상황에서 벗어나고 싶어 했군요.

실습생: 네. ……그리고 내가 상담자가 되고 싶어 했던 이유도 이런 사람들을 돕고 싶었기 때문이었을 거라는 생각이 드네요.

수련감독자: 그래서 내담자가 어머니처럼 행동하다가 울기 시작하면, 선생님은 어렸을 때처럼 마음이 불편했군요?

실습생: 네, 그래요.

수련감독자: 상상이 되네요! 내담자와 함께하는 이러한 상황이 어머니와 함께 하던 상황과 얼마나 비슷하다고 생각하세요?

실습생: 글쎄요, 불행해하는 사람이 있고, 그 사람은 저한테 도움을 바라고 있어요.

수련감독자: 그래요. 그렇지만 선생님은 어머니 말에 귀 기울이던 그 사내아이와는 이젠 다르고요.

실습생: 그럴 거예요, 하지만 그런 느낌은 들지 않아요.

수련감독자: 이제 선생님은 성인이에요.

실습생: 글쎄요, [웃으며] 내가 성인이라는 생각은 들어요.

수련감독자: 네, 선생님은 자신의 안녕을 위해 내담자에게 의존하지는 않잖아요.

실습생: 네, 맞아요. 내담자가 나아지지 않더라도, 저는 아마 저녁식사를 하고, 내게 주어진 일을 완수하고, 학교에 가는 것과 같은 일을 할 거예요.

수련감독자: 그럼요. 그리고 선생님은 사람을 돕는 것에 대해 지금은 더 많은 것을 알고 있고요.

실습생: 글쎄요, 지금까지 저는 상담에 대해 뭔가를 안다고 생각했어요. 그

런데 아직 많은 것을 알고 있지 못한 것 같아요. 그렇지만 어린아이일 때보다는 더 많은 것을 알고 있어요…….

수련감독자: 그리고 어린아이였을 때는 그랬지만, 여기서는 혼자가 아니에요. 만일 감당할 수 없다면, 상담에 대해 조언을 구할 만한 사람들이 있거든요.

실습생: 예, 지금은 제가 도움을 구할 수 있는 사람이 더 많이 있다는 생각이 들어요.

수련감독자: 내담자가 화를 낼 때면, 이러한 사실을 떠올릴 수 있다는 생각이 드나요?

실습생: 네.

수련감독자: 그러면 아마 움츠러들지 않고, 자신감을 가지고 좀 더 오랫동안 내담자의 말에 귀를 기울일 수 있을 거예요.

실습생: 네, 도움이 될 것 같아요. 노력해 볼게요.

실제 수련감독 회기에서 이러한 대화가 일어나는 데는 훨씬 더 오랜 시간이 걸릴 것이다. 여전히 이 대화의 예는 우선 실습생의 감정에 초점을 맞추고 있고, 그러고 나서 상담회기에서 감정을 다루는 전략에 초점을 맞추고 있다.

전략 8 수련감독 회기 동안 실습생의 감정을 탐색한다

이 전략은 수련감독자와 실습생 간 관계의 맥락에서 전략 7의 행동을 적용하고 있다. 다시 말하면, 수련감독과 상담 간 혹은 수련감독과 친구관계 사이의 경계를 유지하는 것은 말처럼 그리 쉽지 않은 일이다. 그러나 수련감독에서의 감정이 논의되지 않으면, 그 감정은 실험을 통해 배울 수 있는 실습생의 능력을 저해할 수 있다.

실습생들은 수련감독자에게 좀처럼 자신의 감정을 드러내지 않으므로 (Ladany et al., 1996), 실습생 개개인에게 각별하게 주의를 기울이고, 수련감독 과정을 방해할 수 있는 감정이 드러날 때, 이와 관련된 논의를 주도하는 것은 온전히 수련감독자의 선택에 달려 있다. 수련감독 회기에서 실습생의 감정을 탐색할 때, 수련감독자는 실습생에 대한 가설을 포함한 자기노출로 말문을 연다. 이때 가설과 함께 참고가 될 만한 행동에 대해서도 언급한다. 실습생은 이에 대해 반응하고, 수련감독자는 실습생의 감정을 더욱 깊이 탐색한다.

대화의 예

[수련감독 회기 동안의 실습생 감정의 탐색은 수련감독 관계를 탐색할 수 있는 기회를 제공한다.]

수련감독자: 동영상의 저 부분을 보다가 눈살을 찌푸렸는데, 나한테 저 부분을 보여 주는 것이 당황스럽나 보다고 생각했어요. 내 말이 맞나요?

실습생: 아니오. 저……예, 그랬던 것 같아요.

수련감독자: 그 느낌에 대해 말해 보세요.

실습생: 글쎄요, 이 부분이 좀 어이없게 보일 거예요. 몇 달 동안 선생님과 함께 작업해 왔고, 제 상담기술에 대해 선생님께서도 꽤 긍정적이셨잖아요.

수련감독자: 네. 그런데요?

실습생: 그런데, 글쎄요, 선생님께서 보시는 것과는 달리, 이따금씩 저는 제가 한 상담에 대해 좋은 느낌이 들지 않아요.

수련감독자: 그래요?

실습생: 그래서 저는 이 점에 대해 도움이 필요한데, 다른 한편으로는 선생님을 실망시키고 싶지 않아서요.

수련감독자: 내가 실망할 것 같다는 생각이 드시나 봐요. 이 회기를 보면서

내가 선생님에 대해 어떻게 생각할 것 같나요?

실습생: 아, 저는 선생님께서 생각하는 만큼 정말 잘 하지는 못해요. 아니면 제가 그 상황을 좀 더 잘 처리했어야 했는데…….

수련감독자: 그러면 내가 선생님에 대해 상당히 높은 기대를 하고 있다고 생각해 왔군요.

실습생: 네, 그런 셈이죠. 그렇지만 정말, 이건 말씀드리기 어려운데, 저는 선생님을 많이 좋아해요. 그리고 선생님도 저를 좋아하실 거라고 생각해요. 제가 상담을 잘하기 때문에 선생님께서 저를 맘에 들어 하셨다고 생각해 왔어요.

수련감독자: 네, 그런데 내가 어떤 행동으로 선생님에게 그런 인상을 주었는지 궁금하네요. 만일 어떤 실수도 하지 않았기 때문에 내가 선생님을 맘에 들어 했다면, 내가 가르쳐 드릴 게 아무것도 없을 텐데요.

실습생: 아니요, 선생님께서 그런 인상을 주신 것은 아니에요. 말도 안 된다고 생각해요[웃으며]. 내가 이미 모든 것을 알고 있었다면, 선생님께서 하실 일이 무엇이겠어요?

수련감독자: [따라 웃으며] 만일 그랬다면, 선생님은 왜 여기에 계시겠어요?

이 대화의 예에서 수련감독자와 실습생은 실습생에게 어려운 상황에 직면해서 훈련 관계에 적절한 중간 정도의 깊이로 탐색하였다. 상호작용을 검토하기 위한 일환으로 수련감독자는 자신이 실습생의 인식에 어떻게 영향을 주어 왔는지를 물었다. 이러한 문제를 탐색하는 것만으로도, 두 사람은 수련감독 관계에서 상대방에게 각자 어떤 기능을 해야 하는지를 재확인하였다. 그러면서도 수련감독자는 실습생에게서 매력적이고 즐거웠던 일들, 혹은 개인적인 관계를 강화시켜 줄 수 있는 말들, 예를 들어 그가 실습생을 얼마나 맘에 들어 했는지 등에 대해서는 말하지 않았다. 대신, 수련감독자는 계속해서 수련감독 상호작용과 목적에 초점을 맞추었다.

전략 9 구체적인 기법이나 개입방법에 관한 실습생 감정을 탐색한다

이 전략은 실습생이 자신의 개인적 방식에 적합한 전략에 대해 생각하도록 돕기 위한 것이다. 동시에, 실습생이 전략과 실험을 시도해 보면서 상담능력을 향상시킬 수 있는 효과가 있다. 어떤 치료자이건 간에 새로운 기법을 터득하기는 쉽지 않다. 새로운 기법을 효과적으로 활용할 수 있게 되기까지는 시간이 걸리기 마련이다. 이렇게 새로운 기법을 익히는 과정에는 새로운 기법을 시도하면서 생기는 감정의 이해가 포함된다.

새로운 기법을 소개할 때, 수련감독자는 실습생이 그 기법을 적용할 때의 느낌을 알아본다. 수련감독자는 새로운 개입방법에 대한 논의나 역할연습을 하는 동안 실습생의 표정을 관찰하고 관찰한 것을 말해 준다. 실습생이 관찰의 정확성을 인정할 때, 수련감독자는 계속해서 실습생의 감정을 탐색한다. 탐색은 짧게 하되, 실습생이 회기 중의 행동과 실생활 행동 간의 관계를 탐색하도록 돕는 것에 한정시킨다. 그리고 치료자가 된다는 것은 주도적으로 질문하고, 관찰하며, 내담자의 문제에 직면하는 법을 배우는 것이라는 점을 실습생에게 상기시켜 준다.

대화의 예

수련감독자: [상담사례 동영상의 한 부분을 본 후에] 직면을 한 후에 이마에 주름이 지고 어깨가 긴장되던데, 눈치채셨나요?

실습생: 네. 아마도 그랬던 것 같아요.

수련감독자: 그 점에 대해 어떻게 생각하세요?

실습생: 모르겠어요. 마음이 많이 불편했나 봐요.

수련감독자: 보통 친구들의 불일치에 직면할 때 마음이 편안한가요?

실습생: [웃으며] 아니요. 제가 사람들의 감정을 상하게 하고 싶어 하지 않는다는 것을 선생님도 알고 계실 거라고 생각하는데요. 그런 상황에

부딪치면 저는 얼른 피할 거예요.

수련감독자: 예. 내가 생각한 대로군요. 그것이 선생님의 문화유산의 일부일 수 있다고 생각하나요?

실습생: 네, 물론이죠. 그리고 저보다 나이 많은 사람을 직면시키는 것이 특히 부적절하다는 느낌이 들어요.

수련감독자: 그러면 선생님과 문화적 배경이 같으면서 연세가 드신 분을 상담하고 있다면, 직면이 작업동맹 형성에 방해가 될 수 있겠군요.

실습생: 물론이죠. 그렇지만 이 내담자는 유럽계 미국인인데요.

수련감독자: 네. 그래서 직면이 이 부분에서 적절하지요. 동맹 관계에 도움이 될 수도 있고요. 그렇지만 선생님이 상담에서 직면기법을 적용하는 것이 사회적 상황에서 공손한 행동을 취하도록 배워온 것에 어긋난다는 것은 알 수 있을 것 같아요.

실습생: 바로 그거예요. 제가 힘들어 하는 것이 이상한 일이 아니잖아요.

수련감독자: 네. 선생님이 상담자로서 보여 주어야 한다고 배웠던 다른 사람에 대한 존중은 상담의 자산이죠. 이 상황에서는 무엇인가를 급하게 말할 필요는 없을 것 같아요. 그저 여유를 가지고 기다리면서 내담자가 이야기할 수 있게 하면 될 것 같아요. 다른 한편으로, 상담자는 사회적 상황에서보다 더 직면적이어야 할 때가 있답니다. 정중한 대화에서 하지 말아야 할 일들, 그리고 특정 내담자의 문화와 성격과 조화를 이루는 방법을 배우는 것은 정말로 쉽지 않은 일이예요. 하지만 내담자와는 다른 점들을 찾아야 돼요. 만일 내담자가 그저 사교적인 대화가 필요했다면, 친구를 찾았겠죠. 내담자는 무언가 다른 것 때문에 우리를 찾게 되거든요.

실습생: 선생님 말씀이 맞는 것 같아요. 제가 좀 더 편안해질 때까지 직면연습을 많이 해야 할 것 같아요.

수련감독자: 그렇죠. 잘 됐어요. 25년 동안 조건화되어 왔던 것에 거스르는 법을 배우는 데는 시간이 좀 걸리겠죠.

이 상황에서 수련감독자는 상담실습 동영상에서 관찰한 것을 탐색했고, 직면과 결부된 의미와 감정에 대해 광범위하게 논의하기보다 문화적 쟁점들을 적절하게 다루었다. 게다가 수련감독자는 효과적으로 상담과 평범한 대화를 구분지었다.

전략 10 상담회기에서의 자신감 및 불안에 대한 실습생의 자기탐색을 격려한다

실습생들은 상담을 시작하게 되면서 자신감에 변화가 생길 것이다. 그러면서도 다른 한편으로는 새로운 상담행동을 적용하게 되면서 불안도 경험하게 될 것이다(Orlinsky et al., 2005; Rønnestad & Skovholt, 1993; Skovholt & Rønnestad, 1995). 물론 그 순간에는 인정하고 싶지 않을 것이다. 수련감독자는 실습생이 상담의 첫 회기를 시작하기 전에 상담 실시에 관한 두려움에 대하여 실습생과 이야기를 나눔으로써 불안을 완화시켜 줄 수 있다. 만일 실습생이 불안감이나 자신감이 부족하다는 사실을 인정한다면, 수련감독자는 그러한 감정들을 탐색하도록 실습생을 격려한다.

감정을 탐색하고 나면, 수련감독자는 실습생이 새로운 것을 시도했던 이전 경험에 관해 생각해 볼 것을 제안할 수 있다. 수련감독자는 실습생이 실패를 예상했지만 성공적으로 과제를 완수했던 경험을 상기시키는 것이 특히 유용하다는 사실을 상기시켜 준다. 그러한 경험을 되새겨서, 실습생은 새롭고 어려운 것을 시도하는 과정을 떠올리며 새로운 상담경험에 도전할 수 있게 된다.

대화의 예

수련감독자: 지금껏 역할연습 상황에서 작업을 해 왔습니다. 그렇지만 이전

에 한 번도 만나본 적이 없는 실제 내담자와 상담을 시작하는 것은 말처럼 그리 쉬운 일이 아닙니다.

실습생: 네, 그래서 약간 긴장돼요.

수련감독자: 이와 같은 상황에서는 특별한 것이 아니죠. 긴장된다는 것은 선생님이 새로운 것에 주의를 기울이고 있고 실행하고 있음을 의미합니다. 지금 머릿속에 어떤 생각들이 맴돌고 있나요?

실습생: 아, 그거요. 제가 지금까지 배운 것들을 하나도 떠올릴 수 없을 것 같은 거요, 그저 하얗게 질려 있을 것 같아요. 아니면 제가 무얼 하고 있는지도 잘 모르는 것을 내담자가 눈치챌 것 같고, 저한테 상담받고 싶어 하지도 않을 것 같아요. 또 내담자가 아무 말도 하지 않은 채 그냥 저만 바라보고 있으면 어떻게 하죠?

수련감독자: 그런 생각들은 아주 공통적으로 나타나는 현상입니다. 과거에 이와 유사한 상황에 처했던 적이 있었나요?

실습생: 글쎄요, ……아, 있었어요. 제가 교사가 될 무렵에 교생실습을 나갔어요. 제가 담당했던 첫 수업이 생각나요. 유럽연합(EU)에 관한 것이었는데, 저는 수업시간 내내 진땀을 흘렸던 기억이 나요.

수련감독자: 그리고 어떤 일이 있었죠?

실습생: 그런데 학생들은 나의 이런 상황에 대해 전혀 알지 못했다는 사실을 알게 되었고, 학생들도 저한테 좀 더 관심을 갖게 되었어요. 학생들이 질문을 하기 시작하면서 제 마음이 좀 편안해졌고, 학생들과 그 질문에 대해 이야기를 나누었고요.

수련감독자: 이 상황과 많이 비슷한 것 같네요. 교직을 처음 시작할 때도 가르치는 것에 관한 것을 다는 알지 못했던 것처럼 들리네요. 그리고 다른 사람들의 욕구가 무엇인지를 알 수 있게 되면서 편안해질 수 있었고요.

실습생: 예.

수련감독자: 이번에도 똑같은 방식으로 진행될 수 있겠네요. 선생님은 상담

에 관하여 많은 것을 알지 못하더라도, 상담을 시작하기에 충분할 정도로는 알고 있고, 내담자는 상담자에 대해서보다는 자기 자신에 대하여 더 걱정하고 있겠죠.

실습생: 바로 그 점을 기억하고 있어야 하는데!

수련감독자: 그럼요. 교직에 첫발을 들여놓았을 때, 많이 알고 시작한 것은 아니지만, 진행할수록 좋아졌던 경험을 상담할 때도 떠올려 보면 좋겠네요.

이 대화의 예에서 수련감독자는 실습생의 불안을 인정해 주고 있다. 그리고 나서 수련감독자는 실습생의 성공적인 초기 경험을 탐색하고, 그것을 통해 현실적인 방식으로 상담 상황에서 실습생의 자신감을 북돋아 주었다.

전략 11 실습생이 개인 역량과 성장을 위한 영역을 설정하는 것을 돕는다

치료자가 되는 법을 배우고 내담자와 작업하는 과정에서 실습생은 새로운 방식으로 자기 자신을 조망하게 된다. 실습생은 상담을 통해 내담자가 자신의 개인적인 강점과 약점을 정리하도록 돕는다. 이러한 작업은 흔히 실습생 자신의 강점과 약점에 대한 인식을 촉진시키기도 한다. 실습생이 자신의 수련감독자를 신뢰하기 시작하면서 흔히 이러한 사고가 표출된다.

수련감독자는 실습생의 말에 경청하고, 강점에 대해 관찰한 것을 확인해 주고, 성장 영역의 탐색과정을 적극 지지해 준다. 강점 영역을 확인시켜 준다는 것에는 강점뿐 아니라 실습생이 그것을 개발하기 위해 노력해 왔다는 사실을 인정하는 것이 포함된다. 게다가 실습생이 거쳐 왔던 과정에 관해 수련감독자가 질문을 하는 것이 중요하다. 그 이유는 수련감독자의 질문을 통해 실습생은 성과뿐 아니라 과정에 대해 계속해서 주의를 기울일 수 있기 때문이다.

성장이 요구되는 영역들을 탐색하는 것은 좀 더 복잡한 과정이다. 가능하다면, 수련감독자는 관심에 대한 논의를 실습생이 주도하게 한다. 그렇지만 상담의 책임 관련 영역에서는 수련감독자는 실습생들의 부적절한 수행 문제를 다룬다. 경우에 따라서 수련감독자는 실습생 자신의 어려움을 탐색하도록 격려하기도 한다. 그러고 나서 실습생이 자신이 처한 상황을 어떻게 변화시키고 싶은지를 알아본다. 끝으로, 실습생과 수련감독자는 원하는 변화를 성취하기 위한 계획을 함께 수립한다. 실습생들은 또한 대학원 훈련 과정을 통해 자신의 개인적인 강점과 약점을 파악하게 될 것이다.

대화의 예

[이 상황에서 실습생은 학습장애learning disability가 있어서 대학시절에는 자신의 문화적 특성대로 가족과 친구들의 도움을 얻어 가까스로 생활할 수 있었지만, 대학원에서의 진행 속도와 높은 수준의 개인수행 기준에 직면하게 되면서 더 이상 그럴 수 없게 되었다. 결국 기한에 맞추어 사례일지를 제출할 수 없게 되면서 수련감독자는 이 문제에 대해 실습생에게 직면하고 있는 상황이다.]

수련감독자: 나는 선생님이 수련감독 첫 회기가 지났는데도 아직 사례일지를 제출하지 않아서 염려하고 있었어요. 지금쯤이면 이미 4회기에 대한 사례일지를 제출했어야 하거든요.

실습생: 네, 사례일지를 가지고는 있는데, 수련감독 시간에 가져오는 것을 자꾸 까먹네요.

수련감독자: 좀 혼란스러운데, 벌써 몇 주 동안 사례일지 제출에 대해 언급해 왔는데, 선생님은 말로만 제출하겠다고 하고는 제출하지 않고 있거든요.

실습생: 글쎄요……. 저는 이 문제를 끄집어내지 않고 대학원 과정을 마칠 수

있기를 바라고 있었는데. 그렇지만 더 이상은 그럴 수 없다는 생각이 드네요. ……이 사실에 대해서 이미 심리검사 강사 선생님과는 말씀을 나누었는데, 그분은 대학원 과정의 전임교수님이 아니시라서……. 어쨌든, 그분은 저한테 용기를 잃게 하는 말씀을 하셨어요. 제가 여기에 오기 전에, 콜로라도에서 일련의 검사를 받은 적이 있었거든요. 그런데 그 검사에서 제가 심각한 학습장애가 있어서 대학원을 졸업하지 못할 것이라는 진단을 받은 적이 있어요. 그래서 저는 이곳에 온 후로 대학원을 졸업하지 못할까 봐 너무 겁이 났어요. 이번 학기quarter, 역자 주: 일 년을 4등분하여 봄, 여름, 가을, 겨울학기로 나누어 운영되는 학사운영제도에도 그런 생각이 제 머릿속에서 사라지지 않는 것 같아요. 가을 학기에는 두 과목을 끝내지 못했거든요incomplete. 그리고 학기 중간 방학break 동안에 겨우 보고서를 작성해서 제출했는데, 이젠 더 이상 그렇게도 할 수 없을 것 같아요. 어떻게 해야 할지 모르겠어요. 저를 검사한 사람들의 말이 정말 맞는지도 궁금해요. 저는 여기에 속해 있다는 느낌이 들지 않아요.

수련감독자: 와우……. 큰 짐을 지고 있었군요! 나한테 그 이야기를 털어 놓기로 결심했다니 기뻐요.

실습생: 네……. 말씀드리고 나니 마음은 편안해지네요.

수련감독자: 대학생활은 잘한 것 같던데, 어떻게 그럴 수 있었죠?

실습생: 글쎄요, 저는 집에서 가족들과 함께 살거든요. 우리 문화권에서는 흔한 일이지만. ……그리고 글쎄요, 우리 문화권에서는 가족들이 매사에 상부상조하거든요. 우리 가족들이 항상 저 자신과 제가 성공하는 것에 든든한 버팀목이 되어 주었어요. 어머니와 형이 함께 도와주었어요. 제가 아이디어를 죽 이야기를 해 나가면 어머니와 형이 그 아이디어를 가지고 도와주곤 했어요. 그러고 나서 제가 보고서를 작성하면, 어머니와 형이 검토해 주면서 잘못된 부분을 수정해 주었고요. 그 아이디어는 모두 제 것이지만, 그래도 어머니와 형이 도와

주었죠. 그리고 학기semester, 역자 주: 일 년에 봄 학기와 가을학기, 두 학기로 이루어지는 학사운영제도별로 이루어지는 학사체제에서는 이러한 작업을 할 수 있는 시간이 더 많았거든요. 저는 더 일찌감치 시작해서 제 시간에 끝내곤 했어요.

수련감독자: 그러면 미리 미리 계획함으로써 보충할 수 있었겠군요. 그런데 지금은 한 학기quarter가 너무 짧아서 그렇게 할 수 없게 되었고요.

실습생: 네. 그리고 측정과목을 담당하시는 L 박사님께서 심리학자들의 주요 업무가 보고서를 읽고 쓰는 일이기 때문에 제가 공부를 더 하기 전에 진로를 재고해 보아야 한다고 말씀하셨어요.

수련감독자: 저런……. 선생님이 왜 그렇게 풀이 죽어 있었는지 이제야 알 것 같네요.

실습생: 예……, 사례일지를 너무 못 쓴 것 같아서 제출하지 않았어요. 어떻게 수정해야 할지도 모르겠고요.

수련감독자: 자, 그럼 이렇게 해 봅시다. 사례일지를 먼저 제출하고, 나중에 가능한 전략에 대해 상의해 봅시다. 그런데 더 큰 문제는 대학원 과정에서 요구하는 읽고 쓰는 일인데, 그것은 어떻게 할 작정이세요?

실습생: 잘 모르겠어요. 정말 걱정돼요.

수련감독자: 아마 캠퍼스 내에 학습장애센터가 있다는 것을 알 텐데. 거기에 가서 검사를 받으면, 아마 새로운 전략들을 배울 수 있을 거예요.

실습생: 그래요? 제가 잘 몰랐어요. 오늘 당장 가 봐야겠네요. 그런데 이 문제에 대해서 다른 교수님들께도 솔직히 말씀드리고 이해를 구하는 것이 좋을까요?

수련감독자: 그렇게 해야 할 것 같다는 생각이 드는데, 그렇게 하는 것이 선생님에게 피해가 될 것인지는 잘 모르겠네요. 그렇지만 아무런 해명 없이 과제물을 제출하지 않는 것보다는 피해가 덜 할 것 같다는 생각은 드네요.

실습생: 네. 그럴 것 같아요. 그런데 제가 더 이상 대학원 공부를 할 수 없다

고 하면 어떡하죠?

수련감독자: 그것이 문제네요. 학습장애센터에서 어떤 도움을 어떻게 받을지는 나도, 선생님도 모르잖아요. 선생님이 도움을 얻어서 어떻게 할 수 있는가에 관해서 더 알기 전까지는 어떤 결정을 내릴 수 있는 입장은 아닌 것 같은데요.

실습생: 네.

수련감독자: 이 일을 이번 주에 처리할 것으로 알고 있으면 될까요?

실습생: 네.

수련감독자: 그러면 다음 수련감독 시간까지 사례일지가 어떤 상황이건 간에 기한 내에 제출해서 과제의 어려움에 대해 논의할 수 있도록 할 계획인가요?

실습생: 네.

수련감독자: 좋아요. 자, 우리가 그 점에 대해 이야기를 나누었는데, 선생님의 역할연습을 담은 동영상을 봅시다. 지난주에 역할연습을 아주 잘했는데, 이번에도 기대가 되네요.

이 대화의 예에서 수련감독자는 실습생이 자신의 어려움에 대해 솔직히 말한 것을 확인시켜 주는 한편, 현 상황에 관한 자신의 느낌을 표현하도록 격려해 줌으로써 대학원 과정을 계속할 수 있게 대학에서의 지원과 훈련을 받을 수 있도록 돕고 있다. 수련감독자는 이 과정에서 도움을 받을 수 있는 기관을 안내해 주면서 이전의 역할연습에서 실습생이 보여 주었던 강점 영역에 대해 적극 지지하였다. 동시에, 수련감독자는 문제의 복잡성을 인정하고, 자신의 능력을 벗어난 실습생의 장래에 관한 언급은 자제하고 있다.

전략 12 실습생에게 자신의 정동과 방어를 처리할 기회를 제공한다

심리치료는 지극히 개인적인 과정이며, 흔히 상담자의 개인적인 감정을 휘저어 놓기도 한다. 예를 들어, 상담자는 스트레스 수준이 극한에 달해 있어서 강렬한 정동affect을 표출하는 내담자와 작업하게 되는 경우가 있다. 이러한 경험은 수련감독에서 처리되어야 할 정도로 상담자에게 잔여 감정을 남기게 되기도 한다.

한 회기가 끝나고 실습생이 이러한 감정들을 처리할 필요가 있을 때, 수련감독자는 실습생의 감정을 다루어준다. 감정 탐색을 위해서는 질문기법이 유용하다. 왜냐하면 수련감독자가 실습생의 감정에 대해 이해할 필요가 있기 때문이다. 그리고 실습생은 일반적인 감정에 관한 질문에 답변할 수 있는데, 특히 실습생이 논의를 주도할 때 그렇다. 이는 실습생이 때로 답변하기 어려워하는 인지적 측면의 질문과는 다르다.

실습생의 감정 표현 수준이 심화될수록, 수련감독자는 침착하게 실습생의 감정을 수용해 준다. 수련감독자는 실습생의 감정에 대해 논쟁하거나 수련감독자 자신도 동일한 느낌이 든다고 하면서 감정을 약화시키지 않는다. 이러한 과정은 내담자가 강렬한 감정을 표출할 때, 실습생이 어떤 행동을 취해야 하는가를 수련감독자로부터 배울 수 있다는 점에서 중요하다. 가능성은 희박하지만, 예를 들어 실습생이 벽을 마구 치는 등의 부적절하게 자신의 감정을 표출하는 상황이라면, 수련감독자는 적절한 한계를 정해 준다. 이러한 방식으로 수련감독자는 실습생에게 효과적인 상담 행동을 시범보인다.

성장 영역을 탐색(전략 11에서처럼)하고, 정동표출을 위한 기회를 제공할 때, 수련감독자와 실습생 모두는 실습생이 심리치료를 통해 많은 것을 배울 것이라는 사실을 깨달을 수 있다. 수련감독자는 실습생에게 윤리적 · 교육적 관점에서 자신이 실습생들의 치료자가 될 수 없다는 점을 상기시켜 준다. 수련감독자는 실습생에게 이러한 문제를 어떻게 처리할 계획을 세웠는지 알아봄으로써, 실습생이 상담자로서 기능하는 데 방해되지 않도록 한다. 만일 실습생이 심리치료를 받겠다는 의도를 보이면, 수련감독자는 그 결정에 지지해 준다.

다른 한편으로, 수련감독자에게 말한 것이 도움이 되었다고 보고하는 실습생이 있다면, 수련감독자는 당분간 그것을 수용하고 상담의 측면에서 실습생의 경과를 관심 있게 지켜본다. 그러나 실습생이 치료를 받는 것에 대해 관심은 있지만 비용에 부담스러워 한다면, 수련감독자가 비용부담 방법에 관한 제안을 주도해서는 안 된다. 수련감독자는 단지 실습생이 이 영역에서 필요로 하는 것을 추구할 수 있는 방법을 찾아보도록 격려만 해야 한다.

대화의 예

[이 상황에서 실습생은 몹시 화가 난 내담자와 직면하였다.]

실습생: 내담자가 극도로 화를 냈던 부분을 보여드리고 싶어요. 제가 취했던 행동에 자신이 없었거든요.

수련감독자: 그 부분에 대한 작업을 위해 가져왔다니 좋네요. 자, 봅시다. [함께 상담 동영상을 본다.] 상담자가 다소 조용히 있는 것처럼 보이네요. 어떤 느낌이었죠?

실습생: 글쎄요, 솔직히 아주 불안했어요. 그리고 정신이 하나도 없었어요. 그저 멍한 상태였거든요. 제가 상담한 동영상을 볼 때까지 제가 그 회기를 어떻게 마쳤는지 모를 정도였으니까요. 이상한 경험이었어요.

수련감독자: 네, 화를 낸 부분 다음에 회기를 아주 신속하게 마치셨네요. 선생님이 아주 압도되어 있었다는 느낌이 드네요. 내담자도 그랬던 것 같고요. 상담회기를 갑작스럽게 마쳤으니까요.

실습생: 예……. 그런 것 같아요.

수련감독자: 언제 처음으로 불편한 느낌이 들었는지 말씀해 주세요.

실습생: 글쎄요, 내담자 목소리가 커지고 몸짓을 크게 할 때였어요.

수련감독자: 그렇군요. 신체적으로 어떤 부분에서 이러한 점을 느꼈나요?

실습생: 네. 가슴이 꽉 막히면서 턱이 경직되더군요. 나중에는 머리도 아팠고요.

수련감독자: 그러면 꽤 강력한 반응을 보였군요. 적어도 몸으로 말이에요. 그 순간에는 생각이 명료하지 못했다고 했는데, 그 상황에서 어떤 점이 가장 두려웠었는지 기억할 수 있나요?

실습생: 네. 그 사람이 갑자기 일어나서 저한테 주먹질을 할 수도 있겠다는 생각이 들었어요. 물론 내담자가 저한테 화가 난 것은 아니지만요. 지금 보니까 그런 생각이 얼마나 어리석었나 알 수 있겠네요.

수련감독자: 선생님은 다른 사람이 화를 낼 때, 보통 이러한 감정을 느끼나요?

실습생: 네……. 저도 왜 그런지 알아요. 글쎄요, 제가 어렸을 때 아버지가 알코올 중독자였거든요. 아버지가 집에 오시면 어떤 상태가 될지는 아무도 예상할 수 없었어요. 아버지는 술에 취하시면 주변 사람에게 시비를 걸었어요. ……그래서 저는 조용하게 보이고 나 자신을 작게 만들어서 그 상황에서 벗어나는 법을 배우게 된 것 같아요.

수련감독자: 그래요. 어린아이라면 그럴 만도 하죠. 그 행동은 아이를 안전하게 해 주는, 이유 있는 선택이네요. 선생님은 그 상황을 이내 파악해서 자신을 어떻게 보호할 것인가를 알 정도로 창의성이 있었네요.

실습생: 예, 그랬던 것 같아요. …… 하지만 그 행동이 상담자로서는 부적절한 것 같아요. 사람은 화를 낼 때가 있는데, 그때마다 멍하게 있을 수는 없잖아요. 그래서 이 부분에 대해 상담을 받아야겠다고 생각해 왔어요.

수련감독자: 그럴 것 같군요. ……그러면 상담 장면에서 좀 더 편안해질 것이고, 내담자의 강력한 감정표출에도 잘 견딜 수 있을 거고요.

실습생: 수련감독 시간에 이런 것을 다루어도 되나요?

수련감독자: 내가 선생님을 도울 수 있다면 나한테는 영광이죠. 그렇지만 선생님과의 관계에서는 다른 역할을 맡고 있잖아요. 만일 내가 선생님의 상담자가 된다면, 선생님을 가르치고 평가하는 역할을 할 수가 없게 되겠죠. 그렇게 된다면, 선생님에게는 냉정한 치료자가 될 테니까요.

실습생: 예, 알겠어요. 글쎄요, 전에 치료받는 것에 대해 생각을 해 본 적은 있어요. 그런데 지금 당장은 돈이 없어서요.

수련감독자: 그렇군요. 대학원생 시절은 항상 돈이 없고, 치료를 받는 데는 희생이 따르죠. ……하지만 나는 선생님이 늘 상황을 창의적이고 재치 있게 풀어 나가는 것을 보았어요. 따라서 치료의 필요성이 절실하다고 느낀다면, 선생님은 이것도 해결할 수 있을 거라고 믿어요.

실습생: 글쎄요, 솔직히 이것에 대해 생각하면 좀 긴장돼요. 제가 이 모든 것에 대해 정말 탐색하고 싶어 하는지 잘 모르겠어요.

수련감독자: 그럼요, 이해할 수 있어요. 옛날 일을 새삼 파헤친다는 것은 쉽지 않죠. 그렇지만 선생님이 직시할 수 있다면, 능력을 갖춘 상담자와 계약을 체결하고 좋은 성과를 일구어 낼 수 있을 거라고 생각해요. ……그리고 그러한 경험이 상담자로서의 직무수행에도 많은 도움이 될 것이고요.

이 대화의 예에서 수련감독자는 실습생이 회기 중에 경험한 감정을 탐색하게 하였다. 수련감독자는 실습생이 표출한 심리치료에 대한 관심을 격려하였고, 실습생이 개인적 · 전문적으로 더 편안해지는 데 필요한 것을 터득할 수 있는 능력이 있음을 지지하였다. 그러나 수련감독자는 실습생에 대한 상담자로서의 역할은 하지 않았다.

자문자 기능

수련감독자가 자문자로서의 기능을 수행할 때, 수련감독자와 실습생은 내담자에 대한 논의에 초점을 맞춘다. 이 과정에서의 질문에는 내담자가 무엇을 하고 있고, 왜 하고 있는지뿐만 아니라 상호작용이 무엇을 의미하는지가 포함된다. 수련감독자는 실습생이 자신에게서 무엇을 원하는지를 말해 보도록 한다. 이것은 학습자가 필요로 하는 것을 가장 잘 알고 있는 사람은 바로 학습자 자신이라는 교육자들의 신념(Copeland et al., 1993)에 근거한 것이다. 수련감독자가 자문자로서 기능하는 경우는 주로 경험이 많은 치료자들과 작업할 때다. 그럼에도 불구하고, 초심자도 경험과 지식을 축적하게 되면서 이론의 관점에서 전략들을 고려할 수 있게 된다. 초심자들은 또한 개입에 따른 즉각적인 성과뿐 아니라 장기적인 가능성들까지도 고려할 수 있게 된다.

전략 13 실습생용 대안적 개입방법이나 사례개념화를 제공한다

수련감독자는 실습생이 내담자에 관한 가설을 설정(전략 2 참조)하도록 하고, 고려해 볼 수 있는 대안들을 제시하게 하여, 이를 근거로 가설을 수립하도록 한다. 수련감독자는 실습생과 함께 가설을 검토한 후, 개입방법에 관한 논의로 옮겨 간다. 수련감독자는 반성과정을 계속 격려하면서 개입방법이 특정 성과를 산출할 수 있게 고안될 수 있다는 점을 강조한다.

수련감독자는 이것이 또 하나의 가설일 뿐이라는 점과 한 가지 전략이 한 가지 성과로 연결될 수 있다고 설명한다. 수련감독자는 또한 실습생에게 개입방법을 제시하게 하고, 그것을 특정 내담자에게 적용했을 때의 성과를 예측해 보도록 한다. 이어 수련감독자는 어떤 상담 이론이 가정된 성과를 설명할 수 있는지를 고려해 보게 한다. 이러한 작업을 통해 수련감독자는 실습생이 개입방법에 대한 이론적 근거를 갖추게 한다.

대화의 예

[이 상황에서 실습생은 상담실습 동영상의 한 부분을 수련감독자에게 보여 주고 그것이 의미한다고 생각하는 것을 설명하였다.]

수련감독자: 그게 하나의 가능한 설명이 되겠군요. 그런데 선생님이 그 상황에 대한 내담자 어머니의 반응을 물었을 때, 내담자가 신체적으로 움츠리고 폐쇄적인 자세를 취하는 것이 눈에 띄네요. ……그 밖에 어떤 일이 진행되고 있었는지 궁금하네요.

실습생: 확실치는 않지만, 지금 선생님께서 지적하신 것처럼 무언가 일어나고 있는 것 같네요.

수련감독자: 아마 내담자가 어머니를 생각할 때마다 걱정이 되나 봐요. 아니면 내담자의 문화적 관점에서는 효심을 나타내는 제스처일 수도 있고요. 내담자에 관하여 선생님이 알고 있는 사항을 고려할 때, 어떤 생각이 드나요?

실습생: 글쎄요, 방금 말씀하신 것처럼, 내담자의 태도가 아무리 존경을 나타내는 것이라 하더라도, 내담자 어머니가 내담자를 아주 불편하게 하고 있다는 생각이 들어요. 내담자는 어머니를 아주 변덕스럽고, 화도 잘 내고, 짜증도 잘 내는 사람으로 묘사하고 있거든요. 그리고 그러한 일이 발생할 때 어떻게 해야 할 지 잘 모르겠다고 했고요.

수련감독자: 글쎄요, 그것이 현재 내담자의 삶에 어떤 의미가 있다고 생각하세요?

실습생: 글쎄요, 그 점에 대해 생각해 보면, 내담자는 어머니가 어떻게 반응할 것인지 두려워서 무언가 모험적인 일을 하는 것을 어려워하고 있어요. 내담자 나이가 27세라고 하지만, 내담자는 어머니에게 어떻게

말해야 할지 몰라서 여전히 공손하고 정중하게 대하고 있거든요.

수련감독자: 그러면 이 점에 대해 어떻게 접근할 작정이세요? 문화적 측면에 주의를 기울임으로써 그동안 좋았던 관계를 유지하고 싶으신 것 같은데, 그 점에 대해서 내담자에게 명확하게 언급하든 하지 않든 간에 말이에요.

실습생: 글쎄요, 아마 지금이 적절하게 주장해 보는 연습을 해야 할 때가 아닌가 하는 생각이 들어요. 내담자가 어머니에게 자기가 뉴욕 여행을 할 거라고 말씀드리는 역할연습을 해 보면 좋을 것 같아요.

수련감독자: 그래요, 그리고 내담자의 문화만이 아니라 특히 어머니나 의사소통과 관련 있는 다른 사람들의 문화에 계속해서 주의를 기울이고 말이에요.……그리고 그 개입방법을 이론적으로 어떻게 이해하세요?

실습생: 행동시연이겠죠.

수련감독자: 그렇죠 …….. 그리고 행동시연과 관련해서 기억해야 할 점은 점진적 접근 개념입니다. 어머니가 좋아하지 않을 것 같은 일을 할 것에 대해 말씀을 드리는 일보다는 다소 쉬운 것에서 시작해야 되겠지요. 좀 더 쉬울 만한 상황이 떠오르시나요?

실습생: 네, 그럼요. 내담자 룸메이트에게 음악 소리를 줄여달라고 요청하는 일처럼, 주장연습을 좀 더 해 보게 할 수 있을 것 같아요. ……그러고 나서 점진적으로 내담자가 수강하고 있는 과목의 담당교수님을 찾아가게 해서 보고서에 대해서도 자신의 의견을 표출해 보는 작업으로 확대해 나가도록 할 수 있겠죠. 그러한 작업을 통해서 내담자는 나이가 많은 권위적인 사람에게 자신의 생각과 의견을 제시할 수 있는 기회를 얻게 될 수 있고요. 이러한 일이 어려울 것 같지만, 내담자가 어머니에게 말하는 것보다는 어렵지 않겠죠……. 나이든 사람에게 정중하지만 주장적으로 접근할 수 있는 좋은 기회가 될 것 같아요.

수련감독자: 좋아요, 그럴 것 같네요. 특히 이러한 사람들은 대체로 지시하는 데 익숙할 테니까요. 내 기억에 의하면, 내담자의 룸메이트는 거리낌 없이 말하는 유럽계 미국인이고, 이 대학에 있는 내담자의 교수님도 그럴 것 같고요. 교수님에 대해 주장적 행동을 권해 보기 전에 이러한 점들에 대해 확인해 보아야 할 것 같네요. 다음 회기로 넘어가기 전에 정확한 계획에 대해 좀 더 이야기해 봅시다.

수련감독자는 전략과 내담자에 관한 실습생의 생각을 계속해서 도출해 내면서 관찰을 하고 적절한 때 제안을 하였다. 문화적 요소들은 상담 관계의 일부로서뿐 아니라 어머니에 대한 내담자의 특징적인 행동의 구성요소로 다루어졌다.

전략 14 실습생이 전략과 개입방법에 대해 브레인스토밍하도록 격려한다

이 예에서 수련감독자의 목표는 실습생이 특정 개입방법을 사용하도록 압력을 행사하는 것이 아니다. 오히려, 실습생이 이론적 근거에 입각하면서도 창의적으로 개별화된 개입방법을 생각해 내는 과정을 이끌어 내는 것이다. 이를 위해 실습생에게 가능한 많은 전략과 개입방법을 제안하도록 요구하며, 수련감독자는 그 내용을 듣고 기록한다.

이 단계에서 수련감독자와 실습생은 제안된 전략과 개입방법의 가능성을 평가하지 않는다. 수련감독자는 단지 실습생이 더 많은 아이디어를 도출하도록 격려한다. 일반적으로 실습생은 몇 가지 정도만 생각해 내고, 이내 그만둘 것이다. 이때, 수련감독자는 더 많은 것을 생각해 내도록 격려한다. 바로 이때가 가장 좋은 아이디어를 떠올릴 수 있는 최적의 순간이기 때문이다.

실습생이 가능한 한 많은 개입방법을 강구하였을 때, 수련감독자는 개인적인 스타일, 개인사, 연령, 성별, 인종, 민족, 종교적 배경, 사회경제적 지위와 같은 문화적 요인들을 토대로 실습생에게 이러한 개입방법이 내담자에게 미치는 효과를 고려하도록 한다. 마찬가지로, 수련감독자는 이러한 전략들이 치료자의 문화, 성별, 그리고 기타 특성과 어떻게 부합될 것인가에 대해 질문한다.

끝으로, 수련감독자는 실습생이 강구해 낸 전략이 치료자와 내담자의 문화적 요인들과 상충되는 점이 없는지에 대해 실습생이 주의를 기울이는가에 초점을 맞춘다. 이러한 과정을 통해 실습생은 비로소 내담자에 대해 알고 있는 정보와 자료를 기반으로 개입방법을 선택할 수 있게 된다.

대화의 예

수련감독자: 내담자에게 숙제를 내주었는데 해 오지 않아서 상담자가 실망한 것 같군요.

실습생: 네. 아, 정말 다음에 어떻게 해야 할지 모르겠어요.

수련감독자: 글쎄요, 선생님이 창의적인 사람이라고 가정하고, 다음에 할 수 있는 것에 대해서 가능한 한 많은 생각을 강구해 보는 것이 어떨까요? 그냥 어떻게 하면 좋겠는지에 대한 생각을 떠올려 보세요. 선생님이 마음 놓고 생각할 수 있도록 내가 받아 적을게요.

실습생: 어려워 보이기는 하지만, 글쎄요, 좋아요. 내담자를 대신해서 뭔가를 받아 적을 수 있어요. 아니면 주중에 내담자한테 전화해서 잘하고 있는지 확인해 볼 수 있어요. 또 수요일과 금요일에 전화해서 어떤 일을 했는지 저한테 알려주도록 할 수 있고요. 그리고 내담자가 성취한 것에 대해 강화를 제공할 수 있을 것 같아요.

수련감독자: 좋아요. 받아 적었어요. 자, 몇 가지만 더 생각해 보세요.

실습생: 글쎄요, 숙제검사만 하기보다는 숙제가 내담자에게 너무 어려울 것

같으니까 하지 않아도 된다고 할 수 있어요. 숙제가 그다지 효과가 없을 것 같으니까요.

수련감독자: 그냥 계속해서 아이디어를 떠올려 보세요. 평가는 하지 말고요. 내가 받아 적고 있으니까요.

실습생: 이런! 더 이상 생각이 안 나요.

수련감독자: 몇 가지만 더 해 봅시다. 좀 더 색다른 방법도 생각할 수 있지 않을까요?

실습생: 음, 내담자에게 숙제를 하지 않아도 된다고 하는 것, 심지어 과제에 대해 생각조차 하지 않아도 된다고 말할 수 있겠죠.

수련감독자: 그 밖에 어떤 것이 있을까요?

실습생: 저는 내담자에게 무엇 때문에 숙제를 완수할 수 없는지 물어 볼 수 있을 것 같아요. 그렇게 하면 내담자 아버지가 내담자에게 해야 할 일에 대해서 어떤 방법으로 말했는지에 대한 단서를 얻을 수 있을 거예요. 그러면 해석도 가능해질 것 같고요.

수련감독자: 좋아요. 그거 아주 색다른 방식이네요. 또 있을까요?

실습생: 또 숙제가 내담자에게 어떤 의미를 주는지를 탐색해 볼 수 있을 것 같아요. 제 말은…… 규칙적인 운동에 대해 내담자가 어떻게 느끼는지 알 수 있다는 말이지요.

수련감독자: 좋아요. 한 가지만 더 말씀해 보세요.

실습생: 내담자에게 매일 산책하라고 권유한 것은 우울증 때문인데요. 어쩌면 산책보다 약물치료를 먼저 받아야 할 것 같아요. 너무 우울하면 걸을 힘도 없잖아요. 만약 그렇다면 운동이 필요한 것이 아니라 이 클리닉에서 근무하는 정신과 전문의에게 의뢰해야겠지요.

수련감독자: 좋아요. 음, 이론에 대한 이해가 훌륭한 것 같네요. 이제 내담자의 성별과 문화적 배경을 포함해서 내담자의 관점에서 살펴봅시다.

실습생: 예, 좋아요. 그 목록을 볼 수 있을까요? 글쎄요. 이제 보니까 전화가 별로 도움이 될 것 같지 않네요. 지시 같은 느낌이 들어서요. 제가 여

성 내담자에게 지시하는 것은 권위에 대한 성적 편견을 강화시키기 만 할 것 같은데요.

수련감독자: 아, 좋아요. 그럼 역설적 기법paradox은 어때요?

실습생: 글쎄요, 효과가 있을 것 같은데, 내담자를 속이는 것 같아서 제 마음이 불편하네요. 그리고 그건 저의 이미지와 잘 맞지 않는 것 같거든요.

수련감독자: 해석은 어떨까요?

실습생: 글쎄요, 그것에 대해 생각하고 있는데, 그것이 내담자의 아버지에 대한 반응인지, 어머니에 대한 것인지, 아니면 무엇에 관한 것인지 확실치가 않네요. 아니면 단지 연습에 관한 것인지……. 아마 내담자에게도 별 의미가 없을 것 같아요. 내담자조차도 신체적인 일을 해야 했던 직장에서 벗어나서 홀가분하게 여겼거든요. 그리고 연습도 뒤로 후퇴하는 것처럼 보이네요. ……글쎄요, 잘 모르겠어요. 그렇지만 내담자는 해석이 아니면 두 가지에 대해 논의하는 것을 개방적으로 받아들일 것 같다는 생각은 들어요. 내담자는 일종의 자기관찰적인 것처럼 보이거든요. 전에 해석이 내담자의 태도변화에 효과가 있었던 것 같아요.

수련감독자: 그러면 약물처방을 의뢰하는 것은 어떤가요?

실습생: 글쎄요, 그 점에 대해서 저는 좀 부정적이에요. 내담자는 정신과 의사를 만난다는 것 자체를 자기가 실제로 미쳤다는 것을 의미한다고 생각할 것 같거든요. 내담자가 그 제안에 동의하지 않을 것 같은데요. 더욱이 내담자는 크리스천 과학자거든요. 약물을 복용하는 것은 내담자의 신앙과도 부합되지 않는 것 같아요. 그리고 실제로 내담자는 약물처방이 꼭 필요한 우울증이라는 신호도 나타내고 있지 않고요. 내담자는 잠도 잘 자고 있고, 식욕도 정상이거든요. 내담자는 단지 자신에게 일어나고 있는 일에 대해 혼란스러워할 뿐이에요.

수련감독자: 좋아요, 상담자가 무엇을 해야 할지 잘 알고 있는 것 같네요. 그

> 것이 선생님이 지금까지 사용해 왔던 이론적 접근과는 얼마나 일치하나요? 우리가 상담실습에서 사용해 오고 있는 것과 일치하고 있고, 이 내담자에게 아주 효과가 있었네요. 그러고 보니 숙제는 이론적 접근에서 너무 벗어나는 것이었네요. ……어떠한 경우에라도 선생님은 하고 싶은 것과 그것을 하고 싶은 이유에 대해 명확한 생각을 가지고 있네요. ……그리고 노력해서 많은 아이디어들을 끄집어 낼 수 있어서 좋네요.

수련감독자는 가능성을 산출할 수 있는 실습생의 능력을 지지하면서 실습생이 내담자와의 작업을 위해 전략을 철저히 생각하고 결정하도록 도왔다.

전략 15 실습생이 내담자의 문제와 동기에 대해 논의하도록 격려한다

전략 15는 다소 단순한 권유를 전제로 이루어진다. 실습생이 내담자에 관하여 설명하게 되면서, 수련감독자는 이따금씩 상황을 마무리하기 위해 더 많은 정보를 요구한다. 수련감독자는 또한 실습생의 추론 몇 가지를 요구한다. 수련감독자는 간단한 의견을 통해 내담자에 관한 실습생의 정보 수집과 사고를 확인한다.

대화의 예

수련감독자: 이 내담자에 대해 말해 보세요.

실습생: 내담자는 슬하에 두 자녀가 있는 38세 홀아비예요. 다소 엄격한 아일랜드 가톨릭 집안 출신이고, 다섯 남매 중 가운데로 태어났어요. 내담자는 일종의 전환기에 있는 것 같아요. 올해 막내 아들이 대학을 졸업했고, 내담자는 이제 무엇을 하고 싶은지 확실치 않는 상태

이고, 더 이상 아무도 부양하지 않아도 되는 상황이 되었거든요. 내담자는 학교로 되돌아가는 것부터 재혼해서 두 번째 가족을 갖는 것까지 모든 가능성을 고려하고 있어요.

수련감독자: 좋아요. ……그러면 접수면접 때 심리평가 결과는 어땠나요?

실습생: 증상검사에서 유일하게 높았던 점수는 불안이었어요. 그것도 딱 경계선상에 있었고요. 진단용 질문지를 통해 불안점수를 확인했어요. 내담자가 수강하는 과목에서 평가에 관한 필수요건 때문에 내담자는 다른 검사도 받았어요. 내담자는 표준화된 성격검사를 받았는데, 별다른 문제가 발견되지는 않았어요.

수련감독자: 아, 선생님이 상담을 하기에 좋은 내담자 같군요. 내담자가 선생님에게 상담을 받고자 했고, 선생님도 자녀를 다 양육한 후에 뒤늦게 스스로 공부를 시작했다는 사실이 흥미롭지 않나요?

실습생: 예. 하지만 제 경험이 내담자에게 영향을 미치는 것을 원치 않아서 저에 관해서는 거의 말하지 않았어요.

수련감독자: 잘했어요. 많은 초심 상담자들은 자신에게 적용한 것을 내담자에게도 적용할 수 있다고 생각하거든요. 선생님은 그것을 피할 수 있었다는 것이 인상적이네요. 그러면 앞으로 어떤 계획으로 상담에 임할 예정이세요?

실습생: 글쎄요, 그 점에 대해 많은 생각을 했는데요. 내담자는 다소 보수적인 환경에서 자라났고, 종교가 내담자에게는 중요하거든요. 그래서 저는 그 점을 존중해 주고 싶어요. 심지어 세계 인구가 증가하고 있는데, 내담자가 또 다른 가족을 구성하려는 것에 대해 긍정적으로 생각해 보도록 하는 것이 저한테는 어려울 거라는 생각이 들어요. 그렇지만 저는 그러한 감정을 관리할 수 있고, 내담자의 관점에서 조망할 수 있다고 생각해요.

수련감독자: 우와, 대단하군요! 그렇게 하기 어려울 텐데. 선생님의 가치관을 강하게 내세우지 않아서 좋네요. 그 점에 대해 언급하지 않았다

면, 어쩌면 정직성이 부족한 것처럼 느꼈을 거예요.

실습생: 아니에요. 감정은 있지만, 만일 내담자가 자녀를 때리기라도 했다면, 저의 감정은 다른 종류의 것이었을 거예요. 비록 법적으로는 의무사항이 아니라고 하더라도, 저는 개입할 필요가 있을 거예요.

수련감독자: 나는 선생님이 이 점에 대해 반성을 해 왔다는 사실을 알 수 있어요. 대단해요!

실습생: 내담자는 기본적인 의사결정을 하고 싶은 사람의 고전적인 사례 같아요. 저는 진로의사결정 전략들(Herr, Cramer, & Niles, 2004; Yost & Corbishley, 1987, 1991)을 사용할까 생각했어요. 그것은 내담자가 과거에 하기 좋아했던 것, 그리고 내담자가 좋아했던 것에 대해 내담자가 생각해 볼 수 있도록 하는 것이잖아요. 그것은 또한 내담자의 가치관을 고려해서 내담자의 의사결정을 탐색할 수 있는 여지를 제공하거든요.

수련감독자: 좋아요. 선생님은 이 모든 것에 대해 철저하게 생각했군요.

이 대화의 예에서 수련감독자는 실습생에게 내담자에 관한 질문을 했고, 내담자 반응의 밑바닥에 깔린 이론을 도출하였으며, 실습생이 내담자 문제와 계획된 개입방법에 관해 생각하는 방법을 확인하였다.

전략 16 수련감독 회기 중 실습생의 욕구충족을 추구하고 시도한다

매 학기term 시작할 때와 매 회기를 시작할 때, 수련감독자는 실습생에게 수련감독을 통해 얻고자 하는 것이 무엇인지 알아본다. 실습생의 목표가 일반적인 수련감독 목표, 과정과 일치한다면, 수련감독자는 회기 동안 실습생의 욕구 충족을 위해 노력한다. 그러나 수련감독자는 가능할 때마다 실습생이 문제해결을 위해 실습생 자신의 자원을 활용하도록 돕는다.

대화의 예

수련감독자: 지난 시간을 마칠 무렵에 이완연습을 해 보기로 했던 것을 포함해서 작업하기로 했던 것 외에, 오늘 작업하고 싶은 다른 것이 있나요?

실습생: 예. 사실, 제가 어떻게 해야 할지 몰랐던 것이 있는데, 제가 잘 처리했다고 생각하지만, 한 번 봐 주시면 좋겠어요.

수련감독자: 좋아요. 동영상을 틀어 볼까요?

실습생: 예. [동영상을 틀려고 움직인다.]

수련감독자: 시작하기 전에, 동영상을 보면서 내가 특히 주의 기울이기를 원하는 것을 말씀해 보세요.

이 짧은 대화의 예에서 수련감독자는 실습생이 원하는 대로 기꺼이 따르며, 실습생이 느끼고 있는 욕구에 기꺼이 반응한다는 것을 명확하게 보여 주었다. 실습생은 도움이 필요한 부분을 보여 주는 것으로 분명히 편안함을 느끼고 있다.

전략 17 실습생이 수련감독 회기를 구조화하게 한다

실습생이 치료와 수련감독을 충분히 경험했을 때, 수련감독자는 실습생이 방향을 설정하도록 내버려두는 것에 편안해져야 한다. 전략 17은 이전 전략을 정교화한 것으로, 실습생이 수련감독자의 지시 없이 전체 회기를 위한 계획을 설계할 수 있도록 하고 있다.

대화의 예

수련감독자: 오늘은 무엇에 대해 다루고 싶은지 말해 보세요.

실습생: 제가 상담하는 가족들과 상담한 내용의 일부를 보여드리고 싶어요. 진행상황을 파악하기가 힘들어서요.

수련감독자: 내 기억에 의하면, 이 사례는 이탈리아계 미국인 가족에 관한 것이군요. 자, 봅시다. 선생님은 가족치료 과목을 수강하셨죠?

실습생: 네, 그리고 처음에 저는 어머니와 상담할 거라고 생각했는데, 온가족을 상담하게 되어서 너무 기뻐요. 제가 알기로는 선생님께서 작년에 가족서비스센터에서 근무하신 것으로 알고 있는데, 선생님께 수련감독을 받게 되서 너무 기뻐요. 그런데 이 부분에서 감을 못 잡겠어요, 이탈리아계 미국인 가족 2세들에게 어떤 기대를 해야 하고, 어떤 것이 적절한 것인지를 잘 모르겠어요.

수련감독자: 좋아요……. 현재 치료를 담당하는 것뿐만 아니라 관찰자로서도 아주 어려워하는 것 같네요.

실습생: 네, 너무도 활동적인 가족이어서 여러 가지 일들이 벌어지고 있거든요. 도대체 무슨 일들이 벌어지고 있는지 파악하는 데 도움을 얻고 싶고, 우리가 보는 것을 어떻게 활용할 것인가에 대해 조언도 듣고 싶어요.

수련감독자: 좋아요……. 그러면 외부에서 이탈리아계 미국인 문화에 관하여 연구해야 할 것 같은데, 드 마이오(De Maio) 교수님과 이야기를 해 보아야 할 것 같네요. 이 방면에 어느 정도의 전문성을 갖고 계시거든요. 그러면 이 사안에 대해 어느 정도의 시간을 할애하고 싶으세요?

실습생: 글쎄요. …… 오늘 수련감독 시간의 반 정도 생각하고 있어요. 그러고 나서 나머지 반은 몇 장면들을 더 보여드리려고요. 아주 잘 진행되고 있다고 생각되는 다른 사례들을 검토해 주셨으면 해요.

수련감독자는 실습생에게서 수련감독의 하루 계획을 도출해 내었고, 회기 동안 실습생의 시간 활용에 대한 계획을 명료화할 수 있는 질문들을 던졌다. 또한 수련감독자는 실습생이 가족 상담의 어려움을 떠맡을 수 있는 이론적 지식을 가지고 있다는 것을 확인하였다.

수련감독에서 전략들을 사용하고 그 전략들을 잘 아는 것이 중요하므로, 여기서 멈추어서 기본적인 전략들을 연습하는 것이 좋다. 이러한 전략들을 신중하게 연습함으로써 수련감독자는 이론적 지식을 자신의 연습과 실습생의 스타일로 통합할 수 있는 기회를 제공한다. 앞서 제시된 전략들을 자유자재로 활용할 수 있어야 다음 장에서 소개하고 있는 고급 전략들을 공부할 수 있다.

제 4 장

고급 수련감독 전략 및 사례개념화

☐ 사례개념화 모형

☐ 고급 전략

수련감독자가 앞서 제시된 기본 전략들을 잘 이해하고 쉽게 사용할 수 있다면, 〈표 2〉에 열거한 고급 전략들을 배울 준비가 되었다고 볼 수 있다. 이 고급 전략들은 교사, 상담자, 그리고 자문자 역할을 각각 하나의 전략으로 결합시킨 것이다. 수련감독자는 이 고급 전략을 활용할 때, 실습생의 사례개념화 모형과 변화이론을 기억하면서 내담자와 실습생 모두에게 주의를 기울여야 한다. 다시 말해서, 각 전략은 수련감독 관계의 맥락 속에 반성적 탐구를 통합하고 있다.

고급 전략들을 소개하기에 앞서, 우리는 사례개념화 모형과 변화이론을 탐색하기 위해 반성적 탐구를 어떻게 이용하는가를 기술하고자 한다. 이 개념들은 고급 전략을 뒷받침해 주고, 수련감독에 대해 더욱 상세하게 설명해 주고 있다. 사례개념화 모형과 반성적 탐구과정을 확실히 이해하면, 수련감독자는 효과적으로 고급 전략들을 활용할 수 있다.

표 2. 고급 수련감독 전략

전략 18. 변화이론에 대한 실습생의 탐색을 격려한다.
전략 19. 실습생의 사례개념화를 돕는다.
- a. 내담자의 이야기를 경청하고 대인 패턴을 탐색한다.
- b. 내담자의 문제에서 사회적 · 역사적 맥락을 탐색한다.
- c. 내담자의 강점과 자원을 평가한다.
- d. 가설을 설정한다.
- e. 목표를 설정하고, 접근법을 선택하며, 계약을 체결한다.

전략 20. 내담자에 대한 이해를 촉진하기 위해 실습생의 감정을 탐색한다.
전략 21. 실습생이 내담자와 치료자의 행동에서 단서를 확인하고 사용하도록 격려한다.
전략 22. 한 회기 내에서 실습생의 의도를 탐색한다.
전략 23. 발달상의 도전거리를 제시한다.
전략 24. 실습생 · 내담자의 경계 문제를 탐색한다.
전략 25. 내담자를 다루기 위한 적절한 전략을 모델링할 수 있도록 평행과정을 사용한다.
전략 26. 실습생의 아이디어와 행동을 긍정적 방식으로 재구성하고 그 위에 구축한다.
전략 27. 내담자의 경험에 의해 발생한 실습생의 고통스러운 감정을 처리하도록 돕는다.

주. 〈표 1〉 초급 수련감독 전략(p. 92) 참조.

사례개념화 모형

상담자는 내담자의 말을 신중하게 경청하고, 이해한 내용을 내담자에게 전달할 필요가 있을 뿐 아니라 정보를 분류해서 처리해야 한다. 또한 상담자는 내담자의 이야기에서 중요한 내용에 주의를 집중해야 한다. 그러면 상담자는 방대한 양의 자료를 앞에 놓고 이러한 작업을 어떻게 수행할 것인가? 상담자는 정서적, 비언어적, 준언어적 혹은 명시적으로 진술된 내용들과 같은 특정 형태의 정보를 찾기 위해 인지구조, 즉 사례개념화 모형을 활용한다.

이러한 방식으로 상담자는 내담자와 일치되는 그림을 그려 낼 수 있고, 상담목표 달성을 위해 내담자와 협력할 수 있게 된다. 물론 이 과정은 상담자의 이론적 접근이나 인간관, 그리고 사람들이 어떻게 변화할 수 있는가에 관한 사고방식에 달려 있다. 또한 상담자는 상담을 진행하기에 앞서, 내담자나 다른 사람들에 대한 잠재적 위험요소들을 사정할 필요가 있다.

사례개념화 모형 개발에서, 나는 수많은 학자들(Beck, 1995; Beutler & Clarkin, 1990; Collins & Messer, 1991; Curtis & Silberschatz, 1997; Falvey, 2002; Falvey et al., 2002; Hill, 2004; Levenson & Strupp, 1997; Mahoney, 1991; Persons, Curtis, & Silberschatz, 1991; Vailliant, 1997)의 연구뿐만 아니라, 초심 상담자들과의 사이에서 얻게 된 나의 경험에 주의를 기울여 왔다. 이 모형은 다양한 이론적 접근들과 상담자와 심리치료자가 다양한 상담 및 심리치료 장면에서 사용될 수 있도록 고안되었다. 모형은 〈표 3〉에 간단하게 제시되어 있다.

표 3. 사례개념화 모형의 개요

Ⅰ. 내담자 이야기
- A. 주요 호소문제
- B. 내담자의 대인관계 세계(시간제한 역동치료의 순환적 부적응 패턴을 수정한 범주들)
  1. 내담자가 자신의 세계 속의 사람들을 지각, 경험, 활동하는 방식
  2. 다른 사람의 반응방식에 대한 내담자의 기대
  3. 내담자에 대한 다른 사람의 행위 혹은 행위에 대한 지각방식
  4. 내담자의 자기 자신에 대한 대우방식
- C. 회기 중, 치료자가 내담자를 경험하는 방식(감정, 직감)

Ⅱ. 인구통계학적 변인: 연령, 성별, 직업, 학력, 인종 · 민족, 기타 주거 형태, 의뢰 자원

Ⅲ. 문제와 문제해결에 기여하는 사회적 · 역사적 영향
- A. 현안과 관련된 가족사
- B. 사회적 요인들
  1. 내담자 가치관 및 혈통
  2. 문화적 요인
  3. 교육배경
  4. 자기 및 가족의 경제상태
  5. 문제발생 맥락

Ⅳ. 내담자의 자원: 개인 · 사회적 강점, 통상적인 대처기술, 익숙하지 않은 생활기술

Ⅴ. 내담자 문제의 성격에 대한 치료자의 가설

Ⅵ. 초기 접촉
- A. 동의된 치료목표
- B. 치료적 접근
- C. 정해지거나 정해지지 않은 상담기간, 구체적인 진행 속도, 상담료에 대한 동의
- D. 치료자 책임
- E. 내담자 책임

Ⅶ. 위기관리
- A. 위기의 성격
- B. 위기 언급 계획

Ⅷ. 예견되는 어려움
- A. 내담자의 통상적 유형 때문에 발생하는 내적 어려움
- B. 장면의 한계(클리닉 일정, 내담자 근무일정) 때문에 발생하는 외적 어려움
- C. 예측 가능한 어려움에 대한 계획된 반응

내담자 이야기

내담자는 누구인가? 가족체계이론에서는 문제로 인한 고통을 호소하는 사람(들)을 내담자로 간주한다(Satir, 1967). 그러므로 내담자는 구체적인 문제에 대해 도움을 얻고자 클리닉에 오는 사람, 아동 · 청소년의 행동이나 감정에 대해 염려하는 부모, 특정 아동(들)에 대해 관심 있는 학교, 혹은 아동(들)을 위해 도움을 필요로 하는 학교전문가(교사, 상담자, 학교심리학자 혹은 방과 후 프로그램 담당 부장교사)가 될 수 있다. 이는 중요한 개념이지만, 관례상 이 책에서는 상담회기에 출석하는 사람(들)을 내담자로 간주한다.

접수면접이건 상담회기이건 간에 내담자가 최초면접에 올 때는 각자 할 말을 가지고 있다. 상담자가 이해하는 방식으로 경청하고 반응하는 것은 치료관계에 매우 중요하다. 이 단계에서 내담자는 이해받는 느낌이 들어야 한다. 내담자가 최우선적으로 제시하는 문제(들)는 무엇인가? 다른 사람들과의 관계가 통상적으로 그 중심을 차지한다.

무엇보다도, 인간은 사회공동체에서 생활한다. 그 결과 내담자들 대부분은 관계문제를 문제의 초점 혹은 중요한 측면으로 여기는 상태에서 치료에 임하게 된다. 스트럽과 동료들(S. F. Butler, Strupp, & Binder, 1987; Levenson & Strupp, 1997; Schacht, Strupp, & Binder, 1984)처럼, 나는 사람이 다른 사람과의 관계에서 생각하고 느끼고 행동하는 방식이 삶의 어려움에 영향을 준다고 믿는다. 이들은 내담자의 부적응적 상호작용 패턴들에 대해 예시를 통해 설명한 '순환적 부적응 패턴Cyclical Maladaptive Pattern'이라는 모형을 개발하였다.

이 모형은 시간제한 역동심리치료Time-limited Dynamic Psychotherapy의 형태로 개발된 것으로, 개발자들의 의도에 따르면 어떤 내담자에게라도 적용할 수 있다. 스트럽과 동료들은 이러한 과정들이 성격상 융통성이 없고, 순환적이며, 문제가 많다는 점을 밝히고 있지만, 상담자도 마찬가지로 이러한 상호작용 패턴들 중에서 도움이 될 만한 측면을 고려해야 한다. 치료자는 내담자가 다음과 같은 사항들을 행동으로 옮기는 방식에 대해 경청할 수 있다.

글상자 24. 치료자가 경청해야 할 내담자의 행동

1. **지각, 경험, 행동:** 주변 사람들과의 관계에 대한 내담자의 지각, 생각과 감정, 욕망, 그리고 행동이 포함된다.
2. **다른 사람들이 내담자에게 반응할 것이라는 기대:** 모든 사람들과 마찬가지로, 내담자는 자신이 어떤 행동을 할 때 다른 사람들이 그 행동에 대해 어떻게 반응할 것이라고 기대하게 된다.
3. **다른 사람들의 행위 혹은 지각된 행위에의 주목:** 내담자는 다른 사람들의 행위를 관찰한다. 내담자가 다른 사람들의 행동과 동기를 어떻게 이해하는가는 다른 사람들이 실제로 어떤 행동을 하는가에 대한 경험을 구성하게 된다.
4. **내담자 스스로를 다루기:** 내담자는 자신에 관하여 어떻게 생각하고 있고, 자신에게 어떻게 말하는가? 내담자는 마음속으로 자신의 사람됨이나 행동을 비하시키는가, 아니면 칭찬하는가? 그리고 내담자가 비판하거나 찬성하는 초점은 무엇인가?

이러한 방식으로 치료자는 내담자의 패턴에 관하여 생각할 수 있고, 내담자 문제의 요소, 혹은 역으로 실제 사례에서 문제해결을 위해 도움이 될 만한 자원이 무엇인지를 결정할 수 있다. 주의 깊게 경청하는 것 외에 치료자는 내담자에 대한 자신의 반응에 주의를 기울여야 한다. 초심치료자는 흔히 자신의 반응을 억누르려다가 중요한 정보를 놓치곤 한다.

내담자에 대한 치료자의 내적 반응은 흔히 내담자의 세계에서 다른 사람들의 반응에 대한 거울 역할을 한다. 예를 들어, 치료자가 동정심, 모멸감, 혹은 여느 때와는 다르게 문제를 바로잡아 주고 싶은 욕망이 강하게 든다면, 그것은 바로 내담자가 다른 사람에게도 똑같은 반응을 야기할 수 있다.

뒤에서 제시할 전략 20은 수련감독자들에게, 실습 중인 치료자가 이러한 정보를 활용할 수 있도록 도울 수 있는 수단을 제공하고 있다. 물론 때로 내담자에 관한 제반 정보와 자료는 상담자 자신의 과거 경험으로부터 정서반응을 유발시키기도 한다. 수련감독자는 상담자가 내담자에 의해 유발된 반응과 상담자 자신의 현안을 잘 분별하도록 도와야 한다. 이러한 것들은 두 사람 사이에 이루어지는 상호작용의 결과일 수도 있다. 이러한 문제를 어떻게 다루어야 하는가는 제5장에서 아주 상세히 다루고 있다.

인구통계학적 변인

어떤 내담자이건 간에 상담의 성과를 올리기 위해 상담자나 접수면접자는 중요한 인구통계학적 변인들demographic variables에 관한 정보를 수집한다. 인구통계학적 변인에는 연령, 성별, 관계 상태, 내담자가 밝히는 인종 혹은 민족 집단, 성 지향성, 종교, 직장 혹은 직업, 그리고 가정에서 함께 거주하는 다른 사람들의 연령과 내담자와의 관계가 포함된다(Falvey et al., 2002). 내담자를 상담에 의뢰한 사람이 누구인가를 아는 것 역시 중요하다.

내담자가 파악한 문제에 대한 사회적 · 역사적 영향

모든 이론가들이 가족 경험, 특히 어린 시절의 경험을 탐색하는 것이 내담자에게 심층적으로 도움이 된다고 믿는 것은 아니지만, 개인사를 면밀하게 살피는 것이 중요하지 않다고 주장하는 이론가들도 거의 없다.

글상자 25. 가족사적 구성요인

1. 내담자는 가족 내에서 성장함으로써 세상의 삶에 관하여 무엇을 배웠는가?
2. 내담자가 어렸을 때 주변에서는 어떤 일이 벌어지고 있었는가?
3. 부모나 내담자를 돌보아주던 사람들은 서로, 그리고 자녀들과 어떤 관계를 유지하였는가?

4. 부모는 자녀와 자녀의 욕구에 얼마나 잘 초점을 맞추었는가?
5. 내담자가 어릴 적 중요한 경험으로 여기는 일은 무엇인가?
6. 부모의 가치관, 가족의 가치관, 그리고 문화적 가치관은 무엇이고, 어떤 것이 갈등의 소지가 되었는가?
7. 이러한 것들이 내담자의 가치관에 어떤 영향을 주었는가?
8. 지역사회는 내담자의 인종이나 민족에 어떤 반응을 보였으며, 가족은 어느 정도로 압박감을 체험하였는가?
9. 이러한 체험은 내담자의 현재 행동을 어떻게 조성하였는가?
10. 부모의 교육수준과 경제 사정은 어떠한가?
11. 자녀에 대한 부모의 포부는 무엇인가?
12. 형제자매는 내담자와 어떤 관계를 유지하였는가?
13. 내담자와 원가족 구성원과의 현재 관계는 어떠한가?

사회적 맥락

인간은 특정 시간과 장소의 맥락 내의 관계적 환경 속에서 생활한다. 그 맥락을 이해하면, 상담자는 내담자의 문제를 보다 명확하게 이해하고 반응할 수 있게 된다. 현재 세상, 국가, 그리고 지역사회에서는 어떤 일들이 벌어지고 있는가?

문화적 · 사회적 요인들은 문제발생뿐 아니라 문제해결에도 영향을 미칠 수 있다. 상담자는 내담자의 현재 생활과 사회적 기능에 대한 기대를 이해하기 위해 내담자의 문화적 배경을 고려할 필요가 있다. 예를 들어 많은 아시아계 미국인 성인들은 긴밀한 가족 결속력을 기대하고 있고, 개인적인 결정을 내릴 때 가족을 고려한다.

그러나 유럽계 미국인들은 성인이 된 자녀는 집을 떠나 정서적 · 신체적으로 부모의 영향에서 독립적으로 생활할 것을 기대한다. 어떤 문화적 배경을 지닌 상담자이건 간에 그러한 차이점들을 고려하지 못하면, 자칫 내담자의 행동에 대해 존중할 줄 모른다거나 미성숙하다는 꼬리표를 달게 될 수 있다. 예를 들어 소수민족 배경의 내담자는 직장에서나 학교장면에의 적응에 직면할 수도 있다. 이러한 경우, 상담자의 과업은 내담자가 문화적 가치관을 포기하지 않고도 적응을 할 수 있도록 돕는 것이다.

만일 내담자가 사회적 압력을 겪어 온 인종, 민족, 종교, 성 지향성, 성별 혹은 사회경제적 집단에 속해 있다면, 내담자의 개인사는 이에 따라 조성되어 왔을 것이다. 예를 들어, 지배적인 문화에서 편집증paranoia이라고 진단될 수 있는 진단적 특성들이, 거듭된 차별을 겪어 온 집단의 구성원에게는 적절한 신중함으로 여겨질 수 있다.

끝으로, 교육수준과 이민 여부는 내담자의 직업에 어떤 영향을 미치는가? 내담자의 현재 경제 상태는 어떠한가? 이러한 점들은 문제에 어떻게 원인 제공을 하고 있고, 아니면 완화시켜 주고 있는가? 무엇보다도, 재정적 안정성은 불행하게 될 수 있는 사람에게 큰 위로를 안겨 줄 수 있다.

내담자의 개인적 자원

내담자의 개인적 자원 탐색을 위한 질문은 다음과 같다.

글상자 26. 내담자의 개인적 자원 탐색을 위한 질문

1. 내담자의 개인적 강점은 무엇인가?
2. 내담자는 일반적으로 자신의 문제에 어떻게 대처하는가?
3. 이러한 전략들은 어떤 상황에서 효과가 있는가? 아니면 효과가 없는가?
4. 내담자의 능숙한 생활기술은 무엇인가?
5. 내담자에게 가르칠 필요가 있는 생활기술은 무엇인가?

추가적 정보자원

정보자원은 상담이 이루어지는 장면의 기준에 따라 다양하다. 어떤 장면에서는 접수면접은 상담자가 아닌 면접자가 실시하고, 상담자는 면접자나 다른 자원들로부터 접수면접에 관한 정보를 얻는다. 실습생에 따라서는 내담자가 작성한 생애사 질문지life history questionnaire와 사정 결과와 함께 접수면접을 녹화한 동영상 자료를 참고한다. 또한 상담자는 부모, 교사, 학교상담자, 의사 혹은 고용주 등과 같이 내담자를 알고 있는 사람이 보고한 내용을 참고할 수 있다. 새로운 정보가 심리치료 과정에서 입수되면서 내담자에 대한 그림은 수정될 수 있다.

상담자는 내담자가 문제를 겪게 되는 장면에 관하여 다양한 정보자원을 가지고 있다. 예를 들어, 학교를 방문하거나, 다른 전문가나 가족구성원들과 대화를 나누거나 혹은 내담자나 미성년자의 부모의 허락을 얻어서 서면 보고서와 기록을 검토할 수 있다. 이 과정에서 상담자는 내담자에 관하여 들은 내용뿐 아니라 학교에 관하여 알게 된 사항들에 주의를 기울이게 된다.

글상자 27. 학교환경에 관한 탐색질문 목록

1. 학교는 교사가 근무하면서 즐거워하는 곳인가?
2. 학생들은 수동적 혹은 능동적인 방식으로 배울 것을 기대하는가?
3. 학교장은 심리적 개입의 유용성에 대해 어떻게 느끼고 있는가?

마찬가지로, 내담자의 허락을 받아 상담자는 내담자가 근무하는 사무실이나 공장을 방문할 수 있다. 고용주의 목표, 감독자의 태도, 다른 사람의 내담자에 대한 대우, 그리고 비판에 대한 내담자의 반응 모두가 관찰될 수 있다.

치료자 가설

이 모든 정보를 수집하고 나면, 치료자는 다음과 같은 질문에 대한 답변을 토대로 가설을 세운다.

글상자 28. 내담자의 개인적 자원에 대한 치료자의 가설

1. 치료자는 내담자에게 어떤 일들이 진행되고 있다고 생각하는가?
2. 내담자가 현재의 문제에 당면하게 된 이유는 무엇인가?
3. 사고, 감정, 행동이 정기적으로 발생하는 근원적인 패턴은 무엇인가?
4. 이 장면에서 짚고 넘어가야 할 점은 무엇이며, 어떤 순서로 언급되어야 하는가?

가설은 상담자의 마음속에 간직되거나 수련감독자와 공유되기도 한다. 경우에 따라서, 수련감독자와 치료자는 가설의 정확성에 대한 피드백을 얻기 위해 내담자에게 직접 확인해 보도록 결정할 수 있다.

서비스 계약

내담자와 치료자는 다양한 세부사항에 대해 명시적 수준과 암묵적 수준에서 계약을 체결한다. 일반적으로, 상담계약서는 가능한 시간이나 주어진 회기 내에 현실적으로 성취될 수 있다고 합의된 변화를 포함한 한 가지 혹은 그 이상의 목표가 명시된 당사자들 간의 결의문이다. 여기에는 내담자와 치료자가 상담업무를 수행하기로 합의된 수준이 포함된다.

마호니(Mahoney, 1991)는 상담의 일차적 초점과 이차적 초점에 대해 기술하였다. 일차적 초점에 대한 동의에는 대중 앞에서 말하는 두려움 극복하기와 같이 목표 지향적이고 유용성이 두드러지는 경향이 있는 한 체계의 부분들 중에서 상대적으로 경미한 변화에 대한 책무가 포함된다. 반면, 이차적 초점에 대한 동의에는 구조적·기능적으로 전체 성격체계의 변화에 대한 책무가 포함된다. 친구관계, 연애관계, 부모자식 관계, 그리고 고용관계를 포함해서 반대 성과 관계를 맺는 방식에서의 변화를 그 예로 들 수 있다.

이차적 초점은 전형적으로 보다 심층적인 의미의 탐색과 보다 장기적인 작업이 포함된다. 상담이 진행되는 동안 목표는 바뀔 수 있고, 계약서는 재협상이 가능하다. 계약서에는 구체적인 시간을 지키고 정해진 시간 혹은 정하지 않은 시간에 대해 내담자에게 설명한 방법을 통해 선택된 문제를 해결하기 위한 작업에 대한 동의가 포함된다. 계약서에 포함되어야 할 항목들은 다음과 같다.

글상자 29. 치료자 · 내담자 사이의 계약서에 포함될 항목

1. 즉각적인 해결의 필요성(예, 내담자가 직장에서 2개월간 정직 처분을 받음)
2. 내담자의 가능한 시간(내담자의 근무일정, 즉 내담자가 클리닉에 쉽게 접근할 수 있는가? 내담자를 시설에서 볼 수 있는가? 등등)
3. 상담자의 가능한 시간
4. 소속기관의 한계(예, 주말에 상담 제공 불가, 상담센터나 관리보호시설에서의 6회기 제한 규정, 교직원이나 보호관찰소 직원에 대한 보고의 필요성)
5. 상담료 지불에 대한 내담자나 기관의 재정능력

치료자는 자기 자신과 내담자에게 치료의 일부로서 할 것과 하지 않을 것을 명확하게 구분하여야 한다. 또한 상담을 효과적으로 진행해 나가기 위해 치료자는 내담자에게 기대되는 행동에 대해 명쾌하게 설명해 주어야 한다. 내담자와 치료자가 계약을 체결하게 되면서 목표설정, 행동시연 혹은 자유연상과 같이 회기 중에 완수해야 할 작업이 구체화된다. 마찬가지로, 새로운 행동들을 시도해 보거나 꿈을 기억하는 것과 같이 상담회기 밖에서 기대되는 행동이 구체화된다.

위기관리

수련감독자는 내담자가 자기 자신이나 다른 사람을 위험에 몰아넣을 수 있는 위기에 대해 언급하도록 치료자를 도와야 한다. 치료자는 내담자의 행동을 통제하지는 않지만, 위기를 최소화하기 위해 적절한 조치를 위해야 할 책임이 있다. 수련감독자의 최우선적인 책임은 내담자와 주변 사람들의 안전을 보장하는 것이다. 상담자가 이러한 문제에 관하여 특정 내담자에게 언급하도록 확실하게 조치하지 않으면, 수련감독자에 대한 윤리위반의 근거가 될 뿐만 아니라 법적 고소의 가능성도 있다(Falvey, 2002).

더욱 중요한 것은, 만일 내담자가 살인이나 자살을 한다면, 이는 내담자에게뿐만 아니라 주변 사람들까지 황폐화시킨다는 사실이다. 내담자의 살인이나 자살은 치료자에게 견디기 힘든 일이고, 어느 누구도 적절하게 사전 조치를 취하지 않았다는 사실이 드러나게 된다면 상황은 더욱 악화된다.

위기관리 문제의 성격과 이러한 문제가 어떻게 언급될 것인가는 반드시 개념화와 매주 작성되는 경과일지에 명시되어야 한다. 다시 말해서, 이러한 조치는 내담자의 파괴적인 행위 방지를 보장하지 못한다. 다만, 윤리적 · 법적 위기관리 행동을 서류로 기록 · 관리하는 것일 뿐이다. 위기관리에 대해 서류로 기록 · 관리하는 일은 상담자에게 이러한 문제에 대해 주의를 기울이게 하는 효과가 있다.

예견되는 어려움

정신역동 모형을 상담에 적용한 커티스와 실버샤츠(Curtis & Silberschatz, 1997)는 내담자들이 과거에 다양하면서도 어려운 관계적 시나리오를 겪어 왔다는 사실을 지적하였다. 이러한 내담자들은 치료자들이 과거에 다른 사람들이 해 왔던 방식으로 그들에게 반응할 것으로 보기 쉽다. 커티스와 실버샤츠는 이러한 관계패턴을 치료자에 대한 '테스트'라고 명명하였다.

한 예로 "치료자가 굴복하거나 거부적이 되는지를 보기 위해 투덜대고 불평을 털어 놓는"(p. 126) 행동을 나타낼 수 있다. 이와 같은 어려움은 치료 과정 내내 발생한다. 예를 들어, 행동주의 프로그램에서 미루는 버릇이 있는 내담자는 매주 '숙제'를 해 오지 않거나 성의 없이 해 오기도 한다. 치료자는 무엇을 하는가? 확실한 것은 치료자가 내담자의 과거에 있던 사람과는 다른 방식으로 반응하고 싶어 한다는 것이다.

사전에 생각하지 않고 계획하지 않는다면, 그 상황에서 이렇게 하는 것은 쉽지 않다. 내담자의 문제를 개념화하는 데 있어서 치료자는 내담자의 패턴을 고려하는 한편, 어떤 테스트, 즉 치료에 대해 어떤 도전이 일어날 것인가를 예측할 필요가 있다. 어떤 도전이 일어날 것인가를 알게 된다면, 도전이 발생할 때 치료자가 어떻게 반응할 것인가에 대해 계획을 세울 수 있다. 초심 상담자는 행동패턴을 살펴보는 일조차 힘들어한다.

그럼에도 불구하고, 상담자가 패턴을 파악하게 되면서 수련감독자는 그 패턴에 대해 언급할 수 있고, 상담자가 내담자 테스트에 대해 말하거나 행동할 것에 대한 계획수립을 도울 수 있다. 이에 대해서는 상담실습을 위한 강의 부분에서 아주 상세하게 설명될 것이다. 사례개념화 모형은 상담자의 사례 계획수립을 돕기 위해 제공된다. 확실한 것은 내담자의 성격, 상담자의 소속기관, 그리고 기관이나 재정적 한계는 계획과정에 영향을 미친다는 사실이다.

고급 전략

서론에서 지적하였듯이, 수련감독자는 초심 상담자가 상담이론을 상담의 실제에 적용할 수 있도록 도와야 한다. 그러나 모든 전문가들과 같이 초심 상담자는 자신의 전문적 행동에 대한 이론적 토대를 이해해야 한다 (Argyris & Schön, 1974). 나는 실습 중인 상담자들에게 내담자 상담을 위한 이론적 접근을 분명히 밝힐 것을 권한다. 만일 강의 시간에 사용되는 이론적 접근이 아니라면, 실습 중인 상담자는 자신의 이론적 접근을 강의 시간에 사용되던 것과 비교해 볼 수 있다. 수련감독자는 초심 치료자가 이론적 렌즈를 통해 자신의 상담을 바라볼 수 있도록 도와야 한다.

사례개념화와 변화이론을 토대로 상담회기를 검토하기 위한 틀이 없다면, 수련감독은 수련감독자가 그저 우연히 생각하는 것에 따라 주어진 내담자와 작업하는 것에 불과할 것이다. 상담자는 수련감독자의 조언을 심리치료의 전체 과정이라는 큰 그림 안에 맞추어 보는 것 없이 그저 그 조언에 따를 수밖에 없는 처지에 놓이게 될 것이다. 그리고 뢰니슈타트와 스콥홀트(Rønnestad & Skovholt, 1993, 2003)가 지적한 것처럼, 상담자는 자기반성 기술을 개발하기보다는 자신이 하고 있는 일에 대해 다른 사람들이 생각하는 것에 초점을 맞추게 된다. 사례개념화 모형 및 이론에 대한 반성은 다음에 나오는 고급 전략들에 관한 부분에서 통합된다.

기본 전략들을 이미 습득했다면, 수련감독자는 고급 전략을 사용하는 데 교수, 상담, 그리고 자문 기능을 결합할 준비가 된 셈이다. 이 수준에서 수련감독자는 내담자, 상담자, 그리고 상담회기에서 이 두 사람 사이의 관계에 주의를 기울일 수 있다. 동시에, 수련감독자는 실습생, 수련감독자 자신의 생각과 감정, 그리고 수련감독 회기에서의 실습생과 수련감독자의 관계에 주의를 기울이게 될 것이다. 이 모든 것에 주의를 기울이는 동안, 수련감독자는 상담자의 사례개념화와 변화이론을 염두에 두고 실습생에게 그 맥락에서 상담회기 중 일어난 일에 대해 반성해 보게 한다.

고급 전략의 전반부는 실습생들의 변화이론과 사례개념화 탐색을 위해 사용되므로 나머지 것들이 가능하게 된다. 전략들은 많은 이론적 접근들 내에서 효과적으로 적용될 수 있다. 여기서의 예에서는 변화 모형으로 힐(Hill, 2004)의 통합적 접근이 강조된다. 전략들은 또한 대인과정interpersonal process이나 또 다른 정신역동 치료, 인지행동치료 혹은 행동치료, 게슈탈트 치료, 인간중심접근 혹은 기타 접근들과 함께 사용될 수 있다.

전략 18 변화이론에 관한 실습생의 탐색을 격려한다

이 전략은 실습생이 자신의 변화이론을 구체적으로 밝힐 수 있고 강의 시간에 소개된 이론과의 비교를 돕기 위해 고안되었다. 수련감독자는 실습생에게 사람들이 어떻게 변화한다고 생각하는가를 말해 보게 한다. 이것이 바로 실습생의 변화이론이다. 이어 수련감독자는 실습생 자신의 삶 속에서의 변화 체험을 조사한다. 수련감독자는 실습생에게 의미 있는 방식으로 변화했던 경험에 대해 말해 보도록 한다. 수련감독자는 단순히 변화가 발생했다는 것과 구별하기 위해 그 상황의 세부사항에 관하여 질문한다.

끝으로, 수련감독자는 실습생에게 자신의 변화이론이 상담실습 과정에서 사용된 변화 모형의 어떤 부분에 부합되는지 말해 보게 한다. 일단 이론의 핵심을 이해하고 변화이론이 삶에 어떻게 나타나고 있는가를 이해하고 있다면, 실습생은 이론적 지향을 고려하여 상담회기에서 자신이 하고 있는 것들을 잘 조망할 수 있을 것이다.

대화의 예

수련감독자: 상담은 한마디로 사람의 변화를 돕는 일입니다. 사람들이 어떻게 변화한다고 생각하나요?

실습생: 글쎄요, 사람들이 변화할 준비가 되어 있어야 한다고 생각하는데요.

수련감독자: 그러면 선생님의 변화이론은 '변화에 대한 준비'군요. 내담자의 태도를 말하는 건가요?

실습생: 글쎄요, 부분적으로요. 사람은 큰 고통을 겪으면서 "이대로 가다가는 안 되겠구나."라고 느낄 때 가장 많이 변화하는 것 같아요.

수련감독자: 좋아요. 그러면 변화에 대한 준비가 중요하군요. 그러면 선생님 생각에 사람들이 변화할 때, 어떤 단계를 거치는 것 같은가요?

실습생: 글쎄요, 먼저 무엇이 잘못인지 파악하고, 자신이 어떻게 그 상황을 초래했는지 원인분석을 하는 것이 중요하다고 생각해요.

수련감독자: 그러면 상황을 객관적으로 보는 눈이 필요하겠군요.

실습생: 네. 감정에 지배되지 않고 좀 더 침착하고 객관적으로 봐야겠죠.

수련감독자: 좋아요……. 그러고 나면 어떤 일이 일어날까요?

실습생: 글쎄요, 그러고 나면 현재 상황과 현재 자신의 행동을 파악하고, 잘못의 시발점과 원인, 그리고 자신의 책임부분을 이해해야겠죠.

수련감독자: 그러면 이해만 하면 변화를 위해 충분한가요?

실습생: 그렇지는 않다고 생각해요. 주변에서 자신과 그 상황을 알고 있는 사람들에게 자문을 받는 것입니다. [웃으며] 물어본 이상 실천해야겠지요.

수련감독자: 그러면 선생님은 개인이 자신의 상황에 대해 면밀하고 분석적인 관찰을 하고, 다르게 행동하거나 다르게 생각하는 방법을 고안하고, 그것을 실행하는 것으로 변화한다고 생각하는군요.

실습생: 예……. 바로 그거예요.

수련감독자: 글쎄요, 그것이 선생님의 변화이론에 관한 설명이군요. 그것은 우리가 강의 시간에 사용하고 있는 통합적인 접근과 얼마나 일치하나요?

실습생: 저는 이것이 문제탐색과 문제에 대한 통찰력을 개발해서 문제해결을 위한 조치를 취한다는 생각과 아주 잘 부합된다고 생각해요.

수련감독자: 좋아요. ……자, 이제 초점을 약간 바꿔서 선생님은 선생님의 삶 속에서 '정말 내가 변화했구나.' 하고 느꼈던 일이 있었나요?

실습생: 글쎄요, 제가 상담을 전공한 지 1년이 지났는데, 오늘 아침 어떻게 그런 일이 저한테 일어났는지 생각해 봤어요.

수련감독자: 흠……. 그것에 대해 말해 보세요.

실습생: 글쎄요, 저는 아이다호(Idaho) 주에서 살았거든요. 여기 살다가 직장 때문에 그곳으로 갔죠.

수련감독자: 예, 선생님이 아이다호에서 왔다는 것은 알지만, 전에 여기서 살았다는 것은 몰랐네요.

실습생: 글쎄요, 바로 여기는 아니고요. 뉴욕이죠.

수련감독자: 아, 그렇군요. 그때는 그래픽 디자이너였지요?

실습생: 예. 저는 평생 아이다호에서 살고 싶은 생각은 없었어요. 그건 계획된 모험이었죠. 그러다가 로스앤젤레스에 있는 큰 광고회사에 근무하게 되었어요.

수련감독자: 신났겠는데요.

실습생: 예, 그랬어요. 주변 사람들은 좋은 기회를 놓치지 말라고 했고……. 사실 제게도 엄청난 기회였죠. 아주 좋은 소식이라고 생각했었는데, 별로 신바람이 나지 않는 거예요. 그날 밤 꿈을 꾸었는데, 저랑 가장 친한 친구와 산책하는 꿈이었어요. 뉴욕에서 심리학자로 일하는 친구거든요. 그 친구에게 "난 정말 네가 정말 부러워. 네가 하는 것처럼, 나도 사람들을 심리적으로 도우며 살고 싶어."라고 말했어요. 꿈에서 깨고 나니, 정말 슬펐어요. 제가 가장 가기 싫어하는 곳이 로스앤젤레스라는 사실을 알게 되었고요. 저는 그렇게 멀리 운전하는 것을 좋아하지 않았거든요. 아이다호에서는 가능했지만 말이에요. 끝없는 로스앤젤레스 고속도로를 운전해야 한다는 생각만 해도 끔찍했거든요. 저는 도시생활이 저와는 어울리지 않는다고 생각해요. 저는 광고회사에서 일하고 싶지 않았고, 사람들이 필요로 하지 않는 물건들을 많이 사게 하는 일을 하고 싶지 않다는 사실을 알게 되었어요. 저는 제가 하고 있는 가장 낮은 수준의 홍보물조차도 신물이 났어요. 저는 온종일 어슬렁거리다가 결국 가지 않기로 결심했죠. 저는 바로 전화를 걸어 일자리 제의를 거절했어요. 그러고는 곧바로 보스턴으로 이사했고 곧이어 대학원에 지원했고요. 그래서 제가 여기에 있게 되었죠.

수련감독자: 와우! 대단한 이야기군요! 이러한 변화를 이룬 것이 기쁜가요?

실습생: 아, 예. 지금이 훨씬 더 행복해요.

수련감독자: 심리치료 하는 오빠가 "꿈은 결코 거짓말하지 않는다."라고 했는데, 정말인 것 같아요.

실습생: 예, 저도 그렇게 생각해요.

수련감독자: 그러면 이 점에 대해 생각해 봅시다. 돌이켜볼 때, 선생님을 변화시킨 것이 뭐라고 생각하나요?

실습생: 글쎄요, 저는 부자가 되거나 유명하게 되는 것보다 나의 진정한 내면의 욕구를 이해하는 것이 중요했고, 그것을 꿈으로 느꼈기 때문이라고 생각해요. 그 사실을 깨닫고 나서 저는 무얼 해야 할지 알게 되었죠.

수련감독자: 그러면 꿈이 내면세계를 알려 주는 중요한 지표라고 말하고 있군요.

실습생: 그럼요. 그리고 잠에서 깼을 때 어떻게 느끼는가가 중요하거든요.

수련감독자: 그리고 선생님이 하고 있는 것을 직시하기 위해 그 꿈들을 이용할 수 있고요.

실습생: 예. 그리고 필요를 느낀다면 변화하고요.

수련감독자: 그래서 이것이, 선생님이 실제로 행한 것, 즉 그것들에 관한 꿈과 감정에 주의를 기울이고 실행에 옮긴 것이야말로 그 상황에서 선생님이 직접 실천한 이론이군요. 선생님은 그것을 이론으로 생각하지는 않지만요. 꿈을 통해 진정한 내면의 욕구를 이해하고 꿈을 깨고 나서 자신의 진실한 감정을 통찰한 후에 그것을 실천하려고 현실적인 노력을 하는 것. 선생님이 실제로 실천한 실용적인 이론이네요.

실습생: 예, 그렇게 볼 수도 있겠네요.

수련감독자: 자, 우리가 앞서 있었던 곳으로 돌아가 봅시다. 선생님의 이론은 상황을 탐색하고, 그 상황을 이해하려고 노력하고, 실행을 위한 계획을 고안하고, 그리고 나서 그것을 실행하는 것이죠. 단서를 위해 꿈에 경청하고 실행하는 것은 그 이론에 부합되나요?

실습생: 글쎄요, 탐색 부분이 어디에 있는지는 잘 모르겠어요. 저는 잠을 깼을 때를 탐색했고 꿈에 대해 생각했어요. 확실히 꿈은 어떤 통찰을 가져다주었어요. 힐의 접근처럼 말이에요. 그러고 나서 저는 깨달은 것과 일치하는 조치를 취했고요.

수련감독자: 네, 선생님 말이 옳다고 생각해요. 선생님은 이론 적용에 대해 아주 잘 이해하고 있네요.

이 대화의 예에서 수련감독자는 복잡한 이야기를 명쾌하게 압축하여 설명함으로써, 인지 영역에 대해 질문하는 교사 역할을 하였다. 그 다음에는 실습생에게 의미 있는 경험을 도출해 냈고, 정의적 영역에 대한 상담자 역할을 하였다. 그리고 적절한 순간에 수련감독자는 내재되어 있는 실제 이론을 서술하기 위해 실습생의 경험을 도출해 냈고, 두 이론을 비교해 보게 하였다. 이 전략은 적절한 때, 교사 역할과 상담자 역할 사이를 유능하게 넘나들 수 있는 능력이 요구된다.

전략 19 실습생의 사례개념화를 돕는다

실습생에게 사례개념화와 사례공식화 모형이 제시되었다. 새로운 사례가 할당될 때마다 수련감독은 사례개념화에 초점을 맞춘다. 수련감독자는 실습생이 내담자와 실습상담자의 입장에서 이해하고 있는 문제를 조망하도록 도움으로써 시작한다. 다음으로, 수련감독자는 실습생에게 내담자의 대인세계를 조사하게 한다. 여기에는 내담자의 기대와 내담자에 대한 다른 사람들의 반응, 그리고 내담자가 스스로를 어떻게 생각하고 있는가와 더불어 내담자가 지각하고, 경험하고, 행동하는 방식들이 포함된다.

실습생은 이러한 요소들을 고려함으로써 이 작업을 수행한다. 이때 수련감독자는 실습생에게 초기면접에서 내담자가 보고한 내용과 내담자가 자신의 이야기를 하고 행동하는 방식에 관하여 질문한다. 이어서 수련감독자는 내담자의 인구통계학적 변인들과 상담 의뢰자에 관하여 질문한다. 때로 내담자를 의뢰한 사람은 내담자의 대인 맥락으로 연결되는 통로이기도 하다. 수련감독자는 또한 내담자의 삶과 관심사에 대한 역사적 맥락을 분석해 보도록 한다.

글상자 30. 내담자의 생애사 분석을 위한 질문

1. 내담자의 성장과정에서 가족에게 어떤 일이 일어났는가?
2. 가족구성원들은 현재 어떻게 상호작용하고 있는가?
3. 내담자의 성장과정에서 세상에는 어떤 일들이 벌어지고 있었는가?

수련감독자는 내담자의 경험을 조성해 왔고, 여전히 조성하고 있는 문화적 · 사회적 맥락에 대한 탐색으로 옮겨간다. 인종적 · 민족적 · 문화적 요소들에 관하여 탐색하는 동안, 수련감독자는 특정 집단에 대한 고정관념이 드러나지 않도록 행동한다. 동시에, 수련감독자는 문화적 요인들이 내담자 자신과 내담자가 직면한 문제들을 이해하는 데 매우 중요하다는 점을 실습생이 고려하도록 돕는다. 덧붙여서, 수련감독자는 내담자가 사회적 · 경제적 탄압을 경험한 적이 있는지, 그리고 현재 그것을 경험하고 있는지에 대해 실습생의 이해를 돕는다.

다음으로, 수련감독자는 실습생이 내담자의 이민 상태(이 문제가 쟁점이라면)와 현재 교육수준을 탐색하도록 돕는다. 이 외에도 실습생은 내담자의 직업과 수입, 그리고 이러한 것들이 문제발생과 문제해결에 어떤 영향을 미치는가를 탐색한다. 그러고 나서 수련감독자는 실습생에게 내담자의 개인적 강점과 자원들을 대처와 해결의 요소로서 초점을 맞추도록 한다.

흔히 문제가 치료적 초점을 압도하게 되는 심리세계에서는 이것의 중요성은 아무리 강조해도 지나침이 없다. 상담자는 또한 가족이나 학교 교직원들이 제공하는 의학정보와 보고서 같은 내담자에 관한 정보를 탐색한다.

이 시점에서 수련감독자는 실습생에게 내담자에 관한 가설을 세우게 한다. 이 가설을 통해 수련감독자는 치료를 위한 목표를 도출할 수 있다. 여기에는 실습생에게 변화를 위해 제안된 전략에 관한 질문이 포함된다. 이 점을 염두에 두고 수련감독자는 이 시점에서 실습생이 내담자와 이미 체결하였거나 앞으로 체결할 계약에 관하여 질문한다. 내담자에 관한 논의를 종결하기에 앞서, 수련감독자는 내담자가 제시한 다른 중요한 관심사와 위기에 관하여 질문한다.

끝으로, 수련감독자는 앞서 논의한 대인패턴으로 되돌아간다. 실습생은 상담 중 어떤 문제가 될 만한 상호작용이 표면 위로 떠오를 것이라고 생각하는가? 그리고 실습생은 현재의 이해수준에서 그것들을 언급하기 위한 준비를 어떻게 할 수 있는가? 이 질문의 일부로서, 수련감독자는 또한 상담자와 내담자 사이의 문화적 차이에서 발생할 수 있는 잠재적 문제에 관하여 논의해 보게 한다. 만일 문화적인 문제가 존재한다면, 이러한 문제는 과정 초기에 어떻게 언급될 수 있는가? 이 단계에 대해서는 다음에 제시된 수련감독자와 치료자 사이의 사례개념화의 축약된 예에서 볼 수 있다.

대화의 예

[다음의 대화는 여러 사람들 앞에서 말하는 것에 대한 두려움 때문에 강의 시간 발표에 어려움을 겪고 있는 대학생 내담자에 관한 것이다.]

수련감독자: 새로운 내담자를 만나셨다고요. 어떻게 진행되었나요?

실습생: 글쎄요, 좋았어요. 내담자는 자신의 문제해결에 대한 동기가 높았고, 그래서 면접에서도 아주 협조적이었어요. 그런데 여러 사람들

앞에서 말하는 것이 두렵다는 것과 내담자가 학업 면에서 성공하기 위해 어떻게 불안을 극복할 수 있는지에 대해 이야기를 나눌 때에는 내담자가 불안해한다는 것을 느낄 수 있었어요.

수련감독자: 내담자가 상담을 신청하게 된 이유를 말해 보세요.

실습생: 내담자는 자신의 삶 내내 학교생활은 아주 성공적이었어요. 그런데 이제 와서 수강과목에서 필수적으로 발표를 해야 하는 것에 대해 너무 큰 부담을 느끼고 있어서 모든 것이 수포로 돌아갈까 봐 두려워하고 있어요.

수련감독자: 와우! 그것이야말로 구속이군요. 이 문제가 어떻게 형성되어 왔다고 생각하세요?

실습생: 글쎄요, 내담자는 일본계 이민자 가정에서 성장했고, 이 나라에서 태어난 1세대거든요. 내담자는 아주 전통적인 가족에서 살고 있는 것 같았어요. 아이들, 특히 여자 아이들이 큰소리로 말하면 혼나는 그런 가족 말이에요. 이것은 내담자가 말한 것이에요. 내담자가 처음 대학에 입학했을 때, 성공을 위해서는 강의 시간에 목소리를 높여야 할 필요가 있다고 깨닫게 되어서, 가끔은 그렇게 할 수 있었지만, 그럴 때마다 식은땀을 흘린다고 말하더군요. 내담자는 자기에게 주의가 집중되는 것에 불편해하고 있어요. 내담자의 문화에서는 드러내어 자랑하지 않고 겸손한 것에 높은 가치를 두고 있고, 내담자에게는 목소리를 높이는 것은 드러내어 자랑하는 것처럼 여겨진다고 하더군요.

수련감독자: 그러면 그 점을 기억하면서, 내담자가 자신의 대인세계를 어떻게 경험하는가에 관하여 잠시 생각해 봅시다. 내담자는 자신의 주변 세계를 어떻게 이해하고 있다고 생각하세요?

실습생: 글쎄요, 저는 이 점에 대해 좀 더 배워야 할 것 같은데요. 내담자는 자기 집안에 어떤 행동규칙이 있다고 여기는 것 같았어요. 그런 것이 있어서 내담자가 다음에 어떤 일이 일어날 것이라고 예측하기 쉽

게 하고요. 하지만 내담자는 집 밖의 세계를 매우 예측하기 어렵고 때로 위험한 곳으로 지각하고 있어요. 제 생각에, 내담자는 집안에서 배운 행동규칙에 따라 조심스럽게 일처리를 하고 행동하고 있어요. 내담자는 조용하고 공부를 열심히 하고는 있지만, 어떤 일이 일어날지 몰라서 불안해하고 있어요. 내담자는 미국인들 대부분이 자기가 너무 말이 없고, 가족들과 함께 살고 있다는 이유로 자기를 존중하지 않는다고 생각하고 있고요.

수련감독자: 내담자가 그러한 인상을 어떻게 받게 되나요?

실습생: 글쎄요, 내담자가 말을 할 때, 조용한 목소리로 말해서 다른 사람들이 내담자의 말에 주의를 기울이지 않는다고 했거든요.

수련감독자: 그것이 사실이라고 생각하나요?

실습생: 잘 모르겠어요. 미국인들은 여럿이 모여 있을 때, 시끄러운 경향이 있기 때문에 내담자의 말을 귀담아 듣지 않을 수 있을 것 같아요. 그런 경우라면, 내담자의 말에 별로 신경 쓰지 않겠죠. 그리고 흔히 대학생들은 자기 생각을 말하는 데 열중하느라 남의 말에 귀 기울이지도 않을 것 같고요. 내담자 역시 그 사람들을 존중하지 않겠죠.

수련감독자: 그러면 그러한 상황과 관계없이 내담자는 스스로를 어떻게 생각하고 있나요?

실습생: 어떤 점에서 내담자는 자기 자신에 대해 아주 비판적이고, 심지어 자기가 너무 약해서 미국 땅에서 성공할 수 없을 거라고 말하고 있어요. 그러면서 내담자는 자기가 공부를 열심히 해서 대학까지 보내준 가족을 실망시키지 않게 하기 위해서라도 좀 더 열심히 공부할 필요가 있다고 말하고 있고요. 그리고 가족을 실망시키게 될까 봐 두려운가 봐요.

수련감독자: 그러면 선생님은 내담자에 대해 어떤 경험을 하고 있나요?

실습생: 내담자는 아주 단호한 사람 같은데, 제가 내담자를 대충 훑어보고 지나간 것 같아요. 예를 들어, 제가 그저 계속해서 이야기를 한다면 내

담자는 아무 말도 하지 않을 거예요. 저도 어떤 감이 오는 것이, 내담자가 저한테서 어떤 구체적인 조언을 찾고 있다는 것이죠.

수련감독자: 다른 사람들도 똑같은 경험을 한다고 생각하세요?

실습생: 아마 그럴 걸요. 내담자의 룸메이트들 중에 어떤 학생이 청구서는 각자 어떻게 분담하고, 각자 아파트의 어느 곳을 청소할 것인가를 제안했다고 말한 적이 있대요. 그 일 때문에 다른 룸메이트들은 서로 말다툼을 했는데, 자기는 모든 사람들이 결정하는 대로 따랐다고 하더군요. 공연히 소란을 피우고 싶지 않아서 그랬다고 했어요.

수련감독자: 다른 사람들도 선생님과 똑같은 경험을 한 것 같군요.

실습생: 네.

수련감독자: 좋아요, 그 밖에 내담자의 특성과 문화에 관해서 내가 알고 있어야 할 점은 무엇인가요?

실습생: 글쎄요, 제가 말씀드렸듯이, 내담자는 일본계 미국인 대학생이고, 20세이며, 전통적인 일본인 집안 출신이죠. 로스앤젤레스의 일본인 타운에서 자라났고, 초등학교까지 거기서 다녀서 친구들도 대부분이 일본인이거나 일본계 미국인이어서 거기서 어떻게 해야 하는지를 잘 안다고 했어요. 그런데 내담자가 처음으로 문제를 겪게 된 것은 내담자가 다닌 사립학교에서였답니다. 학교 전체에서 일본계 미국인이 고작해야 두세 명 정도였거든요.

수련감독자: 그 상황이 어땠을까요?

실습생: 글쎄요, 학교 사람들은 내담자에게 정말 잘해 주었는데, 유럽계 미국인 학생들에게서는 단 한 번도 사교모임에 초대받은 적이 없다고 하더군요. 실제로 학교식당에서조차 내담자는 학생들이 접근하는 것이 불편했고, 학교 밖에서는 물론 만난 적도 없었고요. 그리고 내담자는 시키지 않으면 강의 시간에 목소리를 내지 않았답니다. 교사들은 내담자가 공부를 열심히 하는 학생이었고 우수한 학생으로 인정했지만, 내담자에게는 백인 학생들에게 하는 식으로 농담을 던지

지 않았다고 하더군요. 하지만 내담자는 줄곧 학교공부를 잘 했고, 거기서 많은 것을 배웠다고 했어요.

수련감독자: 그럼 현재 그러한 것들이 내담자의 문제에 어떻게 영향을 주고 있다고 생각하세요?

실습생: 글쎄요, 내담자가 이전에 성공을 위해 목소리를 높인 적이 한 번도 없었다는 것이 의심스럽기는 해요. 그리고 이제 내담자는 목소리를 높여야 할 뿐만 아니라 한 학기에 여러 차례 강의 시간에 발표를 해야 하거든요. 그리고 이 대학은 백인들 위주라서 멕시코계 미국인 몇 명, 아프리카계 미국인 몇 명, 그리고 아시아계 미국인은 훨씬 적은 학생들이 다니고 있고요. 그래서 내담자는 자기가 다녔던 고등학교와 같은 분위기여서 적응하지 못하고 있다고 느끼고 있는 것 같아요. 그리고 내담자의 집안 배경을 고려해 볼 때, 주의집중을 받는 상황에 익숙하지도 않고요, 제 짐작이지만요.

수련감독자: 글쎄요, 우리가 내담자에 대해 알고 있는 점은 대학생이고, 풀타임 직장은 없을 것이라는 것이죠. 선생님은 내담자 가족의 경제 여건에 관해서는 그리 많은 것을 알고 있지 않은 것 같네요.

실습생: 네, 그래요.

수련감독자: 내담자에게는 어떤 자원과 강점들이 있나요?

실습생: 내담자의 가족은 내담자를 전폭적으로 지지하고 있어요. 내담자가 무난히 대학을 졸업하는 데 도움이 되는 일이라면 어떤 희생이라도 감수할 겁니다. 내담자는 가족들과 자주 만나고 있고, 실제로 3학년인 언니가 이 대학에 다니고 있고, 두 사람은 자주 점심을 함께 먹고 있고요. 내담자의 강점을 고려한다면, 내담자는 나이에 비해 아주 의지가 강한 여성이에요. 내담자는 실제로 현재 자신이 겪고 있는 문제를 극복하고 싶어 하고요. 내담자는 제가 제안하는 것이라면 어떤 것이라도 시도할 것이라는 생각이 들어요.

수련감독자: 그러면 목표합의와 예비계약이 이루어졌나요?

실습생: 내담자의 목표는 3주 후에 있을 발표를 잘하는 거예요. 그 다음에 발표 2개가 더 있고요. 그래서 우리는 첫 번째 발표를 잘할 수 있도록 하기 위한 상담에서 출발하기로 의견일치를 보았어요. 시간이 많이 남지 않아서 앞으로 3주 동안 일주일에 두 번씩 상담을 하기로 했고요. 그리고 내담자는 통상적인 학생 상담료를 납부하기로 했어요.

수련감독자: 그러면 어떻게 접근할 예정인가요?

실습생: 글쎄요, 내담자에게는 둔감화desensitization가 아주 적절할 것 같아요. 내담자는 자기 문제에 대해 이야기할 때 불안해지니까, 저는 내담자가 상담 중에 그러한 감정을 경험할 수 있다고 보고 있고, 그 점이 중요한 부분이라고 생각해요. 내담자는 제가 기대했던 것보다 감정에 대해 이야기를 더 잘할 수 있을 것 같아요. 그리고 우리는 이러한 발표와 내담자가 자신감을 가지고 발표를 잘하고 있는 장면을 떠올리게 하기 위한 계획을 따르게 되겠죠.

수련감독자: 그러면 이미 시작을 잘하셨네요. 그리고 물론 진행해 나가면서 좀 더 구체화시킬 필요가 있고요. 내담자가 우울해하거나 아니면 자기파괴적 행동이나 자살과 같은 위기상황에 있다고 생각하나요?

실습생: 아니요, 전혀 그렇지 않아요. 내담자는 어떤 우울증 증상도 보이지 않고 있고요. 어떤 방식으로도 스스로에게 해를 입힐 가능성은 전혀 없어요.

수련감독자: 좋습니다. 이제 성공적인 상담에 걸림돌이 될 만한 것에 관하여 잠시 이야기를 나누어 봅시다. 상담은 사회적 상호작용이라는 사실을 기억하시고, 내담자의 대인반응에 관하여 선생님이 관찰한 것에 관하여 생각해 봅시다.

실습생: 좋아요. 저는 내담자를 잘 모르겠어요. 그래서 확실치는 않은데요. 눈에 띄는 것 중에는 어떤 것에 대해 아주 확실치 않을 때면, 내담자는 내가 어떤 말을 하더라도 동의한다는 것이죠. 내담자는 그것이 얼마나 어려운 부분일 거라는 점에 대해 이야기를 나누기 어려워할

거예요. 그리고 저는 내담자가 너무 조용하고 순종적인 행동을 보이기 때문에 그러한 점을 깨닫지 못할 수도 있고요.

수련감독자: 그래요, 그 점에 관해서는 선생님 말씀이 맞는다고 생각해요. 그러면 그것을 어떻게 다룰 겁니까?

실습생: 글쎄요, 내담자는 질문에 신속하게 답변하기도 하지만, 때로는 아주 망설이기도 하는데, 특히 내담자에게 사적인 질문을 던질 때인데, 결국 질문에 대한 대답을 하지만요. 그래서 저는 망설이는 신호에 주의를 기울이면서, 내담자에게 많은 질문을 던질 겁니다. “내가 당신에게 부과하는 과업의 난이도를 1에서 10까지로 이루어진 척도로 나타낸다면 무엇인가요?” 혹은 “그것을 시도하기가 불편한가요?” 그리고 “그것을 하기 전에 한 발짝 뒤로 물러나서 좀 더 쉬운 조치를 취하는 것이 불편합니까?”

수련감독자: 그거 좋은 출발이군요. 내담자에 대해 좀 더 알게 되면서, 다른 점들도 알게 되겠죠. 선생님은 실제로 계속해서 더 많은 것을 배우게 될 겁니다. 그리고 그 결과, 접근방법이나 목표를 수정할 수도 있겠죠. 계속해서 호기심을 가져보세요. 그렇지만 잠시 이 일본계 미국인 여성 내담자와의 관계에서 선생님이 유럽계 미국인 남성이라는 점에 대해 이야기를 나누어 볼까요? 이러한 점이 어떤 어려움을 줄 수 있다고 생각하세요?

이런 식으로, 수련감독자는 사례개념화 과정 내내 실습생을 안내하고 있다. 물론 여기서 한 것보다는 훨씬 더 시간이 많이 걸릴 것이다. 나는 학생 상담자와 첫 사례개념화를 실시할 때에는 수련감독 회기를 좀 더 길게 잡을 것을 권장한다. 회기가 끝날 무렵, 수련감독자는 실습생에게 치료가 진행되어 감에 따라 내담자에 대한 이해와 치료 전략이 수정될 수 있다는 것을 상기시켜 준다.

전략 20, 21, 22는 케이건(Kagan, 1983)의 저서에서 발췌된 것을 엘리엇(Elliott, 1984)이 보다 상세히 설명한 것이다. 수련감독자는 교사 역할에서 관찰된 상담회기 상호작용(전략 1) 평가와 상담자 역할에서 상담회기 동안 실습생의 감정탐색(전략 7) 방법을 이미 습득하였다. 전략 20, 21, 22는 이러한 기술들을 확장한 것으로, 실습생이 상담을 할 때 내담자에 대해 이해한 것을 수정하기 위한 방법으로 사용된다. 실습생은 이 세 가지 전략을 활용하여 치료계획과 이론을 고려하여 자신의 감정과 사고를 정리하는 한편, 내담자와 회기 내 행동에 대한 관계를 조사할 수 있다.

전략 20 내담자 이해를 촉진하기 위해 실습생의 감정을 탐색한다

실습생은 흔히 회기 중 자신의 감정과 의도를 잘 의식하지 못한다. 실습생의 감정은 "내담자의 미묘하면서도 중요한 현안들을 감지하고, ……내담자에게 효과적으로 반응하는 데" (Gelso & Carter, 1985, p. 181) 도움이 될 수 있다. 티버(Teyber, 2006)에 따르면, "치료자는 내담자가 다른 사람들(그리고 자기 자신)에게 체계적으로 나타내는 것에 주의를 기울일 수 있다." (p. 285)

실습생이 내담자와의 상담회기 동영상을 재생하게 되면, 수련감독자나 실습생은 언제라도 동영상을 멈출 수 있다. 수련감독자는 상담회기 중 특정 순간에 가졌던 실습생의 감정에 대해 질문을 던짐으로써 개입을 시작할 수 있다. 실습생이 답변할 때, 그 감정이 어디에서 원인이 되었다고 생각하는지에 대해 묻고, 수련감독자는 그것을 인정해 준다. 수련감독자는 특정 감정에 원인제공을 한 내담자의 특성이나 행동이 무엇인지에 대한 질문으로 옮겨 간다. 실습생이 답변하면, 수련감독자는 내담자의 삶에서 다른 사람들이 실습생과 동일한 방식으로 반응해 왔는지를 묻는다.

상담자의 이론적 접근과 상관없이, 수련감독자는 내담자의 행동에 관해 논의할 수 있다. 이는 내담자의 행동이 비논리적이거나 비생산적인 것처럼 보일 때, 치료자가 그 행동을 존중하도록 격려하는 역할을 하게 된다. 여기서 중요한 점은 상담자의 감정에는 내담자에 관한 정보를 담고 있고, 치료자의 인식 능력 내에서 보다 폭넓은 이해를 위해 사용될 수 있다는 것이다.

대화의 예

[이 상황에서 실습생은 힐(Hill, 2004)의 통찰단계 내에서 대인접근을 사용하고 있다.]

수련감독자: 잠시 멈춥시다. 자, 상담회기의 그 상황에서 어떤 느낌이 들었는지 말해 보세요.

실습생: 많이 지루했어요. 그리고 지루해해서는 안 되는데, 지루해한 것에 대해 죄의식이 들었고요.

수련감독자: 내담자의 말을 들으면서 지루했고, 그 점에 대해 죄책감을 느끼고 있었군요. 그러면 왜 그런 감정이 들었다고 생각하세요?

실습생: 음, 글쎄요, 내담자는 룸메이트가 말한 것, 그리고 남자친구가 말한 것 등에 대해 저한테 끊임없이 얘기했어요. 그런데 저는 그러한 이야기에는 관심이 없었거든요. ……제 생각으로는 일찌감치 쓸데없는 사소한 말들로 여기고는 귀를 막고 있었던 것 같아요. 아버지는 항상 "뛰어난 사람은 아이디어를 말하고, 평범한 사람은 갖가지 사건에 대해 얘기하고, 열등한 사람들은 사람에 관하여 이야기를 한다."라고 말씀하시곤 했어요. 아마도 제가 그 말을 내면화한 것 같아요.

수련감독자: 그거 흥미롭군요. ……선생님은 자신이 대화에 집중하지 않고, 많은 사람들에게 싫증을 내는 사람이라고 생각하나요?

실습생: 아니요. 제가 잘 알지 못하는 대화나 사람에 관해 이야기를 할 때만

그래요.

수련감독자: 선생님이 잘 알지 못하는 사람에 대한 내담자의 이야기에는 흥미가 없나요?

실습생: 네, 그리고 내담자가 말하는 방식도요. 제 말은, 사실 내담자가 저한테 말할 기회를 주지 않았다는 거예요.

수련감독자: 선생님은 내담자가 다른 사람들에게도 그렇게 한다고 생각하세요?

실습생: 아, 예. 저는 확신해요. 왜냐하면 내담자가 다른 사람이 자기 말을 듣지 않는다고 심하게 불평을 했거든요. ……저는 내담자를 좋아하지만, 내담자가 대화의 주제에서 벗어나게 되면, 흥미를 잃어버리게 되거든요.

수련감독자: 내담자가 대화의 주제에서 벗어난 것을 의식하지 못했던 특별한 순간이 있었나요?

실습생: 지금 생각해 보니까, 꽤 많았던 것 같아요. 우리가 내담자에게 감정적인 것들에 관해 얘기를 시작할 때, 특히 내담자가 자신을 화나게 만드는 것들에 대해 얘기를 하고 있을 때 말이에요.

수련감독자: 그러면 내담자는 자신이 감정적일 때, 그리고 아마 화가 나 있을 때, 이런 식으로 얘기를 하는군요. 일종의 패턴처럼 들리네요. 내담자가 이러한 패턴을 어떻게 습득했다고 생각하나요?

실습생: 글쎄요, 내담자는 다툼이 잦았던 가정에서 성장했고, 내담자의 오빠는 항상 매를 맞았고요. 저는 내담자가 모든 사람들의 주의를 다른 데로 돌리고 사람들이 흥분하거나 화내지 않게 하려고 현 상황과 동떨어진 이야기를 하고 있는 것이라는 생각이 들어요.

수련감독자: 가능한 얘기군요. ……그리고 그것이 사실이라면, 그때는 효과가 있었던 것이 지금은 성인으로서의 관계를 형성, 유지하는 데 효과가 없군요. ……내담자의 개인적인 관계에서의 문제를 이해하도록 선생님이 돕고 있다는 점에서, 선생님은 이것을 어떻게 이해하고 활

용할 건가요?

실습생: 글쎄요, 그것이 우리 관계에서 언제 발생하는지 탐색할 필요가 있을 것 같네요. 음, 이런 것이죠. "거기서 방금 무슨 일이 있었죠? 저는 감정에 관하여 질문을 했는데, 상대방은 이야기를 길게 늘어놓게 되고 전체적인 대화 분위기가 바뀌게 되죠."

수련감독자: 예, 그렇게 하면 되겠네요. 내담자에게 이 문제를 주목하게 하고 탐색해 보도록 해 보세요.

이 예에서 수련감독자는 실습생의 감정에 관하여 탐색하고 있다. 그러고 나서 수련감독자는 감정이 내담자의 대인통제 패턴에 관한 정보를 제공할 수 있다는 사실을 실습생이 이해할 수 있도록 돕고 있다. 이를 통해 수련감독자는 실습생이 적용하고 있는 이론적 모형 내에서 내담자의 문제를 다루기 위한 전략을 구축하도록 도울 수 있다.

전략 21 실습생이 내담자와 치료자의 행동에서 단서를 확인하고 사용하도록 격려한다

지금까지의 수련감독 전략들은 수련감독 시간에 상담실습 동영상에 나타난 실습생의 행동 관찰과 분석을 통해 실습생의 상담능력 평가에 초점을 맞추어 왔다. 이 수련감독 전략은 실습생에게 상담회기 동안 관찰하는 법을 가르치는 데 초점을 맞추고 있다. 수련감독자는 실습생과 함께 방금 검토한 상담회기에서 일어난 일에 주의를 기울이도록 하는 데 초점을 맞춘다.

이어서 수련감독자는 실습생이 상담회기에서의 중요한 사건, 즉 개입이 요구되는 상황의 단서(예, 내담자 행동이나 상담자의 감정)를 확인하도록 한다. 단서가 확인되면, 수련감독자는 실습생에게 이러한 단서가 재차 나타날 것을 예견하여 상담회기에서 이에 대해 적절하게 반응할 계획을 수립하도록 한다.

대화의 예

[이 상황에서 수련감독자와 실습생은 상담회기에 대한 검토를 마쳤고, 내담자가 실습생에게 화가 나 있으나, 그것을 직접적으로 표출하지 않고 있다고 결론지었다.]

수련감독자: 그래서 지금 그 장면을 다시 보았는데, 메리(Mary)가 선생님에게 화가 났다는 생각이 드신다고요?

실습생: 아, 예! 그런 상황을 전혀 눈치채지 못했다는 것이 정말 놀랍네요.

수련감독자: 전혀 눈치채지 못했다고 보기는 어려울 것 같은데, 거기에 앉아 있는 동안 어떤 느낌이 들었죠?

실습생: 아, 상당히 불편했어요. 실제로 시계를 쳐다본 기억이 있는데, 10분이 지났을 뿐인데 영겁(永劫)의 시간이 흐른 것 같았어요.

수련감독자: 그러니까 불편함과 초조함이 단서가 될 수 있겠네요.

실습생: 예. 그때는 그런 식으로 생각하지 않았는데, 지금 생각해 보니까 선생님 말씀이 맞네요. 그게 단서가 될 수 있겠어요.

수련감독자: 좋아요. 선생님 자신에게서 뭔가 의식되는 점이 더 있었나요?

실습생: 음……, 아니요. 특별한 것은 없는데요.

수련감독자: 자, 다시 생각해 봅시다. 동영상 장면을 다시 떠올려 볼 때, 메리에 관해서 특별히 눈에 띄는 점이 있었나요?

실습생: 그 부분을 다시 볼 수 있을까요?

수련감독자: 물론이죠. ……다시 보면서 내담자가 평소와 다르게 행동한 점에 특히 주의를 기울여 보세요. [그 장면을 다시 본다.]

실습생: 글쎄요, 자주 두리번거리고 있네요. 시선의 접촉은 피하면서 말이에요. 평소에는 제 눈을 잘 쳐다보는 편이거든요.

수련감독자: 그렇죠. 내담자의 행동패턴이 달라졌어요. 그 밖에 눈에 띄게 달라진 점이 있나요?

실습생: 폐쇄적인 자세로 앉아 있네요. 그리고 음, 입술, 글쎄요, 입이 꽉 다물어져 있네요.

수련감독자: 그러면 그것이 또 다른 비언어적 단서가 되겠군요. 지금까지 불편한 느낌을 알아차렸다면, 선생님은 내담자를 아주 조심스럽게 바라볼 수 있었을 것이고, 내담자가 화가 났다는 비언어적 신호를 발견할 수 있었겠네요.

실습생: 예.

수련감독자: 그리고 그때 아니면 그 전에라도 선생님이 알아차릴 수 있도록 내담자가 어떤 말을 했었나요?

실습생: 글쎄요, 처음 상담받으러 왔을 때, 뭔가 이상한 말을 했어요. 음……, 저는 다른 데 신경을 쓰고 있으면서 내담자가 오기만을 기다리고 있었거든요. 그런데 내담자가 들어오더니 제 차의 번호판에 대해서 말하는 거예요. 음, '캘리포니아' 번호판에는 왜 '힘내Cheer up'라는 말이 쓰여 있냐고요.

수련감독자: 아, 그러니까 선생님은 시작부터 무언가 일어나고 있다는 일종의 경고를 받았군요.

실습생: 네, 글쎄, 그랬어요. 그런데 저는 그렇게까지는 생각 못했어요. 저는 그저 제 차 번호판에 대해 방어하는 이야기만 늘어놓았거든요.

수련감독자: 그랬군요. ……이제 그것이 내담자가 선생님에게 화를 낼 마지막일 거라는 생각은 들지 않네요. 그러면 어떤 것에 주목해야 상담회기에서 그 상황을 알아차릴 수 있고, 또 그것에 대해 반응할 수 있다고 배웠나요?

실습생: 글쎄요, 우선 제 느낌이죠. 그리고 나서 그러한 것들이 눈에 띌 때, 저는 내담자가 말하고 있는 것이나 비언어적으로 전달하고 있는 것을 알아차릴 수 있겠죠. 그리고 그러한 점이 내담자의 평소 패턴과

어떻게 다른가를 주목해야 할 것 같아요.

수련감독자: 네. 이해했군요. ……자, 그러면 다음번에 내담자가 화가 났음을 암시하는 단서를 포착했을 때, 어떻게 대처할 것인지에 대해 이야기해 봅시다.

이 대화의 예에서 실습생은 자신의 감정을 먼저 끄집어내었다. 수련감독자는 실습생에게 그 감정을 상담의 자료로 탐색하도록 하였다. 그러고 나서 수련감독자는 실습생에게 내담자의 행동을 직시하게 하였다. 수련감독자는 실습생에 대한 관찰 내용을 언어적 측면과 비언어적 측면으로 나누어 요약한 다음, 추후 상담회기에서 그러한 관찰결과를 상담에 활용할 수 있다고 하였다. 수련감독자는 그러한 방법에 대한 탐색을 시작하였다.

전략 22 한 회기 내에서 실습생의 의도를 탐색한다

클라라 힐과 동료들(Hill et al., 1988; Hill & O'Grady, 1985)은 치료자의 의도가 심리치료 회기의 과정과 치료의 성과에 미치는 효과에 대해 연구하였다. 이들은 치료자의 진술 다음에 상담회기 동영상을 멈추고, 치료자에게 각 진술에 대한 근거를 물었다. 이들이 치료자의 의도를 연구하기 위해 사용한 전략은 실습생의 의도 탐색에 유용한 수련감독 기법이면서 헨리, 샤흐트 외(Henry, Schacht et al., 1993)의 가장 뛰어난 수련감독자가 사용한 전략과 유사하다.

이 방법으로, 수련감독자는 상담자가 적용하고 있는 이론적 접근과 실제와 불일치하는 점에 관한 논의를 시작할 수 있다. 힐과 동료들(Hill et al., 1988; Hill & O'Grady, 1985)은 준비된 의도 목록과 함께 치료자들의 반응을 도출해 내었다. 그러나 이 전략을 사용하는 수련감독자는 실습생의 생각을 일깨워 주기 위해 개방형 질문을 활용한다. 실습생이 진술이나 행동에 대한 근거를 설명하고 나면, 수련감독자와 실습생은 그 개입으로 바라던 결과를 얻을 수 있었는지의 여부 확인을 위해 상담실습 동영상을 계속해서 시청할 수 있다.

대화의 예

[이 상황에서 실습생은 "한 여성에게 보살핌을 받고 싶은 것에 대해 말할 때마다 시선을 피해서, 저는 당신이 여성에게서는 어떤 것을 원해서는 안 된다는 생각 때문에 당혹스러워 하고 있다는 상상을 하고 있습니다."라고 말함으로써 내담자에게 해석을 제공한다. 수련감독자는 이 해석에 관하여 질문을 던지고 있다.]

수련감독자: 여기서 멈춰 봅시다. ……자, 그 말을 했을 때, 어떤 일이 일어나기를 원하셨나요?

실습생: 내담자가 한 여성에게서 원하는 것을 말하기가 너무 힘들었겠다는 생각을 하고 있었고, 내담자가 자신의 감정을 탐색하고 이해할 수 있도록 돕고 싶었어요.

수련감독자: 그래서 선생님은 내담자가 자기탐색을 해 보기를 원하셨군요. ……그 점에 대해 특별한 접근방법이 떠올랐나요?

실습생: 저는 내담자가 그렇게 강한 성격적 측면을 제시하고 있지만, 여전히 방황하고 있고, 고독한 것처럼 보이는 이유가 무엇일까 궁금했어요. 그리고 이것이 그러한 점에 대해 탐색할 수 있는 좋은 기회라고 생각했거든요.

수련감독자: 그래서 이러한 해석을 내리게 되었군요. ……선생님이 그렇게 했을 때, 어떤 일이 일어났는지 봅시다.

[두 사람은 실습생의 상담 동영상을 시청하였고, 내담자는 자신이 어떤 것을

원했다는 사실을 인정한 것 때문에 당혹스러워 했다는 점을 지적하였다. 그리고 내담자는 자신이 아버지에게서 '아가baby'와 '마마보이mama's boy'라고 놀림 받았다는 이야기를 계속한다.]

수련감독자: 이 부분을 보니까 선생님 의도대로 된 것 같나요?
실습생: 네. 제 해석이 완전히 정확하지는 않았지만, 내담자가 당혹스러워 한다는 점과 그것이 내담자의 과거사와 연결되어 있다는 점을 깨닫게 한 것 같네요.

수련감독자는 실습자의 해석 의도를 탐색하고 나서, 의도한 대로 바람직한 결과를 도출하였는지를 확인하였다. 만일 의도한 대로 이루어지지 않았다면, 수련감독자와 실습생은 목표 달성을 위한 새로운 대안을 모색할 수 있다. 다른 한편으로, 두 사람은 그것이 적절한 의도였는지 검토하였고, 거기서부터 작업을 하였다.

전략 23 발달상의 도전거리를 제시한다

발달상의 도전거리는 실습생의 새로운 정보처리 방식에 있어서의 변화(적응)를 증진시키기 위해 고안된다. 발달상의 도전거리에 적절한 것은 수없이 많다.

글상자 31. 실습생 발달상의 도전거리

1. 내담자의 진술을 표면적 내용만 듣고 핵심 내용은 간과하는 것
2. 실습생의 문화라는 렌즈를 통해 다른 문화에 속한 내담자를 보는 것
3. 실습생의 변화에 도움을 주었던 것이 내담자에게도 도움이 될 것이라고 부정확하게 가정하는 것

실습생들이 공통적으로 상담을 그르치게 되는 시점은 내담자의 저항을 처음으로 접하게 될 때다. 그 이유는 저항을 이론적 지향과 일치하는 방식으로 치료과정에 사용될 수 있는 정보와 의사소통으로 여기기보다는 치료에서의 부정적 사건으로 간주하기 때문이다. 다음 사례에서 수련감독자는 역동적 모형 안에서 수련감독 회기를 진행하고 있다.

대화의 예

[이 상황에서 실습생은 내담자의 저항이 갖는 의미에 대해 잘 이해하고 있는지 확인받고 있다.]

수련감독자: 제인(Jane)과의 상담은 어떻게 진행되고 있는지 말씀해보시겠어요?

실습생: 사실, 너무 좌절감을 느끼고 있어요. 상담시간에 항상 늦게 오고, 회기 사이에 우리가 나누었던 이야기에 대해 전혀 관심조차 없는 것 같고요.

수련감독자: 지금까지 줄곧 그런 패턴을 유지해 왔나요?

실습생: 아니요……. 지난 2~3주 동안 그래 왔던 것 같아요.

수련감독자: 그러면 지난 2~3주 동안 치료에서 어떤 일이 있었죠?

실습생: 약 3주 전에 자기 일기를 가져왔었어요. 그리고는 1학년 때 일어난 일에 대해 저한테 읽어 주었거든요. 어쩌다 보니 1학년 때 낙제를 했고, 어머니가 내담자에게 읽기를 가르치려다가 밤마다 우셨다고 하더군요. 내담자는 자기가 어려울 때 어머니가 지지해 주지 않았고 자신을 나쁜 아이라는 느낌이 들게 했다고 말했어요. 그러다가 자기가 항상 낙오자가 아니었을 수도 있다고 생각하면서 약간 안심하는 눈치였어요.

수련감독자: 네, ……그다음에는 어떤 일이 있었죠?

실습생: 글쎄요, 이 점에 대해 우리 둘 다 마음이 들떠 있었어요. 저는 1966년

에 내담자에게 어떤 일이 일어났고, 어떻게 자기 자신에 대한 관점을 형성했는지에 대해 좀 더 생각해 보도록 제안했어요. 내담자는 그러자고 했고요. 그런데 실행에 옮기지는 않더군요. 그 이후로 내담자는 상담시간에 늦게 와서는 상담시간 내내 직장에서 생긴 일에 대해서만 얘기하더군요.

수련감독자: 그 문제가 중요한 것 같나요?

실습생: 그럴 수도 있고 아닐 수도 있죠. 제가 드리고 싶은 말은, 직장 상황이 별로 좋지 않고 변화도 없긴 하지만, 현재 직장처럼 휴가도 많이 주고 봉급도 많이 주는 직장도 없다고 생각하고 있거든요. 그래서 직장문제를 얘기하는 것은 일종의 시간낭비라는 생각이 들어요. …… 저는 내담자에 대해 상당히 좌절감을 느끼고 있어요. 치료에 별로 신경 쓰는 것 같지 않거든요.

수련감독자: 그러면 내담자가 상담시간에 늦게 오고, 직장에 대해서만 이야기를 늘어놓고, 몇 주 전에 시작된 상담에 집중하지 않음으로써 내담자가 선생님에게 전달하고 있는 것이 뭐라고 생각하세요?

실습생: 저한테 말하고 있다고요?

수련감독자: 네. 내담자가 직장에 대해서만 얘기하고 있는데, 내담자 자신에 대해서는 선생님에게 어떤 점을 의사소통하고 있나요?

실습생: 글쎄요, 제 짐작으로는 내담자는 제가 요구한 것을 하고 싶지 않다고 말하는 것 같아요. 아니면 그렇게 하는 것이 별로 중요하지 않다고 생각하거나. 글쎄요, 저는 정말 상담이 잘 진행되고 있다고 생각했거든요. 그런데 이젠 너무 실망스러운 거예요.

수련감독자: 이 점에 대해 좀 더 다루어 봅시다. 상담이 잘 진행되고 있다고 했는데, 어떤 방향으로 진행되고 있었다고 생각하세요?

실습생: 저는 내담자가 정말 괜찮은 사람인데, 그렇지 않은 느낌이 들게 하는 장본인은 바로 어머니였다는 사실을 내담자가 깨닫게 될 거라고 생각했거든요.

수련감독자: 그러면 지금 내담자는 행동으로 선생님에게 뭐라고 말하고 있죠?

실습생: 아, 무슨 말씀인지 알겠어요. 내담자는 그것에 대해 말하고 싶지 않다고 했어요.

수련감독자: 네. 그럴 거예요. ……그리고 그게 선생님에게 내담자에 관하여 많은 것들을 말하고 있고요. 그러한 것들에 관하여 이야기하는 것이 내담자에게 의미하는 바가 뭐라고 생각하세요?

실습생: 모르겠어요. 아마도 무서울 것 같기도 하고, 아니면 수치감 같은 느낌이 드나 보죠.

수련감독자: 그게 사실이라면, 선생님에게 무얼 말해 주고 있을까요?

실습생: 잘 모르겠어요. ……아마도 그것처럼 어머니에 대해 생각하고 싶지 않다는 것이겠죠.

수련감독자: 네, 아니면 아마도 그 점에 대해 지금 당장은 생각하고 싶지 않다는 것이겠죠. 어떻게 하면 내담자의 저항에 대해 탐색할 수 있고, 내담자가 자신에 관하여 말하는 것에 대해 좀 더 알아볼 수 있을까요?

수련감독자는 실습생이 적절한 전략들을 고안할 수 있도록 여기에서부터 진행할 수 있다. 여기서 적절한 전략이라 함은 내담자가 저항을 통해 소통해 온 정보를 통합하는 것을 말한다. 예를 들어, 내담자는 어머니를 보호하고 어머니에 대해 나쁜 말을 하지 않는 생활을 해 왔을 수 있다. 그리고 정신역동 모형을 통해 치료자는 내담자에게서 그 점에 대해 탐색해 볼 수 있다. 아니면 내담자는 자신이 반응적인 사람이어서 자기가 해야 할 일을 누군가로부터 일일이 지시 받고 싶어 하지 않는다는 사실을 의사소통하고 있을지 모른다. 그리고 치료자는 이 점은 고려하되 방향제시는 하지 않을 수 있다.

그러나 수련감독자는 도전을 통해 실습생이 저항을 다른 방식, 즉 치료를 중단시키고 있는 것으로서보다는 계속적인 치료과정에서 내담자에 관한 정보로 생각하도록 하고 있다. 실습생은 말 대신에 음악을 듣고 내담자 이해를 위해 자신의 능력을 확장시켜야 한다. 기타 도전거리들은 다른 방식으로 실습생의 사고를 확장시킨다.

다음의 두 가지 전략에는 상담회기에서 일어난 일들을 토대로 수련감독자가 실습생을 교육하기 위한 두 가지 방법이 포함되어 있다. 다시금, 교수teaching, 상담, 그리고 자문 기능이 포함된다.

전략 24 실습생 · 내담자의 경계문제를 탐색한다

심리치료에서 빈번하게 발생하는 문제는 한계limits와 경계boundaries를 시험하는 것이다. 흔히 친절하고 반응적인 치료자처럼 되기를 원하는 초심 실습생은 특히 내담자의 비합리적인 요구에 취약한 면을 보인다. 따라서 실습생은 적절한 한계를 정하는 법을 터득할 필요가 있다. 정신역동 이론가들은 이것을 '구조frame 설정'으로, 행동주의자들은 '적절한 치료행동의 강화'로 간주할 수 있지만, 둘 다 한계를 정해야 한다는 사실에 대해서는 의견을 같이할 것이다.

초심실습생들이 상담의 시작과 종결을 능숙하게 완수하고, 상담회기가 종료될 때마다 상담료를 받으며, 내담자에 대해 소속기관에서 정한 액수만큼 상담료를 유지하고, 치료 회기 외에 내담자와의 접촉에 한계를 정하도록 이미 배웠을 것이라고 가정하자. 그럼에도 불구하고 실습생들은 이러한 사안에 대해 어려움을 겪게 되곤 한다.

대화의 예

실습생: 지난번 제가 상담할 때 근무 중인 수련감독자가 두 번씩이나 문을 열고 들어와서 다른 사람이 방을 써야 한다고 해서 상담에 방해가 되었어요. ……회기가 끝나갈 무렵에 내담자의 감정이 올라오게 되는 경우에는 수련감독자가 어떤 식으로든 방 배정을 해서 내담자와의 작업을 계속할 수 있도록 바로 다음 시간에 예약된 상담은 다른 방으로 옮겨서 배정하면 안 되나요? ……예를 들어 2주 전에는 내담자가 상담에 좀 늦게 와서 주말을 보낸 이야기를 길게 얘기한 적이 있었거든요.……그러고 나서 상담 끝 무렵에 가서 내담자가 엄마 아빠에게 얼마나 화가 나는지에 대해 이야기를 하기 시작했어요. 내담자 부모님이 내담자의 말에 귀 기울이지 않고 항상 중간에 말을 끊어서 그랬다고 하면서 울기 시작했거든요.

수련감독자: 그때 어떤 느낌이 들었죠?

실습생: 저 역시 제가 내담자의 말을 끊는다는 느낌이 들게 하고 싶지 않았어요. 그래서 내담자가 하던 말을 끝낼 수 있도록 돕고 싶었어요. 그런데 그러고 나서 몇 분이 지나지 않아서 존(John)이 문을 두드리고는 상담을 끝내라고 말하더라고요. 정말 난처했어요.

수련감독자: 그러니까 선생님이 내담자를 배려하고 있다는 것을 내담자가 알아주기를 바랐군요. 그러한 이유로 계속 이야기를 하도록 내버려 두었나요?

실습생: 네.

수련감독자: 그러면 다음 회기에는 어떤 일이 있었나요?

실습생: 글쎄요, 내담자가 다음 회기를 취소했어요. 그러고 나서 이번 주에 와서는 아주 똑같은 패턴을 보였고요. 처음에는 별로 중요하지 않은 일을 장황하게 늘어놓다가 끝에 가서는 정말 감정적이 되는거예요.

수련감독자: 네, 알겠어요. 일종의 행동패턴이군요. 아시다시피, 우리는 상담을 정시에 시작해서 정시에 마쳐야 하죠. 다른 내담자들도 그 방

을 사용하도록 일정이 짜여 있거든요. 설령 다른 방이 비어 있다고 하더라도, 내담자는 자기에게 익숙한 방에서 상담받는 것을 선호한답니다. 그리고 우리는 내담자가 자신과의 약속 시간을 지켜 주기 바라는 소망을 존중하기 위해 최선을 다해야겠죠. 상담과정에서 내담자의 욕구를 존중하는 것처럼 말이에요. 그렇지만 이러한 상호작용은 두 가지 방향에서 볼 수 있을 것 같은데, …… 내담자의 패턴부터 탐색해 볼까요? 상담회기의 맥락뿐 아니라 내담자의 개인사 맥락에서도 조망해 봅시다.

실습생: 좋아요. 그런데 어디서부터 시작하죠?

수련감독자: 이 내담자에 대한 기억을 되살려 볼까요? 무엇 때문에 상담을 신청한 내담자였죠?

실습생: 내담자는 룸메이트와 생활하는 데 어려움을 겪고 있다면서 찾아왔어요. 그리고 룸메이트와 잘 지낼 수 없었던 것이 이번이 세 번째라고 했고요. 내담자는 룸메이트들과 여러 차례 정말 심하게 다투었다고 했어요. 그리고 그렇게 다투다 보니 예전에 부모님과 이런 식으로 싸우던 일이 생각났나 봐요.

수련감독자: 그러면 내담자는 부모님과 무엇 때문에 다투었나요?

실습생: 글쎄요, 제가 말할 수 있는 범위 내에서는, 내담자 부모님 두 분 다 돈이 없어서 늘 일을 해야 해서 내담자에게 신경을 써 줄 여력이 없었대요. 부모님은 내담자의 말에 귀 기울여 줄 시간이 없었고, 그래서 내담자는 여전히 엄마 아빠가 자기한테 별로 관심이 없다고 생각하고 있어요. 청소년기에 부모의 관심을 끌기 위해서 내담자가 했던 일은 밤늦게까지 돌아다니고 학교공부를 잘 하지 않는 것이었답니다. 그런데도 부모님은 정말 눈치채지 못하는 것 같더래요. 부모의 관심을 얻을 수 있는 유일한 방법은 심하게 소란을 피우면서 분노를 폭발시키든지, 아니면 신경질적으로 울음을 터뜨리는 일이었죠. 청소년기 때, 내담자가 부모님의 관심을 끌려고 한 일은 고의로 늦게

귀가하거나 학교 성적을 망치는 거였죠. 그때서야 부모님이 내담자를 배려하고 관심을 기울여 준 것 같아요.

수련감독자: 그러면 내담자가 그러한 경험을 통해서 다른 사람들과의 관계 형성에 대해 무엇을 학습했다고 생각하세요?

실습생: 어휴, 잘 모르겠어요. ……글쎄요, 아마 다른 사람이 내담자에게 관심을 보이지 않고 내담자가 무엇을 하던 상관하지 않을까 봐 염려되겠죠. 그렇지만 화를 내면서 한바탕 야단법석을 떨면, 사람들이 자신에 대해 관심을 갖고 있다고 여기는 것 같아요.

수련감독자: 그럴 수 있겠네요. 만일 그게 사실이라면, 상담 장면에서 선생님과 내담자 사이에 어떤 일이 일어나고 있을 거라는 생각이 드세요?

실습생: 아! [웃으며] 알겠어요. 장시간 이런저런 얘기로 저를 지루하게 하다가 갑자기 감정적으로 돌변하는 거죠.

수련감독자: 그러면 이 과정에서 어떤 느낌이 드세요?

실습생: 무지하게 짜증나죠, 실제로, 내담자가 상담시간에 늦게 온다는 사실만으로도요. 그러다가 제가 그런 감정을 갖는다는 것에 또 기분이 나빠져요. 그럴 때, 내담자가 감정적으로 변하게 되면, 저는 내담자를 돌볼 수 있는 일이 생겼구나 싶어서 반갑고요.

수련감독자: 내담자가 선생님의 이런 행동패턴을 보고 무엇을 배울까요?

실습생: 상담 초기에는 내담자의 행동에 관심을 갖지 않다가, 싫어하면서도 내담자의 감정적인 행동에는 반응을 보인다는 사실을 배우겠죠.

수련감독자: 예……. 그러면 내담자가 이런 일을 다른 사람들, 즉 룸메이트 같은 사람들에게도 똑같이 한다고 생각하세요?

실습생: 아, 아마 그럴 것 같아요.

수련감독자: 그러면 그러한 관계에서 어떤 일이 일어난다고 생각하시나요?

실습생: 글쎄요, 상담이 시작되는 시간을 무시하는 방식으로 사람들이 요구하는 것을 무시한다면, 결국 사람들은 아주 소진되겠죠. 그러다가

끝에 가서 극적으로 변하는 겁니다.

수련감독자: 그거 일리 있네요. 자, 그런데 이건 우리의 생각일 뿐이고, 내담자를 좀 더 오랫동안 만나게 되면서 이러한 생각이 변할 수도 있겠죠. 그런데 치료장면에서 이러한 사안에 대한 작업을 어떻게 시작할 수 있을까요?

실습생: 이러한 점에 대해 내담자와 직접 이야기를 나누어 보면 될 것 같아요.

수련감독자: 그러면 이야기를 어떻게 해야 할까요?

실습생: 글쎄요, 내담자가 상담시간에 자주 늦게 오고, 그러다가 정작 끝에 가서는 중요한 내용을 꺼낸다는 것이 눈에 띄었다고 말해 줄 수 있겠죠.

수련감독자: 그렇죠. 지금 나한테 말하듯이 부드러우면서도 단도직입적으로 말하는 것이 좋겠군요. 그런데 어떤 방향으로 이야기를 풀어나갈 건가요?

실습생: 내담자가 우리 관계에 대해 어떻게 느끼고 있는지, 제가 반응하는 방식을 어떻게 해석하고 있는지에 대해 좀 더 깊이 탐색해 볼 수 있을 것 같아요. 나중에 내담자가 그렇게 할 때, 제가 어떤 감정에 휩싸이게 되는지 말해 줄 수 있고요.

수련감독자: 네, 아니면 내담자가 그런 행동을 할 때, 선생님이 처음으로 지적할 때 했던 것을 할 수 있겠죠. 그렇지만 내담자의 경험패턴을 깨뜨리고, 다른 사람들이 했던 것과는 달리 선생님은 상담자로서 내담자를 버리지 않을 것이라는 사실을 알려 줄 수 있는 방법을 찾아 봐야겠군요.

수련감독자는 회기가 끝날 무렵에 실습생이 개인 상담실 사용 시간 연장 요청에 동의할 수 없는 소속기관의 사정을 설명함으로써 시작한다. 그러고 나서 수련감독자는 재빨리 실습생이 이 경험을 이용하여 내담자를 이해하고 실습생의 사례개념화를 확장하도록 돕는 방향으로 옮겨갔다. 때로 실습생은 내담자가 경계에 압력을 넣는 방식에 대해 명확하게 설명하지 않는다. 대신, 실습생은 내담자의 역할에 대해 행동화함으로써, 자신의 수련감독자와의 경계에 압력을 가함으로써 의사소통한다. 이 상황에서 다음 평행과정전략은 수련감독자가 내담자에 의해 제시된 문제에 대해 언급하기 전에 사용될 수 있다.

전략 25 내담자를 다루기 위한 적절한 전략을 모델링할 수 있도록 평행과정을 사용한다

평행과정은 슈웬(Schön, 1987)의 저서 『반성적 상담전문가교육(*Educating the Reflective Practitioner*)』에서 실습치료자 교육에의 '거울의 방(Hall of Mirrors)' 접근으로 묘사된다. 평행과정이론parallel process theory(Friedlander, Siegel, & Brenock, 1989; Glickauf-Hughes & Campbell, 1991; McNeill & Worthen, 1989)에 따르면, 실습생은 수련감독자와의 상호작용에서 나타나는 방식으로 내담자와의 관계를 경험한다. 즉, 실습생은 수련감독자와 있을 때에는 내담자처럼 행동한다는 것이다.

이에 대해 처음 언급한 정신역동 이론가들은 이러한 현상을 무의식 과정unconscious process, 즉 이 내담자와 작업하고 싶은 것을 수련감독자에게 보여 주는 방식으로 간주한다. 다른 한편으로, 평행과정으로 작업하기 위한 수련감독 전략에 대해 행동주의 관점에서는 이를 모델링modeling으로 설명하고 있다. 수련감독 상황에서 실습생이 좌절을 겪게 되고, 자신이 사용해 왔던 통상적인 행동방식과는 아주 다른 방식으로 행동하는 경우에 수련감독에서의 평행과정이 의심된다고 할 수 있다.

수련감독자는 주어진 회기에서 실습생의 감정이나 의도의 탐색과 같은 수련감독 기술을 수행하도록 사전에 계획할 수 있지만, 수련감독 회기에서 평행과정을 사용할 수 있는 계기는 예기치 않게 생기기도 한다(Glickauf-Hughes & Campbell, 1991). 수련감독자는 평행과정이 언제라도 발생할 수 있으므로, 이에 대해 언급할 준비가 되어 있어야 한다. 고급 과정의 실습생이나 실습 중인 치료자의 정신역동적 수련감독자는 평행과정이 발생할 때, 보통 이를 지적하고 해석한다. 불행하게도, 이러한 직접적인 접근은 상담실습을 이제 막 시작하는 실습생들에게 혼란과 방어를 초래할 수 있다.

맥닐과 워든(McNeill & Worthen, 1989)이 지적한 것처럼, 이러한 실습생들에게는 덜 효과적이다. 대신, 상담실습을 처음 경험해 보는 실습생들에게는 수련감독자는 평행과정을 은유metaphor로 받아들여 은유적인 방식으로 반응할 수 있다. 즉, 수련감독자는 실습생들이 내담자에게 반응하도록 의도하는 것을 실습생에게 반응한다. 수련감독자는 사실상 모델링을 통해 가르치지만, 실습생 행동에 대한 해석이나 수련감독자 행동에 대한 설명은 하지 않는다. 이는 수행을 위한 도전 전략이지만, 수련감독을 위한 매우 가치 있는 것이기도 하다.

대화의 예

[이런 다소 복잡한 상황에서 실습생은 수련감독 시간에 자신의 상담실습 동영상에 대해 당혹스러움을 토로한다. 실습생은 동영상에 대해서는 언급하지 않은 채, 내담자와의 불편함에 대해 털어놓는다. 실습생은 내담자의 불평에 대해 자신이 참지 못할 것이 뻔하기 때문에 동영상을 보여 주는 것에 대해 마음이 불편하다고 토로한다. 그러면서도 실습생은 동영상을 튼다. 동영상에서 내담자는 자신의 감정을 드러내는 것에 대해 마찬가지로 당혹스러워했고, 훈련 클리닉의 자문실에서 비디오카메라를 끄는 것에 대해 농담을 던졌다.]

수련감독자: 이 장면을 나한테 보여 주는 것이 불편하다고 했는데, 좀 더 이

야기해 보세요.
실습생: 글쎄요, 제가 내담자에게 판단적으로 대하지 말았어야 하는데요.
수련감독자: 조금만 더 앞으로 돌려 봅시다. 이 대목에서 내담자에게 어떤 느낌이 들었는지 이야기해 보시겠어요.
실습생: 글쎄요, 사실 내담자에게 좀 짜증이 났어요. 내담자는 좋은 직장에, 돈도 잘 버는 남자친구가 있다는 것에 기뻐해야 할 것 같았거든요. 여기서는 먹고 살기도 힘든데, 남자친구는 잘하고 있잖아요. ……그래서 내담자의 감정을 의식하기보다는 그러한 점들에 대해서만 생각하고 있었던 것 같아요. 그래서 왜 그런 식으로 생각하느냐고 갑자기 물었던 것 같아요. 그리고 내담자가 당황스러워하는 것 같아서 제 기분도 나빠졌어요. 그래서 갑자기 화제를 돌렸고요.
수련감독자: 그러면 그런 느낌이 든 것과 갑작스러웠던 부분을 나한테 보여주는 것에 대해 좀 당황스러웠었나 보군요.
실습생: 예.
수련감독자: 그런 느낌을 갖지 말았어야 한다고 생각했기 때문이겠군요.
실습생: 예.
수련감독자: 여전히 조금 당황스럽나요?
실습생: 조금요, 그렇지만 아주 나쁘지는 않아요. 선생님께서 저를 판단하고 계신 것 같지 않아서요. 제 느낌에 대해 궁금해하시는 것 같아요.
수련감독자: 그래서 마음이 불편했고, 내가 그런 감정에 대해 많은 시간을 할애하지 않기를 바랐군요. 그렇지만 이제 내가 하고 나니까, 마음이 좀 편안해지고요.
실습생: 네.

이 대화의 예에서 수련감독자는 실습생에게 자신의 감정을 탐색할 수 있는 기회를 제공하였다. 실습생은 이 부분에서 자신의 당혹감을 건너뛰고 싶었지만, 그 장면을 끝까지 지켜볼 수 있었다. 실습생은 감정에 대해 이야기를 하게 되면서 오히려 덜 당혹스럽고 자신을 더 잘 이해하게 되었다. 그러나 수련감독자는 실습생이 내담자와 작업하기 위한 평행선을 명확하게 긋지는 않았다. 수련감독자는 단순히 모델 역할을 할 뿐이었다. 기대, 즉 프리들랜더, 시겔, 그리고 브레녹(Friedlander, Siegel, & Brenock, 1989)이 평행과정에 대한 사례연구에서 주장하고 있는 것은 수련감독자가 실습생에게 행동하는 대로, 실습생은 내담자에게 그 행동을 보일 것이라는 것이다.

마지막 두 가지 전략은 내담자에 관한 자문보다는 수련감독의 상호작용에 더 초점을 맞추고 있다. 전략 26은 교수teaching를 내담자의 감정에 주의 기울이기와 결합시키고 있고, 전략 27은 상담기법을 사용하여 실습생이 내담자의 이야기를 통해 수합하는 정보들을 처리할 수 있도록 돕고 있다.

전략 26 실습생의 아이디어와 행동을 긍정적으로 재구성하고 그 위에 구축한다

수련감독은 주로 집단의 형태로 이루어진다. 이 집단에서 능숙한 수련감독자가 사례에 관하여 집단 구성원들에게 질문을 던진다. 여기서는 누구나 개입할 수 있고, 또 누구나 변화이론을 고려하여 사례개념화 기술과 상담자 행동분석을 실습할 수 있다. 이 기술은 실습생 한 사람이 동료의 사례를 관찰할 수 있는 집단 수련감독의 형태에서 특히 효과적이다. 초심 실습생들은 흔히 철저하고 정확하게 동료들을 관찰할 수 있는 기술을 갖추고 있지 못하다. 수련감독자는 실습생이 관찰한 것의 타당성을 인정해 주고 관찰 내용을 다듬을 수 있게 할 수 있는 방법을 모색함으로써, 다른 실습생이 그것을 활용할 수 있게 해야 한다.

실습생의 관찰에 이어, 수련감독자는 실습생의 관찰결과의 구체적인 측면을 인정해 주고 다른 관찰 내용을 추가한다. 이는 수련감독자가 보다 다듬어진 관찰 결과를 제공하기에 앞서, '그리고and'라는 말로 실습생의 관찰 결과를 따라가 주는 것이 중요하다. 담당교수는 흔히 '그래요, 그렇지만yes, but' 반응을 보이게 되는데, 이러한 반응은 먼저 말한 사람의 말을 인정하지 않음을 나타낸다. '그래요, 그리고yes, and'라는 말에는 앞서 말한 사람의 관찰을 유용한 피드백의 일부로 포함시킨다는 의미를 나타낸다. 이렇게 함으로써, 개인 수련감독에서 수련감독자는 사례에 대한 실습생 개개인의 견해에 동의하는 한편, 관찰 결과를 추가할 수 있다.

대화의 예

실습생 1: 아이 참, 저 사람은 정말 자신의 감정과 접촉하지 않는 것 같은데요. 아마 이 상황에 대해 무엇 때문에 저렇게 언짢아하는지 알아볼 수 있지 않을까요?

수련감독자: 그 사람의 감정과 접촉하고 있지 않다는 말이 맞아요. 그런데 지금 당장 그렇게 하는 것이 내담자에게 얼마나 유익할까에 대해 생각해 보니 흥미롭네요. 직장을 구하는 동안 저러한 감정을 억압하는 것이 도움이 될까요? 아니면 굳이 지금 저러한 감정을 언급할 필요가 있을까요?

이 경우, 수련감독자는 실습생 1이 내담자의 감정에 대한 관찰결과에 의견을 함께 하였다. 그러고 나서 감정의 확대가 필요하다는 의견에 동의하는 대신, 내담자 행동의 의미를 탐색하기 시작하였다.

대화의 예

실습생 2: 너무 말씀이 없으시네요. 저는 선생님께서 무슨 말씀이라도 하시기를 바랐거든요.

수련감독자: 관찰을 잘하셨어요, 실습생 2! 모든 일이 진행되는 동안 그렇게 침묵을 지키고 있기도 어려웠을 텐데, 실습생 3. 바로 실습생 2처럼 참기 어려운 느낌이 들었을 텐데. ……감정이 있었음에도 불구하고 그렇게 침묵을 지킬 수 있었군요. 그래서 내담자가 독자적으로 거기에 도달하게 되었고요.

수련감독자는 실습생 2가 회기의 진행속도가 느린 것에 대한 느낌을 인정하고 있다. 그리고 그 위에 회기 중 상담자의 행동을 인정하였다. 이 기술은 실제로는 실습하기가 매우 어려우므로, 수련감독자는 아주 의도적으로 진행하여 집단을 촉진하는 동시에 상담회기에서 사용할 수 있도록 유용한 피드백을 제공해야 한다.

전략 27 내담자의 경험에 의해 야기된 실습생의 고통스러운 감정처리를 돕는다

이 전략은 수련감독 전략 7(상담회기 중 발생한 실습생의 감정을 탐색한다.)로서, 치료자가 외상적 사건의 실재 혹은 다른 사람을 향한 개인의 비인간적 행위를 다루는 것에 초점이 맞추어진다. 심리치료를 진행하는 과정에서 아주 경험이 많은 치료자도 때로 내담자의 경험 때문에 고통스러운 감정에 압도되기도 한다. 때로 치료자의 정서반응은 내담자의 삶에서 일어난 사건이 치료자의 삶에서의 사건을 반향echo하기 때문에 발생한다. 그리고 때로 그러한 감정들은 단순히 정신적 상처, 고통 혹은 수모에 관한 이야기에 대해 나타날 수 있는 지극히 인간적인 반응들이다.

실습생 수련감독에서 수련감독자의 과업은 실습생이 자신의 감정을 잘 분류해서 상담을 효과적으로 진행해 나갈 수 있도록 돕는 것이다. 치료자로서 상담에 초점을 맞추라고 주문하기에 앞서, 실습생의 감정을 처리할 수 있는 기회를 제공하는 것이 중요하다. 이 전략은 일반적으로 초점(실습생의 전문성 발달 향상) 밖에 있기 때문에 가장 뒤에 온다. 그럼에도 불구하고, 이 전략은 중요하다. 왜냐하면 실습생들에게 그들의 개인발달을 위해 전문적 경험의 결과를 고려하도록 하기 때문이다. 이 전략은 노이펠트와 넬슨(Neufeldt & Nelson, 1999)이 기술한 감정 탐색을 위한 윤리지침에 속한다.

대화의 예

[이 상황에서 실습생은 자신의 경험과 연결되어 있는 내담자의 경험에 반응하고 있다. 이러한 상황을 처리하는 것은 실제로는 예에서 제시되는 것보다 시간이 더 많이 걸리지만, 이 예에서는 발생 가능한 작업의 진행 상황을 보여 주고 있다.]

수련감독자: 상담실습 동영상을 보기 전에 이 내담자의 상담자로서의 인상을 좀 더 말씀해 주세요.

실습생: 네. 사실 저도 그 이야기를 하고 싶었는데요. 글쎄요, 이 내담자를 줄곧 상담해 왔는데, 이 내담자는 아주 불안정해요.

수련감독자: 네.

실습생: 그리고, 글쎄요, 어머니와 굉장히 어려운 관계에 있고요. 드라마틱하게 자주 다투어 왔거든요.

수련감독자: 네.

실습생: 글쎄요, 이번 주에는 어머니와 다툰 얘기를 했어요. 그러다가 어머니에게 고함을 지르면서 어머니를 다시는 보고 싶지 않다고 했죠.

그리고 내담자는 어머니를 다시 보지 못했어요. 그날 밤 어머니가 권총으로 자살을 했거든요.

수련감독자: 아! 너무 끔찍해라! 듣기만 해도 너무 충격이 크네요!

실습생: 네. [울기 시작한다.]

수련감독자: [잠시 기다렸다가] 어떤 심정인지 말해보세요.

실습생: 글쎄요, 그동안 우리 가족에 관해서 말씀을 안 드린 게 있는데요. 작년에 아버지가 자살하셨거든요.

수련감독자: 아……, 선생님에게 너무도 끔찍한 일이었겠군요!

실습생: [계속 울면서] 글쎄요, 아버지가 자살하신 때가 제가 다음 주에 뵈러 가겠다고 편지를 보낸 시점이었어요. 다음 주에 가서 뵐 수 있으니 얼마나 기쁜지 모르겠다고 편지를 썼거든요. 아버지가 돌아가신 후, 방을 조사해 보니까 쓰레기통에 편지가 들어 있는 걸로 봐서 아버지가 틀림없이 편지를 읽어 보셨을 거예요.

수련감독자: 그래서 아버지가 선생님을 기다리지 않고 자살하셔서 버림받은 느낌이 들었나 보군요.

실습생: 네. [계속 운다.]

수련감독자: 이러한 경험에 대해 계속 감정적으로 괴로워하나 봐요.

실습생: 네. 그래서 요즘 상담을 받고 있어요.

수련감독자: 잘하셨어요. 이러한 경험에 대해 얘기도 할 수 있고 그 감정을 해소할 사람을 발견했다니 다행이군요.

실습생: 하지만 이 내담자가 바로 그 문제를 제기했을 때, 순간 가슴이 미어지는 거예요. 그런데 내담자가 어머니에게 고함을 질렀을 때, 글쎄요, 그 장면은 제가 아버지한테 편지를 쓴 장면과는 많이 다르긴 했어요.

수련감독자: 네. 선생님한테 많은 감정을 불러일으켰을 거라는 상상을 할 수 있겠네요. ……그렇지만, 선생님은 내담자와는 상당히 다른 사람이잖아요.

실습생: 아, 네. [눈물을 닦는다. 차분해진 듯이 보인다.] 저는 누구에게도 다시 보고 싶지 않다는 말을 절대 하지 않을 거예요. 그렇지만 내담자는 아주 히스테리가 심해서 항상 극단적인 말을 잘 해요.

수련감독자: 그러면 이러한 말을 하는 것에 대해 내담자는 어떤 느낌을 갖고 있다고 생각하세요? 내담자에게는 흔히 있는 일이겠지만, 어머니를 자살하도록 만든 말에 대한 느낌 말이에요.

수련감독자는 실습생이 계속 나아갈 준비가 되었다고 느낄 때까지 실습생에게 치료적 방식으로 반응한다. 그러고 나서 수련감독자는 논의를 다시 내담자로 옮겨 간다. 만일 실습생이 자신의 치료자가 없었다면, 수련감독자는 실습생의 감정을 어떻게 다루고 있는가에 대해 물었을 것이고, 그렇게 할 수 있는 적절한 방법을 찾도록 격려했을 것이다. 그럼에도 불구하고, 수련감독자는 궁극적으로 실습생 자신의 감정에 대한 작업에서 내담자를 직시하는 방향으로 옮겨 갔을 것이다.

여기까지 어떤 수준에서건 치료자들의 수련감독자는 이 책의 전략들을 사용할 수 있다. 초심자에게 사용할 수 있도록 기술된 전략들은 고급 실습생에게 변형해서 사용할 수 있다. 다음의 제3부에서는 상담실습 입문과정의 개요를 다루고 있고, 여기에는 강의시간 발표를 보충하기 위해 고안된 개인 및 집단 수련감독 회기가 포함되어 있다.

제 **3** 부

실습과정 및 수련감독 모듈

●

●

제3부에서는 초심 상담자를 위한 기본 실습과정을 다루고 있다. 여기에는 수련감독 전략들이 포함되어 있다. 실습과정과 수련감독은 1학기에는 실습생들에게 내담자와의 관계를 발달시키는 방법을, 2학기에는 사례개념화 방법을 가르치도록 고안되어 있다. 15주에 대한 개요가 학기별로 정리되어 있지만, 실습과정 5개 강의를 생략해서 10주 과정으로 편성하여 사용할 수 있다.

강의 내용은 학생들에 대한 수련감독에 적합한 방식으로 배열되어 있다. 그러나 강의 내용에 따라 순서를 바꾸어 가르치고 싶을 수도 있을 것이다. 특히, 순서가 다르게 제작된 교재를 사용하는 경우에 더욱 그럴 것이다. 이러한 상황은 특히 2학기에 그렇다. 2학기에는 주로 사례개념화와 임상접수clinical intakes를 가르치고, 특정 장애들을 다루기 위한 방법에 대해 언급하고 있기 때문이다. 때로 어떤 강의 내용은 2학기에서 1학기로 옮기고 싶을 수도 있다. 예를 들어, 학생이 첫 내담자와 만나기 전에 자살이나 다른 사람들에 대한 상해 위협을 다루는 법을 가르치고 싶을 수도 있다.

상담실습과정은 과정 담당교수가 담당하는 주별 강의와 이어서 진행되는 실습 수련감독자가 담당하는 2~3명의 실습 상담자에 대한 개인 혹은 집단 수련감독으로 이루어진다. 강의는 티칭teaching과 학생 사례발표case presentation로 진행된다. 이 책은 강의실에서 가르칠 내용을 상세히 기술하기보다는 효과적인 수련감독을 촉진하기 위해 고안되었으므로, 강의 내용은 단순히 개요만 제시되어 있다. 적절한 교재나 논문들을 지정해서 학생들에게 논의 중인 개념들에 관하여 필요할 때마다 읽게 한다. 학습 연습learning exercises은 강의시간이나 집단 수련감독 시간에 활용할 수 있도록 추가될 수 있다. 마찬가지로, 강의 시간의 일부로 강의에 해당하는 시간을 할애하여 외부 전문가들을 초청하여 특별강의를 요청할 수 있다.

매주 실시되는 수련감독 회기는 실제 수련감독 상황에서 발췌한 대화의 예와 함께 상세하게 설명된다. 즉, 앞 장에서 제시한 구체적인 수련감독 전략들의 사용에 대해 다룬다. 주별 수련감독 모임은 한 명 혹은 그 이상의 실습생들을 담당하는 한 명 혹은 그 이상의 학생 수련감독자들에 의해 운영된다. 첫 학기 수련감독 회기에는 역할연습과 교수instruction가 강조되므로 2명 또는 그 이상의 실습생들이 참여하게 된다. 첫 학기 동안, 구조화된 역할연습에 참여한 학생들은 이어서 대학생 자원 내담자들에 대한 단기상담 실습을 하게 된다.

수련감독 대화의 예들은 강의 내용과 밀접한 연관성이 있는 것들로, 대화의 내용은 동기생 또는 자원 내담자들이 제시하는 자료에 따라 달라진다. 2학기에 실습생이 지역사회 내담자를 만나기 시작할 때, 수련감독자는 주별 상황에 따라 개인 혹은 집단의 형태로 번갈아 가며 모임을 갖는다. 합동joint 수련감독 회기는 3시간 동안 갖는데, 개인별 회기는 1시간에서 1시간 30분 정도 진행된다.

2학기에 실습생이 지역사회 내담자를 만나기 시작할 때, 수련감독 회기에서는 사례개념화뿐 아니라 새로운 개념과 기술을 다룬다. 2학기를 위한 대화의 예는 논의 중인 개념들의 이해를 돕기 위해 제시되지만, 실제 수련감독 회기에서는 크게 다를 수 있다. 여기서는 힐(Hill, 2004)의 3단계 상담 모형이 적용된다. 실제로 관계형성과 사례개념화는 이론적 지향과 관계없이 모든 상담자와 치료자에게 필요한 기술들이다.

강의내용과 수련감독 모듈은 제1장에서 설명한 반성 모형과 관련되어 개발되었고, 제3장과 제4장에서 제시된 수련감독 전략에서 좀 더 구체적으로 다루고 있다. 학생들은 각자의 강점과 아이디어를 가지고 오는데, 우리는 그 위에 학생들의 상담능력을 쌓아올려 줄 수 있다. 그리고 파울로 프레이어(Paulo Freire, 1993)의 방식으로, 나는 수련감독자들을 '학생 교사student-teacher'와 함께 배우는 '교사 학생teacher-student'으로 그리고 있다. 그 이유는 내담자와 상담자에게 꼭 들어맞고 최선의 실습기준을 충족시키는 작업

방식을 구축하기 위해서다. 학생은 수련감독 시간에 사전 지식과 기술을 익힌 상태에서 오기도 한다. 그러나 통상, 수련감독자가 훨씬 더 전문적인 지식과 실질적인 경험을 갖추고 참여하게 된다.

학생들은 내담자 역할을 해 볼 수 있는 역할연습 상담회기에 참여하게 될 것이다. 대학원 상담관련 전공이나 학과는 APA 원칙Principle 7.04(American Psychological Association, 2002)를 준수해야 한다. 즉, 대학원생들이 대학원 상담관련 전공이나 학과에 지원할 때, 어느 정도의 자기개방이 훈련의 일부가 될 것이라는 사실을 사전에 설명해 줄 필요가 있다. 지나치게 사적인 부분까지는 훈련의 일부가 되지는 않겠지만, 학생들은 어느 정도의 자기개방이 포함될 수 있는 상담 역할연습을 하게 될 것이다.

더욱이 수련감독에는 내담자에 대한 실습생의 감정을 확인하는 작업, 특히 역전이 문제가 포함된다. 그리고 학생들은 대학원 과정을 시작하기에 앞서 이 사실에 대해 알고 있어야 한다. 어떤 특정 기술의 발달보다 더 중요한 것은 상담자의 전문적 활동 내내 사용되는 상담자의 반성과정의 발달이다. 〈표 4〉에는 상담실습 과정을 간단한 개요가 제시되어 있다.

표 4. 상담 · 심리치료실습과정

1학기 / 관계형성	2학기 / 사례개념화
1-1 주 관계 개념 소개	2-1 주 사례개념화 · 변화이론
1-2 주 협력관계 형성: 내담자의 비언어행동 · 이야기에 주의 기울이기	2-2 주 접수 면접
1-3 주 협력관계 형성: 감정에 먼저 반응하기	2-3 주 형성평가: 우리는 지금 어디에 있고 어디로 가고 있는가? 실행단계

1-4 주 의도적으로 반응하기	2-4 주 실행전략: 문제명료화 · 목표설정 · 변화실행
1-5 주 아동과의 협력관계 형성	2-5 주 실행전략: 회기 내 활동 · 회기 간 활동
1-6 주 유관기관들과의 협력관계 형성	2-6 주 내담자의 변화과정 이해
1-7 주 종결: 준비 · 완결	2-7 주 상담의 특수 주제 1: 우울
1-8 주 통찰단계: 탐색 증진 · 이해추구	2-8 주 상담의 특수 주제 2: 불안(아동에 초점)
1-9 주 통찰 강화: 도전	2-9 주 상담의 특수 주제 3: 자신 · 타인에게 위험한 내담자
1-10 주 통찰 강화: 해석	2-10 주 상담의 특수 주제 4: 강점기반 상담
1-11 주 대인과정: 자기노출 · 즉시성	2-11 주 상담의 특수 주제 5: 지역사회 위기 · 자연재해 상담
1-12 주 저항 확인 · 저항 다루기 · 저항을 통한 학습	2-12 주 상담의 특수 주제 6: 진로계획
1-13 주 패턴확인 · 작업가설 설정	2-13 주 상담의 특수 주제 7: 사회기술 요구
1-14 주 통찰경로: 교정적 정서체험	2-14 주 상담의 특수 주제 8: 가족상담
1-15 주 학기 되돌아보기 · 실습생 평가	2-15 주 실습과정 되돌아보기 · 수련감독 종결

제 5 장

실습 1학기:
탐색을 통한 실습생의 상담관계 구축

□ 1-1 주. 관계 개념 소개

□ 1-2 주. 협력관계 형성: 내담자의 비언어행동 · 이야기에 주의 기울이기

□ 1-3 주. 협력관계 형성: 감정에 먼저 반응하기

□ 1-4 주. 의도적으로 반응하기

□ 1-5 주. 아동과의 협력관계 형성

□ 1-6 주. 유관기관들과의 협력관계 형성

□ 1-7 주. 종결: 준비 · 완결

□ 1-8 주. 통찰 단계: 탐색 증진 · 이해추구

□ 1-9 주. 통찰 강화: 도전

□ 1-10 주. 통찰 강화: 해석

□ 1-11 주. 대인과정: 자기노출 · 즉시성

□ 1-12 주. 저항 확인 · 저항 다루기 · 저항을 통한 학습

□ 1-13 주. 패턴확인 · 작업가설 설정

□ 1-14 주: 통찰경로: 교정적 정서체험

□ 1-15 주. 학기 되돌아보기 · 실습생 평가

첫 학기에 실습생들은 내담자와의 관계 구축에 집중한다. 대개 초심 실습생은 매우 불안해한다(Skovholt & Rønnestad, 1992, 1995, 2001, 2003). 실습생들은 대체로 '학교공부'와 학업능력에서 어느 정도의 자신감을 가지고 대학원에 입학한다. 그러나 상담자와 치료자로서 무엇을, 어떻게 해야 하는지에 대해서는 잘 모른다. 일련의 접근법을 활용하여 내담자에 대한 실습생의 초기 수행을 촉진시켜 보라. 이러한 방법은 실습생들의 불안을 완화시켜, 실습생들은 비로소 그들 앞에 있는 내담자에게 초점을 맞출 수 있게 될 것이다.

실습과정의 첫 부분은 좋은 치료관계를 형성하기 위해 내담자에 관한 학습에 집중된다. 이해받는 느낌이 들지 않으면, 내담자는 상담자가 도울 수 있다는 사실을 믿지 않을 것이다. 특히, 내담자는 감정, 즉 특정 순간에 자신의 정서체험에 정확하게 반응하는 상담자와 좋은 작업동맹을 형성한다. 그레이스, 키블리건, 그리고 컨스(Grace, Kivlighan, & Kunce, 1995)의 연구에 따르면, 초기에 초심 상담자들을 대상으로 실시한 비언어행동에 주의 기울이기 훈련은 내담자와의 작업동맹 형성을 향상시켰다. 훈련을 받은 초심 상담자들의 작업 동맹은 이 훈련을 받지 않은 상담자들이 발달시킨 작업동맹에 비해 유의하게 좋았다.

이 연구로 나는 내담자가 계속 나아가도록 하는 몇 가지 기본 경청반응과 함께 비언어행동에 주의를 기울이게 하는 구체적인 훈련을 상담실습 과정의 시작 부분에 포함시켰다. 이러한 접근은 우리 학생들에게도 매우 효과가 좋아서 여기에 포함시켰다.

초심 상담자들이 서로에게 초점을 맞추고, 서로의 경험을 이해하도록 격려하라. 초심 상담자에게 다른 사람들의 말에 경청하고 비언어행동에 주의를 기울여 볼 수 있는 기회를 제공하라. 그러면 상담자는 자기 자신이 이해한 것을 전달하는 방식으로 반응할 것이다. 나는 내담자는 자신을 안심시키는 말을 듣는 것보다 이해받고 싶어 한다고 믿는다. 상담자가 관계를 형성하고 내담자의 삶에 변화를 증진시키기 위한 작업을 함께하기 위해서는 내담자를 이해하고 있다는 것을 실제로 보여 주어야 한다.

우리 대학원 과정에서는 초기 몇 주 동안 실습생들에게 내담자로서 서로 역할연습을 해 보도록 한다. 이 연습에 이어, 3회기 동안 내담자로 자원한 대학생들을 대상으로 상담을 실시하게 한다. 자원한 대학생들은 상담과정에 대해 배울 수 있고, 실습생들은 룸메이트 문제 같은 발달상의 관심사를 지닌 내담자 상담을 통해 상담자로서의 경험을 시작할 수 있다. 단, 실습생들이 실제 내담자를 상담하기 전까지는 내담자에 관한 가설을 세우지 않도록 한다. 그 이유는 동료에 대해 설정한 가설이 자칫 도를 넘을 수 있고 부적절할 수 있기 때문이다.

이 장에서는 상담실습 과정 첫 학기의 주별 강의 내용과 수련감독 회기들을 다룬다. 주별 강의주제와 목표가 간략하게 기술되어 있어서 담당교수는 학생의 이해수준과 특정 요구사항을 기초로 강의 내용을 수정 · 보완할 수 있다. 그러나 이 책은 지침서라는 점에서, 수련감독 회기의 세부목표 다음에 다룰 내용의 개요가 이어진다. 첫 학기 수련감독은 가르치는 역할에 중점을 두고 있다. 그 이유는 초심 상담자와 치료자들에게는 지식과 구조화가 필요하고 또 이들이 원하기 때문이다.

상담자 교육자들은 흔히 반응을 염두에 두고 있으면서, 실습생들에게는 사람들이 누군가 자신의 말을 귀담아 듣고 있다는 느낌이 들게 하는 것이 무엇인지를 찾아 보도록 한다. 교육자로서, 학생들에게 우리가 이미 답을 알고 있는 질문을 던지는 것은 적절치 않다. 이는 학생을 조종하려는 것이면서 그들의 아이디어를 검토하기보다 우리가 원하는 것이 무엇인지 확인해 주는 것을 관찰하도록 하는 것에 불과하기 때문이다. 그들이 무언가 하기를 원한다면, 우리는 그것이 무엇인가를 알려 주어야 하고, 그들이 어떤 생각을 하는지를 알고 싶을 때를 위해 질문을 보류해야 한다.

반성을 촉진하기 위해서 초심 실습생들 모두는 상담실습에서의 경험에 대한 소감문을 작성하여 매주 담당교수에게 전자우편으로 제출해야 한다. 이 방법은 반성을 진작시킨다. 학생들이 소감문을 제출하면, 담당교수는 소감문에서 다루고 있는 주요 요소들을 읽고 의견을 달아 준다. 담당교수는 자신의 의견이 적힌 소감문을 첫 학기 학생들에게 되돌려 준다. 이 방법은 또 다른 형태의 교수와 학생 간에 활용할 수 있는 의사소통이다. 이 과정에서 학생들은 여러 사람들 앞에서는 공개하지 않았던 아이디어를 제시하거나 질문을 던진다. 소감문의 구성요소에 대한 견본은 〈표 5〉에 제시되어 있다. 이 개요는 로젠버그(Rosenberg, 1998)의 연구로 개발되었다.

담당교수는 상담기술 교육용 시청각 자료를 활용하여 학생들의 이해를 도울 수 있다. 이러한 목적으로 제작된 시청각 자료들은 무수히 많다. 매사추세츠주의 프레이밍햄(Framingham, MA)에 위치한 마이크로트레이닝 사(Microtraining Associates)에서는 입문기술훈련과 다문화상담에 유용한 시청각 자료들을 공급하고 있다. 마찬가지로 우수하고 담당교수의 목적에 잘 부합될 수 있는 다른 제품들도 이미 출시되어 있다.

담당교수는 또한 동료나 상급학년의 대학원생들을 초청하여 특정 개념이나 기술을 가르치도록 고안된 상담시연 시청각 자료 제작에 참여시킬 수도 있다. 그리고 동일한 맥락에서의 쟁점과 기법들을 다루고 있는 경우에 한하여 상업적인 영화도 주별 강의 자료로 사용될 수 있다. 학생들은 영화를 활용하는 것에 즐거워한다. (이건 짚고 넘어 가자. 화면상에서 기법을 보여주는 일은 상담자와 심리치료자들보다도 영화배우들이 훨씬 더 능숙하다.)

학기가 진행되면서, 수련감독은 구체적인 내용에 관한 강의에서 대학생 자원자 상담 회기를 통해 폭넓은 범위의 내담자들에게 반응하는 것으로 옮겨 간다. 대학원 과정에 따라서는 실제 문제를 들고 오는 실제 내담자를 상담할 수도 있다. 수련감독자는 다음 강의 내용을 고려하여, 다음 수련감독 회기 전에 실습생들이 해야 할 필요가 있는 것을 미리 준비시킨다.

표 5. 반성을 위한 질문

이 질문들은 여러분의 반응을 위한 지침으로 활용되기 위한 것입니다. 모든 질문이 매주 강의나 수련감독에 해당되는 것은 아니지만, 가급적 많은 아이디어를 포함시키기 바랍니다. 물론 다른 것들에 관해서도 말할 수 있습니다. 여러분이 반응한 것의 수를 기입하지 말고, 다만 이야기 형태로 기술하되, 이러한 주제들을 적절하게 포함시키기 바랍니다. 질문에 대해 드러내고 싶은 만큼만 답하면 됩니다. 이러한 원칙은 다른 과제에도 적용됩니다.

소감문은 __________ 까지 제출해야 하고 지난주 강의 시간, 역할연습 혹은 치료회기, 그리고 지난 주 강의 시간 후에 있었던 수련감독에 관한 것이어야 합니다.

• 이전 시간에 관한 질문

1. 이번 주 내담자와의 상담에서 배운 점은 무엇입니까?
2. 강의 시간에 일어난 일로 생긴 질문들 혹은 나중에 그것에 관하여 떠오른 생각은 무엇입니까?
3. 여러분의 성장에 기여했거나, 기여할 수 있는 것에 관해서는 무엇을 배웠습니까?
4. 그것이 여러분의 경험에 부합된다면, 강의 시간에 여러분 스스로 차단하거나 철수하게 된 시점이 있었습니까? 그 이유는?

• 수련감독 회기에 관한 질문

1. 오늘 수련감독에서 무엇을 배웠습니까?
2. 오늘 수련감독에서 여러분 자신에 관하여 무엇을 배웠습니까?
3. 여기서 배운 것을 앞으로의 상황에 어떻게(혹은 어떤 방법으로) 적용할 수 있습니까?
4. 오늘 수련감독 회기에서 떠올랐으나 대답을 듣지 못한 상태에 있는 질문은 무엇입니까?
5. 오늘 회기에서 학습에 가치가 없었던 것이 있었습니까?

• 역할연습 · 치료회기에 관한 질문

(이 질문에 대해 가급적 구체적으로 답하시오. 1번에서 4번 질문에는 가장 최근에 상담한 내담자를 대상으로 하여 답하시오.)

1. 이 회기를 시작하면서 무엇을 하려고 했습니까?
2. 내담자의 자료는 본래 의도보다 우선시 됩니까? 만일 그렇다면, 어떻게 그리고 그 이유는 무엇입니까? (저자 주: 이는 매우 자주 발생하고 이를 의식하는 것이 중요함)
3. 효과가 매우 높은 개입방법은 무엇이었습니까? (결론의 근거를 구체적으로 설명할 것)
4. 덜 효과적인 개입방법은 무엇이었습니까? (결론의 근거를 구체적으로 설명할 것)

(다음 질문들은 이 순간 수련감독자로서 여러분의 일반적인 발달을 나타냅니다.)

5. 여러분의 상담이나 내담자에 대한 개입방법에 관하여 어떤 패턴이 눈에 띕니까?
6. 여러분 자신의 성격이 내담자에 대한 여러분의 내면적, 그리고 눈에 띄는 반응들에 어떻게 영향을 미칩니까? (물론 그럴 수 있는 것이 여러분이 로봇이 아니기 때문입니다.)
7. 지금 어떤 질문이 있습니까?

1-1 주 관계 개념 소개

강의

세부목표

1. 수강생, 수련감독자, 담당교수가 서로 인사를 나눈다.
2. 상호작용 과정에서 교사 학생과 학생 교사로서 함께 작업하는 것에 대해 설명한다.
3. 과정 이수에 필요한 기본 필수요건과 평가절차의 개요를 간략히 설명한다.
4. 작업동맹에 관하여 설명하고, 이를 다양한 관계에 적용하는 경우에 대한 논의를 촉진한다.

상호소개

강의는 학생들과 담당교수가 서로 인사를 나누는 것으로 시작한다. 서로 소개하는 것은 상담실습이 상호작용의 과정이라는 점에서뿐만 아니라 집단 수련감독이 잠재적으로 아주 사적인 특성이 있다는 점에서 특히 중요하다. 학생들에게는 자기 자신, 배경, 그리고 때로 그 강좌와 수련감독의 일원이 된 느낌을 나누게 될 것이라고 말해 준다. 또한 학생들이 대학원에 지원했을 때 받았던 대학원 과정에 관한 자료에 이러한 점이 이미 공지되어 있음을 상기시켜 준다.

담당교수는 학생들에게 출신지역, 상담공부를 하게 된 동기, 그리고 현재의 진로목표에 대해 서로 이야기를 나누도록 한다. 이어서 학생들에게 그들의 '가장 두드러지는' 문화적 특성에 대해 이야기해 보도록 한다. 이 과정에서는 흔히 덜 명확한 문화적 요소들이 드러나곤 한다. 아프리카계 미국인 학생은 우선적으로 자신을 말과 관련된 문화에서 자라난 '마부 jock'로 소개할지 모른다. 아랍계 미국인은 자신을 도심지 카페 문화에서 성장한 지적인 사람으로 소개할 수도 있다.

그러나 분명한 것은 많은 학생들이 인종, 민족 혹은 때로 사회경제적 지위를 자신이 누구이고, 다른 사람이 자신에게 어떻게 반응하는가에 영향을 미치는 요인으로 꼽을 것이라는 사실이다. 이러한 방법으로 과정을 시작하는 데는 문화가 강의 첫 날의 논의주제가 된다. 그렇지만 학생들은 자신이 원하는 것 이상으로 개방할 필요는 없다. 담당교수가 먼저 자기소개의 시범을 보인다. 담당교수는 다음과 같은 말을 덧붙일 수 있다.

글상자 32. 수련감독자의 관계개념 진술의 예

담당교수: 여러분들과 저를 비교할 때, 비슷한 부분도 있지만, 아마 다른 점도 있을 겁니다. 혹시 내가 여러분의 문화에 민감하지 못하거나 여러분과 나와의 차이점이 우리 관계에 걸림돌이 된다면, 지금도 좋고, 아니면 다른 때라도 나한테 알려 주기 바랍니다.

이 접근은 어떤 학생 수련감독자가 자신의 상담 수련감독자가 소개했던 것이라고 하면서 내게 추천한 것이었다(Maria Alvarez, personal communication, 1998. 11.).

상호협력의 중요성 강조

소개를 마치면, 담당교수는 자신과 학생들이 치료자와 내담자 사이에 관계형성 방법을 개발하기 위해 함께 노력할 것이라고 말한다. 담당교수는 정교한 지식의 토대와 임상경험을 지니고 있는 반면, 학생들은 다른 사람들과 관계를 형성하는 데 나름 상당한 경험을 가지고 있다. 어떤 대학원생은 준전문가 정도의 상담경험이 있는가 하면, 이론적 지식까지도 갖춘 학생도 있을 것이다.

학기 개요 설명

이 과정을 마치면, 담당교수는 한 학기 동안 해야 할 사항에 대한 개요를 설명한다. 이 설명에는 1학기에 상담관계 구축을, 2학기는 사례개념화를 강조한다는 점이 포함된다. 제2장에서 상세하게 다루었던 윤리기준과 병행하여, 학생들은 학기 말에 어떻게 평가될 것인가에 대해 설명을 상세히 듣게 된다.

학생들은 각자 필수적으로 요구되는 능력 목록 1부, 최종평가서 사본 1부, 그리고 상담실습 녹화 자료를 토대로 한 수련감독과 상담을 위한 필수요건에 대해 설명하는 유인물을 받게 된다. 담당교수는 세 가지 서류에 대한 질문을 받는다. 논의가 끝날 무렵, 담당교수는 학생들이 과정의 필수요건과 담당교수의 역할을 이해하고 있음을 나타내는 진술서에 서명하도록 한다. 이것으로 학생들과의 첫 접촉이 이루어진다. 강의 전이나 강의 첫 시간에 실습생들은 수련감독자를 배정받고, 주별 정기모임 시간을 정한다.

작업동맹의 중요성 강조

담당교수는 겔소와 카터(Gelso & Carter, 1985, 1994)가 정리한 작업동맹을 바탕으로 관계발달에 관한 논의를 촉진한다. 담당교수는 관계에 관한 실습생들의 생각을 도출하고 서로 다른 관계의 구성요소들을 찾아보도록 한다. 실습생들은 전이, 작업동맹, 그리고 개인의 삶으로부터 관계의 실질적 측면에 대한 예들을 찾아본다.

덧붙여서, 담당교수는 성별, 민족, 종교, 성 지향성, 그리고 사회경제적 지위가 작업동맹에 미치는 효과에 대해 논의해 보도록 한다. 또한 담당교수와 수련감독자와 형성하게 될 잠재적 작업동맹에 관하여 생각해 보도록 한다. 동시에 수련감독자는 성공적인 상담을 위해서는 강한 작업동맹이 중요하다는 점을 강조한다(Beutler, Machado, & Neufeldt, 1994; Wampold, 2001). 한 학기 내내, 새로운 기술과 정보는 바로 이러한 핵심개념과 관련되어 소개될 것이다.

연 습

1. 문화에 대한 논의를 심화시키기 위해 리더(담당교수 혹은 수련감독자)는 두드러지는 문화적 특성에 관하여 이야기 나누는 활동을 계속할 수 있다. 리더는 인종, 민족, 사회계급을 포함한 학생들의 문화적 특성들이 "상담자로서 그들은 누구인가"에 어떻게 영향을 미치고 있는가에 관하여 논의해 보게 할 수 있다. 끝으로, 학생들에게 인종과 문화에 관한 이야기를 나누는 데 어려운 점은 무엇이고, 그처럼 민감하고 개인적인 주제를 끄집어 냄으로써 자신에 관하여 알게 된 점에 대해 서로 의견을 나누어 보도록 한다. (흔히 아주 긴 시간의 침묵이 요구되는) 반성을 위한 시간을 제공하는 개방형 질문들과 학생들이 함께 이야기를 나누고 난 후, 그들에 대한 부드러운 격려와 지지는 민감한 주제들에 관한 논의를 촉진시키는 효과가 있다.(Yasmeen Yamini and Jeffrey Ellens)
2. 리더는 학생들에게 그들이 신뢰할 만하고 돌보는 사람이라는 사실을 사람들에게 전달하는 방법들을 몸소 나타내 보게 한다. 이 연습은 전체 집단이나 2인 1조로 실시한다. 연습을 마치면, 다시 모여서 서로 소감을 나눈다.(Elizabeth Cordero and Andrew Sia)
3. 학생들에게 서로 역할을 바꾸어서(가능하면, 짝지어서) 얼굴을 익히게 한다. 한 사람이 먼저 다른 사람에 대해 알아보고 나면, 서로 역할을 바꾼다.
4. 학생들과의 첫 회기에서 수련감독자는 성별에 따른 집단역동을 탐색한다. 예를 들어 남성 수련감독자 2명과 여성 실습생 3명, 또는 여성 수련

감독자 1명에 남녀 각각 1명씩의 실습생, 아니면 수련감독자와 수련감독을 받고 있는 실습생 모두가 하나의 성별로 구성할 수 있다. 실습생들은 이러한 점이 집단 상호작용에 어떤 영향을 미칠 것이라고 생각하는가? (Chris Ruiz de Esparza)

수련감독

세부목표

1. 실습생들과의 관계를 형성한다.
2. 실습생들의 관계개념의 이해를 돕는다.
3. 실습기관 절차의 기본 구조를 검토한다.

수련감독자는 수련감독 회기(75분)의 전반부에 수련감독의 진행방식, 실습생 개개인에 관하여 알게 되는 방식, 그리고 개인약력과 직업 관련 경력에 대해 서로 소개하는 방식에 관하여 설명한다. 특히, 개인 약력과 직업 경력에 관한 소개는 강의 첫 시간에 담당교수가 자기소개를 하는 것과 유사한 방식으로 이루어진다.

수련감독자는 실습생들이 상담 또는 심리치료 분야에 들어오게 된 동기를 알아보기 위해 질문을 할 수 있다. 질문을 통해 학생들의 입장에서, 실습생들의 상담 업무에 대한 적절감, 학력과 직업경력, 그리고 장기적인 직업 목표와 함께 개인적, 문화적 요인들을 강조할 수 있다. 여기서는 수련감독 전략 8이 사용된다.

전략 8. 수련감독 회기 중 발생한 실습생의 감정을 탐색한다.

대화의 예

수련감독자: 저는 이 시간을 손꼽아 기다려 왔습니다. 제가 여러분을 수련감독하는 것을 N 박사님께서 수련감독해 주실 거라고 N 박사님께서 이미 강의 시간에 말씀하셨다고 들었습니다. 수련감독의 일환으로 저는 수련감독 회기를 녹화해서 제가 수련감독을 받을 때에 N 박사님과 수강생들에게 보여드려야 합니다.

실습생 1: 저는 그렇게 하는 것에 대해 마음이 좀 불편한데요. 수련감독자들이 저에 관하여 이야기를 나누게 되나요?

수련감독자: 우리는 수련감독에 대한 여러분들의 욕구와 그 욕구에 부응하기 위해서 제 능력을 감안해서 이야기를 나눌 겁니다. 강조점은 여러분의 상담 행동 강화를 도울 수 있는 제 능력에 맞추어질 거고요. 여러분은 또한 우리가 여기서 논의하는 내용에 대해 비밀을 유지해야 한다는 점을 알고 있을 겁니다. 우리는 우리 사이에서나, 수련감독 세미나 시간 밖에서는 N 박사님 외에는 함께 논의하지 않을 겁니다.

실습생 1: 평생 비밀로 해야겠군요.

수련감독자: 이 점에 대해 어떤 느낌이 드나요? 실습생 2?

실습생 2: 사실 저는 마음이 좀 불편해요. 우리가 여기서 말하는 것이나 행동하는 것을 N 박사님과 다른 수련감독자들이 볼 거라는데, 우리가 어떻게 선생님과 신뢰관계를 형성할 수 있는지 잘 모르겠어요. 음, 저의 개인적인 문제로 들어가면 어떡하죠? 저의 개인적인 감정을 나타내는 것이 저에 대한 평가에 영향을 미치지 않을 거라는 점이 잘 납득이 안 되네요.

수련감독자: 그 점에 대해 어떤 느낌이 드는지 이해할 수 있어요. 여러분은 자신에 관한 이야기를 어느 정도까지 나눌 것인지 결정해야 할 겁니다. 이렇게 하는 것이 여러분들의 발달과 내담자 보호를 위해 중요하고, 또 수련감독이 여러분과 여러분의 내담자에게 똑같이 유익하게

하는 방법이니까요. 그래서 이 방법은 가장 양질의 수련감독을, 내담자에게는 양질의 상담을 제공하기 위한 윤리적 책무를 다하기 위한 조치랍니다. 그럼에도 불구하고, 다른 사람이 알게 하고 싶지 않은 내용들에 대해 이야기하고 싶지 않을 거라는 사실을 잘 알고 있습니다. 저는 그러한 말을 강요하지는 않을 겁니다. 여기서 어떤 말을 어디까지 할 것인가는 온전히 여러분들의 손에 달려 있습니다.

실습생 2: 이 점에 대해서는 선택의 여지가 별로 없어 보이네요. 그렇지만 이러한 상황이 제가 말하는 것에는 영향을 줄 것 같아요.

수련감독자: 그럴 거예요. 실습생 1, 나, 그리고 수련감독 세미나 집단을 얼마나 신뢰할 수 있는가는 선생님만이 결정할 수 있을 거예요. …… 이제 우리 모임에 관해서 분명하게 해야 할 일이 있습니다. 갑자기 급한 일이 생겨서 일정을 재조정해야 하지 않는다면, 이번 학기 내내 이 시간에 모임을 가질 겁니다. 회기 동안 우리는 강의 자료를 검토하고, 상세히 살펴보고, 여러분들이 상담한 것에 대해 이야기를 나누고, 여러분이 상담한 동영상도 볼 겁니다. 어떠세요?

실습생 2: 좋은 것 같아요. 그런데 상담 동영상을 가져와서 두 분께 보여드린다는 것이 좀 걱정되네요.

수련감독자: 상담한 것에 대해 너무 꼼꼼히 살펴보거나 비판받을까 봐 걱정되나요?

실습생 2: 글쎄요, 그냥 마음이 불편한 것뿐이에요.

실습생 1: 예, 저도요. 전에 이런 걸 한 번도 해 본 적이 없어서요.

수련감독자: 글쎄요, 마음이 불편하다는 것을 잘 압니다. 저도 처음에는 이렇게 하는 것이 익숙하지 않아서 힘들었거든요. 여러분이 상담기술을 발달시키려고 노력하게 되면서는 두렵기보다는 피드백을 더 원하게 될 것이라는 생각이 듭니다.

실습생 2: 좋아요. 알겠습니다. 그런데 역할연습을 하다가 내담자 역할을 하는 사람이 개인적인 내용을 노출하면 어떡하죠?

수련감독자: 다시 말하면, 내담자 역할을 하는 사람은 상담 동영상에서 어떤 주제로 이야기할지 미리 결정할 필요가 있습니다. 물론, 가상적인 문제를 만들어 내서 할 수도 있습니다. 그렇지만 상담자에게는 꼭 알려 주어야겠죠. 그런데 가상적인 문제를 가지고 상담실습을 하는 것이 더 어려울걸요? 상담자 역할을 할 때, 동료의 상담 동영상을 실습생 1과 함께 강의시간에 볼 때, 여기서 나눈 이야기를 수련감독 밖의 다른 사람들에게는 일체 발설하지 않는 것이 중요합니다. 상담 역할연습이나 수련감독에서 언급된 것이 소문거리가 되는 것이 하나도 없어야 한다는 것은 서로에 대한 약속입니다. 두 분은 이러한 사항에 관한 비밀유지 조항을 지킬 수 있겠죠?

실습생 1, 2: 네.

수련감독자: 좋아요. 우리는 연말까지 함께 공부하게 될 텐데, 여러분들에 대해 좀 더 알고 싶고, 또 저에 대해서도 이야기를 하면서 시작하고 싶은데, 괜찮겠죠?

실습생 2: 그럼요.

수련감독자: 상담 분야에 발을 들여놓고 싶다는 결정을 어떻게 내리게 되었는지 이야기로 시작할 수 있을 것 같은데요.

실습생 2: 글쎄요, 저는 사람들이 늘 저한테 와서 자기 문제를 털어놓곤 했어요. 엄마 아빠도 나한테 와서 남동생 문제에 대해 상의하시곤 했거든요. 대학 다닐 때는 기숙사에 있는 학생들이 문제가 있으면, 저한테 와서 상의했고요.

수련감독자: 그렇게 하는 일이 즐거웠나요?

실습생 2: 네. 누군가를 도울 수 있다는 것이 좋아요. 그렇지만 저는 꽤 자주 제가 무엇을 하는지 잘 모르고 있다는 느낌이 들었어요. 그래서 저는 결국 다시 대학원에 다니기로 결정하게 되었고요.

수련감독자: 그런데 어떻게 하필 이 대학원에 오기로 결정했나요?

실습생 2: 제가 대학 다닐 때, 심리치료에 관한 책을 읽었는데요. B 박사님이 쓴 책을 읽었는데, 책 내용이 정말 재미있었어요. 정말 많은 부분이 공감이 되었거든요. 그런데 대학 때 지도교수님께서 B 박사님과 함께 연구하셨던 적이 있었다고 하시면서 이 대학원을 추천하시는 거예요. 그래서 오게 되었죠.

수련감독자: 우와! 사람들이 결정 내릴 때, 보통 이렇게까지 체계적이지 않은데. 잘 마무리 짓게 되어서 기쁘시겠어요.

실습생 2: 네, 여기서의 첫 학기는 기대한 만큼 마음에 들지는 않았어요.

수련감독자: 그래요?

실습생 2: 저는 입학하자마자 바로 B 박사님한테 심리치료에 대해 직접 배울 거라고 생각했거든요. 그런데, 박사님께서는 저를 연구 프로젝트 팀에 넣어 버리시더라고요. 그래서 내년까지는 그 교수님 상담과목을 수강할 수 없게 되었지 뭐예요.

수련감독자: 실망스러웠겠군요. ……선생님의 배경에 대해 좀 말해 주세요. 심리학을 전공했고 친구들이 늘 선생님한테 비밀을 털어놓았다고 했죠. 전에 상담이나 상담 비슷한 일을 한 적이 있나요?

[수련감독자는 실습생 1과도 유사한 대화를 나눈다.]

이 대화의 예에서 수련감독자는 실습생의 관심사에 주의를 기울여 주었고, 첫 학기 경험에 대한 실습생의 불안감을 반영해 주었으며, 비밀유지에 대해 실습생과 수련감독자 사이에 책무가 있음을 확인시켜 주었다. 수련감독자가 실습생에게 동의를 구하는 것을 눈여겨보라. 어떤 이유에서건, 비방어적인 설명이 요구된다면, 수련감독자는 설명을 잠시 멈추고 '그러나' 대신에 '그리고'라고 말한다.

그리고 나서 수련감독자는 다음 과업으로 넘어가는 한편, 비판에 동조하거나 대학원 과정을 방어하지도 않는다. 논의를 과업의 맥락에서 진행해나

가면서 대학원 과정의 장점에 대한 논의를 피하는 일은 대학장면의 수련감독자에게는 지속적인 도전거리가 된다. 이 시점에서 수련감독자는 강의시간에 사용되지 않았던 활동 중의 일부를 활용할 수 있다.

마지막 30분 동안, 실습생들은 수련감독자와 상담실습 기관의 시설을 돌아본다. 수련감독자는 내담자와의 접촉과 기록유지 절차에 관하여 시범을 보이는 한편, 상담회기 동안 어떻게 시간을 안배할 것인가에 대해 설명한다. 이 과정의 끝부분과 매주 수련감독에서는 실습생들에게 그들의 감정이나 관심사를 표현할 수 있도록 한다. 이 과정이 끝나면, 수련감독 회기가 종료된다.

1-2 주 협력관계 형성: 내담자의 비언어행동 · 이야기에 주의 기울이기

강 의

세부목표

1. 상담회기의 시작과 종결의 기본 절차를 설명하고 실습 기회를 제공한다.
2. 비언어행동에 대한 트래킹tracking 방법을 가르치고, 그 의미를 탐색한다.
3. 기본적인 주의 기울이기 기술을 가르치고 경청과 반응 실습을 한다.
4. 개방질문(또는 탐문probes)에 대해 가르치고 실습한다.
5. 모든 기술들을 동시에 실습한다.

점 검

강의를 시작하기에 앞서, 담당교수는 학생들에게 이제까지 강의 시간에서의 경험에 대한 피드백을 나누도록 한다. 그런 다음, 질문에 답하고, 학생들의 불만사항에 주의를 기울인다. 강의 시간에 이러한 활동을 반복함으로써 학생들은 담당교수에게 이해받는 느낌이 들 수 있고, 담당교수는 학생들의 관심사에 대해 반응할 수 있게 된다. 이는 또한 학생들이 강의시간에 관심을 가지고 집중할 수 있게 하는 한편, 담당교수에게는 시의적절하게 의사표현을 할 수 있게 하는 효과가 있다. 이 활동에는 5~10분 정도 할애한다.

상담의 시작과 종결방법 소개

그러고 나서 담당교수는 상담회기의 시작과 종결 기술을 가르친다. 회기 시작 기술은 간단한 인사, 그리고 내담자가 주도적으로 이야기를 할 수 있도록 돕는 것이다. 반면, 회기종결 기술은 회기종결이 임박했다는 사실을 알리는 것, 그리고 정시에 상담을 종결하는 것이다. 학생들은 서로 상담 시작과 종결에 필요한 진술내용들을 실습해 본다. 이 활동은 약 20분 정도 소요된다. 학생들에게는 수련감독에서 이와 관련된 기술들을 폭넓게 실습할 것이라고 말해 준다.

경청 · 반응의 중요성 강조

담당교수는 실습생들에게 상담자가 내담자의 경험을 이해하고 있고, 그것이 내담자에게 어떤 의미가 있는지를 소통하는 것이 매우 중요하다는 점을 강조한다. 담당교수는 조심스러운 경청과 반응이 어떻게 내담자의 이야기를 이해한 것을 소통할 수 있는가를 설명한다.

주의집중 기술(트래킹) 소개

담당교수는 주의집중 기술에 관하여 설명하고 직접 시범을 보인다. 그러고 나서 트래킹tracking 개념, 즉 "다른 사람의 현재 경험의 흐름을 따라가는 기술 ……다른 사람에게 어떤 일이 일어나고 있는가를 따라가기 위해 지속적으로 살펴보고 경청하는 방법" (Kurtz, 1990, p. 75)을 소개한다. 비언어행동에 주의를 기울이는 것은 보다 깊은 수준에서 내담자의 경험을 이해하는 통로이다. 학생들에게는 내담자의 말에 경청하는 동안, 주의를 기울일 수 있는 중요한 비언어행동의 목록을 적극 참조하도록 한다. 담당교수는 그 목록에 다른 비언어 행동을 추가할 수 있다.

이러한 방법으로 담당교수는 자연스럽게 주의를 상담자 행동에서 내담자의 비언어행동으로 옮겨 간다. 이는 상담자 자신보다 내담자에게 주의를 집중하는 것의 중요성을 강조하기 위해서다. 초심 상담자의 상담에 대한 불안감은 흔히 내담자에게 초점을 맞춤으로써 완화시킬 수 있다.

경청 및 트래킹 실습

학생들은 3인 1조로 나누어 30분 동안 경청과 트래킹 기술을 실습한다. 3인 1조로 각자 상담자, 내담자, 그리고 관찰자 역할을 맡는다. 내담자 역할을 맡는 사람은 실제 경험에 관하여 이야기하도록 하여 비언어행동이 말하는 것과 일치할 수 있게 한다. 그렇지만 반드시 실제 문제에 관하여 말할 필요는 없다. 상담자 역할을 담당하는 사람은 학생 내담자의 비언어행동에 주의를 집중하여 그의 경험을 트래킹한다. 즉, 적극적 경청으로 내담자의 현재 경험의 흐름을 따라가며 이해하고 있음을 소통한다. 상담자는 수련감독 시간에 배운 기본적인 경청반응을 사용하여 두 사람 사이의 대화가 계속되게 하고, 내담자가 자신의 말이 경청되고 있고 이해받고 있다는 느낌이 들도록 한다.

10분 정도가 지나면, 학생 상담자와 관찰자는 학생 내담자의 비언어행동을 관찰한 것에 대해 논의한다. 세 사람은 서로 역할연습 경험에 대한 느낌을 나눈다. 그러고 나서 학생들은 세 가지 역할을 모두 해 볼 수 있을 때까지 연습을 반복한다. 모든 학생들이 역할연습을 마치는 대로, 수강학생들은 담당교수와 역할연습 경험에 대해 이야기를 나눈다. 논의와 실습에는 75~90분 정도의 시간을 할애한다.

개방질문 소개

트래킹 실습에 이어, 담당교수는 개방질문에 대해 설명한다. 담당교수는 탐문probes은 사고와 감정뿐 아니라 내용과 맥락의 명료화를 위해 사용된다고 설명한다. 탐문은 또한 회기 내에서 나머지 작업에 대한 초점으로 이어질 수 있다. 탐문에는 30분 정도의 시간을 할애한다.

경청기술 통합 연습

강의가 끝날 무렵, 담당교수는 학생들 모두에게 강의 시간에 정해진 파트너와 상담연습을 하도록 한다. 2인 1조로 상담자와 내담자의 역할연습을 각각 30분씩 실시한다. 역할연습은 다음 강의 시간 전까지 완결짓되 반드시 녹화하도록 한다. 이때 내담자 역할을 하는 학생들에게는 실제 문제에 관하여 말하도록 한다.

그러나 수련감독 시간에 편안하게 검토할 수 없을 만큼 개인적인 문제에 관한 이야기를 하는 것은 삼가도록 한다. 학생에 따라서는 실제 경험에 관하여 이야기 나누는 것을 어려워할 수 있다. 이런 입장에 있는 학생은 그런 이야기를 하지 않는 것에 대해 편안한 마음을 가질 필요가 있다. 대신, 이러한 학생은 제시할 문제를 잘 지어내어 말하도록 한다. 이들은 역할연습을 시작할 무렵에 자신의 이야기가 지어낸 것이고, 실제 문제가 아니라는 사실을 학생 상담자에게 알리도록 한다.

연 습

역할연습을 위한 활동들은 강의와 수련감독 과정에 포함되어 있다. 그러한 활동 대신 혹은 여분의 시간이 생기는 것과 같이 예외적인 경우, 리더는 학생들에게 청자listener 역할을 하는 학생이 이해한 것을 화자speaker에게 전달하도록 하는 것과 같이 전적으로 비언어 면담을 수행하게 할 수 있다. 이 활동에는 모든 사람들이 참여하거나, 학생들 앞에서 짝을 지어 실시하고, 바로 이어서 활동에 대한 소감을 나눈다.

수련감독

이번 회기 및 다음 수련감독 회기의 시작 절차를 위한 세부목표

1. 실습생의 준비상태를 평가한다.
2. 수련감독자와 실습생과의 관계를 촉진한다.

이번 수련감독 회기와 이후의 모든 회기에서, 수련감독자는 항상 학생들의 상황을 점검함으로써 회기를 시작한다. 수련감독과 상담은 공통적으로 사람들 사이의 복잡한 상호작용을 기초로 이루어진다. 그러므로 수련감독이 부드럽게 진행되기 위해서는, 수련감독에 속한 모든 사람들이 집단 내 다른 사람들의 일반적인 안부와 관심사를 이해해야 한다. 보통 시작 절차는 1인당 1~2분 정도 걸릴 정도로 간단하다. 이는 집단치료의 효과를 증진시키기 위한 것이 아니라 수련감독 시간의 기반을 구축하기 위한 것이다. 설명과 초기 상황 점검은 20분 정도 걸린다.

대화의 예

수련감독자: 시작하기 전에 지금 각자의 느낌을 서로 나누고, 이번 주 중요한 아이디어가 있으면, 그것에 대해 이야기를 나누어 봅시다. 내가 먼저 하겠습니다. 난 이제 수련감독을 시작한다는 사실에 대해 가슴이 설렙니다. 동시에 어떻게 작업할 것인가에 대해 약간 걱정도 됩니다. 그리고 이번 주는 마음이 약간 분주합니다. 어머니께서 이곳으로 이사하셨거든요. 또 파커 팔머(Parker Palmer)의 『가르치는 용기(*The courage to teach)*』(1998a)라는 책을 읽고 있는데, 그게 내가 가르치고, 수련감독 하는 방식에 영향을 줄 것 같습니다. 오늘 내가 수련감독자 역할을 할 때, 그분의 아이디어를 통합해 보려고 노력할 텐데, 아마 약간 실수도 있을 것 같습니다. …… 다음은 누가 할까요?

실습생 2: 글쎄요, 제가 하죠. 저는 오늘 대학원 과정에서 해야 할 일에 완전히 압도되어 있어요.

수련감독자: 그렇군요.

실습생 2: 그렇기도 하고, 가족들이 전화로 여동생이 아파서 병원에 입원했다고 했어요. 집에 가서 동생을 돌봐 주어야 할지, 아니면 어떻게 해야 할지 잘 모르겠어요. ……그 생각이 자꾸 드네요.

실습생 1: 저런, 많이 힘드실 것 같아요.

수련감독자: 네. 선생님이 모든 책임을 묵묵히 수행하고 있다는 점이 인상적이네요. 여러 가지 문제와 불안감도 있는데 말이에요.

실습생 2: 글쎄요, 그것도 마음에 걸리네요. 때로 도움이 되지만요.

수련감독자: 실습생 1?

실습생 1: 글쎄요, 제 삶에서 이렇게 극적인 일은 아마 없었을 거예요. 저는 요즘 들어 공부만 열심히 하고 있어요. 통계학과 씨름하고 있거든요. 저는 지금까지 수학을 잘해 본 적이 없어요. 저는 상담을 시작하고 싶어요. 역할연습도 좋고요. 그러면서도 상담을 망칠까 봐 겁도 나지만요.

수련감독자: 물론이죠! 만일 전혀 불안하지 않다면, 무슨 일이 진행되고 있는가에 주의를 기울이지 않을 거예요. 오늘 여기서 하고 있는 것에 영향을 미칠 수 있는 다른 것이 있을까요?

실습생 1, 2: 아니요, 없습니다.

수련감독자: 좋아요, 그러면 계속합시다.

학생들의 상황을 점검check-in하기 위한 대화의 예에서, 수련감독자는 활동의 이유를 설명하였다. 그런 다음, 점검 행동을 직접 보여 주었다. 이는 실습생에게 기대되는 바가 무엇인지를 보여 주는 계기가 되었다. 수련감독자는 앞으로의 회기에서도 그저 시작하는 것 대신, "누가 먼저 시작하고 싶습니까?"라는 질문을 던질 것이다.

수련감독 회기의 세부목표

1. 초기 상담회기와 실습에 대한 구체적인 절차를 설명한다.
2. 비언어행동의 트래킹에 대한 이해를 증진시킨다. 그리고 트래킹이 내담자 이해라는 전반적인 목표에 어떻게 부합하고 있는가에 관하여 논의한다.
3. 집단회기에서 내담자 이해와 역할연습을 통해 트래킹 실습을 촉진한다. 마찬가지로, 최소한의 언어반응과 경험에 대한 탐문을 통합한다.
4. 강의 시간 외에 수행할 역할연습 과제에 대해 보다 상세히 설명한다.

이번 수련감독 회기에서는 수련감독 전략 5가 사용된다.

전략 5. 구체적 전략 및 개입방법 이면의 근거를 설명한다.

수련감독자는 다음과 같은 절차에 대해 직접 시범을 보인다.

글상자 33. 수련감독자의 시범을 요하는 상담의 기본 절차

1. 내담자와의 전화통화
2. 클리닉 대기실에서 내담자 맞이하기
3. 상담시작 진술
4. 비밀유지의 한계 제시
5. 첫 회기 종결 진술
6. 다음 회기 시간 약속
7. 대기실에서의 적절한 행동(예, 대기실에서 내담자 문제에 관하여 이야기 하지 않기)

실습생들은 상담회기를 시작하는 방법을 실습한다. 서로 적절한 최소한의 언어반응, 고개 끄덕임, 침묵, 그리고 때로 개방질문을 사용하여 5분간 경청하고 회기를 종결한다. 실습생들은 수련감독자와 집단구성원들(내담자 역할 포함)이 관찰하고 피드백을 제공하는 것(55분)과 같은 활동을 교대로 연습한다. 흔히 휴식시간은 이 시점이 적절하다. 수련감독자는 실습생들과 트래킹에 관하여 논의한다.

그리고 나서, 학생들에게 의미 있었던 점에 관하여 돌아가면서 이야기를 나누도록 한다. 적절한 반응과 질문으로 대화가 이루어지는 동안, 청자listener의 과업은 다른사람에게서 호기심을 유발하는 한 가지 비언어행동을 집중 관찰하는 것이다. 대화를 마칠 무렵, 청자는 자신이 관찰하고 트래킹

해온 것에 대해 말한다. 화자는 이에 대해 반응해도 좋고 하지 않아도 좋다. 아니면 비언어행동이 그들에게 의미하는 바를 말해도 좋다. 수련감독자는 실습생들이 그 연습에 대해 어떤 경험을 했는지 확인한다. 전체 연습은 1시간 정도 걸린다.

대화의 예

[이 상황에서 수련감독자는 트래킹 연습을 마친 후, 실습생들의 상황을 점검하면서 회기를 시작한다.]

수련감독자: 상담자 역할을 할 때, 트래킹 연습이 어땠는지 이야기를 나누어 보겠습니다.

실습생 1: 글쎄요, 생각보다 어렵던데요. 다른 사람을 그렇게 집중적으로 지켜보는 것에 익숙치 않거든요.

실습생 2: 사실, 집중적으로 관찰은 하지만, 저는 잘 의식이 안 되던데요.

수련감독자: 무슨 뜻이죠?

실습생 2: 글쎄요, 어느 정도까지는 어떤 일이 진행되고 있다는 인식이 들었는데, 그 이상은 잘 모르겠던데요. 저 자신에 대한 것도요. 그렇지만, 글쎄요, 저는 대도시에서 자랐기 때문에 사람들과 이야기를 나눌 때, 돌아가는 상황을 아주 잘 파악하는 습관이 몸에 배어 있거든요. 저 자신의 안전을 위해서라고나 할까? 그러면서도 그렇게 하지 않고 있는 것처럼 아주 자연스럽게 행동하는 법도 터득했거든요. 다른 사람들은 잘 눈치를 못 채게 말이에요. 그런데 그것에 너무 익숙해져서 그런지 저도 눈치채지 못하겠더라고요.

수련감독자: 그렇지만 주의를 기울이면 모든 것을 인식해 왔다는 것을 깨닫게 되나요?

실습생 2: 예, 굳이 비유하자면, 배경에서 헛기침 소리가 희미하게 들리는 경우, 그 소리를 곧 잊게 되지만, 누군가 주의를 환기시켜 주면, 다시 그 소리를 의식하게 되는 것과 같은 이치라고나 할까요?

실습생 1: 그거 재미있네요. 아마 제가 남자여서 집중적으로 관찰하지 못했을 수도 있어요. 사실, 저는 여자분과 이야기를 나눌 때, 그렇게 자세하게 보지 않으려고 하거든요. 이것이 오늘 실습을 어렵게 만든 부분일 수 있겠네요.

수련감독자: 좋은 지적입니다. 흔히 여성과 소수민족들은 비언어행동에 보다 집중하는 편입니다. 그렇게 해야 되기 때문이죠. ……내담자가 되어서 집중적으로 관찰되어 보니까 어땠는지 말해 보세요.

실습생 1: 글쎄요, 저는 실습생 2가 저한테 주의를 기울여 주는 것 같아서 좋았어요. 그러면서도 제가 상담자가 되는 것에 관하여 이야기를 할 때마다, 시선을 피하는 것 같다고 말씀해 주셨을 때는 마음이 약간 불편했어요. …… 누군가가 저를 유심히 살펴보거나 사람들이 제 마음을 읽게 하는 것이 싫거든요. 그래도 그 점에 대해 말하고 싶지 않다는 생각은 들지 않았어요.

실습생 2: 네, 알아요. 그렇게 말해 줘서 정말 기뻐요.

수련감독자: 좋았어요. 집중적으로 관찰되는 느낌이 어땠나요? 실습생 2?

실습생 2: 글쎄요, 처음엔 저도 불편한 느낌이 들었어요. 특히 실습생 1이 제가 손을 얼굴에 대고 좋은 달리기 선수가 되고 싶다고 말했다고 했을 때 마음이 불편하더군요. 다른 한편으로, 저는 제가 잘하는 것에 관하여 말하는 것을 어려워해요. 그래서 그것에 대해 말하기로 마음을 먹었고, 제가 과연 할 수 있는가 보고 싶었거든요. 제가 약간 당황스러워 했다는 것을 눈치챘다는 것은 그리 놀라운 일은 아니에요. 그래서 제 마음이 불편하기는 하지만, 실습생 1이 저에 대해 아주 정확하게 보셨다는 느낌이 들었어요.

수련감독자: 좋아요. 그게 바로 우리가 추구하는 것입니다. 혹시 여러분이 보는 것이 정확하지 않더라도 실습생 1이 했던 것처럼, 내담자가 상담자에게 말할 수 있거든요.

이 대화의 예에서, 수련감독자는 실습생들의 연습 경험에 관한 이야기를 이끌어 내고 논의를 촉진하였다. 회기가 종결될 시간이 다가오면서, 수련감독자는 그 주에 다른 학생과의 역할연습을 배정하고, 상담실습 동영상 녹화가 포함된 기계적인 부분을 설명한다. 실습생에게는 역할연습을 하면서 비언어행동에 주의 기울이는 연습과 새로운 상담반응들을 활용해 보도록 한다. 과정에 관한 질문은 모임을 마치기 전에 하도록 한다.

1-3 주 협력관계 형성: 감정에 먼저 반응하기

강 의

세부목표

1. 내담자의 이야기를 이해한 것을 전달하기 위한 반응을 검토하고 명료화한다.
2. 감정 반영 기술을 가르치고 실습한다.
3. 내담자의 정서상태에 관한 정보 수집을 위해 비언어행동의 사용법을 배운다.
4. 접촉진술을 실습한다.

점 검

담당교수는 역할연습이 어떻게 진행되었는가에 대해 점검하고, 기타 궁금한 사항들에 대해 답변한다.

반응검토 및 명료화

담당교수는 학생들에게 어떤 반응이 내담자의 이야기를 이해한 것을 전달하는 데 유용했는가를 묻는다. 이 시점에서 담당교수는 내담자의 이야기가 이해되고 있다는 것을 내담자가 알게 하는 것도 중요하지만, 내담자가 자신의 경험에 대해 어떻게 느끼고 있는가에 대해 상담자가 이해한 것을 몸소 보여 주는 것이 훨씬 더 중요하다는 점을 설명한다.

감정 반영 소개 및 실습

담당교수는 감정 반영에 대해 설명하고, 학생들에게 자기 옆 사람을 향해 앉아서 각각 3분씩 감정 반영을 연습하고 서로 피드백을 교환하도록 한다.

비언어행동 트래킹 시범

그러고 나서 담당교수는 비언어행동을 트래킹하는 것은 내담자의 정서 체험을 파악하기 위한 열쇠라는 점을 설명한다. 담당교수는 상담자가 내담자의 비언어행동을 토대로 내담자와 접촉함으로써, 상담관계를 심화시킬 수 있다는 점을 설명한다. 상담자는 의사소통의 가장자리에서 일어나고 있는 작은 일들을 포함해서 [내담자의] 현재, 그 순간의 경험을 인식하고 주의 기울이는 것을 직접 시범 보인다.

접촉진술 소개 및 실습

접촉진술contact statement이란 상담자가 내담자를 집중 관찰하여 내담자가 현재 어떤 경험을 하고 있는가에 대해 결론에 이른 것을 내담자에게 알려 주는 내담자에 관한 짧은 한마디 말이다. 담당교수는 한 학생과 함께 직접 시범을 보이거나, 접촉진술을 나타내는 동영상을 보여 준다. 그러고 나서 누군가 자원해서 말을 하면(담당교수가 될 수 있음), 학생은 접촉진술을 한다. 그런 다음 학생들은 3인 1조로 나뉘어 내담자, 상담자, 그리고 자문자 역할을 담당한다.

내담자가 몇 분 동안 이야기를 하고 나서 말을 멈춘다. 자문자는 상담자가 내담자의 비언어행동들에 의해 전달된 정동적 구성요소를 평가하는 일과 내담자에게 제공할 접촉진술을 돕는다. 상담자는 접촉진술을 하고, 내담자는 반응한다.

사례 발표

강의 시간 후반부에 담당교수는 강의 시간이나 수련감독 시간에 논의하기 위한 동영상을 어떻게 발표할 것인가를 설명한다. 사례 발표에 반드시 포함시켜야 할 것으로는 간략한 사례사, 이번 회기와 이 부분에 관한 것, 그리고 특정 피드백 요청을 들 수 있다. 〈표 6〉은 첫 학기 사례발표의 예시다.

표 6. 첫 학기 사례발표 개요

1. 현재까지의 간략한 사례사
2. 관계에 대한 평가, 특히 작업동맹을 고려한 평가
3. 내담자 패턴에 관한 작업가설
4. 표출된 저항 및 지금까지 제시되어 온 방식
5. 변화를 위한 초점

연 습

1. 리더는 기록 담당 학생을 지정하고 나서, 학생들에게 가능하면 고통스러운 감정(예, 슬픈, 화난, 혼란스러운)을 나타내는 단어들을 여러 개 생각해 내도록 한다. 기록자는 그 단어들을 큰소리로 읽는다. 그러고 나서, 리더는 즐거운 상태(예, 행복한, 기쁜, 만족스러운)를 나타내는 단어들에 대해 연습을 반복한다.

2. 학생들을 3인 1조로 나눈다. 한 학생은 내담자로서 이야기를 하면서 비언어적 단서들을 제공한다. 다른 두 학생들은 번갈아가며, 감정을 나타내는 단어들을 사용한 접촉진술로 반응한다. 학생들은 더 이상 접촉진술이 없을 때까지 교대로 연습을 계속한다. 끝날 무렵이 되면, 세 사람 모두 웃게 될 것이다.

수련감독

세부목표

1. 현재 주어진 과제와 자원내담자에 대한 상담회기의 제반 구성요소들이 명확한가를 확인한다. 그리고 수련감독자가 매 회기 클리닉에 있을 것인지를 확인한다.
2. 녹화된 역할연습 장면을 시청하고, 이에 대해 논의한다.
3. 상담대화에서 접촉진술로 역할연습을 실시한다.
4. 앞으로 실시될 강의와 수련감독 회기에 자원 내담자를 상담한 사례를 어떻게 발표해야 하는가에 대해 명료하게 설명한다.

학생들의 상황에 대한 간단한 점검으로 수련감독 회기를 시작한다. 수련감독자는 과제와 사례발표에 관한 질문에 답한다. 그리고 나서 실습생들은 역할연습 장면을 찍은 동영상을 보여 주고, 동료들의 상담자 역할을 했던 첫 면접에 대한 피드백을 교환한다. 수련감독자는 전략 1, 7, 9를 사용한다. 시작 논의에 30분, 그리고 각 실습생의 역할연습에 35분을 할애한다.

전략 1. 관찰된 상담회기의 상호작용을 평가한다.

전략 7. 상담회기 동안의 실습생의 감정을 탐색한다.

전략 9. 구체적 기법이나 개입방법에 관한 실습생의 감정을 탐색한다.

대화의 예

수련감독자: 동영상을 보기 전에 역할연습에서 어떤 경험을 했는지 이야기해 보세요.

실습생 1: 지난 주 수련감독 시간에 역할연습에 대해 이야기를 나누었을 때는 굉장히 쉬운 것처럼 보였는데요. 막상 시작하니까 무척 긴장되더라고요. 실제로 해 보니까 그다음에 무슨 말을 해야 할지 걱정하느라 밀리(Millie)에게 주의를 기울이기가 어려웠어요.

수련감독자: 그랬군요. ……그런데 바로 내담자에게 주의를 기울였나요?

실습생: 네. 내담자가 자기가 대학원에 다니고 있는 것에 대해 가족의 지지가 부족하다는 이야기를 시작했을 때, 내담자에게 초점을 맞추게 되었어요.

수련감독자: 전반적으로, 경청해서 이해한 것을 내담자에게 전달하는 선생님의 능력에 대해 어떤 느낌이 들었나요?

실습생 1: 시간이 흐를수록 조금 나아지는 느낌이 들었지만, 30분이란 시간은 여전히 끔찍할 정도로 긴 시간인 것 같았어요.

실습생 2: 저도요! 저도 상담자 역할을 할 때, 시간이 너무 길게 느껴졌어요. 그래서 제가 내담자를 지겹게 하고 있지는 않은가에 대해 계속 궁금했어요.

수련감독자: 어떻게 그걸 넘겼나요?

실습생 2: 글쎄요, 제가 내담자 역할을 했을 때, 실습생 1이 제 말을 잘 들어주어서 정말 느낌이 좋았던 것이 아주 인상적이었어요. 그래서 그걸 생각하면서 정말 집중해서 주의를 기울이고 어떤 일이 일어나는지 지켜봐야지 하고 마음을 먹었거든요.

수련감독자: 여러분은 내담자의 어떤 점에 주목했나요?

실습생 2: 글쎄요, 처음에는 내담자가 말한 것만 밀착해서 따라가고자 했어요.

수련감독자: 그러면 선생님이 경청하고 있다는 것을 내담자에게 어떻게 알렸나요?

실습생 2: 글쎄요, 저는 고개를 많이 끄덕여 주었어요. 그리고 이따금씩 내담자가 말한 내용을 재진술해 주었고요.

수련감독자: 좋아요. 그러면 실습생 1은요? 내담자를 이해하기 위해 사용한 말 외에 다른 것이 있었나요?

실습생 1: 네. 내담자는 처음에 말을 빨리 했어요. 그러다가 말의 속도가 느려졌어요. 그때 내담자의 입술이 떨리고 눈에 눈물이 고여 있다는 사실을 알게 되었어요.

수련감독자: 그러면 선생님이 그런 변화를 알아차렸다는 사실을 내담자에게 어떻게 알려 주었나요?

실습생 1: 저는 그저 "그 일 때문에 슬프신가 봐요."라고 했어요.

수련감독자: 좋아요.

실습생 2: 글쎄요, 저는 비언어적인 것을 잘 알아차리지 못했어요. 저는 내담자의 이야기에 너무 몰입하다가 내담자를 주의 깊게 관찰하지 못했어요.

수련감독자: 그랬군요. 그런 일이 처음 시작할 때는 흔히 일어나거든요. 그게 오늘 후반부에 우리가 작업할 부분입니다. 좋아요. 동영상을 봅시다. 누가 먼저 보여 주시겠어요? [실습생 2가 자원한다.] 좋아요. 자, 이번 실습 목적은 단순히 내담자의 이야기를 이해하고 그것을 내담자에게 전달해 주는 것입니다. 그럼 내담자를 정말 이해한 것을 나타내 줄 수 있었던 부분을 보여 주시고, 그 다음에 이해하려고 애썼던 부분을 보여 주시겠어요?

실습생 2: 네. 그것이 우리가 준비해야 할 거라고 N 박사님께서 말씀하신 부분이죠.

[모두 동영상을 본다. 수련감독자는 때때로 동영상을 멈추게 하고, 실습생과 그 부분에 대해 이야기를 나눈다. 동영상을 처음으로 멈추게 하는 시점은 실습생이 제대로 반응을 보인 바로 다음 부분이 가장 좋다. 이때 수련감독자는 실습생이 잘한 점이 무엇이며, 그 이유에 대해 적극 인정해 준다.]

수련감독자: 여기서 잠깐 멈춥시다. 내담자의 자세에 대해 쉽게 반영을 잘하셨어요. 내담자를 아주 편안하게 해 준 것 같아요. 이것은 아주 미묘한 기술이어서, 누구나 잘할 수 있는 것이 아니거든요.

실습생 2: 고맙습니다. 저는 이것이 관계형성을 위한 방법이라고는 생각하지 못했네요. 그런데 조금 알 것 같아요. [좀 더 보다가 다시 멈춘다.]

수련감독자: 개방형 질문의 참 좋은 예입니다. 동영상으로 다시 보니까 어떤 느낌이 드나요?

실습생 2: 좀 어색하다는 생각이 드네요.

실습생 1: 저는 정말 좋았다는 생각이 드는데. 제가 내담자 역할을 할 때, 좀 횡설수설했거든요. 그래도 선생님이 저를 되돌려 놓았다는 느낌이 기억나네요.

실습생 2: 글쎄요, 그렇게 피드백을 해 주시니 감사합니다. 그 당시에 느꼈던 것만큼은 나쁜 것 같지는 않네요.

수련감독자: 자, 이제 잠시 멈추고, 질문에 대해 생각해 볼 시간입니다. 이번에는 좀 다르게 해 볼까요?

실습생 2: 흠. 글쎄요, 뭐 별로 고치고 싶지 않은데요.

수련감독자: 좋아요.

[계속해서 실습생 2의 동영상을 본다.]

수련감독자: 좋아요, 잠시 멈추세요. 여기가 문제를 겪었던 부분인가요?

실습생 2: 예. 내담자가 말하고 있는 것 때문에 정말 혼란스러웠어요. 내담자가 말하는 주제를 자꾸 바꾸었거든요.

수련감독자: 아마 낱말의 표면적 의미만 듣고 있었기 때문에 그런 일이 일어나지 않았나 하는 추측이 드는데요. 지금 다시 보니까 어떤 일이 일어나고 있는 것처럼 보이나요?

실습생 2: 아, 무슨 말씀인지 알겠어요! 내담자가 주위를 자주 두리번거리네요.

수련감독자: 예. 단번에 맞추었네요. 내담자가 주제를 자주 바꿨는데, 그것도 분명 어떤 의미가 있을 겁니다. 선생님이 보신 것에 어떻게 반응할 수 있었을까요?

실습생 2: 잘 모르겠어요. 아마 내담자가 주제를 자주 바꾸고 있다는 사실에 대해 언급할 수 있었겠죠.

수련감독자: 그렇죠.

실습생 2: 그렇지만 그건 너무 무례한 것 같아요.

수련감독자: 알아요. 그렇지만 상담할 때는 예의바른 대화법은 잊어야 하죠. 내담자들이 단지 예의바른 대화를 나누고 싶었다면, 친구한테나 가야겠죠. 이번 학기의 끝 무렵에 과정관찰process observations에 대해 좀 더 이야기를 나눌 겁니다. 이렇게 하는 것이 선생님에게 무례한 것 같았나요, 실습생 1?

실습생 1: 아니요. 아마 깜짝 놀랐을 거예요. 그렇지만 잠시 멈추고는 제가 왜 그런 일을 하고 있을까에 대해 생각했겠죠. [동영상의 나머지 부분을 본다.]

수련감독자: 좋아요, 자, 동영상을 다 보았는데, 실습생 2, 어떤 느낌이 드는지 이야기해 보겠어요?

[실습생 2가 답변을 하고 나서, 수련감독자는 실습생 1에게 피드백을 제공하게 한다.]

동영상을 보고 나서 휴식을 취한 후, 수련감독자는 학생들에게 강의 시간에 접촉진술에 관하여 무엇을 배웠는지에 대해 말해 보도록 한다. 수련감독자는 실습생들에게 상담회기에서 접촉진술이 비언어행동과 준언어행동을 토대로 이루어지는 것이 중요하다는 사실을 상기시킨다. 접촉진술은 상담자가 상담회기 동안 내담자의 경험에 주의를 기울이고 있다는 사실을 내담자에게 전달하는 기능을 한다. 그러고 나서 수련감독자는 실습생들에게 예를 들어 보도록 한다.

실습생이 여전히 혼란스러워하는 것 같으면, 수련감독자는 실습생들과 역할연습을 통해 접촉진술의 사용에 대해 시범을 보인다. 수련감독자는 실습생들에게 간단한 역할연습을 계속하도록 한다. 실습생들은 누구나 한 번씩은 상담자 역할을 하도록 한다. 상담자는 내담자에게 주의를 기울이다가 몇 분이 지나고 나서 접촉진술을 한다. 이 시점에서 수련감독자는 상담자에게 피드백을 제공하고, 때로 다른 실습생들의 도움을 얻기도 한다.

대화의 예

[이 동영상은 상담자가 접촉진술을 하고, 수련감독자가 피드백하는 장면이다.]

실습생 1(내담자): 그래서 저는 그때 그냥 포기하고 집으로 갔어요.

실습생 2(상담자): 그 여자분의 반응이 정말 싫었군요. 그래서 포기했군요.

수련감독자: 여기서 멈추고 그 장면을 다시 봅시다.

실습생 2: 좋아요.

수련감독자: 내담자의 진술에 대해 요약을 참 잘했어요. 언젠가 직장상사와 논의한 내용에 관한 것이었죠.

실습생 2: 감사합니다.

수련감독자: 과거 사건을 잘 요약하는 것은 상담에 도움이 됩니다. 그렇지만 지금 당장은 선생님과의 상담회기에서 내담자의 즉각적인 경험에

접촉해 보기 바랍니다. 어떤 비언어행동이 눈에 띄었나요?
실습생 2: 아, 네. 어깨를 약간 으쓱하는 것 같더니 고개를 숙이네요.
수련감독자: 그리고 목소리는 어떤가요?
실습생 2: 목소리요……약간 낮고 소리가 점점 작아지네요.
수련감독자: 네. 내담자가 상담자에게 말하고 있으면서 지금 경험하고 있는 것이 선생님에게 어떤 의미가 있죠?
실습생 2: 아, 그건 내담자가 상당히 실망했다는 것입니다.
수련감독자: 이 말이 맞나요, 실습생 1?
실습생 1: 네.
수련감독자: 그러면 그 점이 바로 선생님이 접촉진술을 할 수 있는 부분이군요. 한번 해 보세요.
실습생 2: [실습생 1에게] 많이 실망스럽겠어요, 그렇죠?
수련감독자: 바로 그거예요! 이제 이해하셨군요!

이 대화의 예에서 수련감독자는 실습생의 정확한 요약을 칭찬하였다. 그리고 나서 접촉진술이 상담회기 동안 내담자의 감정에 관한 진술이었다고 설명하였다. 이것은 실제로 재진술과 접촉진술 사이의 중요한 차이점이지만, 실습생들로서는 파악하기 어렵다. 실습생들이 내담자의 비언어행동에 초점을 맞추게 되면서, 실습생들은 적절한 접촉진술을 발전시킬 수 있었다. 접촉진술 연습은 1시간 정도 실시한다.

그런 다음 수련감독자는 실습생들에게 질문거리가 남아 있는지 점검한다. 수련감독자는 또한 실습생들에게 다음 주에 자원 내담자들과의 상담회기를 시작할 것임을 상기시킨다. 그리고 다음 회기에 상담관계 촉진을 위해 2~3개의 접촉진술을 하도록 당부한다.

1-4 주 의도적으로 반응하기

강 의

세부목표

1. 재진술과 요약 기법을 가르치고 실습해 본다.
2. 지금까지 배운 모든 반응기술들의 의도적인 사용에 대해 논의한다.
3. 학생들을 실습시키고, 학생들의 의도에 대해 논의한다.

이 후로의 강의 시간들과 마찬가지로, 강의 시간은 나뉘어 진행될 것이다. 강의 시간의 절반은 그날의 주제에 집중되는데, 이번 사례에서는 재진술, 요약, 그리고 모든 반응기술들을 살펴볼 것이다. 그리고 나머지 절반은 자원 내담자들을 상담한 사례에 대한 담당교수의 수련감독에 집중된다.

점 검

담당교수는 강의에 참여한 학생들에게 인사를 한 후, 역할연습의 진행상황에 대해 점검하고 질문에 답한다. 그런 다음 담당교수는 학생들에게 대학생 자원자들에 대한 3회기 상담에 관하여 설명한다. 담당교수는 이 과제가 어떻게 진행될 것인가에 대해 설명한다. 즉, 실습생들에게 자원 내담자들과의 초기 접촉을 보여 주는 한편, 대학생들에게 연락하는 방법과 필요한 경우 다시 연락을 취하기 위한 봉인된 메시지를 남기는 방법이 포함된 내용에 대해 설명한다. 상담회기의 수와 목적뿐만 아니라 기타 모든 세부사항들에 대해서도 설명한다.

실습생들이 상담업무 처리과정을 이해하게 되면, 강의를 통해 상담회기를 언제, 어디서 가질 것인지에 대한 설명과 함께 내담자가 배정된다. 또한 실습생들에게 그들의 수련감독을 맡게 될 학생 수련감독자가 보다 상세한 질문에 대해 답해 줄 수 있다는 것을 알려준다. 실습생들은 내담자를 만날 때, 시설 내에서 수련감독을 제공할 수 있는지 반드시 확인해야 한다. 실습생들의 사고 조직을 돕기 위해 수련감독자는 첫 학기 강의와 수련감독 시간에 사용될 사례발표 양식을 제공한다.

사례발표 양식에는 위기관리 지침과 함께 사례를 기술하고, 가설을 설정하며, 수련감독을 위한 질문이 포함된다. 이 양식의 아래 부분에는 수련감독자 의견란이 있어야 한다. 팔비 외(Falvey et al., 2002 chap. 6)는 그들의 'FoRMSS 사례개관Case Overview'과 함께 뛰어난 예를 제공하고 있다.

재진술 기법 소개 및 시범

담당교수는 강의시간에 몇 가지 새로운 기술들을 소개하고 나서, 오늘 개입방법을 위한 의도들을 점검하게 될 것이라고 설명한다. 이 시점에서 재진술restatement을 소개하고, 직접 시범을 보인다. 담당교수는 재진술은 두 가지 목적이 있다고 설명한다. 첫째, 재진술은 상담자가 내담자를 정확하게 이해하고 있는가를 알아보기 위해 점검하는 방법이다. 만일 그렇지 않으면, 명료화 기법을 사용해야 할 것이다.

둘째, 재진술은 상담자가 경청해 왔고, 이야기의 요소들을 이해하고 있다는 점을 내담자에게 알리는 데 아주 좋은 방법이다. 학생들은 서로 짝을 지어 상담연습을 하고 재진술 연습을 한다. 만일 상담자 역할을 하는 사람이 모든 것을 재진술하면(최소의 언어반응은 제외), 학생들은 웃으며 즐겁게 연습에 임하게 될 것이며, 단순히 역할연습만 하는 것보다 더 잘 기억할 수 있을 것이다.

요약기법 소개

재진술에 대한 소개에 이어, 담당교수는 내용과 감정의 요약기법을 소개한다. 이러한 기법들은 내담자가 많은 자료를 소개한 이후에 사용된다. 이 기법들은 상담자가 차례로 이야기를 이해하고 있고, 이야기 조각들을 함께 모았다는 것을 확인하는 데 유용하다. 요약은 또한 논의나 실행의 다음 국면을 위한 준비 기법으로 활용된다.

상담기술 적용의도 확인

이때 담당교수는 개입에서 의도의 중요성에 관한 이야기를 시작한다. 이 수준에 있는 학생들은 아직 상담회기 내내 혹은 상담시간의 대부분을 의도적으로 활동할 수는 없을 것이다. 그러나 이 시기는 실습생들에게 회기 내에서의 의도성 확인의 중요성을 보여 주기 위한 좋은 기회다. 이 활동은 담당교수가 상담 동영상을 보여 주다가 개입방법이 적용될 때마다 잠시 멈추고, 학생 전원에게 치료자의 의도를 묻는 질문을 던지고, 좀 더 시청하다가 그 의도의 결과가 어떠했는지에 대해 물어보는 형식으로 진행할 때 효과가 높다. 시간이 허락하는 대로 몇 차례의 개입을 거쳐서 이 활동을 반복한다. 동영상 회기는 전문가나 대학원 재학생들의 연기를 통해서, 아니면 수련감독을 위한 사례와 관련된 학생들의 연기로 진행될 수 있다.

사례 수련감독

강의 시간의 후반부는 담당교수의 사례 수련감독에 집중되는데, 보통 동기생들과의 역할연습을 통해 이루어진다. 담당교수는 실습생들에게 방어적인 태도를 취하지 않도록 당부하는 한편, 강의 시간에 이루어지는 수련감독은 학생 수련감독자의 회기에서 제공되는 것과는 다르다고 설명한다. 강의 시간에는 전체 집단을 위한 학습 매체로서 사례를 사용하는 것에 초점이 맞추어진다. 담당교수는 실습생들에게 질문뿐 아니라 제안도 할 것이다. 그러나 여기서 언급되는 것들은 주로 모든 사람들을 대상으로 하는 내용이다.

그래서 발표를 맡은 실습생은 담당교수의 의도를 알 수 있게 된다. 그리고 담당교수의 지도 조언이 나머지 수강학생들에게도 제공된다. 이는 관찰이 이루어질 때, 실습생들의 불안감을 감소시킬 수 있는 방법이기도 하다. 담당교수는 강의의 일환으로 학생들에게 상담회기를 관찰하도록 한다. 다음에 제시된 연습에서 상세히 설명하고 있는 것처럼, 학생들이 피드백을 제공할 수 있는 틀을 마련해 주는 것은 학기 초 강의에 도움이 된다. 연습 역시 학생 수련감독자들이 소집단에서 피드백을 제공하는 방법을 가르칠 때 도움이 된다.

연 습

1. 리더는 다른 학생의 상담회기를 관찰하는 학생들에게 실습상담자가 관계형성을 촉진하기 위해 효과적으로 수행하였다고 생각하는 것을 주의 깊게 살펴보도록 한다. 이는 관찰자가, 상담회기에서 실습상담자가 내담자로부터 좋은 반응을 이끌어 낸 부분, 즉 관계가 증진되고 있다는 것을 나타내는 반응의 핵심을 주목하는 경우에 특히 효과적이다. 한 학생이 관찰하고 나면, 리더는 상담자에게 개입방법을 통해 의도한 것이 무엇인지, 그리고 의도대로 되었는지 알아본다.
2. 리더는 학생들에게 내담자와 치료자의 문화에 주목하고, 이 변인이 두 사람 사이의 상호작용에 어떻게 영향을 미쳤는지를 파악하도록 한다. 관찰자는 또한 문화적 민감성을 보여 준 개입방법에 주목한다. 학생들에게는 인종과 민족보다 이러한 점을 문화적 요소들로서 간주해야 한다는 점을 기억하도록 한다.
3. 리더는 학생들이 그 상담회기의 내담자라면 어떤 느낌이 들 것인가를 헤아려 보도록 한다.

수련감독

세부목표

1. 재진술과 요약 기법을 실습한다.
2. 모든 상담회기에 대한 수련감독을 실시한다. 그리고 다른 학생들에게 피드백을 제공하게 한다.

수련감독자는 학생들에 대한 점검으로 수련감독 시간을 시작한다. 이어서 새로운 과제에 관하여 명료하게 설명하는 동시에, 실습생들이 궁금해할 만한 점에 대해 언급한다. 다음으로, 수련감독자는 실습생들에게 집단의 다른 동료와 실시한 역할연습 회기를 보여 주게 한다. 수련감독자는 관찰을 맡은 실습생들에게 이 동영상에서 재진술이 사용되었는지의 여부에 주의를 기울이게 한다.

매주 실습생들의 상담실습 동영상에 대해 반응하는 과정에서 수련감독자는 전략 1과 때로 전략 13을 사용할 수 있다.

전략 1. 관찰된 상담회기의 상호작용을 평가한다.
전략 13. 실습생용 대안적 개입방법이나 사례개념화를 제공한다.

수련감독자는 앞서 언급된 연습들 중의 하나를 사용하여 피드백을 구조화할 수 있다(수련감독자가 동일한 연습을 사용하지 않도록 연습사용 여부를 담당교수에게 확인한다.). 수련감독자는 몇 가지 구체적인 개입방법에 대한 의도에 관한 질문들을 통합할 것이다. 집단은 각 실습생들의 동영상에 대하여 1인당 30~45분 동안 작업할 것이다.

대화의 예

[실습생 1은 수련감독 집단에 속해 있지 않은 동료를 상담한 동영상을 보여 주었다. 수련감독자는 이번 논의에서 관계형성에 초점을 맞추고 있다.]

수련감독자: 이 부분에 대해 이야기를 나누어 봅시다. 그러면서 내담자 엘렌(Ellen)이 동기생이라는 점, 그리고 내담자를 분석하지는 않을 거라는 사실을 기억하세요. 우리는 두 가지 사항에 관하여 이야기를 나눌 겁니다. 첫째, 실습생 1이 내담자와 형성한 관계를 평가할 것이고, 둘째, 여러분들이 관찰한 재진술에 대해 논의할 겁니다. 실습생 1, 선생님과 엘렌과의 관계에서 어떤 일이 일어나고 있다고 생각하세요?

실습생 1: 글쎄요, 엘렌과 저는 함께 역할연습을 하기로 했어요. 내담자는 학교심리 전공이고, 저는 상담 전공이거든요. 그래서 우리는 아직 서로 잘 알지는 못해요. 그러한 점에서 실질적인 상담 대상일 것 같았거든요. 그래서 저는 내담자가 어떻게 대학원 진학을 결정하였고, 가족이 어떻게 여기로 이사 오게 되었는지 잘 몰랐어요. 어쨌든 저는 시작은 잘했다고 생각해요. 내담자가 자신이 내린 결정과 그것이 자신에게 어떤 의미가 있는지에 대해 흉금없이 털어놓았거든요. 사실, 저는 내담자의 남편이 처음에는 내담자가 박사학위를 취득할까봐 염려하고 있다는 사실을 기꺼이 털어놓았다는 사실이 놀라웠어요. 내담자 남편의 학력은 그리 높은 편이 아니거든요. 그래서 저는 신뢰받고 있다는 느낌이 들었어요.

수련감독자: 그래요, 개방은 신뢰의 좋은 신호랍니다. 그리고 음, 내담자가 첫 회기에는 그렇게 많이 개방하지 않았거든요. 한 회기 초기치고는 내담자의 신뢰수준은 적당하다고 볼 수 있는 정도보다 그렇게 높은 편은 아닙니다. 다른 사람들은 어떻게 관찰했죠?

실습생 2: 저는 선생님이 내담자 쪽으로 기울여 앉아서 고개를 여러 번 끄덕이는 것이 눈에 띄었어요. 그런 것들은 관계형성에 도움이 되는 행동이잖아요.

실습생 3: 예, 그리고 내담자가 선생님과 이야기를 나눌 때, 내담자의 표정이 밝아졌고 선생님은 시선접촉을 잘 유지했고요. 하지만 한 가지가 있는데, 두 차례 정도 선생님이 참을성이 없는 것처럼 보였어요. 내담자 대신 내담자의 말을 마무리해 주었거든요. 그리고 한 번은 내담자가 선생님의 말을 교정해 주었고요.

실습생 1: 사실 저도 동영상을 보다가 발견했는데, 내담자가 말을 느리게 하거든요. 그런데 저는 전체 이야기를 빨리 듣고 싶었어요. 예, 제가 생각해도 그건 실수였네요. 그렇지만 내담자는 제 말을 수정해 줄 정도로 편안해했어요. 그것은 신뢰의 좋은 신호잖아요.

수련감독자: 선생님 말이 맞아요. 이건 또 이 내담자가 합리적으로 주장적이라는 신호이기도 하죠. 내담자보다 앞서갈 수는 없겠지만, 어쨌든 좋은 점이죠. 좋아요, 실습생 2와 3, 재진술을 관찰했나요?

실습생 2: 네. 내담자가 가족들이 이곳으로 이사했다는 변화에 대해 언급했는데, 상담자가 그 말을 재진술했거든요. 저는 그것이 큰 도움이 되었다고 생각해요. 상담자가 경청하고 있다는 것을 내담자가 알 수 있었거든요.

실습생 3: 저도 그 장면을 보았어요.

수련감독자: 실습생 1, 내담자의 말에 재진술한 것에 대해 어떤 느낌이 들었나요?

실습생 1: 글쎄요, 많은 내용들을 포함시켜야 했기 때문에 조금 부담스러웠어요. 그런데 내담자는 이야기를 계속했고, 그래서 저는 내담자가 재진술에 대해 괜찮아한다고 짐작했어요.

수련감독자: 어느 시점에선가 내담자의 남편이 내담자가 학업을 좀더 편안하게 할 수 있도록 직장을 옮긴 것에 대해 내담자가 얼마나 편안해 하는지에 대해 질문을 했어요. 내담자 남편의 심정은 어땠을까에 대해

묻지 않은 것은 좋았습니다. 내담자 남편은 상담회기에 있지 않거든요. 그 질문을 던졌을 때, 선생님의 의도는 무엇이었나요?

실습생 1: 글쎄요, 저는 그 문제가 여전히 문제라고 생각했던 것 같아요. 그리고 저는 그 점에 관하여 묻고 싶었고요.

수련감독자: 그러면 알고 싶었던 점을 알게 되었나요?

실습생 1: 네, 내담자는 남편이 전보다 더 좋은 직장을 찾게 되어 마음이 아주 편안하다고 했어요.

수련감독자: 좋아요.

이 대화의 예에서 수련감독자는 피드백을 제공하였고, 집단에서 관계에 관하여 많은 것을 얻게 되었다. 실습생들이 관찰을 통해 관계구축 개입방법을 찾아내자 수련감독자는 재진술에 관한 질문으로 옮겨갔다. 그러고 나서 실습생들에게 재진술 사용이 편안했는지를 물었다(전략 9).

끝으로, 수련감독자는 실습생들의 의도를 탐색하였다. 실습생들은 실습과정의 후반부에 보다 폭넓게 의도에 대해 탐색할 것이다. 이 연습이나 다른 연습들 중 하나가 다른 실습생들을 수련감독하는 데 사용될 수 있다. 수련감독자는 수련감독 회기가 끝나갈 무렵에 실습생의 상담 작업을 평가하고, 실습생들이 이번 수련감독 시간에 무엇을 얻게 되었는가를 알아본다. 그러고나서 실습생들이 여전히 필요로 할 수 있는 사항들을 탐색한 후에 수련감독 회기를 종결한다.

1-5 주 아동과의 협력관계 형성

강 의

세부목표

1. 학생들에게 면접에 영향을 미치는 아동기의 기본 발달단계를 숙지시킨다.
2. 신뢰관계 형성과 아동과의 면접방법을 소개하고 시범을 보인다.
3. 첫 면접에서 아동의 참여를 이끌어 내기 위한 활동을 소개하고, 아동문제에 관하여 학습한다.

아동면접 관련 발달 정보 소개

담당교수는 아동면접과 관련된 발달 정보를 간략히 요약 · 소개한다(30분). 여기에는 언어기술의 개요와 함께 자기개념 및 사회개념에 관한 요약이 포함된다. 담당교수는 아동들의 가정환경에서 서로 구분될 수 있는 문화적 차이에 대해 설명한다. 또한 이러한 차이점이 대인세계에 대한 사회적 이해뿐 아니라 아동의 자기개념 발달에 어떻게 영향을 미칠 수 있는가에 대해 설명한다.

아동상담을 시작하기에 앞서, 아동과 부모의 상호작용 관찰이 도움이 된다(이는 어떤 문제에 관하여 이야기를 나누는 방식이나 놀이 활동에 참여하는 방식이 될 수 있다.). 한때 캘리포니아 대학교 산타바바라 캠퍼스 대학원생이었던 로런 브룩크먼-프레이지(Lauren Brookman-Frazee)는 이것은 가족의 상호작용, 아동의 행동에 대한 부모의 반응, 그리고 특징적인 의사소통 패턴에 관한 중요한 정보를 제공한다.

글상자 34. 아동과 부모의 상호작용 관찰을 통해 얻을 수 있는 정보

1. 가족의 상호작용
2. 아동의 행동에 대한 부모의 태도
3. 특징적인 의사소통 패턴

아동과의 신뢰관계 형성 전략 소개

담당교수는 아동들이 상담에서 어떤 것이 기대되는가를 잘 모른다는 사실에 대해 설명한다. 그렇기 때문에 아동상담을 시작하기에 앞서, 기초 작업이 필요하다는 점을 강조한다. 아동상담은 특히 시작이 중요하다. 왜냐하면 아동상담을 시작할 때, 아동에게 안전감을 느끼게 하고, 말하는 것 때문에 어려움이 생기지 않을 거라는 점을 깨닫게 하며, 기본 규칙(이로써 안전감이 증대될 것임)을 설정하고, 상담자가 교사나 이러한 부류의 사람과 구분할 수 있도록 도울 수 있기 때문이다. 그러고 나서 치료자는 아동이 말하는 것을 아무에게도 말하지 않을 거라는 사실을 아이들에게 알려 준다.[1)]

그러나 치료자는 아동 자신 혹은 다른 사람을 해하거나, 아니면 아동 자신이 위험에 처한 상황은 예외라는 사실을 말해 준다. 아동이 상담자에게 말할 수 있는 내용의 종류에 대해 설명하는 것은 아동의 선택에 도움을 줄 수 있다. 이러한 일련의 작업을 통해 치료자는 아동에게 일종의 틀을 제공하고 안전한 환경을 조성함으로써 보다 효율적으로 정보를 수집할 수 있게 될 것이다. 그런 다음, 담당교수는 연령에 적합하고 문화적으로 적절한 언어, 어조, 비언어행동, 그리고 접촉진술을 사용한 신뢰관계 형성 전략에 대해 설명한다. 그러고 나서 이러한 요소들을 적용하여 아동과의 면접을 시범(직접 혹은 동영상으로) 보인다.

---

1) 이 점에 대해서는 아동에게 말하기 전에 부모의 동의를 구할 필요가 있을 것이다.

아동면접 방법에 관한 정보 제공

강의 시간 후반부에 담당교수는 아동면접 방법에 관한 정보를 제공한다. 친구, 학교, 가족, 흥미 등에 관한 일반적인 정보를 얻기 위해서는 아동에게 가족이나 친구를 그림으로 그려 보도록 하는 것이 도움이 된다. 치료자는 그림의 요소들에 관하여 질문을 통해 탐색할 수 있다. 뿐만 아니라 아동의 시각에 관하여 긍정적으로 말해 줄 수 있다. 아동이 그림 그리기를 계속할 때, 상담자가 칭찬을 많이 해 주는 것이 중요하다. 이 점이 아동면담과 성인면담의 차이점이다.

아동면접 실습

그런 다음 바로 실습으로 이어진다. 학생들에게 그림 그리는 데 필요한 도구를 나누어 준다. 학생들은 서로 짝을 지어, 여기서 설명된 기술들을 사용하여 15분간 역할연습을 한다. 한 사람은 4~7세의 아동 역할을 하고, 다른 사람은 신뢰관계를 형성하고 정보를 수집하는 상담자 역할을 담당한다. 상담자 역할을 하는 사람은 상담이 무엇이고, 어떻게 진행될 것인가를 설명함으로써 시작한다.

그러고 나서 상담자는 그림 그리기 활동을 시작하고, 아동의 관점에서 아동과 대화를 나눈다. 학생들은 짝을 지어 연습에 대해 논의하고, 강의 시간에 관찰한 것에 대해 함께 소감을 나눈다. 학생들은 일반적으로 이러한 연습에 즐거워하는데, 특히 아동역할을 하는 것에 즐거워한다. 이는 일반적으로 기대되는 대학원 수준의 강의에서 벗어나 마치 휴식을 취하는 것 같은 느낌이 들 수 있기 때문이다.

두 번째 역할연습에서 학생들은 역할을 바꾼다. 이번에는 좀 더 나이가 많은 아동 역할을 한다. 상담자는 아동에게 자기 자신이나 가족을 그리게 하고, 그것에 관하여 아동과 이야기를 나눈다. 이야기를 나누는 동안 카드놀이나 다른 게임도 할 수 있다. 담당교수는 또다시 활동에 필요한 자료들을 나누어 준다. 역할연습 경험은 이후의 강의 시간 중에 있을 논의의 초점이 된다.

수련감독

이번 수련감독 회기에는 학생들의 사례발표는 하지 않는다.

연 습

1. 역할연습에서 아동 역할을 맡은 학생은 종이 한 장을 여러 장으로 나눈다. 종이의 한 부분은 아동이 친구들과 함께하는 것, 애완동물, 아동이 소망 한 가지를 이룰 수 있다면 이루어지기를 바라는 것, 그리고 상담자가 그 아동에 관하여 더 잘 알 수 있게 하는 다른 것들을 그리게 한다. (Tova Marx)
2. 어린 아동과 상담자는 큰 공을 던지고 받을 수 있다. 상담자는 '내가 좋아하는 것' '내가 사랑하는 사람들' 혹은 '좋아하는 음식'과 같은 주제를 택한다. 공을 받는 사람은 주제와 일치하는 대답을 한다. 일반적으로 공을 던지는 활동은 아동의 얼굴에 미소를 짓게 한다. 실습생들은 서로 역할을 바꾸어 가며 교대로 이 연습을 한다. (Tova Marx)

수련감독

세부목표

1. 자원 내담자들과의 면접 부분을 관찰하고, 기본 관계기술을 고려하여 피드백을 제공한다.
2. 아동면접의 공통 기술에 관한 쟁점에 대해 브레인스토밍한다.
3. 몇 가지 연습을 활용하여 아동면접 기술의 실습을 촉진한다.

학생들을 점검한 후, 이번 회기와 이후에 이어지는 회기들에서 수련감독자는 몇 명의 학생들이 수련감독이 필요한 사례가 있는지, 그리고 이에 따라 수련감독 시간을 구조화할 것인지의 여부를 결정한다. 실습생에게는 "여러분 각자에게 주어진 시간은 30분입니다." 혹은 시간에 구애받지 말라고 말해주는 것이 도움이 된다. 그러고 나서 실습생들은 사례발표와 피드백을 위한 시간을 구조화할 수 있다. 수련감독자는 실습생들에게 재진술과 요약을 시연해 보게 한다. 기법연습은 수련감독자가 실습생들이 그 기법들을 이해하고 있다고 판단될 때까지 계속한다.

대화의 예

[실습생은 사례발표 형식에 따라 사례를 소개한다.]

실습생 1: 이 내담자는 20세 된 중국계 미국인 대학생입니다. 내담자의 가족은 내담자가 8세 때, 홍콩에서 미국으로 이민 왔습니다. 그리고 내담자의 부모가 국제무역 일을 하게 되었고, 자녀들은 교육을 잘 받아서 가족들 모두 미국에 처음 도착했을 무렵에도 유창한 영어를 구사했죠. 내담자는 막내로, 가족 내 누구보다도 더 미국 문화에 동화되었습니다. 내담자는 샌프란시스코의 중국인들이 모여 사는 지역에서 자랐고, 친구들 대부분이 중국인이었습니다. 대학에 입학하게 되면서 내담자는 기숙사 동아리에 가입하였는데, 동아리 구성원 대부분이 유럽계 미국인들이었습니다. 내담자는 문화 동화 문제, 이와 관련된 가족문제, 그리고 동네에서 사귄 친구들과 대학에서 만난 친구들과의 관계로 어려움을 겪고 있습니다. 저도 소수민족 학생이기 때문에, 미국 문화에서 소수민족의 구성원이 된다는 것이 어떤 것인지를 잘 이해하고 있다고 생각합니다. 저는 대부분 유럽계 미국인들로 구성된 대학을 다녔던 멕시코계 미국인 2세 대학원생이거든요. 그래서 저는 내담자가 어떤 과정을 거쳐 왔고, 또 거쳐 가고 있는지 잘 알고 있다고 생각합니다. 동시에 저는 제 경험이 내담자의 것과는 다를 수 있다는 것을 잘 압니다. 그리고 저는 남성이기 때문에 내담자가 이민자 가족의 여성으로서 겪었던 어려움과는 또 다른 어려움을 겪었습니다. 우리는 작업동맹을 형성하기 시작했다고 생각합니다. 하지만 이를 발달시켜 나가려면 시간이 좀 걸릴 것입니다. 저는 내담자가 두 개의 문화 사이에 교착상태에 놓여 있기 때문에 관계와 학업에 관한 의사결정을 내리기 어려울 것이라는 가설을 세웠습니다.

[동영상을 틀자, 내담자가 자신의 가족과 두 형제자매가 성공적인 의사와 변호사가 되었다는 사실에 대해 이야기를 하고 있다. 그리고 여동생만큼이나 내담자는 여성학에 관심이 있으나, 가족들은 달가워하지 않고 있다는 말을 하고 있다. 내담자는 몇 번이고 가족들이 자신을 이해하지 않는다고 말한다.]

수련감독자: 이 부분에 대해서 어떤 생각과 질문이 있나요?

실습생 1: 제가 비록 멕시코계 남성이지만, 이 시점까지는 관계를 잘 형성해 왔다고 생각합니다. 내담자는 무척 자유롭게 이야기를 하고 있는 것 같고요. 그렇지만 저는 내담자에 관해서 다소 혼란스럽기도 하고, 실제로 다음에는 어떤 방향으로 상담을 진행해 나가야 할지 잘 모르겠어요.

수련감독자: 실습생 2와 3, 회기의 이 부분에서 여러분이 실습생 1의 내담자라면 어떤 느낌이 들 것 같으세요?

실습생 2: 글쎄요, 저도 아시아계 미국인이고, 부모님은 제가 태어나기 직전에 이민을 오셨거든요. 저는 선생님이 저를 주목하고 있는 것처럼 느낄 거라는 생각이 들어요. 그렇지만 저는 남성으로서 선생님이 제 삶에서 다른 어떤 사람들보다 더 저를 이해할 수는 없을 거라는 생각이 들어요. 내담자는 선생님의 생김새 외에는 선생님에 관해서 잘 모르거든요. 그리고 그 점이 내담자와 다르고요.

실습생 1: 그 점에 대해서는 생각해 본 적이 없는데요. 저 자신과 제 배경에 관하여 어떤 점을 나눌 것인지 잘 모르겠어요.

수련감독자: 좋은 지적입니다, 실습생 2. 우리가 아직 적절한 자기노출에 관해서는 이야기하지 않았는데, 아마 추후 논의시간에 다루어 볼 수 있을 겁니다, 실습생 1. 그리고 이 내담자와 작업할 때 필요한 몇 가지 지침을 드릴 수 있을 것 같아요. 자기노출은 여기서는 조금 애매하고요. 내담자는 상담자가 내담자를 이해하고 있다는 것을 알고 있을 필요가 있네요. 그런데 아시아계 미국인에 따라서는 권위적인 인물로 여겨지는 상담자의 자기노출을 기대하지 않을 수도 있어요.

실습생 3: 우와, 제가 유럽계 미국인이라서 그랬을 텐데, 그 부분은 미처 생각하지 못했네요. 저는 실습생 1이 앞으로 기울여서 앉았고, 끝부분에 요약을 포함해서 몇 가지 좋은 반응들을 보였을 때, 아주 주의 깊은 것으로 보였거든요.

실습생 1: 고맙습니다.

수련감독자: 실습생 3, 실습생 1이 아주 주의 깊고 반응을 잘했다는 지적을 했는데. 저도 동감입니다. 실습생 1, 맨 마지막으로 요약을 했을 때, 어떤 의도가 있었나요?

실습생 1: 내담자는 아주 복잡한 이야기를 했어요. 저는 그것을 올바르게 이해했다고 확신하고 싶었어요. 그리고 제가 내담자를 이해하고 싶어 한다는 것을 내담자가 알기를 바랐고요.

수련감독자: 그러면 내담자의 반응에서 그것이 효과가 있었다고 생각하세요?

실습생 1: 글쎄요, 내담자는 제가 요약을 하자마자, "네, 맞아요,"라고 했어요. 그래서 저는 제가 내담자의 말을 이해했다는 것을 내담자가 믿었다고 생각하는데요. [논의가 계속된다.]

수련감독자는 이 부분에서 다른 실습생들에게는 의견을 말하도록 하고, 실습생 1에게는 이에 반응할 시간을 주었다. 수련감독자는 회기를 마치기 전에 적절한 자기노출에 관하여 가르쳤다. 그러고 나서 수련감독자는 개입방법에 대한 실습생의 의도에 관하여 질문하였다. 실습생 1을 위한 피드백이 제공되는 가운데, 실습생 2와 3의 상담내용에 대한 관찰과 수련감독이 계속해서 이어진다. 수련감독자는 끝마칠 무렵에 실습생이 오늘의 수련감독을 통해 무엇을 얻게 되었는지에 대해 질문을 던짐으로써, 실습생들이 상담한 것을 평가하는 한편, 실습생들에게 여전히 필요한 것이 무엇인가를 탐색한다.

잠시 휴식을 취한 후, 수련감독자는 20여 분 동안 아동에게 사용할 수 있도록 변형시킨 접촉진술을 포함한 관계기술에 관하여 실습생들과 논의한다. 수련감독자는 전략 4와 전략 5를 사용한다.

> 전략 4. 개입기법들을 가르치거나, 시범을 보이거나, 모델 역할을 한다.
> 전략 5. 구체적 전략과 개입방법 이면의 근거를 설명한다.

이때, 실습생들에게는 일, 가족 또는 사회적 상황에서 아동의 경험 탐색을 해 보는 것이 반드시 필요하다. 많은 학생들이 아동상담을 위한 정식 훈련(예, 학교장면에서)을 받지는 않았지만, 대부분은 어떤 식으로든 아동들과 상호작용을 해 왔고, 모두가 한때는 아동이었다.

수련감독자는 또한 토론의 초점을 초기면접에서 아동과의 관계형성과 성인들과의 관계구축 간의 차이점에 맞춘다. 수련감독자는 수련감독 전략 5와 전략 9를 사용한다.

전략 5. 구체적 전략과 개입방법 이면의 근거를 설명한다.
전략 9. 구체적인 기법이나 개입방법에 관한 실습생의 감정을 탐색한다.

수련감독 시간의 나머지 30분 동안, 실습생들은 앞서 제안한 것처럼, 한두 가지 더 연습한다. 이때, 실습생들은 서로 다른 발달수준에 있는 아동에게 적합한 언어와 상이한 문화적 배경을 가진 아동을 상담하는 데 유용한 활동들을 직접 해 본다. 수련감독자는 관찰결과에 대해 좀 더 언급하기에 앞서, 실습생들에게 전략 1과 전략 9를 사용하여 서로에게 도전적이고 지지적인 피드백을 제공하게 한다.

전략 1. 관찰된 상담회기의 상호작용을 평가한다.
전략 9. 구체적인 기법이나 개입방법에 관한 실습생의 감정을 탐색한다.

대화의 예

수련감독자: 그러면 실습생 1, 아동을 상담하는 상담자로서 선생님이 수행한 상담에 대해 어떻게 생각하세요?

실습생 1: 내담자에게 질문을 잘했다고 생각했거든요. 그런데 학교생활에 대해서 좀 더 물어보려고 했는데, 내담자가 이야기의 주제를 바꾸고는 인형만 가지고 계속 놀아서 참 난감했어요.

수련감독자: 실습생 2, 선생님은 아동의 좋은 모델이었죠.

실습생 2: 예. 다들 아시다시피 저는 대학원에 입학하기 전에는 초등학교 교사생활을 했거든요.

수련감독자: 실습생 1이 어떻게 선생님이 계속해서 말을 할 수 있게 했을까에 대한 생각이 있었나요?

실습생 2: 글쎄요, 제가 5세 아이 역할을 했잖아요. 제가 이야기할 때 상담자가 고개를 많이 끄덕여 주었는데, 아동은 그걸 잘 모르거든요.

실습생 1: 무슨 뜻이죠?

실습생 2: 글쎄요, 강의시간에 M 박사님께서 아동은 성인보다 더 많은 반응을 필요로 한다고 말씀하신 것을 기억하시나요? 글쎄요, 제가 내담자 아동으로서 이야기하고 있었을 때, 상담자가 말을 좀 더 많이 할 필요가 있었거든요. 내가 아이라면, 그냥 '음, 음' 하거나 고개만 끄덕여서는 어린아이로서는 자기가 하는 이야기를 좋아하는지, 관심이 있는지 알 수가 없거든요.

실습생 1: 아! 알겠어요.

수련감독자: 관찰을 잘하셨네요. 실습생 1, 선생님에게 필요한 것이 무엇인지 아셨나요?

실습생 1: 예.

수련감독자: 좋아요, 그럼 그 부분을 역할연습으로 해 봅시다. 이번에는 반응할 때, 좀 더 과장되게 감정을 표현해야겠군요. 시작하기 전에, 이 연습에 대해 어떤 느낌이 드는지 말해 보세요.

실습생 1: 글쎄요, 정말, 좀 어리석다는 느낌이 드네요. 제 말은, 좀 거짓된 반응을 한다는 느낌이 든다는 거지요. 초등학교 교사들이 흔히 하는 과장된 방식 같아서요.

수련감독자: 네. 어떤 느낌이신지 이해합니다. 그런데 모든 교사들이 다 똑같은 방식으로 아동에게 말하는 것은 아니죠. 우리가 아동에게 말하는 방식은 진실해야 하고, 우리 자신에게도 잘 맞아야 하거든요. 마찬가지로, 아동에게도 잘 맞아야겠죠. 이 말은 아동의 수준으로 내려가서 아동의 언어로 이야기하고, 말할 때 좀 더 열정을 보여야 한다는 뜻이죠. 그러나 유치하게 되라는 의미는 아닙니다. 세서미 스트리트Sesame Street를 본 적이 있나요?

실습생 1: 그럼요. 아, 알겠습니다. 그 드라마에 나오는 로저스 씨(Mr.

Rogers)처럼 할 필요는 없지만, 〈세서미 스트리트〉에 나오는 사람들처럼 될 수는 있다는 거죠.

수련감독자: 맞아요! 자, 〈세서미 스트리트〉에 나오는 어른들을 한 명 떠올릴 수 있을까요?

실습생 1: 예. 루이스(Luis)처럼 될 수 있을 것 같아요.

수련감독자: 좋아요. 자, 선생님은 루이스이고, 5세 아동을 면담한다고 상상해 보세요. 역할연습을 다시 해 봅시다.

이런 방식으로, 수련감독자는 아동 역할을 한 실습생에게서 피드백을 이끌어내고 그 위에 한 가지씩 축적해 나간다. 다른 실습생이 유용한 피드백을 제공하지 않는다면, 수련감독자라도 유용한 피드백을 제공할 필요가 있다. 역할연습을 다시 해 보는 것은 실습생이 피드백 받은 것을 유용한 방식으로 통합했다는 것을 확인할 수 있는 효과적인 방법이다.

1-6 주 유관기관들과의 협력관계 형성

강 의

세부목표

1. 유관기관들과의 효과적인 협력 요소들을 소개한다.
2. 이러한 장면들의 구조와 우선순위가 협력관계의 발달에 영향을 미칠 수 있는 방식에 대해 논의한다.
3. 동료 수련감독peer supervision을 강화한다.

유관기관과의 협력요소 소개

담당교수는 학교, 단체, 그리고 가족과 같은 유관기관들과의 효과적인 협력요소들에 관하여 설명한다. 이러한 요소에는 유관기관(혹은 대표자)과의 동반자 관계 형성이 포함된다. 동반자들은 모두 공유된 목표나 목적을 신뢰하고, 적절하게 허용된 관련 지식을 공유하며, 동등한 지위와 아이디어와 서비스 소유권을 공유하고, 다른 사람을 신뢰하고 존중한다. 추가정보는 리핏과 리핏(Lippitt & Lippitt, 1994)의 저서에서 찾아볼 수 있다.

치료자가 단체나 학교, 특히 20~30명의 학생들로 구성된 학급을 담당하는 교사의 역할을 존중하는 것은 매우 중요하다. 상담자는 교사를 만나서 공감을 나타내는 반면, 젊고 경험이 없는 전문가가 흔히 범하기 쉬운 비판은 자제해야 한다. 궁극적으로 상담자는 아동의 행동이나 수행능력을 증진시키기 위해 수립된 전략들을 실행에 옮기는 것을 돕는 데 교사와 협력할 필요가 있을 것이다.

협력관계 발달에의 영향 요인 논의

담당교수는 유관기관들이 흔히 개인 상담자와는 달리 우선순위와 정치적 요구사항들을 가지고 있다는 사실을 인정하고 논의한다. 담당교수는 또한 이러한 역동이 협력관계 형성에 영향을 미칠 수 있는 방식에 대해 논의하는 한편, 내담자에게 서비스를 제공하는 단체들의 협력방안들을 실습생들에게 강구해 보도록 한다.

각 기관마다 내담자, 특히 아동과의 접촉을 위한 규정들이 서로 다르다. 유관기관으로서의 학교는 기록에 대한 비밀유지와 특권적 의사소통privileged communications에 관하여 치료자와 상담자의 것과는 다른 규정을 가지고 있다. 학교는 연방교육법전Federal Education Code에 따르도록 되어 있다. 가족교육권리Family Educational Rights 및 사생활법안Privacy Act: FERPA(20 U.S.C. §1232g; 34 CFR Part 99)은 학생교육기록의 사생활권을 보호하는 연방법이다.

FERPA는 부모에게 자녀가 만 18세가 될 때까지 자녀의 교육기록에 관한 특정 권리를 부여하고 있다. 부모나 피선거권이 있는 학생들에게는 학교가 보관 · 관리하는 학생의 교육기록을 조사하고 검토할 수 있는 권리가 있다. 학교는 특별한 상황을 제외하고는 기록문서 사본을 제공할 의무는 없다.

일반적으로, 학교는 학생의 교육기록으로부터 정보를 방출하기 위해서는 부모나 피선거권이 있는 학생의 서면동의를 받아야 한다. 실제로 어떤 통보수단(특별 서신, 학부모회 회보에의 동봉, 학생 핸드북 혹은 신문기사)을 사용할 것인가는 각 학교의 재량에 달려 있다(U.S. Department of Education, 1974). 학교심리학자인 바바라 던커(Barbara D'Incau)는 이에 관한 많은 정보를 제공하였고, 강의 시간 동안 주어지는 추가 정보에 대해 제안하였다.

강의 담당교수는 학생들에게 아동의 부모가 서명하고 HIPAA 규정과도 일치하는 허가서를 보여 준다. 부모의 허락을 받을 때, 상담자는 부모 중 한 사람이 서명해도 좋은지, 아니면 부모 모두의 서명이 필요한지를 결정해야 한다. 각 주 법에 따라, 각 기관은 자체적인 방침이 마련되어 있을 것이다. 통상적으로, 다른 부모와의 결혼으로 부모가 모두 있는 경우나 법적 자녀양육권legal custody이 있는 경우에는 한 부모만 서명해도 무방하다. 부모가 이혼하여 공동 자녀양육권joint custody이 있을 때에는 다른 규정이 적용된다.

많은 경우, 치료를 받거나, 학교 혹은 단체 직원들과 이야기를 나누기 위한 허가서 서명은 부모 모두의 서명을 받아 놓는 것이 현명하다. 그렇지 않으면, 언제라도 다른 한 부모가 치료를 예기치 않게 종결시킬 수 있기 때문이다. 한 부모 혹은 부모 모두 학교나 단체와 이야기를 나눌 수 있게 하는 허가서에 서명하고 나서, 치료자는 전화로 학교나 단체 직원과 접촉할 수 있다.

집단 수련감독 실시

끝으로, 집단 수련감독과 논의는 자원 내담자들과의 상담회기 장면을 녹화한 동영상을 보며 진행한다. 담당교수는 다른 학생들에게 사례를 발표하는 학생들에게 지지와 피드백을 제공해 줄 것을 당부한다.

연 습

1. 담당교수는 수강학생들이 조별로 단체, 학교, 그리고 교사나 다른 전문가와의 관계를 시작하기 위한 좋은 방법들을 제시하게 한다. 좋은 의견을 제시하는 것이 이 활동의 일부에 속한다.
2. 담당교수는 각 집단에게 학교체제에 발을 들여 놓는 것에 대한 잠재적인 장벽과 해결방안에 대해 브레인스토밍하도록 한다.
3. 담당교수는 몇 명의 학생들에게 연습에 참여하도록 한다. 학생마다 특정 인물, 즉 아동의 치료자, 학교의 행정 담당자 또는 아동의 교사 역할을 담당한다. 치료자가 허가서와 기타 관련 자료를 수집하고, 학교로 전화를 걸어 교사와의 면담 약속시간을 잡는 것으로 시작한다. 치료자는 학교에 가서 행정실 직원부터 만난 다음, 교사를 만난다. 이때, 이 모든 과업들은 좋은 관계구축과 일치하는 방식으로 진행되어야 한다. 활동을 마칠 무렵, 강의 혹은 집단의 모든 구성원들은 역할연습에 대한 논의에 참여한다.

수련감독

세부목표

1. 외부기관 혹은 학교와의 협력관계 형성을 위한 기법에 대해 논의한다.

2. 이러한 기법들을 연습할 수 있는 기회를 제공한다.
3. 실습생들의 상담실습 동영상을 시청한다.

학생들의 상황을 점검한 후, 수련감독 회기의 전반부는 유관 기관들과 단체와의 관계형성 방법에 초점이 맞추어진다. 이 부분이 진행되는 동안 강조되는 수련감독 전략은 전략 4와 14이다.

전략 4. 개입방법을 가르치거나, 시범을 보이거나, 모델역할을 한다.
전략 14. 실습생에게 전략과 개입방법에 대해 브레인스토밍하도록 격려한다.

수련감독 회기의 전반부에 수련감독자는 강의시간에 제시되는 자료에 관하여 상세히 설명하고, 긍정적인 협력관계 구축에 필요한 기술들에 관하여 설명한다.

이러한 기술에는 문제해결 기술 증진, 신뢰와 존중하는 태도를 다른 전문 영역의 동료에게 전달하는 법 학습, 그리고 내담자의 삶에서 유관기관의 가치 인정하기가 포함된다. 또한 수련감독자는 실습생이 발생 가능한 장벽을 이해하도록 돕기 위해 그 기관의 특성에 대해 가급적 많은 것을 알고 있어야 할 필요성을 강조한다.

기회가 될 때마다, 교실에서 표적 학생target student을 관찰하는 것은 또래와 교사의 관계, 그리고 학업수행의 맥락에서 그 학생의 기능에 관한 매우 귀중한 정보를 얻을 수 있게 된다. 학교 교직원들은 이 학생에 영향을 미치는 다양성 문제에 대해 민감한가? 마찬가지로, 가족 문화(사회적 계급 포함)는 부모에게, 결국 아동에게 어떻게 영향을 미치는가?

실습생 두 사람 모두 유관기관들과의 협력에 대한 이해가 초보 수준인 경우라면, 수련감독자는 두 사람에게 간단한 역할연습을 하도록 한다. 이때 한 사람은 유관기관과 관계를 형성하고 싶어 하는 상담자 역할을, 다른 실습생은 그 기관의 대표자 역할을 담당한다. 수련감독자는 앞서 언급한 것처럼, 효과적인 협력의 특성을 통합할 수 있는 실습생의 능력에 대해 피드백을 제공한다. 그리고 그 과정은 실습생들 간에 역할을 바꾸어 가며 반복한다. 수련감독 회기의 나머지 시간 동안 실습생들은 지난주 수련감독 회기에서 기술되었고 예시와 함께 설명되었던 방식으로 수련감독을 위한 사례들을 제시한다.

1-7 주 종결: 준비 · 완결

강 의

세부목표

1. 종결 준비 방법에 관한 정보를 제공한다.
2. 종결 절차에 대해 시범을 보인다.
3. 선택된 사례들에 대해 집단 수련감독을 제공한다.

종결 절차 소개 및 시범

다소 이른 편이기는 하지만, 학생들은 회기 수가 제한되어 있으므로 자원 내담자들에 대한 상담을 곧 종결하게 될 것이다. 강의 담당교수는 종결 절차, 대안, 그리고 쟁점에 관한 교육자료를 제공한다. 고급 과정 학생 2명 혹은 고급 과정 학생과 수련감독자가 종결회기에 대한 시범을 보인다. 이때, 실제 종결회기를 녹화한 동영상이 유용하게 활용될 수 있다.

특히, 학생 수련감독자나 또 다른 고급과정 학생이 내담자와 종결에 관하여 이야기를 나누는 동영상이 유용하다. 이상적으로는, 고급 과정의 학생 치료자가 직접 논의 시간에 참여하는 것이다. 담당교수는 종결에 대한 내담자의 준비도와 훈련장면의 제한규정에 의해 나타나는 종결과 관련된 문제들을 강조한다(예, 학기말이 다가옴에 따른 종결).

집단 수련감독 실시

집단 수련감독에서는 종결준비를 강조하고, 적절하다면 여느 때처럼 진행한다.

연 습

1. 실습생 1명이 상담이 진행되고 있는 내담자를 상담한 회기를 보여 주고 나서, 수련감독자는 다른 실습생들에게 이 내담자가 종결에 대한 준비가 얼마나 되어 있다고 생각하는지를 묻는다. 그리고 어떻게 그러한 결론에 도달하였는지에 대해 논의한다. 그런 다음 내담자를 실제로 상담한 실습생이 자신의 의견과 그 이유에 대해 말한다.
2. 내담자를 상담한 회기를 보고 나면, 실습생들에게 종결을 어떻게 실시할 것인가에 관한 방안에 대해 브레인스토밍해 보도록 한다. 수련감독자는 모든 사람들에게 브레인스토밍에는 해당 집단의 구성원 모두가 포함되어야 하고, 평가 없이 누구나 한 가지 이상의 방안을 제공해야 한다는 점을 상기시킨다. 논의 도중에 갖는 휴식시간에 보다 많은 방안을 강구해 보도록 하는 것은 가장 창의적인 대안들을 도출하는 경향이 있다. 이는 사람에 따라서는 좋은 방안과 웃음을 함께 자아 낼 수 있다. 이 시점에서 가장 좋은 아이디어는 집단 혹은 내담자를 상담하고 있는 실습생이 선택한다. 그리고 선택한 이유에 대해 서로 이야기를 나눈다.

수련감독

> **세부목표**
>
> 1. 종결 준비의 예에 대해 논의·탐색한다.
> 2. 구체적인 종결 절차에 대해 상세히 설명해 준다.
> 3. 내담자를 상담한 동영상을 보며 수련감독을 실시한다.

실습생들은 내담자들과의 상담종결에서 각자 다른 단계에 있을 수 있으므로, 이번 수련감독 회기는 두 가지 가능한 상황, 즉 종결 준비와 종결 진행을 다루기 위한 시간으로 활용한다. 실습생들이 학기 초에 종결을 준비하고 있다면, 이번 회기의 1절(종결 준비)이 사용될 수 있다. 마찬가지로, 이번 회기의 2절(종결 진행)은 적절하다면 나중에 사용될 수 있다. 두 실습생들을 간단히 점검한 후, 수련감독자는 다음 중 한 가지 혹은 두 가지 절차 모두를 수행할 것이다.

종결 준비

이 절에서는 수련감독 전략 6, 8, 12, 21이 강조된다.

> 전략 6. 상담회기에서 중요한 사건들을 해석한다.
> 전략 8. 수련감독 회기 동안에 실습생의 감정을 탐색한다.
> 전략 12. 실습생에게 자신의 정동 및 방어를 다룰 수 있는 기회를 제공한다.
> 전략 21. 내담자와 치료자의 행동에서 단서 확인 및 사용을 격려한다.

회기의 첫 부분(30분)에 수련감독자는 이전 상담회기를 녹화한 동영상을 시청하고, 내담자가 종결 준비가 되어 있는지에 초점을 맞춘다. 캔퍼와 슈페트(Kanfer & Scheffet, 1988)가 설명하고 있는 다음 신호들은 도움이 되는

지침일 것이다.

글상자 35. 종결 결정 관련 내담자의 신호

1. 치료 출석에 일관성이 없다. 이는 회기 결석, 지각 혹은 잦은 일정 변경 시도로 나타날 수 있다.
2. 중요하지 않은 문제를 끄집어 낸다.
3. 과제부과에 이의를 제기하거나 완수하지 않는다.
4. 치료에 성의없이 참여한다.

덧붙여서, 다른 행동들 중 몇 가지는 준비 정도를 나타낼 수 있다.

글상자 36. 종결이 준비된 내담자의 신호

1. 내담자가 주요 호소 증상이 감소되었음을 알린다.
2. 내담자의 목표가 치료자의 목표와 다르다.
3. 내담자가 종결에 대한 논의를 시작한다.

실습생과 수련감독자는 종결에 대한 내담자의 준비 상태와 실습생의 준비 상태 혹은 시간제한이 문제가 아니라면, 종결 선택 여부에 대해 논의한다. 여러 훈련 및 서비스 장면에서 종결은 내담자의 준비상태를 나타내는 신호와 상관없이 진행되어야 한다. 수련감독 회기의 두 번째 부분에서 수련감독자는 구체적인 절차를 검토하고 있다.

대화의 예

수련감독자: 강의시간에 논의되었던 종결 절차를 검토해 봅시다. 종결회기에 사용할 수 있는 절차는 어떤 것들이 있나요?

실습생 1: 글쎄요, 저는 내담자에게 종결에 대한 반응에 대해 물어볼 수 있을 것 같은데요. 그리고 방어적인 태도를 버리고, 내담자의 말에 경청할 것 같아요. 아마 저로서는 배 밖으로 나가지 않은 상태에서 제 감정을 표출하는 일은 힘들 것 같아요.

수련감독자: '배 밖으로 나간다going overboard'는 말은 무슨 뜻인가요? 그 말이 어떤 모습을 의미하는지 말해 주시겠어요.

실습생 1: 글쎄요. 너무 힘들게 노력한 나머지 오히려 작별하는 것에 대해 저도 슬프다는 것을 내담자에게 말할 수는 없을 것 같아요. 특히, 이것이 인위적인 종결이기 때문이겠죠. 시간이 제한되어 있다는 사실을 우리 둘 다 알고 있었는데, 아직 완결짓지 못한 것 같아서요.

실습생 2: 선생님과 레베카(Rebecca)는 남자친구 문제에 대해 어느 정도 진전되는 기미가 보이기 시작했는데, 이젠 끝마쳐야 하는 상황이 되었군요.

수련감독자: 예. 선생님의 고민을 이해할 수 있어요. 좌절감을 느끼게 되는 상황이군요. 이렇게 종결의 자연스럽지 못한 측면을 제외한다면, 선생님은 배 밖으로 나가는 것에 대해 염려되세요?

실습생 1: 아니요. 레베카와의 상담이 너무나도 잘 진행되고 있고, 다음에 진행되는 과정에 제가 참여할 수 없다는 사실에 실망스러운 것 같아요.

수련감독자: 네, 충분히 이해가 됩니다.

실습생 2: 그런데 말이죠, 종결이 레베카에게는 깜짝 놀랄 만한 일은 아닐 거예요. 함께 작업하기로 합의된 시간의 끝부분에 도달했거든요.

수련감독자: 네. 곧 상담이 끝날 것이라는 사실을 알고 있는 것이 레베카에게 어떻게 영향을 미쳐 왔다고 생각합니까?

실습생 1: 글쎄요, 우리는 이전에도 종결에 관해서 이야기를 나누었거든요. 그리고 상담이 끝나는 것에 대해 내담자가 서운해하고 있다는 생각이 들어요.

실습생 2: 글쎄요, 내담자가 이제 자신의 문제에 관하여 보다 더 긍정적으로 말하기 시작한 것 같아요. 아마 상담을 끝마치게 될 것이라는 사실이 영향을 준 것 같아요.

수련감독자: 가능한 일이에요. 비록 종결이 호전에 의한 것이 아니더라도, 실제로 종결이 다가오면서 내담자의 문제가 호전되는 현상은 그리 드문 일은 아니거든요. 물론 내담자의 불안이 더욱 커질 수도 있지만요. 특히 종결에 대해 준비되어 있지 않을 경우에 그렇죠. 레베카가 얼마나 준비되었다고 느끼고 있는지, 그리고 그것을 겉으로도 나타내고 있는지 확인해 볼 필요가 있을 것 같아요.

실습생 1: 그럴 것 같네요. 저는 내담자가 실제로 끝마칠 준비를 하고 있을 때, 내담자가 그것에 대해 나쁜 느낌이 들었을 것으로 추측하고 있나 봐요. 종결이 내담자에게 긍정적인 경험이 되었으면 해요.

수련감독자: 긍정적인 종결이 되도록 격려하고 레베카가 함께 이야기를 나누어 왔던 영역에서 내담자가 더욱 성장할 수 있게 할 수 있는 방법에는 어떤 것이 있을까요?

실습생 1: 저는 지속적인 성장을 위한 계획과 함께 내담자를 떠나보낸다는 방안이 참 좋았어요.

실습생 2: 예.

수련감독자: 레베카에게 도움이 될 만한 계획의 예를 제시할 수 있겠어요?

실습생 1: 글쎄요, 저는 우리가 사용하고 있었던 책 읽는 것을 끝마쳤으면 해요.

수련감독자: 좋아요. 그렇지만 내담자가 책 읽는 것이 얼마나 가치 있는가를 깨달았는지 확인하는 일이 중요합니다.

실습생 2: 저는 내담자가 앞으로 집단 형태의 상담을 통해 도움을 얻을 수 있을 거라 생각해요. 어떻게 생각하세요?

실습생 1: 좋은 생각 같네요. 그러한 가능성에 관해 내담자와 이야기를 나누겠어요.

수련감독자는 다른 실습생과 이러한 과정을 반복한다. 그러고 나서 수련감독자는 다음 20분 동안 구체적인 종결 절차를 설명한다. 이때 내담자와 상담자는 서로 상담 경험에 관하여 피드백을 나눈다. 이 작업이 끝나면, 수련감독자는 종결 시 상담자의 책임에 대해 언급한다. 수련감독자는 실습생들에게 내담자의 진전progress에 대한 평가결과를 내담자에게 알려주도록 상기시킨다. 평가 대상에는 내담자의 강점과 내담자들이 지금까지 수행한 작업의 종류가 포함된다. 즉, 현재 치료를 잘 활용할 수 있는 능력을 보여 주고 있고, 앞으로도 충분히 이러한 능력을 보일 수 있을 것이라는 점이 포함된다.

수련감독자는 내담자의 진전 상황에 대한 논의에 이어, 상담자가 내담자에게 상담경험에 대해 평가해 줄 것을 요청해야 한다는 점을 설명한다. 실습생에 따라서는, 내담자의 상담 경험에 관하여 직접 피드백을 구할 준비가 되어 있기도 하다. 그렇지만 실습생의 첫 종결 경험에 대해 상담자는 성과 평가outcome evaluatin를 위해 지필검사 방법을 사용할 수 있다. 이러한 방법은 실습생에게 상대적으로 비위협적인 방법으로 유용한 정보를 제공할 수 있다.

추후의 종결 경험에 대해 상담자는 치료에서 어떤 점이 도움이 되었고, 어떤 점이 문제가 되었는지에 관하여 내담자의 피드백을 직접 요구해야 한다. 이 시점에서 수련감독자는 30분 동안 실습생들과 종결에 대한 간단한 역할연습을 한다. 남은 시간은 전반적인 종결과 이러한 내담자들과의 종결, 그리고 수련감독의 종결과 연관된 잠재적인 쟁점들에 관한 실습생들의 느낌 탐색을 위해 사용한다.

종결 진행

이 부분은 종결 시 진행 중인 수련감독 회기에 추가될 수가 있기 때문에, 필요에 따라 연습을 30분 정도 할 수 있다. 수련감독자는 수련감독 전략 6

과 7을 사용한다.

> 전략 6. 상담회기에서 중요한 사건들을 해석한다.
> 전략 7. 상담회기 동안에 실습생의 감정을 탐색한다.

수련감독자는 종결 경험에 관한 실습생의 성공감과 느낌을 탐색한다. 회기를 종결할 때 수련감독자는 실습생들에게 수련감독에서의 작업에 관한 느낌에 대해 이야기를 나누도록 한다. 수련감독자는 수련감독도 역시 앞으로 어느 시점에서 종결하게 될 것이라는 말로 시작한다. 이는 종결과정을 모방한 것으로, 실습생들이 스스로 그러한 사안에 대해 반성해 볼 수 있게 한다.

1-8 주 통찰 단계: 탐색 증진 · 이해추구

강 의

세부목표

1. 탐색단계를 간략히 검토하고, 탐색에 필요한 기술들이 내담자 이해를 어떻게 촉진하는가를 명료하게 설명한다.
2. 통찰 개념을 소개한다.
3. 내담자의 행동은 이미 오래 전, 즉 보통 아동기에 이루어진 학습의 결과이고, 주변 세계에 건강하게 적응하기 위한 방편이었다는 기본 가정을 이해한다.
4. 통찰에 초점을 맞추고, 상담 회기에 대한 수련감독을 실시한다.

탐색기술의 효과 설명

지금까지 강의의 초점은 관계 형성, 내담자 자신, 그리고 내담자 문제에 관한 정보 수집에 맞추어져 왔다. 수련감독자는 학생들에게 이러한 기술들이 어떻게 관계를 촉진하고, 초기 경청기술을 통해 무엇을 배울 수 있는가에 관하여 이야기를 나누어 보게 한다. 담당교수는 실습생들에게 관계와 탐색기술이 때로 내담자의 변화에 필요한 유일한 것이 될 수 있다는 사실을 거듭 강조한다. 그렇지만 대부분의 경우, 다음에 이어질 것에 대한 중요한 초석 역할을 한다.

통찰 개념 소개

학습과 실행단계에서, 담당교수는 내담자와 치료자의 상호작용에 초점을 맞추고 역동적 심리치료 개념을 소개한다. 역동적 상담에서 통찰은 내담자의 성장을 위한 최우선적인 수단을 제공한다. 담당교수는 통찰을 개인이 자신의 사고와 행동에 관하여 갖게 되는 '아하' 경험'aha' experience으로 설명한다. 사람들은 보통 현재 행동을 설명할 수 있는 과거를 기억한다.

내담자의 행동과 기본 가정 설명

담당교수는 내담자가 과거의 경험이 현재의 사고와 행동을 어떻게 형성해 왔는가를 알아차릴 때, 흔히 정서적으로 반응한다는 사실을 강조한다. 정서를 체험하는 것은 내담자가 특정 사건을 처리하는 데 도움이 된다. 즉, 상담자는 길을 비켜 주어 내담자가 정동적인 체험을 할 수 있도록 해야 한다. 다음 주에 제시되는 기술들은 통찰을 촉진한다.

담당교수는 계속해서 학생들에게 사람들이 어떠한 이유로 신념과 행동, 심지어 가장 성가신 일조차도 학습한다는 사실을 상기시킨다. 일반적으로 사람들은 주변 환경을 통제하기에 상대적으로 무기력할 때인 아동기에 스스로를 보호하기 위해 그러한 것들을 영리하게 발달시킨다. 내담자가 통제

할 수 있었던 유일한 것이라면, 바로 자신이 세운 기본 가정과 행동이다. 그래서 사람들은 그 상황에 스스로를 적응시킨다. 그렇지만 성인으로서의 삶에서 이러한 기본 가정과 행동은 흔히 개인의 문제가 된다.

통찰을 통한 문제원인과 비효율성 이해 촉진

치료자는 통찰을 촉진하여 내담자가 자신의 문제의 근원과 현재의 비효율성을 이해하도록 한다. 담당교수는 통찰을 불러일으키게 하는 방법은 내담자의 기본 가정이 외부로 생생하게 드러나게 하는 것이라고 설명한다. 때로 어떤 내담자는 자기 자신이나 세계에 대해 "실질 소득이 없는 남성에게 관심을 갖는 여성은 아무도 없다."라든가 "남자들은 자기보다 똑똑한 여자들을 좋아하지 않는다."와 같이 이치에 닿지 않는 진술을 하기도 한다.

담당교수는 상담자가 내담자에게 "이러한 것을 어디서 배웠나요?"라고 물을 수 있다고 설명한다. 이는 내담자에게, 첫째 그들이 말해 왔고 믿어 온 것들이 사실이 아닐 수도 있다는 것, 둘째 그들이 과거의 누군가로부터 그것을 학습하였다는 사실을 깨닫게 할 수 있다. 마찬가지로, 정서 역시 통찰로 통하는 통로 역할을 한다. 학생 치료자는 내담자를 상담하게 되면서 인생에 관한 수많은 고정관념들이 단지 잘 학습된 기본 가정들이라는 사실을 깨닫게 된다.

사례 수련감독 실시

담당교수는 사례가 담긴 동영상을 시청하면서 학생들에게 내담자가 가질 수 있는 암묵적 혹은 명시적 기본 가정들을 주의 깊게 관찰하게 한다.

연 습

1. 실습생들에게 지금까지 만나 왔던 내담자들에 관하여 생각해 보도록 한

다. 내담자들이 생활하고 있는 세계의 특성에 대해 내담자들이 가졌던 기본 가정들에는 어떤 것들이 있는가? 실습생들은 이러한 가정들에 대해 서로 의견을 나눈다.

2. 담당교수는 실습생들에게 그들이 상담하고 있는 내담자들의 기본 가정들에 관하여 생각해 보도록 한다. 그리고 나서 실습생들에게 내담자들이 이러한 기본 가정들을 어떻게 형성하였다고 생각하는가를 알아본다. 이러한 생각들에 대해 집단 내에서 의견을 나눈다. (이 활동이 강의 시간에 이루어지는 경우, 학생들은 2인 1조 혹은 3인 1조로 나누어 진행한다.)

수련감독

세부목표

1. 통찰의 역할, 그리고 통찰이 한 사람의 경험을 어떻게 변화시키는가에 대해 가르친다.
2. 과거의 기본가정들을 노출시키기에 앞서, 내담자들에게는 통상적으로 몇 가지 통찰 체험이 필요하다는 사실을 설명한다.
3. 수련감독 중, 수련감독자는 회기 혹은 수련감독에서 통찰의 예가 드러나는 때를 주시한다.

수련감독자는 통찰에 대해 실습생들이 잘 이해하고 있는가를 묻는 것으로 수련감독 회기를 시작한다. 질문에 답하고 나서, 수련감독자는 실습생들에게 그들의 삶에서 중요한 통찰을 해 본 경험과 통찰이 어떻게 일어나게 되었는지에 대해 생각해 보도록 한다. 실습생들에게 통찰은 때로 매우 의식적인 체험에서 오기도 하고, 때로는 꿈과 같이 덜 의식적인 것에서 온다는 점을 상기시킨다.

수련감독자는 실습생들에게 통찰 체험에 대해 생각해 볼 수 있는 시간을 주고 나서, 반드시 공개할 필요는 없지만, 어떻게 통찰이 이루어졌는지에 대해 함께 이야기를 나누도록 한다. 그러고 나서 모두 함께 통찰의 잘못된 성질과 한 개인의 삶에서 어떻게 일어나는가에 대해 논의한다. 만일 실습생이 통찰 경험에 대해 말하기를 꺼려 한다면, 수련감독자는 통찰과 연관 지어 전략 8을 사용한다.

전략 8. 수련감독 회기 동안에 실습생의 감정을 탐색한다.

대화의 예

수련감독자: 어떻게 통찰을 얻게 되었는지에 대해 누가 먼저 이야기해 보겠어요?

실습생 1: 제가 시작하죠. 언젠가 제가 여러 해 동안 아주 어려운 남성과 사귀고 있었는데요. 제 삶의 그 시점에서 어떻게 해야 할지 결정하는 데 도움이 되는 꿈을 꾸게 되었어요.

수련감독자: 꿈은 통찰의 중요한 자원이 될 수 있습니다. 꿈을 통해 자신에 관한 중요한 점을 배우게 되었다는 말처럼 들리네요.

실습생 1: 네. 정말 도움이 되었어요.

수련감독자: 아시다시피, 여러분은 지금보다 더한 것을 말해야 할 의무는 없습니다. 그렇지만 통찰과 관련된 체험에 관하여 말하고 싶은 것들이 있다면 그렇게 해도 좋습니다.

실습생 1: 고맙습니다. 저는 말하지 않는 것이 좋을 것 같아요.

수련감독자: 좋아요. 여러분이 자유롭게 나누고 싶은 만큼만 하는 것이 중요합니다. 다음, 누가 하고 싶으세요?

실습생 2: 제가 할게요. 제가 보고서를 쓰다가, 한 친구와의 상호작용에서 배운 것이 있었거든요. 그 친구가 말해 준 것이 제가 글 쓰는 것을 완전히 다르게 보게 하는 계기가 되었어요. 제 작문실력이 정말 향상되었거든요.

수련감독자: 중요한 통찰을 하게 된 것으로 들리네요. 그것에 대해 좀 더 말하고 싶으세요?

실습생 2: 네, 이 경험은 제가 하고 있는 것을 누군가가 명확한 눈으로 봐 주는 것이 얼마나 필요한가를 나타내는 좋은 예거든요. 저는 항상 학술적인 냄새가 나는 보고서를 쓰려고 무척 애를 썼어요. 언젠가 보고서를 친구에게 큰 소리로 읽어 준 적이 있었는데, 그 친구가 저한테 "네가 말하려고 하는 것이 뭔데?"라고 묻는 것이었어요. 그래서 저는 그 친구에게 문장 두 개를 말해 주었어요. 그런데 그 친구가 "글쎄, 그걸 글로 쓰지 그래?"라고 했어요. 그때부터 저는 제 생각이 명확하면, 제가 필요하다고 생각한 온갖 미사여구 없이도 명확하게 글을 쓸 수 있다는 사실을 깨닫게 되었어요. 그리고 그 후로는 대학에서 제가 쓴 여러 보고서에서 높은 점수를 받게 되었고요.

수련감독자: 상담자가 왜 사람들에게 도움이 되는지도 볼 수 있을 것 같네요. 마음속으로 글 쓰는 것에 대해 반복적으로 생각했겠지만, 누군가가 선생님을 끄집어 내어 선생님에게 맞는 방법을 깨닫게 했군요.

이번 예에서 수련감독자는 실습생들에게 그들이 어떻게 깨달음, 즉 통찰에 도달하게 되었는지를 설명하게 하였다. 첫 번째 실습생이 한 가지를 제시하자, 수련감독자가 반응을 보였다. 그러고 나서 수련감독자는 실습생들에게 그들이 어떤 것을 공개할 것인가를 선택할 수 있다는 점을 상기시켰고, 실습생 1에게 더 이야기하고 싶은 것이 있는지 물었다. 실습생이 "아니요."라고 말하자, 수련감독자는 실습생의 결정을 존중하였다.

두 번째 실습생이 덜 개인적인 주제에 대해 좀 더 공개하기로 하자, 수련감독자는 마찬가지로 반응을 보여 주었고, 그 시점에서 상담이 어떻게 기능할 수 있는지를 예로 들면서 개인적인 경험을 활용하였다. 이어서 사례 수련감독을 진행한다. 실습생들에게는 내담자의 통찰 여부를 항상 주시하도록 한다. 모든 사례들에 대한 수련감독이 끝나면, 수련감독자는 실습생들이 기타 궁금해하는 점들을 점검한 다음, 수련감독 회기를 종료한다.

1-9 주 통찰 강화: 도전

강 의

세부목표

1. 내담자의 통찰에 대한 학생 치료자의 체험에 대해 알아본다.
2. 통찰단계를 설명한다.
3. 통찰을 촉진하기 위해 도전의 사용에 대해 설명한다.
4. 학습을 촉구하는 데 잘못된 도전의 적용을 시연해 본다.

도전개념 이해도모를 위한 연기 준비

강의 시간 2~3일 전에, 담당교수는 강의 시간에 남들 앞에 서기를 좋아하고 유머 감각이 뛰어난 학생 한 명을 선발한다. 대안적인 방법으로는, 학생 수련감독자 한 명에게 참석해 줄 것을 요청할 수 있다. 담당교수는 그 학생에게 강의 시간에 도전에 대해 배우게 될 것이라는 점을 알려 주고, 도전challenge은 행동에 대해 주의를 환기시키거나 이전에 말한 것과 일치하지 않는 것을 말하는 것이라고 설명한다.

두 사람은 그 학생이 이해할 때까지 도전에 대해 논의한다. 그리고 담당교수는 그 학생에게 2~3가지 정도의 불일치하는 말과 행동의 예를 생각해 두었다가 강의 시간에 내담자 역할을 하면서 제시해 줄 것을 요청한다. 담당교수는 자신이 통찰보다 방어를 불러일으킬 수 있는 잘못된 도전을 할 것이라는 점을 설명한다.

학생들의 통찰 경험 확인

강의가 시작되면, 담당교수는 실습생들에게 이번 주에 내담자의 통찰을 발견하였는지 알아본다. 그리고 실습생들에게 통찰에 앞서 어떤 일이 있었는지, 즉 통찰로 통하는 다리가 어떤 것이었는지에 대해 말해 보도록 한다. 이어서 통찰이나 강의 시간의 과제에 관한 질문을 받는다. 담당교수는 학생들에게 다음 몇 주에 걸쳐 통찰을 촉진하는 기술에 대해 배우게 될 것이라고 말해 준다. 나아가서 담당교수는 이러한 기술 중에는 도전과 해석과 같이 강력한 상담관계가 형성된 후나 통상 2~3회기가 지난 후에만 사용되는 것들도 있다고 설명한다.

도전 개념 소개

이번 주 강의는 때로 직면confrontation이라고도 불리는 도전기법에 초점이 맞추어진다. 도전은 내담자가 말하거나 행한 두 가지 사이의 불일치에 주의를 집중시키는 것이다. 보통 내담자들은 동시에 혹은 뒤따라 나타나는 행동을 잘못 이야기하곤 한다. 담당교수는 도전하는 것이 미묘하므로 상담자는 방어를 유발하지 않고 통찰을 제공하는 방식으로 도전할 필요가 있다는 점을 설명한다. 그렇지만 방어가 유발된다고 하더라도 치료적 반응들로 이를 해소시킬 수 있다. 담당교수는 계속해서 도전을 위한 좋은 말들에 대해 설명한다.

도전 개념 이해도모를 위한 연기

이는 웃음과 함께 학습의 기회를 제공한다. 담당교수는 이어서 적절치 않은 도전의 예에 관한 시연에 참여하기로 동의한 학생을 앞으로 나오게 한다. 연기를 할 학생은 앞으로 나와서 담당교수와 마주 앉는다. 그리고 두 사람은 그 학생이 준비한 첫 번째 시나리오를 포함한 장면을 연기한다. 담당교수는 보통 때처럼 그 학생을 면담한다. 즉, 몇 가지 질문을 건넴으로써 면담을 시작하고, 학생이 이야기를 할 때 주의 깊게 경청한다.

이야기의 주제가 어느 정도 명료해지면 담당교수는 서투르게 도전을 한다. 예를 들어, "글쎄요, 어머니를 사랑한다고 했지만, 확실한 것은 그렇지 않다는 것이네요. 아니면 무례한 행동을 하지 않으려 했거나 못된 행동을 하지 않으려 했거나요." 강의실은 보통 웃음바다가 된다. 그리고 나서 그 면담에 대해 논의한다. 학생들에게는 보다 적절한 도전 반응을 만들어 보도록 한다. 모든 연습은 새로운 시나리오와 함께 반복된다. 집단 수련감독이 이어지고, 수강학생들은 도전기법의 적용이 필요한 상황이 발생하면, 그 기법의 연습을 위한 풍부한 상황들을 찾을 수 있다.

연 습

1. 담당교수는 실습생들을 3인 1조의 소집단으로 나눈다. 학생들은 각자 내담자, 치료자 그리고 관찰자 역할을 맡는다. 도전하기에 적절한 시나리오에 대해 생각한 후, 상담자는 내담자에게 이야기를 시작하도록 한다. 내담자는 도전하기에 적절한 시점에서, 1분 이상 말하지 않는다. 그런 다음 내담자는 불일치되는 말과 행동을 한다.
2. 학생들은 〈굿 윌 헌팅Good Will Hunting〉과 같은 영화의 한 장면을 관찰하고, 도전이 사용될 수 있는 부분들을 관심 있게 지켜본다. 그리고 나서 그 영화에서 치료자 반응의 적절성에 대해 논의하고, 추가적인(때로 보다 좋은) 도전 반응들을 만들어 본다. 치료자가 개입방법으로부터 기대했던 것은 무엇이고, 그 결과는 무엇인가?

수련감독

세부목표

1. 실습생들이 도전기법을 적절하게 사용하도록 돕는다.
2. 학생들이 상담상황에서 도전기법을 사용하기에 무르익은 시점이라는 것을 알아차릴 수 있는 감각을 개발할 수 있도록 한다.

학생들의 상황을 점검한 후, 수련감독자는 학생들에게 도전기법에 대해 논의하도록 한다. 도전기법이 가장 유용한 때는 언제인가? 도전기법은 어떻게 제시될 수 있는가? 수련감독자는 실습생들에게 그들의 내담자가 도전에 대해 준비되었다는 것을 알 수 있는 단서들을 찾아보도록 한다. 남은 시간의 정도에 따라서, 수련감독자는 실습생들에게 도전기법을 고안 · 사용하는 학습을 촉진하기 위한 연습을 하도록 한다.

수련감독 회기의 나머지 시간은 사례발표에 할애한다. 수련감독자는 다른 실습생들에게 도전기법을 사용했을 때 혹은 그 기법이 적절한 개입방법일 때와 방법에 주목하게 한다. 한 실습생에게 도전기법을 고려해 보도록 할 때, 수련감독자는 전략 5와 9를 사용할 수 있다.

전략 5. 구체적 전략과 개입방법 이면의 근거를 설명한다.
전략 9. 구체적인 기법이나 개입방법에 관한 실습생의 느낌을 탐색한다.

대화의 예

[실습생이 보여 준 한 장면에서 내담자는 얼굴을 찡그리며, "글쎄요, 모든 일이 잘 되어 가고 있어요."라고 말하였다. 상담자는 내담자의 이 진술 다음에 도

전기법을 사용하지 않았다.]

수련감독자: 잠시 멈출까요? [기다린다.] 자, 저 장면에서 내담자에게 어떤 일이 일어나고 있는 것으로 봤나요? 그리고 다음에 어떻게 하려고 했죠?

실습생 1: 글쎄요, 저는 내담자가 말을 계속하기를 바랐어요. 그래서 저는 최소한의 언어반응을 했고요. 그런데 지금 보니까 도전을 할 수 있었네요. 그때는 그런 생각이 들지 않았거든요. 그리고 내담자가 어떻게 받아들일지도 몰랐고요.

수련감독자: 그 점에 대해 생각해 봅시다. 여기서 도전이 좋을 것 같다는 생각이 들게 했다고 생각하나요?

실습생 1: 지금 보니까 그러네요. 도전에 대해서 알고 있기도 하고요. 내담자가 말한 것과 얼굴을 찡그리고 있는 것이 불일치한 것으로 보이네요.

수련감독자: 맞아요. 여기서 도전기법의 용도에 대해 알 수 있나요?

실습생 1: 글쎄요, 저는 그 시점에 내담자가 어떤 생각과 느낌을 갖고 있는지 알고 싶었을 거예요.

수련감독자: 다른 것은?

실습생 1: 아니요, 특별한 것은 없어요.

수련감독자: 다른 사람들의 생각은 어떤가요?

실습생 2: 저는 내담자에 대해 조금 궁금한 점이 있는데요. 내담자가 진심 같지 않은 긍정적인 말을 할 필요가 있었을까요?

실습생 3: 예, 저도 그 점이 궁금해요. 내담자의 문화적 배경과 연관이 있다고 생각하나요? 음, 내담자의 가족에 관한 모든 것이 잘 돼가고 있는 것처럼 들리게 할 필요성 같은 것 말이에요.

실습생 1: 그 점에 대해서는 생각해 보지 않았는데요. 그런데 그 말이 옳은 것 같네요. 내담자의 가족은 내담자가 태어난 후에 이민 왔거든요. 내담자가 말하는 것이 아무리 여느 미국인과 다름이 없고, 심지어는 말할 때 텍사스 억양까지 섞여 있지만, 가치관은 여전히 내담자의 문화에 의해 강하게 영향을 받을 수 있다는 생각이 드네요.

수련감독자: 이러한 점들을 고려할 때, 다시 할 수 있다면 어떤 것을 해 보고 싶으세요?

실습생 1: 문화를 고려한 도전기법을 사용해 보고 싶어요.

수련감독자: 그러면 그것을 어떻게 할 수 있다고 생각하나요? 실습생 2와 3, 자유롭게 참여해 보세요.

수련감독자는 녹화한 회기 발표에서 도전기법을 적용할 수 있었던 시점을 지적하면서, 실습생과 관련된 쟁점을 제기하였다. 수련감독자는 또한 다른 실습생들의 의견을 수렴함으로써 실제 회기와 관련지어 실습생들의 도전기법에 관한 학습을 강화하였다. 사례발표의 끝부분에, 수련감독자는 학생들이 또 다른 질문이 있는지 점검하고 나서 수련감독 회기를 종료한다.

1-10 주 통찰 강화: 해석

강 의

세부목표

1. 해석의 목적에 대해 가르친다.
2. 해석을 가능하게 하는 연결고리 찾는 법을 보여 준다.
3. 해석능력의 발달을 촉진한다.
4. 해석 시, 타이밍의 중요성을 강조한다.

담당교수는 지난 한 주 동안 상담회기에서 얼마나 많은 학생들이 도전기법을 사용할 수 있었는지 점검함으로써 시작한다.

해석의 목적 소개

이때 모든 내담자에게 도전기법이 필요한 것은 아니라고 언급하는 것이 중요하다. 과제 혹은 강의 계획에 관한 질문을 받는다. 담당교수는 계속해서 해석은 일반적으로 도전의 반대되는 기법이라는 점을 설명한다. 도전은 불일치를 지적하는 반면, 해석은 연결하는 것이다.

담당교수는 해석이 내담자가 현재의 행동, 이전의 행동, 그리고 행동 혹은 사고의 지속적인 패턴 사이를 연결할 수 있을 뿐만 아니라 감정, 사고, 행동, 그리고 과거의 경험이 결합된 것들 사이를 연결할 수 있도록 도울 수 있다는 점을 강조한다(Hill, 2004). 스콥홀트와 리버스(Skovholt & Rivers, 2004)가 지적한 것처럼, 해석은 내담자의 자기이해를 증진시키고 문제에 대한 보다 깊은 수준의 탐색을 할 수 있게 한다. 담당교수는 도전과 마찬가지로 관계가 잘 형성되었을 때, 즉 여러 회기가 지난 후에 해석을 할 수 있다는 점을 강조한다.

해석능력 발달 촉진

담당교수는 영화나 효과적인 해석을 실증적으로 보여 주는 〈보통 사람들Ordinary People〉이나 〈굿 윌 헌팅Good Will Hunting〉과 같은 영화의 일부를 보여 준다. 학생들 모두는 해석의 기본전제를 모를 수 있으므로, 영화의 일부 장면을 시청하기에 앞서 필요한 배경을 설명하는 것이 중요하다. 그러고 나서 담당교수는 학생들에게 해석의 적절성에 관하여 논의해 보도록 한다.

집단 수련감독 실시

만일 사례가 남아 있다면, 이어서 집단 수련감독을 한다. 그렇지 않으면,

여기서는 시간이 허락하는 대로 한두 가지 더 연습을 한다. 수련감독자는 다음 강의를 점검하면서, 다음 주에 가져올 필요가 있는 것을 실습생들에게 말해 준다.

연 습

1. 학생들을 2인 1조로 나눈다. 이 경우, 학생들은 서로 잘 알고 있어야 한다. 잠시 생각할 시간을 가진 후, 한 학생이 내담자 역할을 맡되, 상담자가 해석할 수 있는 주체의 이야기를 고른다. 내담자는 한동안 이야기를 하면서 해석이 가능한 여지를 남겨 주고, 상담자는 이에 반응한다. 두 사람은 역할연습 경험에 대해 논의하고, 역할을 바꾸어 연습을 계속한다. 두 사람씩 짝을 짓게 한 것은 자기노출에 대한 위험부담을 줄이기 위해서다.
2. 앞서 소개된 연습에서 실습생들은 자신의 내담자 역할을 해 볼 수 있다. 이 경우, 상담자는 해석이 가능할 정도로 사례에 대해 알고 있어야 할 것이다.
3. 담당교수는 〈소프라노들The Sopranos〉과 같은 텔레비전 프로그램에서 해석이 가능한 심리치료 장면을 보여 준다. 이때 담당교수는 심리치료 장면이 해석하기에 충분한지 확인해야 한다. 해석하는 데 충분한 것으로 보이고 알려져 있는지의 여부를 확인한다. 영화 상영은 해석하기 전에 마쳐서 학생들에게 질문을 던질 수 있도록 해야 한다. 담당교수는 실습생들에게 해석을 해 보도록 한다.

수련감독

세부목표

1. 해석을 하는 시기와 방법에 대해 설명한다.
2. 다양성에 대해 민감성을 가지고 내담자에게 해석해 주는 방법에 대해 설명하고 시범을 보인다.

수련감독에 앞서, 수련감독자는 학생들에게 상담회기 중 가능한 해석이나 해석을 할 수 있었던 기회가 담겨 있는 부분을 수련감독 회기에 가져오도록 요청한다. 만일 실습생들이 그 학기에 수련감독을 받아야 할 사례 수를 이미 모두 충족시킨 상태라면, 초기에 상담했던 상담회기 중에서 주제에 걸맞은 부분을 수련감독 시간에 가져오도록 한다.

학생들의 상황을 점검한 후, 수련감독자는 실습생들이 해석을 어떻게 이해하였는지 알아본다. 수련감독자는 해석을 할 때 실습생들이 어떤 느낌이 드는지가 중요하다는 점을 강조한다. 그리고는 이 주제에 대해 논의한다. 실습생 전원이 이 사안에 대해 말해 보도록 하여 실제로 이해하고 있는지 파악한다.

또한 학생들에게 해석에 대해 생길 수 있는 저항에 대해 언급하도록 한다. 수련감독자는 또한 해석의 타이밍에 대해 설명한다. 즉, 내담자가 해석을 들을 준비가 되어 있는가, 그리고 해석이 유용한 때는 언제인가?

학생들이 여전히 내담자들을 상담하고 있다면, 한 회기를 보여 주도록 요청한다. 그러나 만일 학생들 모두가 이번 학기 내담자들과의 상담을 종료한 상황이라면, 수련감독자는 이전 회기들 중 하나를 골라 보여 줄 것을 요청한다. 도전이 나타나면, 수련감독자는 그것에 반응한다.

실습생들 모두에게 해석하기에 좋을 만큼 무르익은 부분을 보여 주는 것에 덧붙여서, 여전히 수련감독이 필요하거나 그들이 성장한 것을 보여 주기를 원하는 부분을 보여 주게 한다. 수련감독자는 전략 6, 13, 15를 사용할 수 있다.

전략 6. 상담회기에서 중요한 사건들을 해석한다.
전략 13. 실습생용 대안적 개입방법이나 개념화를 제공한다.
전략 15. 실습생에게 내담자의 문제와 동기에 대해 논의하도록 격려한다.

대화의 예

[동영상이 끝나고, 19세 남성 내담자, 2학기를 맞는 대학 1년생이 필요성은 느끼면서도 미래에 대한 계획수립이나 전공 선택조차 꺼려하는 것에 관하여 이야기를 해 왔다.]

수련감독자: 선생님은 계획을 잘 세우는 사람이죠. 이 내담자에 대해 점점 좌절감이 들고 있나요?

실습생: 조금이요. 저는 이 일이 내담자에게 그토록 어려운지를 잘 모르겠어요. 예, 알아요, 누구나 다 나와 같지는 않다는 것을요. 저는 고등학교 3학년 때, 대학원에서 심리학을 전공하기로 계획을 세웠거든요. 그렇지만 제가 알고 있던 사람들 대부분이 적어도 전공 정도는 선택할 수 있었거든요.

수련감독자: 그렇죠. 그런데 선생님은 상담회기에서 감정을 아주 잘 관리하고 있는 것처럼 보이네요. 저는 상담자가 좌절감을 느끼고 있다는 사실을 내담자가 감지하지 못하고 있다는 생각이 드네요.

실습생: 네, 저도 그렇게 생각해요. 하지만 저는 내담자를 그렇게 꽉 막고 있는 것이 무엇인지 잘 모르겠어요.

수련감독자: 글쎄요, 내담자는 실제로 지금 당장 결정 내릴 필요는 없어요. 1년이나 남아 있거든요. 그렇지만 동의해요. 내담자가 원하는 것이

무엇인가를 알아보기 위해서 다른 강좌들을 탐색하고 있는 중이라면, 내담자는 필요 이상으로 경직되어 있는 것 같아요. 대학에 진학하기로 결정한 것에 대해서 선생님에게 이야기를 털어놓았을 때, 내담자가 뭐라고 했나요?

실습생: 가족 중에서 대학에 진학한 사람은 내담자가 처음이었고, 그래서 대단히 어려운 결정이었다고 했어요. 내담자는 대학에 대해 아무것도 몰랐지만, 학교상담자가 내담자 부모님께 말씀드려서 내담자가 지원하도록 도왔고, 재정지원 신청도 해 줬다고 하더라고요.

수련감독자: 내담자가 상담자에게도 똑같은 기대를 하고 있다고 생각하나요?

실습생: 아니요. 저는 그 점에 대해 아주 명확하게 선을 그었어요. 그렇지만 제가 기억하는 한 가지는 내담자가 저한테 말한 것인데, 내담자가 대학에 진학하기로 결정하자마자 친구들 모두가 놀렸고, 백인이 되려고 한다고 비난까지 했답니다. 내담자는 대도시 중심부의 저소득층이 사는 지역의 아프리카계 미국인이거든요. 내담자는 조롱받는 것이 정말 힘들었고, 스스로에게도 자신이 정말 백인이 되려고 하는 것이 아닌가에 대해 질문을 던졌고, 한동안 공부를 중단한 적도 있었지만, 결국 대학에 지원하게 되었어요. 내담자가 다시 올 것 같지는 않지만, 장학금도 받게 되었고, 가족은 장학금을 받도록 격려했대요.

수련감독자: 그러면 내담자는 자신이 대학에 다니고 있는 것에 대해서는 어떻게 느끼고 있나요?

실습생: 글쎄요, 학업 면에서는 잘하고 있고요. 그렇지만 주말마다 집에 가기 때문에 여기에는 친구가 없죠.

수련감독자: 그러면 거기에 있을 때는 옛 친구들과 어울리나요?

실습생: 네. 그 친구들은 여전히 내담자가 대학생이라는 사실에 대해 가시 돋친 말로 괴롭히고 있고요. 학교에 다니게 된 이래로, 내담자가 백인처럼 말한다고 하면서까지 비난해 왔답니다. 아, 어떤 상황인지 알

겠네요. 내담자가 대학에 다니는 것에 대해서조차 어려움을 주고 있는데, 전공을 선택하고자 한다고 말하면, 즉 미래를 계획하고 있다고 말하는 경우에는 어떤 일이 일어날까요? 아 참, 정말 어려울 수 있겠네요.

수련감독자: 네. 이러한 점에 대해서 내담자와 탐색할 수 있을 것으로 생각하나요?

실습생: 글쎄요, 해석할 수 있을 것 같아요. 하지만 저는 중산층 가정에서 자랐거든요. 그래서 내담자가 자신이 어떤 상황인지에 대해 상담자가 잘 모른다고 생각할 것 같아요.

수련감독자: 이 점에 대해 다른 사람들은 어떻게 생각하나요? [다른 실습생들이 의견을 말한다.]

수련감독자: 이러한 사회문화적 쟁점에 대해 여러분의 동료가 해석하는 것에 대해 어떤 의견이 있으세요?

여기서 수련감독자는 실습생의 좌절감을 인정하였고(전략 7), 실습생에게 어떤 일이 진행되고 있는가에 관하여 가설을 설정하도록 요청하였으며(전략 2), 실습생 모두에게 아이디어를 모아 보도록 하였다(전략 14). 수련감독은 발표한 사례 전체에 대해 진행되었다. 수련감독자는 회기가 어떻게 진행되었는가에 대해 생각해 보고 맺음말로 수련감독을 종료한다.

전략 2. 상담자에게 내담자에 관한 가설을 제공하도록 한다.
전략 7. 상담회기 동안 실습생의 감정을 탐색한다.
전략 14. 실습생이 전략과 개입방법에 대해 브레인스토밍하도록 격려한다.

1-11 주 대인과정: 자기노출 · 즉시성

강 의

세부목표

1. 학생들에게 대인과정치료의 적용은 내담자와 상담자 관계에서의 변화 촉진을 의미한다는 점을 상기시킨다.
2. 실습생들에게 상담회기에서 자신의 감정에 주의 기울이는 법을 가르친다.
3. 실습생들이 내담자에 의해 유발된 감정과 자신의 특징적인 감정을 구분하도록 돕는다.
4. 상담회기 동안 즉시성과 상담자 자기노출의 적절한 사용에 대해 설명한다.

담당교수는 지난 주 강의나 현재 읽고 있는 것 혹은 최근 내담자 경험에 대해 질문이 있는지 알아본다.

변화촉진 과정 설명

이어서 담당교수는 변화는 상담회기에서 내담자와 상담자 사이의 상호작용으로부터 일어난다는 점을 강조한다. 탐색단계에서 학생들은 우선적으로 내담자의 이야기를 경청하고, 그들의 정서에 반응함으로써 정보를 수집하고, 치료적 관계를 쌓아 나간다. 통찰단계에서 상담자는 통찰을 통해 내담자가 자기 자신과 자신의 행동을 다른 각도에서 볼 수 있게 하는 방식으로 내담자에게 반응한다.

대인과정치료 소개

또 다른 강력한 치료과정에서 치료자는 내담자가 자기 자신과 치료자의 상호작용을 직시하도록 한다. 이것이 대인과정치료Interpersonal Process Therapy(Teyber, 1997, 2006)의 핵심이면서, 설리번(Sullivan, 1968)이 최초로 설명한 정신역동적 접근psychodynamic approach이고, 후세 이론가들(Glickhauf-Hughes & Wells, 1997; Kiesler, 1982, 1996)은 이 접근에 대해 상세히 설명한 바 있다. 치료에서 대인과정접근을 효과적으로 사용하기 위해서는 상담자는 상호작용, 즉 내담자와 상담자 사이의 과정 차원에 면밀한 주의를 기울여야 한다.

상담자의 정서반응 점검의 중요성 강조

치료자는 자기 자신과 내담자 사이의 상호작용을 관찰할 때, 자신의 정서반응을 점검해야 한다. 치료자는 자기 자신의 감정에 관하여 중요한 질문을 던져 보아야 한다. 즉, 이러한 감정이 치료자 자신에 관한 것인가, 아니면 내담자에 관한 것인가? 초심 치료자들은 흔히 자신의 감정이 자기 자신에 관한 것으로 확신하기 때문에 감정에 주목하기를 피한다. 그러나 티버(Teyber, 1997)는 치료자가 스스로에게 다음과 같은 질문을 던져 보도록 제안하였다.

글상자 37. 치료자의 감정 확인을 위한 질문의 예

내 감정은 내 삶에서의 중요한 타인들에 대한 나의 반응을 나타내는 것인가, 내담자에 대한 것인가, 아니면 이 특정 내담자에게 좀 더 국한되는 것인가?(p. 249)

이러한 방법으로 상담자는 자신의 감정이 내담자에 대한 것보다는 자신의 성격에서의 감정을 반영하고 있는지의 여부를 판가름할 수 있다. 만일 이 질문에 대한 대답이 부정적이라면, 상담자는 계속해서 내담자에 관한 생각을 진행할 수 있다. 그러나 때로 감정은 특정 부류 사람들과의 상황에서 치료자의 전형적인 것으로 나타나는 것일 수 있고, 또한 특정 내담자에 대한 반응으로 나타나는 것일 수도 있다. 그런 경우, 수련감독자는 실습생에게 그러한 전형적인 감정에 대해 작업하고, 내담자에 대한 감정과 분리시키도록 한다.

치료자는 자신의 감정과 내담자에 대한 반응에 주의를 기울임으로써 내담자가 치료자에게 말하지 않은 점, 특히 그러한 점들이 다른 사람에게 어떻게 영향을 미치는가에 대해 알 수 있게 된다. 티버(Teyber, 1997)는 회기 밖의 사람들이 내담자에 대해 어떻게 느끼고 있는가를 이해하기 위해서 다음과 같은 질문을 하도록 권장하였다.

글상자 38. 내담자에 대한 회기 밖 사람의 감정 확인을 위한 질문의 예

나의 감정과 반응은 내담자의 삶에서 중요한 타인들의 것과 어떻게 평행을 이루고 있는가?(p. 249)

또한 내담자가 이러한 감정을 어떻게 도출해 내는가를 명료하게 정리하기 위해서 티버는 다음과 같은 질문을 하도록 제안하였다.

글상자 39. 내담자의 감정 이해를 위한 질문의 예

내게서 그러한 감정과 반응들을 일으키기 위해 내담자는 무엇을 하고 있고, 이러한 행동들은 내담자의 대처전략들에 대한 나의 개념화에 어떻게 결합되는가?(p. 249)

이 개념의 이해를 촉진하기 위해서 〈이것을 분석하라Analyze This〉라는 영화로부터의 한 예, 즉 영화의 초기 장면에서 여성 내담자와의 치료 도중 치료자(Billy Kristol 열연)의 내적인, 표현되지 않은 반응과 같이 유용할 수 있다. 그러고 나서 학생들은 감정이 치료자에게 속한 것인지, 다른 사람들에 대해 미치는 내담자의 효과에 관한 것을 보여 주는 것인지, 아니면 둘 다인지에 관하여 숙고해 볼 수 있다. 이어서 학생들은 그러한 감정이 발생하기에 앞서, 내담자가 어떻게 행동을 하였는지를 주의깊게 살펴볼 수 있다. 이러한 정보를 갖춘 상태에서 학생들은 내담자의 과정 차원에 대한 탐색을 촉진할 수 있다.

상담자의 자기노출과 즉시성 설명

아무리 여러 치료전략들이 내담자의 자기탐색을 촉진할 수 있지만, 그 순간에 사려 깊은 치료자의 자기노출은 특히 효과적일 수 있다. 자기노출은 즉시성에 국한된다는 점, 즉 상담회기에서 어떤 일이 일어나고 있는가에 관하여 노출하는 것에 주목한다. 치료자는 자신의 감정 노출에 유의해야 한다. 노출은 내담자에게 유용할 것이라는 판단이 들 때 하는 것이지, 좌절하거나 화가 난 치료자의 감정해소를 위해 사용되어서는 안 된다. 담당교수는 유용한 노출방법과 부적절한 방법에 대해 시범을 보인다.

집단 수련감독 실시

수련감독이 필요한 사례나 담당교수가 미처 확인하지 않은 상담실습 회기가 남아 있다면, 집단 수련감독을 진행한다. 그렇지 않으면, 다음에 제시된 연습들 중 하나를 활용한다.

연 습

1. 학생들에게 그들이 강한 감정을 가졌던 내담자들을 떠올려 보도록 한다. 그러고 나서 3인 1조로 나누어 각자 그 문제의 내담자, 치료자, 그리고 관찰자 역할을 담당하도록 한다. 치료자의 감정을 불러일으키는 말을 하기 전에, 내담자 역할을 하는 사람이 배경 설명을 한다. 상담자의 반응이 끝나면, 관찰자는 내담자가 상담자의 자기노출 메시지를 듣고 어떤 느낌이 들었는지를 묻고, 상호작용에 대해 관찰한 것에 대해 의견을 나눈다.
2. 담당교수는 반응을 불러일으키는 내담자 역할을 하거나, 영화 속의 내담자를 보여 줌으로써, 시나리오를 제시한다. 그러고 나서 실습생들에게 자기노출에 대해 브레인스토밍해 보도록 하는데, 그중에는 웃음을 자아내는 것도 있을 것이다. 브레인스토밍이 끝나면, 담당교수는 실습생들에게 제안의 신빙성 여부를 평가하게 한다.

수련감독

세부목표

1. 상담회기 동안 실습생의 감정 이해를 촉진한다.
2. 실습생에게 과정과 관련된 자기노출 사용법을 가르친다.

이번 수련감독 회기는 수련감독 시간에 발표할 실습생의 사례가 더 이상 없다는 가정하에 이루어지도록 고안되었다. 이번 회기는 길고 복잡하다. 그러나 검토할 사례들이 남아 있는 경우, 그 사례들을 통해 감정에 대해 논의할 수 있고 적절한 자기노출 방법을 고안할 수 있다. 감정에 대한 논의를 촉진하기 위해 수련감독자는 실습생들에게, 치료하는 동안 실습생 자신에게서 관찰한 내담자에 대한 감정에 대해 말해 보도록 한다.

수련감독자는 말 한마디로 시범보일 수 있는데, 이때 실습생들에게 비교적 잘 알려져 있는 내담자에 대한 긍정적인 정서를 선택하는 것이 좋다. 이러한 과정을 통해 실습생들은 모든 종류의 감정이 유익하게 활용될 수 있다는 사실을 알 수 있게 된다. 수련감독자는 티버(1997)가 제안한 질문 사용에 대해 시범을 보이고, 그 내담자를 상담한 실습생을 추수지도한다.

대화의 예

[수련감독자는 수련감독 회기에서 최근에 발표된 적이 있는 내담자에 관한 감정을 활용한다.]

수련감독자: 실습생 1의 내담자가 자기 룸메이트가 자기를 어린아이 취급하는 것에 대해 이야기할 때, 그 내담자를 보호해 주고 싶은 느낌이 들었어요.

실습생 1: 예, 그게 바로 제가 내담자와 함께 있을 때 드는 느낌이에요.

수련감독자: 글쎄요, 지금 나 자신에게 물어보는데, "이것이 다른 사람들에 대한 나의 공통적인 반응일까요, 아니면 이 내담자에 대해 특별한 것일까요? 저는 이 느낌이 아주 공통적이지는 않다고 생각해요. 저는 공감적이기도 하고 호기심도 많은 편이지만, 보호적이지는 않거든요. 그렇기 때문에 이 느낌은 확실히 이 내담자에 대한 것이에요.

실습생 1: 흠. 저는 그런 식으로 취급되도록 내버려두는 사람들에 대해 별로 신경 쓰지 않는다고 생각하거든요. 그런데 이번 경우는 좀 달라요.

수련감독자: 글쎄요, 실습생 1, 그러면 바로 이 내담자에 관한 것일 수 있네요. 선생님에게서 그런 감정을 유발시키는 행동은 어떤 것이라고 생각하세요?

실습생 1: 글쎄요, 내담자는 몸집이 작고, 다른 사람들이 내담자에게 어떻게 대하는가에 관하여 이야기를 할 때는 다소 무기력하게 보이는데, 정말 아무 희망이 없는 사람처럼 슬퍼 보이기까지 하거든요.

수련감독자: 네, 동감입니다. 내담자는 눈물을 글썽이면서, 자신에 관한 이야기를 하고는 간청하는 것처럼 상담자를 올려다보더라고요. 이런 상황이 되면, 상담자는 내담자의 느낌이 좀 더 나아지게 할 수 있는 무언가를 주어야 한다는 부담감을 느끼게 되겠죠.

실습생 1: 예, 저도 그래요. 그래서 한동안 마음이 안 좋을 때가 있어요.

수련감독자: 내담자가 룸메이트의 감정을 불러일으켜서 자기를 어린아이 취급하게 하는 방식을 이제 알 것 같아요.

실습생 1: 아, 그렇게 생각할 수도 있네요. 선생님 말씀이 옳은 것 같아요.

수련감독자: 그래서 이제 내담자가 이러한 점에 대해 주의를 기울일 수 있게끔 적절한 자기노출에 대해 생각해봐야 할 것 같아요.

실습생 2: "○○씨가 그렇게 말할 때, 저는 ○○씨를 보호해야 할 것 같은 느낌이 드네요."

실습생 3: 네, 좋은데요. 아니면 이건 어때요, "그 상황에 처해 있다니 참 안됐네요."

수련감독자: 글쎄요, 적절한 자기노출이기는 해요. 그런데 자기노출은 내담자의 행동과 부합되어야 하고, 그러고 나서 그것에 대해 물어볼 필요가 있어요.

실습생 1: 아, 이런 뜻인가요, "○○씨가 말을 멈추고 눈물이 글썽이는 눈으로 저를 올려다볼 때면, 저는 ○○씨를 보호해야 될 것 같은 느낌이 들어요. 저는 교사나 그런 사람들처럼 '글쎄, 내가 그 사람들이 그만하도록 말해 줄게.' 라고 말하고 싶은 느낌이 들어요."

수련감독자: 아주 좋아요. 선생님이 발표할 때, 비언어행동에 대한 관찰내용을 포함시켰는데, 그리고 때로 어떤 느낌이 드는지에 대해 말한 적이 있죠. 이제 선생님이 해야 할 것은 그것을 그대로 따르는 것이네요. 이 일을 하기 쉬운 방법은 이러한 말을 하는 것이죠, "○○씨가 그렇게 할 때, 다른 사람들이 동일한 방법으로 반응하나요?" 그러고

> 나서 말을 멈추고 그 질문에 대한 답변에 관하여 논의하면 되겠죠. 만일 상담자가 부정적인 느낌이 든다면, 이러한 작업은 좀 더 어려울 겁니다. 그런데 제가 상담자 훈련을 받고 있을 때, 실습기관에서 매주마다 졸게 만드는 남성 내담자를 상담하고 있었어요. 나는 짜증이 나서 결국, 과정진술을 해 버렸죠. "그거 알아요, 때때로 ○○씨가 계속해서 말할 때, 저는 허공을 맴돌다가 졸기까지 하게 되네요."라고 말했죠. 내담자는 즉각적으로 반응하더군요. "그런 일이 자주 일어난답니다."라고요. 그렇게 하고 나니까 제 마음이 편해졌어요. 그 후로 더 많은 일들이 치료 중에 일어났죠.

수련감독 회기가 끝나갈 무렵, 수련감독자는 실습생들에게 각자 오늘 논의에서 배운 것이 무엇이고, 내담자와 상담을 계속하고자 한다면, 그것을 어떻게 적용할 것인가에 대해 질문을 한다. 수련감독자는 내담자에 따라서는 대학원에서 제의하는 것들에 대해 결정을 내리는 것처럼, 대인관계와는 무관한 아주 명백한 관심을 가지고 있어서 상담자의 자기노출이 내담자의 행동에 대한 새로운 통찰을 불러일으킬 수 있는 기회를 제공하지 못할 수도 있다는 사실을 인정한다.

수련감독자는 학생들에게 다음 주 수련감독 회기에서 활용될 특정 부분을 준비해 오도록 요청한다. 특히 실습생들에게 내담자의 저항을 나타내는 부분을 가져오도록 한다. 실습생들이 과거에 상담한 회기를 보여 줄 예정이라면, 저항에 대한 진술방식에 대해 배우기 전에 어떻게 반응했는가를 즐거운 마음으로 관찰해 볼 것을 당부한다.

1–12 주 저항 확인 · 저항 다루기 · 저항을 통한 학습

강 의

세부목표

1. 저항의 개념을 탐색한다.
2. 적절한 반응들을 도출한다.

점 검

담당교수는 수강학생들에게 그들의 감정과 자기노출을 관찰하면서 어떤 경험을 했는지에 대해 알아본다. 상담회기에서 자기노출을 해 본 적이 있는 학생들은 자신의 경험을 소개할 수 있다. 자기노출의 구체적인 종류에 관하여 질문이 있는 학생들도 마찬가지로 질문할 수 있다. 내담자들과의 경험의 예들이 오래 전의 것이라 하더라도 도움이 될 수 있다.

저항 개념 탐색

이번 강의는 대인과정 모형Interpersonal Process Model을 고려한 저항resistance에 관한 것이다. 담당교수는 학생들에게 그들 자신의 삶과 내담자와의 초기 경험으로부터의 저항의 예를 들어 보게 한다. 학생들은 저항표출을 탐색하고 존중하는 자세로 저항을 다룬다. 다른 방어기제들과 마찬가지로, 저항은 내담자가 삶의 초기에 감당하기 어려운 환경에서 스스로를 보호하기 위해 습득한 적응적인 반응으로 설명된다.

다시금, 담당교수는 학생들에게 그들 자신의 저항이 어떻게 어린 시절부터 적응 전략으로 발달되어 왔는가를 탐색해 보게 한다. 이는 저항이 발생하는 상황에서 내담자에 대한 실습생들의 존중감을 높이기 위해 강조할 필요가 있는 중요한 개념이다.

저항에 적절한 반응 설명

저항에 대한 논의에 이어, 담당교수는 저항에 적절한 반응에 관하여 설명한다. 여기서는 교재에 나온 예가 유용할 수 있다. 덧붙여서, 담당교수는 학생들에게 내담자가 저항하지 않았다면, 어떤 일이 일어났을 것인가라는 질문을 던짐으로써, 현재의 쟁점에 대해서보다는 저항 그 자체에 대해 반응할 수 있도록 가르친다. 당연히 이것은 치료자가 말하는 내용이 아니다.

단지 담당교수는 “글쎄요, ○○씨의 아버지께서 하신 것에 관하여 내게 말을 해야 한다면 어떤 일이 일어날까요?”라는 말로 시범을 보인다. 또한 “글쎄요, 아직 그것에 관하여 이야기를 나눌 준비가 되지 않은 것처럼 들리네요.”라고 말하는 것이 매우 유용하다. 이러한 표현은 내담자가 어떤 시점에서는 준비가 될 것이라는 점을 암시하기 때문이다.

집단 수련감독 실시

강의 시간 후반부에 실습생들이 상담실습 동영상을 보여 주면, 다른 학생들에게는 저항이 나타날 때, 저항을 확인하고 그 의미를 탐색하도록 한다. 발표할 사례가 없으면, 다음 연습들 중 하나를 실시한다.

연 습

---

1. 담당교수는 학생들에게 조용히 앉아서 저항이 어떤 상황에서 발생할 수 있는지에 대하여 시나리오 한두 가지를 작성하게 한다. 한 학생에게 저항 시나리오를 기술하는 일을 맡도록 한다. 집단 혹은 수강학생들은 반응에 대해 브레인스토밍한다. 그러고 나서 그 반응들을 평가한다. 이러한 활동은 다른 학생들의 시나리오에 대해서도 반복한다.

2. 학생들은 강의시간이나 수련감독 시간에 소집단으로 만난다. 학생들은 저항에 대한 시나리오를 작성하여, 저항이 과거에 활용되었던 목적에 관하여 생각해 본다. 학생들은 그 시나리오를 강의 시간이나 수련감독 시간에 발표하고, 학생들이나 수련감독자는 그 시나리오에 대해 논의한다.

수련감독

세부목표

1. 실습생들이 저항에 대한 이해를 심화시키도록 돕는다.
2. 실습생들에게 저항에 대한 반응 연습을 할 수 있는 기회를 제공한다.

수련감독자는 실습생들이 서적과 강의를 통해 저항을 이해했는지 알아보고, 그들의 상담사례에서 실례를 이끌어 내도록 한다. 그런 다음, 저항에 접근하는 방법에 대해 논의한다. 이때, 연습을 활용할 수 있다. 수련감독 회기의 남은 시간 동안 학생들에게 그들이 수행한 상담사례에서 저항을 나타내는 부분을 보여 준다.

수련감독자는 실습생들이 처음에는 저항을 무시했거나, 그에 대해 논쟁을 벌였던 방식을 즐기도록 격려한다. 앞으로 저항에 대한 반응을 촉진하기 위해 적절한 수련감독이 제공된다. 내담자가 저항하지 않았다면, 어떤 일이 일어날 것인가에 관한 질문과 병행하여 도전과 해석이 제안될 수 있다.

대화의 예

수련감독자: 그러면 이 부분에서는 내담자가 무엇을 하고 있는 것으로 보입니까?

실습생 1: 화제를 바꾸었네요. 제가 내담자에게 룸메이트가 친구들과 외출할 때 내담자를 데리고 가지 않은 것에 대해 화가 났었는지를 물었는데, 내담자는 화가 나지 않았다고 했거든요. 그러면서 내담자는 자기가 수학 과제를 하는 데 룸메이트가 많이 도와주었다고 하는 거예요.

수련감독자: 그러면 여러분 모두 이 점에 대해 생각할 때, 어떤 일이 일어났다는 것을 어떻게 알 수 있을까요?

실습생 2: 내담자가 실제로 룸메이트에 대해 화가 나지 않았을 수도 있죠.

실습생 1: 가능한 이야기지만, 룸메이트가 외출한 것에 대해 말할 때의 목소리는 아주 화가 난 것처럼 들렸거든요. 저는 내담자가 화가 났었지만, 그것에 대해 말하고 싶지 않았다는 생각이 들어요.

수련감독자: 그러면 그것이 무얼 의미한다고 생각하세요, 실습생 1? 이 내담자를 한두 번 보셨죠.

실습생 1: 글쎄요, 음, 내담자가 상담센터에 들어올 때는 정말 괜찮은 것처럼 보이거든요. 항상 제가 잘 지내고 있는지 묻기도 하고, 제가 입고 있는 옷에 대해서도 칭찬하기도 했거든요.

실습생 2: 그러고 보니 내담자는 자기가 괜찮은 사람으로 보이고 싶은가 봐요.

수련감독자: 내담자가 자신을 분노에 차 있는 부류의 사람으로 보이고 싶어 하지 않는다는 것이 상상이 되나요?

실습생 1: 아, 예. 실제로 내담자는 자기 어머니가 너무 까다롭고 동생들한테도 소리를 지르곤 한다고 비난했거든요.

수련감독자: 그래서 상담자는 내담자가 자기 어머니같이 화내는 사람으로 비쳐지는 것을 원치 않기 때문에 화제를 바꿈으로써 분노를 피하는 패턴을 지니고 있다는 생각을 하게 되었군요.

실습생 1: 네.

수련감독자: 실습생 2, 이해가 되나요?

실습생 2: 그럼요, 그런데 그 다음에 무얼 해야 할지는 잘 모르겠어요. 이 모든 것을 내담자에게 말해야 하나요? 아주 부담이 클 텐데요.

수련감독자: 그 점에 대해서는 선생님 말이 옳다고 생각해요. 부담이 클 겁니

다. 그래서 실습생 1은 그 문제에 대해 말을 할 때, 말을 부드럽게 시작할 필요가 있어요. 아마 내담자의 행동을 단순히 관찰하는 것만으로도 말이에요. 나중에 상담자가 이 내담자에 대해 좀 더 알게 될 때, 이러한 생각들을 토대로 해석을 할 수 있을 거예요.

실습생 2: 실습생 1이 내담자에게 화가 났는지를 묻자, 갑자기 화제를 바꾸었다는 의견처럼 말인가요?

수련감독자: 예. 어떻게 생각하세요, 실습생 1?

실습생 1: 할 수 있을 것 같아요. 그런데 룸메이트가 내담자 없이 외출한 것에 대한 이야기는 이미 끝난 일이라고 하면 어떡하죠?

수련감독자: 이 점에 대해 생각해 봅시다. 어떤 가능성이 있을까요?

실습생 2: [실습생 1에게] 아마 도전을 하고 내담자가 화가 나지 않았다고 했지만, 목소리는 화가 난 것처럼 들려서, 내담자가 과연 그 주제에 관한 이야기를 끝냈는지 궁금해진다고 말할 수는 있을 것 같아요.

수련감독자: 계속해 보세요. 두 사람 모두 가급적 많은 가능성을 제기해 보세요.

실습생 1: 글쎄요, 저는 내담자가 룸메이트에 대한 불만사항처럼 들렸던 것에서 칭찬으로 옮겨 갔다는 점을 지적할 수 있겠어요.

수련감독자: 그래요. 다른 것은 없나요?

실습생 2: 내담자에게 화내는 것이 어려운지를 물어볼 수 있을 것 같아요.

실습생 1: 예.

수련감독자: 이러한 아이디어들을 고려해 볼 때, 어떤 것이 가장 좋을 것 같으세요?

실습생 1: 글쎄요, 저는 내담자가 화내는 것에 문제가 있는지 알아본다는 아이디어가 맘에 드는데, 갑자기 묻는 것 같기는 하지만요.

수련감독자: 아마 여러분은 동일한 질문을 가설적인 방법으로 물을 수 있을 거예요. "룸메이트가 ○○씨만 남겨 놓고 외출한 것에 대해 화가 났다고 가정해 보세요. 그 점에 대해 말해 보실 수 있겠어요?"라고 말

할 수 있겠죠.

실습생 1: 아, 더 좋네요. 그렇게 말하니까 훨씬 덜 위협적인 것 같네요.

수련감독자: 어떻게 생각하세요, 실습생 2?

실습생 2: 저도 맘에 들어요. 그런 방법으로 하면 내담자가 실제로 느꼈던 것에 대해 논쟁을 벌이지 않고도 그 점에 대해 탐색할 수 있을 것 같네요.

수련감독자: 내담자가 처음에는 기분이 언짢아하지 않았다는 점을 기억하는 것이 도움이 될 겁니다. 분노에 관한 감정을 탐색할 수 있는 기회는 여전히 있으니까요.

이 대화의 예에서 수련감독자는 실습생들에게 내담자의 잠재적으로 저항적인 행동에 주목하도록 하였고, 이것의 가능한 의미와 근원을 탐색하도록 하였다. 또한 실습생들이 강구해 낸 아이디어들을 작업가설들working hypotheses로 확인시켜 주었고, 가능한 반응들을 브레인스토밍하도록 하였다. 그리고 나서 선택된 반응을 다시 말로 옮기는 방법을 제공하였고, 상황에 대해 반성해 보고 더 많은 아이디어를 구상해 보도록 하였다. 그리고 수련감독자는 필요한 경우에 전문가로서의 의견을 제시하였지만, 시간적 여유를 충분히 준 후에 제공함으로써 논의를 가로막는 잘못을 범하지는 않았다.

이로써 협력적인 방법으로 작업이 진행될 수 있었고, 실습생들의 기술 개발이 이루어질 수 있었다. 이때 수련감독 전략 2, 3, 5가 다른 것들과 병행하여 사용되었다.

전략 2. 상담자에게 내담자에 관한 가설을 제공하도록 한다.

전략 3. 적절한 개입방법을 확인한다.

전략 5. 구체적인 전략과 개입방법 이면의 근거를 설명한다.

수련감독자는 계속해서 실습생들의 상담실습 동영상 장면들에 대해 반응한다. 이 작업이 완료되면, 수련감독자는 또 다른 질문이 있는지 점검하고 나서, 수련감독 회기를 종료한다.

1–13 주 패턴 확인 · 작업가설 설정

강 의

세부목표

1. 내담자의 패턴 구분에 대해 소개하고, 예를 들어 설명한다.
2. 작업가설 설정에 대해 소개하고, 예를 들어 설명한다.

내담자의 패턴 소개

집단을 점검하고 저항에 관한 질문에 답한 후, 담당교수는 패턴에 관한 설명을 시작한다. 패턴patterns은 각 개인이 아동기에 습득할 수 있었던 대인간에 기능하는 어떤 습관적인 방식이고, 사람은 누구나 이런 패턴들을 가지고 있는 것으로 가정된다. 일단 누군가 내담자를 일정 기간(수년간의 경험을 가진 사람들에게는 보다 짧은 기간) 동안 만나게 되면, 정신역동적 접근에서 인지행동적 접근에 이르기까지의 상담이론들은 내담자의 행동과 사고에서 패턴을 파악할 필요가 있다는 점을 인정한다.

내담자 패턴을 인식하는 일은 그리 쉽지 않지만, 초심자들에게는 중대한 일이다. 쇼(Shaw, 1984)는 초심 인지행동주의자에게 목표행동이나 사고,

즉 수정될 필요가 있는 행동이나 사고 패턴을 확인하는 법을 가르치는 일은 그들에게 기본 치료기법을 가르치기보다 더 어렵다고 지적하였다.

담당교수는 학생들에게 그들이 내담자들에게서 발견해 온 패턴들을 적어 보도록 한다. 이때, 학생들에게 이 점에 대해 생각해 볼 수 있는 시간을 충분히 주는 것이 중요한데, 이 작업은 몇 분 정도 걸릴 것이다. 관찰된 내담자의 패턴들을 가급적 많이 적도록 한다. 학생들에게는 패턴에 대한 관찰은 작업가설이라는 사실을 상기시킨다. 이는 특정한 것이 아니라 보다 심층적인 관찰과 개입을 위한 기초역할을 한다.

작업가설 소개

작업가설은 보다 심층적으로 검증될 필요가 있는 내담자에 관한 일종의 이론이다. 담당교수는 매일매일의 생활에서 사용되는 작업가설의 예 몇 가지를 제시하고, 학생들에게 그들의 일상생활에서의 예를 들어 보도록 한다. 전형적인 예로는 자동차 운전을 하면서, 고속도로를 달리는 동안 혹은 강의 시간에 말하면서 설정하는 순간순간의 가설들이 포함된다. 그러고 나서 담당교수는 내담자에 관한 작업가설들을 제공한다.

집단 수련감독 실시

강의 시간의 후반부에 수련감독을 받아야 할 사례들이 있다면, 담당교수는 한두 명의 학생들에게 그들의 내담자들에 관하여 이야기를 하고, 상담실습 동영상을 보여 주게 한다. 학생들에게는 사례발표를 경청하면서 내담자들의 감정과 행동에서 패턴을 찾아보도록 한다. 이러한 패턴들은 작업가설들과 통합된다. 더 이상 보여 줄 사례가 없다면, 다음 연습 중 하나를 추가적인 학습을 위한 활동으로 제공한다.

연 습

1. 학생들은 수련감독 집단의 구성원들(동일한 사례들을 동영상으로 보아온 사람들)과 함께 모여서 강의 시간 혹은 수련감독 시간에 본 내담자에 관한 가설을 설정한다. 가설이 설정되면, 치료가 계속되어야 하는 경우에 가설이 치료 장면에서 어떻게 검증될 것인지에 대해 논의한다. 또한 가설이 정확한지의 여부를 어떻게 알 수 있는가에 대해 논의한다. 더 나아가, 내담자의 행동을 예견하는 데 부정확하다는 것이 입증되었을 때, 가설을 수정하는 방법에 관하여 논의한다.
2. 상담회기를 직접 관찰할 수 있게 하기 위해서 리더는 강의 시간을 조정하거나 모든 사람들을 수용할 수 있는 공간에 집단을 나누어 배정한다. 회기가 진행되면서 리더와 실습생들은 상담회기가 진행되는 동안 가급적 많은 수의 작업가설을 적어 본다. 그러고 나서 학생들에게 그들의 가설들에 대해 논의하게 하고, 가설이 그 이후의 상담회기에서 기각 또는 수용되었는지, 그리고 어떻게 그렇게 되었는지를 설명하도록 한다. 상담을 하기 전까지는 거의 검증될 수는 없지만, 이러한 방법으로 학생들은 여러 개의 가설들을 어떻게 설정할 수 있는가를 확인할 수 있다.

수련감독

세부목표

1. 실습생들이 내담자에게서 감정과 행동의 패턴을 확인할 수 있도록 돕는다.
2. 실습생들이 그들의 아이디어들을 가설적인 용어로 설정하는 것을 돕는다.
3. 실습생들이 회기에서 가설검증 방법을 개발하도록 격려한다.

실습생들의 상황을 점검한 다음, 수련감독자는 실습생 각자에게 차례로 자원 내담자와의 상담회기를 녹화한 동영상을 시청한다. 그런 다음, 수련감독자는 상담회기에서의 관계행동에 대해 잠시 논의한 후, 실습생들에게 내담자의 행동 및 감정 패턴에 관하여 가설을 설정해 보도록 한다. 그리고 실습생 모두에게 내담자 개개인의 과정에 대한 분석작업에 참여하도록 한다.

이때 수련감독 전략 2와 14가 적용된다. 그러고 나서 수련감독자는 과정 중에 전략 13을 사용할 수 있다.

> 전략 2. 상담자에게 내담자에 관한 가설을 제공하도록 한다.
> 전략 13. 실습생용 대안적인 개입방법이나 사례개념화를 제공한다.
> 전략 14. 실습생이 전략과 개입방법에 대해 브레인스토밍하도록 격려한다.

다음 장면은 이러한 과정을 한 내담자의 감정 패턴에 적용한 것을 예로 제시한 것이다.

대화의 예

수련감독자: 자, 우리는 내담자와의 관계 형성을 위한 노력에 대해 의견을 나누어 보았습니다. 실습생 1, 내담자에 대해 잠시 생각해 봅시다. 내담자의 삶을 거쳐 왔을 패턴들이 어떤 것들이 있다고 생각하나요? 반복해서 나타나는 감정은 무엇이고, 어떠한 양상으로 나타납니까?

실습생 1: 내담자의 목소리는 대부분 화난 것처럼 들려요.

수련감독자: 예. 다른 점은 없나요? 실습생 2?

실습생 2: 동감입니다. 내담자는 분노에 찬 청년처럼 보여요.

수련감독자: 그러면 실습생 1, 이 가설을 어떻게 검증하실 건가요?

실습생 1: 글쎄요, 저는 내담자의 분노감을 여러 차례 반영해 주었거든요.

수련감독자: 그러면 내담자가 어떻게 반응하나요?

실습생 1: 내담자는 항상 "아니요, 저는 단지 좌절감이 들 뿐입니다."라고 말하죠.

수련감독자: 선생님은 내담자의 말을 어떤 뜻으로 받아들이세요?

실습생 1: 내담자가 화는 나지만, 그것을 말하기 어려워한다는 생각이 들어요. 내담자는 자신이 화를 낸다는 사실을 인정하고 싶지 않은 것 같고요.

실습생 2: 예.

수련감독자: 그러면 그것이 두 번째 가설이군요. 즉, 이 내담자는 분노감 표현을 좋아하지 않거나, 적어도 인정하기 어려워한다는 것 말이에요. 실습생 1은 가설을 어떻게 검증할 작정이세요?

실습생 2: 글쎄요, 저는 이 점에 대해 직접 내담자에게 물어보고 싶지만, 내담자가 자신이 화를 낸다는 사실을 인정하고 싶어 하지 않을 거라는 점에 대해서는 효과가 있을지 잘 모르겠어요.

실습생 1: 예, 저는 그것보다 좀 더 미묘한 것이 포함되어 있다고 생각해요. 아마 저는 내담자가 화난 상태가 되고 싶지 않은 것 같다는 점이 눈에 띄었다고 말해 줄 수는 있을 것 같아요.

수련감독자: 그렇죠. 제대로 가고 있는 것 같네요. 그 생각을 계속 발전시켜 보세요. 여러분은 시간이 흐르면서 형성되어 온 패턴을 찾고 있다는 사실을 기억하세요.

실습생 2: 글쎄요, 내담자의 과거에 대해 물어볼 수 있잖아요. 그러니까 내담자 가족이 분노와 관련된 일을 했던 것 말이에요.

수련감독자: 좋아요, 계속하세요. 그것이 패턴을 확인하기 위한 한 가지 방법이겠네요.

실습생 1: 글쎄요, 저는 내담자 아버지가 항상 분노를 폭발시키곤 해서 내담자의 어머니와 형제들 모두 두려움에 떨었다는 사실을 알고 있는데,

아마 거기서 시작할 수 있을 것 같아요. 그렇지만 그것을 어떻게 해야 할지는 잘 모르겠어요.

수련감독자: 글쎄요, 내담자에게 단지 선생님이 알고 있는 것을 말해 보면 어떨까요?

실습생 1: 예, 저는 단지 "○○씨는 아버지가 가족들에게 자주 분노를 폭발시키곤 했다고 말했죠."라고만 말할 수 있을 것 같아요. 그리고 내담자가 인정하면, 저는 "○○씨는 아버지처럼 되고 싶지 않다고 말했고요. ……그것 때문에 ○○씨가 화를 내기 어려워하는 것 같아요."와 같은 말을 할 수 있을 것 같아요.

수련감독자: 괜찮은데요. 그러면 내담자가 어떻게 반응할까요?

실습생 1: [웃으며] 글쎄요, 내담자는 "실습생 1, 선생님 말씀이 맞는 것 같아요. 저는 그런 생각을 전혀 해 보지 못했네요!"라고 말할 것 같아요.

실습생 2: 실제로, 내담자는 그렇게 할 수 있을 거예요.

수련감독자: 그러면 선생님의 작업가설이 검증되겠군요. 하지만 내담자가 화난 목소리로, "저는 아버지와 같지 않아요. 저는 화가 나지 않거든요!"라고 말한다면, 선생님은 무엇을 발견하게 될까요?

실습생 1: 글쎄요, 그러면 저는 이것이 내담자에게는 현재로서는 감당하기 힘든 자극적인 주제라는 사실을 파악할 수 있을 것 같아요. 사람은 누구나 화날 때가 있잖아요. 그런데 내담자는 그렇지 않다고 주장한다면, 저는 내담자가 그것을 인정할 준비가 되어 있지 않다고 생각하겠죠.

수련감독자: 그럴 것 같군요. 또 다른 가능성은 없나요?

실습생 1: 저는 그러한 가설을 설정한 것에 대해 오히려 내담자가 저한테 화가 난다고 할 것 같아요. 이것은 아마도 내담자가 자신의 감정에 관한 질문을 일종의 공격으로 받아들인다는 의미가 될 수도 있겠죠.

수련감독자: 그러네요.

실습생들과 수련감독자는 이러한 맥락으로 행동패턴에서 떠오른 감정에 관한 탐색을 계속할 것이다. 가장 흥미를 끄는 것은 다양한 사람들 혹은 수많은 상황에서 떠오른 내담자의 패턴일 것이다. 내담자 한 사람의 패턴들이 탐색되었을 때에 국한해서, 수련감독자는 이어서 두 번째 실습생의 상담실습 동영상을 검토하면서, 두 번째 내담자에 관한 가설을 설정한다. 그리고 나서 다음 상담회기에 검증할 패턴들에 관한 가설들을 요약함으로써 수련감독 회기를 종료한다.

1-14 주 통찰경로: 교정적 정서체험

강 의

세부목표

1. 교정적 정서체험을 위한 기초로서, 패턴에 관한 가설을 도출하는 법을 가르친다.
2. 실습생들이 교정적 정서체험의 개념을 파악하도록 돕는다.

교정적 정서체험 개념 소개

통찰에 대해 토론한 후, 담당교수는 학생들에게 대인과정치료(Teyber, 2006)에 관하여 배운 것을 상기시킨다. 담당교수는 이 이론에 따르면, 변화는 상담회기의 '실험실laboratory'에서 일어나지만, 관계 밖의 상황에 일반화할 수 있다는 점을 상기시킨다. 치료자가 할 일은 과거에 다른 사람이 내담자와 상호작용했던 것과는 다른 방식으로 내담자와 상호작용하고, 그 과정에서 통찰을 독려하는 것이다. 이러한 상호작용을 '교정적 정서체험corrective emotional experiences'(Teyber, 2006)이라고 한다.

교정적 정서체험 개념 이해 도모

이 개념은 설명하기 어려우므로 실제 상담회기를 녹화한 동영상의 일부분이나 상업적인 영화의 일부분을 가지고 가르치는 것이 가장 좋을 것이다. 내담자와의 첫 만남을 극화한 두 장면은 〈보통 사람들Ordinary People〉과 〈굿 윌 헌팅Good Will Hunting〉에서 찾아볼 수 있는데, 결국 주인공은 실제로 도움을 줄 수 있는 치료자를 만나게 된다. 각 사례에서 치료자는 회기를 시작할 때, 흔히 기대되는 행동을 피함으로써 내담자와의 관계를 시작하게 된다.

곧이어, 강의 시간에 영화를 본 소감을 나눈다. 담당교수는 흥미로운 점은 교정적 정서체험이 내담자의 통상적인 도식schema에 제동을 가하면서도 효과를 내는 방식이라는 것을 설명한다. 각 접근은 내담자 개개인에게 개인화되는데, 이것 또한 대인과정치료의 핵심 개념에 속한다. 학생들은 구체적인 개입방법의 적절성에 대해서도 논의할 수 있다. 특정 개입방법들에 대해 깊은 관심을 가지고 있는 학생들도 있을 것이다.

집단 수련감독 실시

검토해야 할 상담실습 동영상이 아직 남아 있다면, 이에 대한 집단 수련감독이 이어진다. 담당교수는 사전에 강의 시간에 사례를 발표하는 학생들에게 통찰이나 교정적 정서경험이 포함된 장면이 있는지 알아본다. 이러한 장면들이 포함되어 있다면, 미리 준비할 수 있는 시간적 여유를 줄 수 있다는 점에서 도움이 된다. 그러나 이러한 일은 담당교수가 새로운 기술을 소개할 때, 수련감독과 함께할 수 있다. 실습생들은 때로 강의가 끝나고 나서야 무언가를 찾을 준비를 더 잘할 수 있게 된다. 다음 주 발표자들은 이번 주 주제에 관하여 발표할 수 있다.

연 습

1. 학생들을 3인 1조로 나눈다. 집단 구성원들은 각자 내담자, 상담자, 관찰자로 역할을 결정한다. 내담자 역할을 맡은 학생에게는 다음과 같은 내담자의 특성을 기술한 쪽지를 나누어 준다.

   > 당신은 평소에 매우 소극적인 성격이지만, 누군가가 지시를 하면 화가 나는 내담자입니다. 상담자에게 이러한 경우가 발생한 상황, 예를 들어 당신의 배우자와의 사이에서 있었던 일에 대해 말해 보세요. 그러고 나서 상담자에게 이 문제를 어떻게 처리해야 하는지에 대해 물어보세요.

   상담자 역할을 맡은 학생에게는 다음과 같은 지시사항이 적힌 쪽지를 나누어 준다.

   > 당신 앞에 있는 내담자는 반복적인 패턴을 가지고 있는데, 당신에게 이야기를 털어놓을 것입니다. 그러고 나서 내담자는 동일한 방식으로 당신과 상호작용할 것입니다. 당신이 해야 할 일은 교정적 정서체험을 창출하기 위해 다르게 반응하는 것입니다.

   상담자는 이 지시사항을 관찰자와 함께 읽는다. 관찰자는 역할연습을 하는 동안 메모할 준비를 한다. 역할연습이 끝나면, 관찰자는 두 사람에게 피드백을 제공한다. 이 연습이 강의 시간에 이루어진다면, 관찰자는 세 사람이 작성한 패턴과 교정적 정서체험에 대해 전체 수강학생들에게 보고한다.
2. 강의 시간이나 수련감독 시간에 실습생들은 자신의 수련감독 집단구성

원들과 만날 것이다. 실습생들에게 수련감독 집단에서 본 내담자에 대해 가설을 설정해보게 한다. 특히, 내담자가 치료자로부터 특정 반응들을 도출해 내는 방법을 고려하게 한다. 그러고 나서 교정적 정서체험에 대해 브레인스토밍한다. 브레인스토밍한 것에 대해 결론이 내려지면, 실습생들은 가능한 교정적 정서체험을 평가하고, 내담자가 무언가를 하고 상담자는 반응을 위한 기초로서 교정적 정서체험에 대해 반응하는 시나리오를 작성한다.

수련감독

세부목표

1. 교정적 정서체험을 명료하게 설명한다.
2. 실습생들에게 특정 내담자에 대한 교정적 정서체험을 고안해 보게 한다.

학생들의 상황을 점검하면서 수련감독 시간을 시작한 후, 수련감독자는 교정적 정서체험에 관하여 질문이 있는지 묻는다. 수련감독자는 다음과 같이 한정된 장면에서의 교정적 정서체험을 제공한다.

글상자 40. 교정적 정서체험의 예

고등학교 재학시절, 암스트롱이라는 영어 선생님이 계셨습니다. 그 선생님은 너무 엄격하셔서 학생들 모두 그 선생님을 무서워했답니다. 그런데 언젠가 그 선생님 수업 시간에 내가 울먹였던 적이 있었는데, 수업이 끝나자, 선생님께서 그것에 대해 물으셨습니다. 나는 선생님께 내 친한 친구의 아버지께서 National Geographic을 위한 프로젝트를 수행하던 중에 마조르카(Majorca) 상공을 비행하던 항공기에서 사라졌다는 소식을 듣게 되었다고 말씀드렸습니다. 엄격하셨던

암스트롱 선생님께서는 내게 너무나도 동정적으로 대해 주셨습니다. 나중에 안 사실이지만, 선생님께서도 내 친구 가족들을 알고 계셨고, 그날 오후 전화를 하셨답니다. 난 정말 깜짝 놀랐답니다. 그리고 그 후로, 나는 선생님에 대해 보다 편안함을 느꼈습니다. 물론 여전히 선생님으로서 요구사항이 많으셨지만요.

그러고 나서 수련감독자는 학생들에게 이와 유사한 교정적 정서체험을 한 적이 있었는지 알아본다. 실습생들은 1~2분 정도 생각해 본 다음, 자신이 겪은 교정적 정서체험 경험에 대해 이야기를 나눈다. 이러한 활동은 수련감독자가 실습생의 이해 정도를 평가할 수 있고, 명확하지 않은 점에 대해서는 다시금 상세하게 설명해 준다.

수련감독 시간에 더 이상 검토해야 할 진행 중인 사례가 없으면, 수련감독자는 이전에 설명했던 활동들 중 한 가지를 제시할 수 있다. 그러나 현재 진행 중인 사례가 있으면, 실습생들에게 그 사례에 대해 발표하도록 한다. 수련감독자는 실습생들에게 그들 모두가 교정적 체험을 위한 기회를 제공할 수 있는 대인패턴을 찾게 될 것이라고 설명한다.

대화의 예

[상담실습 동영상에서 내담자는 실습생 치료자가 내담자의 문제를 이해하지 못한다고 비난하였다. 실습생은 내담자의 문제를 이해하고 있다고 말하였으나, 내담자는 이에 굽히지 않았다.]

수련감독자: 여기서 잠깐 멈출까요? 방금 그 장면에 대해 생각해 봅시다. 내담자가 자주 마치 선생님이 내담자를 진정으로 이해하지 못하는 것처럼 행동하나요?

실습생 1: 예, 그리고 저는 항상 그렇게 대답하고요. 그리고 그렇게 말해도 소용없어요.

수련감독자: 그러면 이번이야말로 새로운 것을 해 볼 수 있는 기회네요. 이 점에 대해 어떻게 생각하세요?

실습생 1: 제가 아시아계 미국인이고, 내담자는 아프리카계 미국인이라서 그렇지 않을까요?

수련감독자: 선생님 생각은 어떠신데요?

실습생 1: 글쎄요, 저는 내담자와는 아주 달라요, 제 추측이지만요. 저는 LA 외곽에 위치한 샌 페르난도 밸리(San Fernando Valley)의 아시아계 미국인 중산층 집안 출신이고, 내담자는 LA 시내 중심부의 가난한 집안 출신이거든요.

수련감독자: 그러면 내담자가 어떤 입장에 처해 있고, 어떤 상황에 직면하고 있는지를 이해하고 있다고 생각하세요?

실습생 1: 글쎄요, 저는 그렇다고 생각했었는데 그렇게 물어보시니까 아닌 것 같기도 하네요.

수련감독자: 다른 사람들은 이 점에 대해 어떻게 생각하세요?

실습생 2: 글쎄요, 음, 저는 로스앤젤레스의 바리오(barrios, 역자 주: 미국 도시에서 스페인어를 일상어로 사용하는 사람들이 사는 지역) 출신의 라틴계여서, 제 경험은 여러분과는 아주 다를 것 같아요. 때때로 저는 여러분이 저의 삶이 어떤지에 대해 잘 모르고 있다는 생각이 들거든요.

실습생 1: 아이고! 저런, 미안해요.

실습생 2: 글쎄요, 사과할 필요는 없어요. 하지만 선생님이 좀 더 질문을 던지면 좋겠다는 생각은 들어요, 음, 그리고 조금 더 조심스럽게 접근해야 할 것 같고요.

수련감독자: 실습생 2, 궁금한 점이 있나요, 아니면 교정적이 될 만한 것들을 질문하는 방법에 대해 생각하고 있나요?

실습생 2: 글쎄요, 저는 선생님의 차이점을 인정한다는 말씀에 선생님께서 좀 더 개방적이라는 생각이 들어요. 상담자는 내담자가 내담자 자신 혹은 내담자의 삶을 진정으로 이해하지 않는다고 말할 때, "제가 이해하지 못할 수도 있겠네요. 보시다시피 저는 다른 배경을 가지고 있거든요."라고 말할 수 있다고 생각해요.

실습생 1: 우와, 그것도 한 가지 아이디어네요! 그렇지만 제가 그렇게 말한다면 부적절한 치료자처럼 보이지 않을까요?

수련감독자: 결코 그렇지 않을 거예요. 어떻게 모든 사람들의 배경에 대해 알 수 있겠어요? 선생님은 서로 다를 수 있다는 점을 인정하고 있잖아요. 상담자의 인정에 대해 내담자의 반응을 기다렸다가 확인해 볼 수 있겠죠. 그러고 나서 선생님은 이렇게 물을 수 있을 거예요. 즉, "글쎄요, ○○씨를 좀 더 잘 이해하려면, 제가 어떤 점을 알고 있어야 할까요?" 이러한 방식이라면, 선생님이 내담자의 문제가 무엇인가를 내담자에게 말해 주어야 하는 전문가가 될 것까지는 없을 것 같은데요. 선생님은 내담자를 이해하는 데 관심이 있다는 것을 보여주고 있으니까요.

실습생 2: 예, 그렇게 하면 훨씬 달라지겠네요.

실습생 3: 글쎄요, 내담자가 LA의 그 지역에서 오랫동안 살아왔다면, 내담자의 선생님들과 학교상담자들도 내담자를 결코 진정으로 이해하지 못했을 것이고 시도조차 하지 않았을 거예요. 도심지에서 근무하는 교사들은 때로 너무 지쳐 있어서 그저 권위주의자 노릇만 하게 되거든요. 그들이 모두 프랭크 맥코트(Frank McCourt)가 아니잖아요. 내담자는 분명히 머리가 좋고 학업에 대해 동기수준이 높을 거예요. 대학교에 진학했잖아요. 그렇지만 저는 내담자가 선생님 혹은 기타 권위 있는 인물들과의 그러한 경험을 해보지 않았나 궁금해요. 만일 경험을 해 보았다면, 이것은 실제로 교정적 체험이 될 거예요.

수련감독자: 제대로 된 아이디어를 가지고 있다는 생각이 드네요, 실습생 3. 실습생 1은 어떤 생각을 가지고 있나요? 다음에 이러한 문제가 대두된다면, 이렇게 하는 것에 대해 어떻게 생각하세요?

수련감독자는 상담실습 동영상을 보다가 강의 시간에 가르치기 위한 중요한 부분을 발견하였다(명백한 점은 실습생 모두의 회기에 교정적 정서체험에 관한 학습에 필요한 내용을 담고 있지는 않을 것이라는 사실이다.). 수련감독자는 내담자 이해에 대한 실습생의 감각에 관하여 알아보았고, 다른 실습생들에게 자신의 의견을 발표할 수 있는 기회를 제공하였다. 그 과정에서 수련감독자는 전략 13과 15를 적용하였다.

> 전략 13. 실습생용 대안적 개입방법이나 사례개념화를 제공한다.
> 전략 15. 실습생 내담자의 문제와 동기에 대해 논의하도록 격려한다.

끝부분에 수련감독자는 질문을 통해 학생들의 상황을 점검한다. 수련감독자는 실습생들에게 다음 주에, 학기말 평가를 위해 담당교수와 수련감독자를 만나게 될 것이라는 것을 상기시킨다. 과정에 대한 설명을 마치고, 수련감독자는 실습생들이 지금까지 배운 것과 다음 학기의 목표에 대해 생각해 보게 한다. 이 두 가지는 평가모임 때, 실습생들이 답해야 할 질문이기도 하다. 그러고 나서 수련감독자는 수련감독 회기를 종료한다.

1-15 주 학기 되돌아보기 · 실습생 평가

강 의

> **세부목표**
>
> 1. 이번 학기 과정에서 학생의 경험에 대해 논의 및 반성을 하게 한다.
> 2. 실습생들이 요청한 사안들에 대해 반응한다.
> 3. 내담자와의 첫 만남과 관련된 실습생들의 감정에 반응한다.

강의 시간은 한 학기를 되돌아보고 개인별 평가를 준비하는 데 사용된다. 학생들에게는 그동안 배운 점에 대해 이야기하도록 하고, 궁금한 점에 대해 질문하도록 한다. 담당교수는 학생들에게 이번 학기 동안 진행되어 온 내용들을 중심으로 과목에 대해 평가하도록 한다.

수련감독

세부목표

1. 과목 담당교수와 함께 실습생들에 대한 학기말 평가에 참여한다.

실습생들은 개별적으로 담당교수와 수련감독자와 만난다. 담당교수는 실습생에게 과정이 진행되는 동안의 경험에 대해 말해 보게 하고, 수련감독자와 함께 논의한다. 그러고 나서 수련감독자는 실습생들에게 자기평가를 하게 한다. 수련감독자와 담당교수는 실습생들의 평가에 대해 질문하고 피드백을 제공한다.

이 과정 다음에는 수련감독자와 담당교수의 평가 의견이 포함된 서면평가가 이어지는데, 추후 실습생들에게 나누어 준다. 실습생들은 평가서를 읽고 반응할 기회가 있다. 담당교수, 수련감독자, 그리고 실습생은 평가서에 서명한다. 이는 실습생이 평가서를 읽었다는 사실을 보여 준다. 그리고 수련감독자는 평가서가 실습생들의 체험과 일치하지 않는다면, 실습생들은 평가에 대해 이의제기를 할 수 있다고 설명한다. 실습생은 서명된 평가서를 보관한다.

끝으로, 수련감독자는 실습생들의 다음 학기 학습목표에 대해 알아본다. 이는 주어진 피드백에 근거할 수 있고 그렇지 않을 수도 있다. 담당교수는 실습생들이 담당교수와 수련감독자가 제공한 것을 잘 이해하고 있는지 확인하기 위해 점검하고 수련감독 회기를 종료한다. 평가와 함께 첫 학기를 마친다. 상담관계는 일 년 내내 지속적으로 초점이 되더라도, 다음 학기의 초점은 정식 사례개념화와 내담자와의 상담을 계획하고 내담자와의 상담을 사정하기 위해 변화이론을 활용하는 방향으로 옮겨 갈 것이다.

제 6 장

실습 2학기:
학생들의 사례개념화 기술개발

☐ 2-1 주. 사례개념화 · 변화이론

☐ 2-2 주. 접수면접

☐ 2-3 주. 형성평가 · 실행단계: 우리는 지금 어디에 있고 어디로 가고 있는가?

☐ 2-4 주. 실행전략: 문제명료화 · 목표설정 · 변화실행

☐ 2-5 주. 실행전략: 회기 내 활동 · 회기 간 활동

☐ 2-6 주. 내담자의 변화과정 이해

☐ 2-7 주. 상담의 특수 주제 1: 우울증

☐ 2-8 주. 상담의 특수 주제 2: 불안(아동에 초점)

☐ 2-9 주. 상담의 특수 주제 3: 자신 · 타인에게 위험한 내담자

☐ 2-10 주. 상담의 특수 주제 4: 강점기반상담

☐ 2-11 주. 상담의 특수 주제 5: 지역사회 위기 · 자연재해 상담

☐ 2-12 주. 상담의 특수 주제 6: 진로계획

☐ 2-13 주. 상담의 특수 주제 7: 사회적 기술

☐ 2-14 주. 상담의 특수 주제 8: 가족상담

☐ 2-15 주. 실습과정 되돌아보기 · 수련감독 종결

상담실습 2학기 동안 수많은 새로운 개념들이 소개된다. 학생들은 사례개념화하는 법을 배우며, 내담자와의 상담계획을 수립하게 된다. 1학기에는 수련감독의 많은 시간이 티칭 모드로 사용되는 반면, 2학기에는 보다 많은 시간이 컨설턴트 모드에 할애된다. 수련감독자는 실습생들과 사례개념화와 상담계획 수립을 위해 함께 노력한다. 바인더(Binder, 1993)가 강조한 것처럼, 상담 수련감독은 상담자가 자신의 학술적 · 선언적 지식을 전문적 능력에 필요한 실천적 지식으로 옮기는 기회를 제공한다.

이 시점에서 실습생들은 자원 내담자와 지역사회 내담자들을 만나게 된다. 그러므로 수련감독 시간은 상담사례에서 발생하는 사건들의 영향을 받게 된다. 새로우면서도 평형상태를 깨뜨리는 경험들이 실습생들에게 생기면서 수련감독자는 임상적 관찰자와 상담전문가로서 실습생들의 성장을 촉진하기 위해 고급전략을 적용하기도 한다. 따라서 여기서는 실습 수련감독자로서 고급 수련감독과 사례개념화(제4장)에 관한 논의를 검토하는 것이 도움이 될 것이다.

사례개념화 모형 소개에 앞서, 담당교수와 수련감독자들은 학생들이 적용하고자 하는 인간 변화이론에 초점을 맞춘다. 실습생, 수련감독자, 그리고 담당교수는 인간 변화이론들을 이번 강좌에서 다룰 이론적 접근으로 통합하기 위해 함께 노력한다. 또한 기존의 상담이론에 주의를 기울이면서, 사례계획과 상담회기에 대해서도 검토할 수 있다.

학생들에게는 내담자에 관하여 필요한 정보가 무엇인지, 그리고 그것을 상담에 어떻게 활용하는지에 대해 알아본다. 그런 다음, 그 결과를 제4장의 사례개념화 모형에 통합한다. 학생들은 임상면접, 내담자의 과거사와 문화적 배경, 그리고 형식적 평가 자료들을 내담자에 대한 큰 그림을 그리는 것에 통합하는 법을 배우게 된다. 대학원과 실습기관에 따라서는 여기에 형식적 진단formal diagnosis을 추가시키기도 한다.

나는 우리 훈련 클리닉의 특징을 나타내는 예들과 함께 학생들이 정식 면접을 수행할 수 있게 하는 내용을 포함시켰다. 이 책의 사용자들은 이러한 강의 내용이 훈련 프로그램과 실습기관에 부합되는지 결정해야 할 것이다. 우리 대학원 과정에서는 학생들이 정신장애진단통계편람Diagnostic and Statistical Manual of Mental Disorders, Text Revision, DSM-IV-TR(American Psychiatric Association, 2000)에 따라 형식적 진단을 내릴 수 있도록 가르친다. 그리고 나는 그 과정을 여기에 포함시켰다.

그러나 형식적 진단을 사용하지 않는 상담 프로그램에서는 이 부분을 포함시키지 않아도 된다. 이러한 모든 정보가 마련된 상태에서 학생들은 주어진 상담자의 특성, 내담자, 윤리적 고려사항, 그리고 시간제한 상황에 따라 독자적인 인간 변화이론을 도출해 내어 내담자를 위한 적절한 상담계획을 수립하게 된다.

사례개념화 단원에서 이번 학기의 첫 번째, 두 번째, 아홉 번째 그리고 마지막 시간을 제외하고, 매 강의 시간마다 시사적인 주제에 관한 강의(90분)와 학생 사례발표(60분)를 실시한다. 실습생 개개인은 주중에 수련감독자를 만난다. 이번 학기에 실시되는 개인 수련감독 회기는 실습생들의 개인 상담 사례와 관심에 대해 적절한 시간을 할애하고 주의를 기울일 수 있는 시간으로, 집단회기와 번갈아 가며 진행된다. 모든 수련감독 회기에는 실습생들의 사례발표가 이루어진다.

지속적으로 진행되는 사례들은 모형에 따라 개념화되고, 필요에 따라 재개념화된다. 실습생들의 상담실습이 그들의 이론이 통상적인 상담 과정에서 강조되는 기존의 주요 이론들과 일치되도록 돕기 위해 모든 노력이 동원된다. 실제 수련감독 상황에서 발췌한 대화의 예들은 이 과정을 촉진하기 위해 사용되는 반성적 탐구를 구체적으로 제시하고 있다.

실습생들의 사례발표는 수련감독 시간의 가장 많은 부분을 차지한다. 수련감독자는 실습생들에게 일정한 범위에 해당되는 적절한 피드백을 제공하는데, 이때 초급 및 고급 수련감독 전략 모두를 결합시킨다. 회기의 또 다른 부분은 강의 시간에 제시된 새로운 개념들을 탐색하기 위한 교수 전략의 사용에 초점이 맞추어진다. 수련감독자는 실습생들이 이러한 개념들을 잘 이해하고 있는가를 확인한다. 그러고 나서 실습생들이 그 모형을 현재 상담 중인 내담자들에게 적용해 보도록 한다. 실습생들은 일반적으로 다음과 같은 순서로 사례발표를 한다.

글상자 41. 수련감독에서의 사례발표 절차

1. 사례를 소개한다.
2. 내담자에 관한 새로운 정보를 설명한다.
3. 상담회기에서 상담자의 의도를 밝힌다.
4. 치료에서 가장 좋았던 부분과 도움이 필요한 동영상 부분을 미리 선정하여 보여 준다.

물론 수련감독자가 무작위로 한두 장면들을 선택하는 것 역시 도움이 된다. 상담회기는 계속될 것이고, 상담회기를 마칠 때마다 즉각적으로 피드백이 제공될 것이다. 그러나 수련감독자들은 시간과 시설이 허락되는 한, 한 학기에 적어도 한 번은 한 회기 전체 동영상을 시청할 것이 권장된다. 수련감독자는 실습생들의 상담회기를 검토할 때, 수련감독 전략 22(한 회기에서 실습생의 의도를 탐색한다)를 사용한다.

첫 학기에 수련감독 회기는 강의 시간 내에서의 발표class presentation와 밀접하게 연결되어 있다. 그리고 지침서에 나와 있는 수련감독 회기와 유사한 시나리오를 제시하는 것은 쉽다. 이번 학기에는 이러한 작업의 많은 부분들이 실습생들의 내담자 상담에 맞추어진다. 매주 수련감독을 위해 제시되는 대화의 예는 그 주의 강의 내용과 연관성이 있다. 이러한 상황들은 상담과정에서 흔히 접할 수 있는 것들이다. 대화의 예는 상담의 실제에서 직면하게 되는 임상적·윤리적 딜레마를 그려 내고 있다. 수련감독 회기에서의 대화들은 현재의 사례분석에서 사례개념화 모형을 적용하고 있는 것들이다.

대화의 예에서는 구체적인 수련감독 전략들을 사례 수련감독에서 해당 주의 주제에 적용하는 것을 실제로 보여 주고 있다. 수련감독자는 학생들의 아이디어와 상담의 실제 사이의 관계에 대한 학생들의 이해를 돕기 위해 제1장과 제2부의 서론 부분에서 다루었던 반성적 탐구를 토대로 사례에 관한 논의를 진행한다. 내담자에 관한 정보, 변화이론, 그리고 개인 변화전략들은 상담회기에서 내담자에 대한 상담 결과에 따라 수정된다.

학생들은 이번 학기에 행동에 초점을 맞춘 이론적 개념과 기술에 대한 소개를 마무리 짓는다. 강의 2-7부터 2-14는 우울(2-7), 불안(2-8), 자살 혹은 살해 위협(2-9), 상담의 기초로서의 강점(2-10), 위기 및 재난 상황(2-11), 진로계획(2-12), 사회기술 결핍(2-13), 그리고 가족에 대한 관심사(2-14)를 소개하는 것에 초점을 맞추고 있다. 이러한 주제에 관한 강의 시간에는 다양한 이론적 접근들에 대한 논의와 실습이 이루어진다. 이러한 방식으로 학생들은 다양한 이론적 관점에서 사례를 개념화하고, 임상장면에서 자주 제시되는 장애들의 치료에 적절한 개입방법들을 습득하게 된다.

2-1 주 사례개념화 · 변화이론

강 의

세부목표

1. 학생들의 가치관의 맥락에서 개인적인 변화이론을 탐색한다.
2. 학생들 개개인의 변화이론과 기존의 상담 이론들을 소개한다.
3. 사례개념화 모형을 소개한다.
4. 내담자와 상담에서 제시된 문제(들)에 관한 정보수집 방법을 배운다.

이번 강의 시간은 특별히 강의만으로 채워진다. 그래서 담당교수와 수련감독자는 각 주제에 할당된 시간에 주의를 기울여야 한다. 담당교수는 학생들에게 학기의 첫 과제를 부과함으로써 강의를 시작한다.

학생들의 변화이론 탐색

강의를 시작하면서 담당교수는 학생들에게 그들의 삶의 철학과 사람이 어떻게 변화한다고 믿는지에 대해 알아보고, 변화에 대한 신념을 글로 작성하도록 한다. 담당교수는 또한 칠판에 '변화이론Theories of Change'이라는 제목을 쓰고는 학생들에게 변화에 관한 기본 가정을 쓰도록 한다.

다음으로, 담당교수는 학생들이 누군가의 변화를 돕기 위해 수행하였던 경험을 생각해 보도록 한다. 학생들이 도움을 제공했던 사람들로는 이전 내담자, 친구, 동료 혹은 가족 구성원들이 포함될 것이다. 담당교수는 학생들이 행한 것들을 알아보고, '실제Practice'라는 제목을 쓰고 도움을 준 행동을 적게 한다. 학생들에게 이 모든 일을 하게 한 것이 무엇인지에 대해 알아보고, 그들의 이론이 실제와 어떻게 일치하고 어떻게 일치하지 않는지를 주의 깊게 살펴보도록 한다.

학생들의 변화이론과 기존 이론과의 통합 모색

논의가 끝나 가면서, 담당교수는 학생들에게 실습과정에서 사용된 변화이론에 관하여 질문한다. 학생들에게는 그들의 개인적인 변화이론들을 이 과정에서 공부한 기존의 주요 이론과 통합하기 위한 방법을 찾도록 한다. 이러한 방법으로 학생들은 상담에 관한 선언적 지식을 내담자와의 실제 상담에서 사용하는 실천적 지식과 통합할 수 있게 된다. 이 작업은 강의 시간의 1/3 정도 걸릴 것이다. 나머지 2/3는 사례개념화에 관한 논의에 투입되도록 하는 것이 중요하다.

사례개념화 모형 소개

강의 시간 후반부에, 담당교수는 학생들에게 제4장에서 설명한 사례개념화 모형을 소개하고, 모형의 개요(〈표 3〉 참조)를 설명한다. 만일 담당교수가 특정 사례를 염두에 두고 있다면, 학생들에게 영화나 대화의 예로 제시하는 것이 도움이 된다. 담당교수가 강의를 진행해 나가게 되면서 학생들은 임상면접, 형식적 사정formal assessment, 삶 속에서 내담자가 받은 다른 사람들에 대한 인상, 내담자 자신, 그리고 내담자의 현재 관심사를 파악하기 위한 면접자의 내담자에 대한 개인적 반응 등으로부터의 정보를 통합하는 법을 습득하게 된다. 담당교수는 내담자의 호소문제와 대인세계에 관하여 언급함으로써 시작한다. 특히, 담당교수는 학생들이 내담자의 대인순환패턴Interpersonal cyclical patterns(Levenson & Strupp, 1997) 사정을 돕는다.

글상자 42. 내담자의 대인순환패턴 사정을 위한 질문의 예

1. 내담자는 세상의 다른 사람들을 어떻게 지각하고, 경험하며, 행동하는가?
2. 내담자는 다른 사람들이 어떻게 반응할 것으로 기대하는가?

3. 다른 사람들은 어떻게 행동하는가, 혹은 내담자에게는 어떻게 행동하는 것으로 지각되는가?
4. 내담자는 스스로를 어떻게 취급하는가?

학생들이 이러한 질문들과 씨름할 때, 수련감독자는 그들의 상상력을 발휘하도록 독려한다. 담당교수는 학생들에게 이러한 과정을 거치게 되면서 내담자의 패턴에 대한 이해의 정도가 자연스럽게 쌓이게 될 것이라고 말한다. 이 시점에서 학생들이 다소 부담감을 느낄 수 있으므로, 담당교수는 학생들에게 특정 내담자를 염두에 두고 이러한 질문에 대한 답변을 해 보도록 한다. 여기서 내담자는 실제 내담자이든 상담연습을 위한 파트너이든 상관없다.

내담자에 관한 정보수집 방법 소개

그리고 나서 담당교수는 문제발달에서의 인구통계학적 변인, 개인사 및 가족사, 그리고 사회적 요인들의 역할에 대해 간략하게 언급한다. 이어서 담당교수와 수강학생들은 내담자의 강점과 자원에 관하여 논의한다. 내담자와 관련된 사안들을 언급할 때, 이러한 중요 요인들에 대해 논의하는 것만으로도 내담자의 자존감을 높여주고 희망을 북돋아주게 된다.

내담자와의 초기 접촉방법 소개

작업가설들에 대한 검토를 마친 후, 담당교수는 내담자와의 초기접촉initial contact에 관하여 언급한다. 이때 담당교수가 대화의 예에 나오는 내담자에 대한 가설 설정과정을 지속적으로 참조한다면, 학생들로서는 이해하기가 보다 쉬워질 것이다. 담당교수는 초기 상담계약을 체결하는 데 포함되는 목표설정goal setting과 치료계획treatment planning과 같은 결정지표decision points에 대해 상세히 설명한다. 또한 이 사례에 목표설정 전략을 적용하는 것에 대해 실례를 들어 설명한다.

담당교수는 내담자의 목표가 내담자의 가치관, 치료자의 가치관, 그리고 소속기관의 가치관과 반드시 윤리적으로 일치해야 한다는 점을 강조한다. 예를 들어, 한 남성이 죄의식을 제거하여 부하 직원들을 마음 편안하게 유혹할 수 있게 되는 것을 유일한 목표로 설정하였다면, 클리닉은 이 남성의 치료를 거부할 수 있다.

시간적인 여유가 있으면, 임상적 관찰과 내담자를 이해하는 방향으로의 개인적 인상impression 실습에 관한 동영상을 시청하는 시간이 추가될 수 있다. 담당교수는 학생들에게 형식적 평가방법, 혹은 가능한 경우, 기타 보고서들이 추가정보를 제공할 수 있는지 고려해 보게 한다. 이러한 논의는 내담자에 관한 정보를 다양한 자원으로부터 수집하는 방법의 학습을 위한 서론에 해당된다.

연 습

1. 학생들은 3인 1조로 나뉘어 각자의 변화이론에 대해 논의한다. 학생들은 각자 사람들이 어떻게 변화한다고 생각하는지에 대해 서로의 의견을 나눈다. 여러 의견들 중에서 학생들은 한 번에 각자의 의견들을 다루고, 기존의 주요 이론적 접근들을 토대로 각자의 이론에 명칭을 붙이는 작업을 서로 돕는다. 그러고 나서 각자의 이론이 내담자에게 얼마나 효과적으로 적용될 것으로 생각하는지 논의한다. 만일 실습생들이 강의를 수강하는 중이라면, 연습을 마칠 무렵에 다시 모여서 전체 집단 구성원들에게 다시 보고한다.
2. 학생들은 수련감독 집단의 다른 구성원들을 만나서 모든 구성원들이 본 적이 있는 내담자에 대해 논의한다. 학생들은 앞서 소개한 네 가지 질문과 답변을 통해, 사례개념화 모형의 대인패턴을 확인한다. 만일 학생들

이 강의를 수강하고 있는 경우에는 연습이 끝날 무렵에 전체 집단에서 각자의 아이디어를 발표한다.

집단 수련감독

세부목표

1. 실습생들이 학기 목표를 명확하게 이해할 수 있도록 돕는다.
2. 실습생들이 자신의 변화이론을 명확하게 이해할 수 있도록 돕는다.
3. 실습생들이 사례개념화 모형을 과거 혹은 현재 사례에 적용할 수 있도록 돕는다.

수련감독자는 전략 11을 사용하여 실습생들의 상황을 점검하는 한편, 서로 자신의 학기 목표에 대해 이야기를 나누도록 한다(10~15분). 이 논의에서 실습생들은 지난 학기 말에 세웠던 목표에 대해 이야기를 나눈다.

전략 11. 실습생이 개인 역량과 성장을 위한 영역을 설정하는 것을 돕는다.

수련감독자는 실습생 개개인에게 방학 동안 반성을 통해 어떤 방식으로 목표가 수정되었는지 알아본다. 실습생들은 목표달성에서 서로에게, 그리고 수련감독자에게 바라는 것이 무엇인지에 대해 반응하고 설명한다. 이는 실습생들이 현재 염두에 두고 있는 내담자에 대해 언급한 과업, 즉 목표설정과 목표달성에 관한 것들을 생각해 볼 수 있게 한다. 회기의 다음 부분을 진행하는 동안(실습생 1인당 15분 이내로), 수련감독자는 전략 9를 적용하여 실습생들의 변화이론들을 탐색한다.

전략 9. 구체적 기법이나 개입방법에 관한 실습생의 감정을 탐색한다.

수련감독자는 실습생들에게 이론의 발달, 그리고 특히 그들의 이론에 영향을 미친 개인의 가치관과 경험에 관하여 알아본다. 실습생들은 자신의 변화이론이 상담실습 과정에서 사용된 이론적 접근과 부합되는 방식과 부합되지 않는 방식을 함께 탐색한다. 여러 측면에서 볼 때, 이는 한 주 동안 강의실에서 다룬 교과내용을 개인화하고 상세하게 확장한 부분이다.

대화의 예

수련감독자: 강의 시간에 여러분의 삶의 철학과 변화에 관하여 글로 작성해 본 것으로 알고 있습니다. 이제 그것에 관해서 이야기를 나누어 볼까요?

실습생 1: 글쎄요, 우선 삶의 목적에 관한 제 생각에 대해 이야기했어요. [웃으며] 음, 그냥 조그만 주제라고나 할까? 그렇지만 음, 삶의 목적에 관하여 생각하면 우리가 세상을 더 살기 좋은 곳으로 만들어야 할 것 같고, 글쎄요, 더 나은 삶을 영위하기 위해서는 운이 별로 없는 사람들을 도와야 한다는 생각이 드네요.

수련감독자: 그러한 점과 이 전공 영역에 발을 들여놓기로 선택한 것과 관련이 있나요?

실습생 1: 네. 조금은요. 저는 고등학교 교사였거든요. 음, 저는 미국 역사를 가르쳤는데, 나름 이상주의자였었어요. 제가 세상을 바꾸려고 했고, 마찬가지로 많은 학생들을 도왔다고 생각했어요. 그런데 저는 심한 좌절을 겪게되면서, 남북전쟁Civil War보다는 학생들의 삶에 관한 이야기를 나누는 데 시간을 많이 보냈던 것 같아요. 음, 그 후에 저는 뉴욕으로 건너가서 동부 할렘(East Harlem)에서 잠시 교직을 그만

두었죠. 글쎄요, 미국 역사에 관하여 가르친다는 생각이 너무 어리석은 것처럼 보였거든요. 음, 학생들에게 중요한 영향을 끼칠 수 있을 것처럼 보였던 유일한 방법은 한 번에 한 사람과 함께하는 것이라는 생각이 들었어요. 음, 그래서 그때 저는 한 번에 한 사람씩 도울 수 있게 되기 위해서는 돕는 것에 관해서 더 많이 공부해야 한다고 생각했고, 그것이 바로 제가 지금 여기 있게 된 계기죠.

실습생 2: 우와! 저는 실습생 1이 그런 일을 했다는 사실을 몰랐네요.

수련감독자: 흠. 이것에 관해서 많은 생각을 한 것 같네요.

실습생 1: 네.

수련감독자: 그러면 사람들이 어떻게 도움을 받는다고 생각하나요? 다시 말해서, 사람들의 삶에서 어떻게 변화가 일어날까요?

실습생 1: 글쎄요, 이거 너무 어려운데요. 저는 사람들이 자신의 삶을 바라볼 수 있는 동기와 기회를 가져야 한다고 생각해요. 음, 제 말은, 만약 동부 할렘에 산다면 오랫동안 아버지를 볼 수 없고, 어머니는 부유한 집의 청소 같은 일을 정말 열심히 하면서 사는 것을 보게 될 거예요. 어떻게 하면 더 나은 삶을 살 수 있는가를 모른다는 거죠. 그러니까 사람들이 더 나은 삶을 위해 무엇인가를 할 수 있는 것처럼 보이지 않는다는 거죠. 그래도 어떤 사람들은 그렇게 하기도 하지만요.

실습생 2: 네, 그런데 상담이 그것과 관련이 있다고 생각하나요?

실습생 1: 저는 그 부분에서 아주 혼란스러워요. 음, 어떻게 그런 사람들을 상담으로 끌어들이죠? 그렇지만 선생님이 그렇게 했다고 하죠. 그건 아마 그 사람들을 존중하고 이해하고 판단하지 않는 것이 포함되겠죠. 수용하는 것 말이에요. 그러면 아마 그 사람들은 자신의 삶과 관련해서 원하는 것을 생각할 수 있을 거예요. 그렇게 되려면, 어떻게 해야 할까요? 음, 잘 모르겠어요. 만일 사람들과 새로운 경험을 한다면, 그러한 것들에 접근하는 방식을 변화시킬 수 있다고 생각해요.

수련감독자: 글쎄요, 선생님의 삶에 대해 잠시 생각해 봅시다. 삶에서 아주 큰 변화를 겪어온 것 같은데, ……진로를 바꾸었고, 이혼을 하고, 재혼을 하고……. 선생님도 마찬가지로 한 사람으로서 변화해 왔다고 생각하나요?

실습생 1: 글쎄요, 기본 가치관의 관점에서는 그렇지 않아요. 그렇지만 많은 변화가 있었다고 생각해요. 이제 저는 평소 생각했던 것보다 더 능력이 있다고 믿고 있거든요.

수련감독자: 그러면 무엇 때문에 그런 차이가 나게 되었다고 생각하나요?

실습생 1: 심리치료를 좀 받았거든요. 그래서 저는 삶과 저 자신에 대한 가족의 생각이 무엇이었는지, 그리고 그것이 나 자신에 대한 나의 관점에 어떻게 영향을 미쳤는지를 볼 수 있었죠. 음, 그리고 나서 대학에 일자리를 구하게 되었고요. 시내에서 조금 떨어진 곳에 위치한 대학이었거든요. 그리고 버크넬(Bucknell)에서 근무하던 사람들은 제가 꽤 능력이 있다고 생각했었나 봐요. 제가 특별히 한 영역에서 능력을 인정받은 것은 정말 처음이었던 같아요. 음, 그리고 저는 제가 생각하는 것보다 더 많은 것을 할 수 있다는 생각도 하게 되었고요. 대학원에서도 성공적이었고, 결국 더 큰 영향력을 갖게 되었잖아요. 모르겠어요. 그 후에는 아주 모호해졌으니까요.

실습생 2: 그러고 보니까 지금 이러한 이야기는 선생님이 전에 말했던 것과 잘 들어맞네요. 말하자면, 선생님 가족이 선생님을 바라보는 방법과는 다른 방식으로 사람들이 선생님을 수용하고 존중해 주었군요.

실습생 1: 예, 그리고 저의 가족이 저한테 어떻게 영향을 미쳐 왔는가를 제가 볼 수 있게 되었다는 것도 아주 중요했죠.

수련감독자: 그래서 선생님의 개인사를 아는 것과 현재 존중받는 것, 둘 다 변화를 위해 중요하군요.

실습생 1: 네. 음, 적어도 저한테는요.

수련감독자: 그러면 강의 시간에 배웠던 이론에 대해 생각해 볼 때, 어떤 이론

이 변화에 대한 선생님의 생각에 가장 근접한다고 생각하나요?

실습생 1: 글쎄요, 정신역동치료psychodynamic therapy와 사람중심치료person-centered therapy의 결합이라고 할 수 있지만, 음, 확실히 엘리스(Ellis) 쪽은 아닌 것 같아요[웃는다.].

수련감독자: 음, 사람중심치료자들은 정신역동치료자들과 매우 다르다고 생각하거든요. 그것이 로저스가 시작한 방법이잖아요. 그렇지만 선생님은 둘 다로부터 도출하는 것에 대해 말하고 있네요. 흥미롭게도, 우리가 올 한 해 동안 다루어 왔던 상호작용 과정과 일치하는 것 같네요.

실습생 1: 예, 글쎄요, 과거를 이해하는 것이 아주 중요한데, 현재를 수용하는 것 역시 마찬가지로 중요하잖아요.

실습생 2: 저도 동감이에요. 음, 그리고 현재 일어나는 것에 대해 이야기하는 것도 그렇고요.

수련감독자: 선생님이 선호하는 이론대로 적용하려면, 상담실습에서 무엇을 실행해야 할까요?

실습생 1: 글쎄요, 주의 깊게 경청하고, 공감적으로 반응해야겠죠.

실습생 2: 우리가 일 년 내내 공부한 거잖아요.

수련감독자: 그래서 여러분이 상담하는 것을 지켜볼 때, 여러분의 변화이론을 기억할 필요가 있답니다. 여러분의 의도를 알면, 여러분이 상담하는 것이 여러분의 변화이론에 부합되는지를 알 수 있거든요.

실습생 1: 예[웃으며]. 그렇지만 저한테는 너무 심하게 하지는 마세요!

수련감독자: 아녜요. 여러분은 내담자에게서 새로운 정보를 수집하게 되면서, 아니면 변화이론이 효과가 없다는 사실을 발견하게 된다면, 변화이론을 수정할 필요가 있다는 것을 알게 될 것입니다. 얼마 후에는 완전히 다른 이론으로 바꿀 수도 있겠죠. 그렇지만 당분간은 내담자와 함께 행동하는 데 필요한 것이 무엇인지에 대한 감각이 생길 겁니다.

이 대화의 예에서 수련감독자는 실습생들에게 개인적인 변화 체험에 대해 생각해 보도록 하고, 다른 실습생을 논의에 참여시켰다. 이론에 관한 논의를 마치고, 수련감독자는 실습생의 탐색을 지지하였다. 그리고 나서 수련감독자는 계속해서 두 번째 실습생에게 그 연습을 반복하였다. 수련감독 회기 후반부에 수련감독자는 전략 19를 사용하여 사례개념화에 관한 논의에 초점을 맞춘다.

전략 19. 실습생의 사례개념화를 돕는다.

실습생들에게 강의시간에 나누어 준 사례개념화에 관한 자료에 대해 질문이 있는지 알아본다. 그리고 나서 수련감독자는 실습생들에게 오늘 사례개념화를 할 때 보았던 사례 한 가지를 고르게 한다. 실습생과 수련감독자는 마치 계속 진행되는 사례처럼 사례개념화 모형을 내담자에게 적용한다. 실습생은 가능한 정보자원과 내담자의 주요 호소 문제를 검토한다.

대화의 예

[이 상황에서는 3회기째 상담을 받고 있는 대학생 자원내담자 사례에 사례개념화 모형이 적용되고 있다. 이 장면에서 실습생들은 문제의 성격을 탐색한다.]

실습생 1: 우린 제 내담자 토니(Toni)로 정했어요. 남자친구와의 동거 여부를 결정하려는 여성 말이에요.

수련감독자: 그러면 제 기억으로는, 선생님은 내담자가 그렇게 해도 되는지, 아니면 해서는 안 되는지에 대해 강한 도덕적 신념이 없었죠. 이러한 점이 이 문제에 관한 상담에 방해될 수도 있었겠네요.

실습생 1: 맞아요.

수련감독자: 좋아요. 자, 그럼 연습을 위해서 선생님이 내담자에 대한 상담

을 계속할 거라고 상상해 보겠습니다. 첫 3회기는 도입부이고, 이제 좀 더 꼼꼼하게 사례를 공식화하는 작업을 함께 하고 있습니다.

실습생들: 좋아요.

수련감독자: 정보 자원을 제공하는 것으로 시작해 볼까요?

실습생 1: 글쎄요, 제가 가진 것이라고는 내담자가 제게 말한 것, 아니면 내담자가 회기 중에 제게 보여 준 것이 전부예요. 일련의 임상면접이라고 할 수 있겠죠.

수련감독자: 선생님은 내담자가 선생님에게 말하고 보여 준 정보를 가지고 있군요. 그렇지만 내담자에 대한 선생님의 반응과 가설도 있잖아요.

실습생 1: 아, 예, 맞아요. 저는 여전히 제 반응을 자료로 생각하지 않는 것 같네요.

수련감독자: 좋아요. ……그걸 터득하는 데도 시간이 걸리잖아요. 선생님 자신의 반응에 좀 더 주의를 기울여 보세요. ……내담자의 관심사에 대해 말해 보시겠어요.

실습생 1: 글쎄요, 내담자는 지난 봄부터 이 남자친구와 사귀어 왔거든요. 남자친구는 내년에 내담자와 동거하고 싶어 하는데, 내담자는 어떻게 할 것인지 결정할 수 없는 상태이고요.

수련감독자: 오케이. 그러면 내담자가 그것에 대해 이야기하려고 지금 찾아온 이유는 무엇이죠?

실습생 1: [웃으며] 내담자가 수강하고 있는 과목 중에 상담 경험을 해야 학점을 받을 수 있는 과목이 있었거든요.

수련감독자: 그랬군요. 그러면 이것이 내담자가 지금 당장 이야기하고 싶어 하는 것이라고 결정했군요.

실습생 1: 아, 예. 글쎄요, 지금 생각해 보니까 내담자의 남자친구가 몇 달 전에 동거하자고 제안했으니까, 내년을 계획하려면 앞으로 6주 이내에 결정을 내려야겠네요.

수련감독자: 그래서 마음이 조급해졌군요. 내담자는 이 문제에 대해 선생님

에게 뭐라고 하던가요?

실습생 1: 처음에는 독립성을 잃을까 봐 염려된다고 하더니, 남자친구와 동거하게 되면, 친구 만나는 일이나 재미있게 하던 일을 그만두어야 할 수도 있다는 점을 걱정하는 것 같았어요.

수련감독자: 좋아요. 다른 것은 없나요?

실습생 1: 내담자가 두 번째 왔을 때, 그 점에 대해 생각해 보았고, 남자친구에게 말해 보기로 했는데, 남자친구는 동거하게 되더라도 내담자의 생활은 그대로 유지해도 된다고 격려해 주었다고 했어요. 그래서 내담자는 그 말을 듣고 기분이 좀 나아진 것 같았고요. 하지만 다시 저를 찾아오기 전에, 내담자는 한밤중에 가슴이 너무 심하게 뛰어서 잠을 깼고, 그 다음 날 건강센터에 갔었다더군요. 검사를 마치자마자 센터를 나왔는데, 심장에는 아무런 이상이 없지만, 무언가에 대해 심각하게 걱정하고 있을 수 있다는 말을 들었다나 봐요. 그 말 때문에 내담자는 독립성보다도 더한 것이 있다는 생각이 들게 되었고요.

수련감독자: 예, 그렇게 생각할 수 있어요. 그러면 내담자는 어떤 생각을 했을까요?

실습생 1: 내담자는 몰랐겠지만, 탐색해 보고 싶을 것 같아요.

수련감독자: 그래요, 그래서 그 부분은 주요 호소문제에 추가될 수 있겠네요. 여러분은 이 부분에 대해 어떻게 생각하세요?

실습생 2: 글쎄요, 내담자는 그 남자와 동거하는 결정에 행복하지 않은 것 같아요.

실습생 3: 혹시 내담자에게 다른 문제가 있는 것은 아닐까요?

실습생 1: 제가 아는 바로는 없는데요. 현재 룸메이트들과도 좋은 관계를 유지하고 있는 것 같고요. 룸메이트 둘 다 이번 학기를 끝으로 졸업하기 때문에, 학기quarter를 마치자마자 이사하는 것은 아무런 문제가 없는 것 같아요. 내담자 가족들도 그 점에 대해서는 문제가 없는 것 같고요. 그리고 학교생활도 잘하고 있는데, 이 점에 대해서는 거의 이야기를 나눈 적은 없네요.

수련감독자: 글쎄요, 우린 아직 어떤 가능성도 배제할 수 없겠군요. 계속해 봅시다. 이 점이 애매한 부분인데, 특히 선생님이 몇 차례 만났던 사람과의 대인패턴을 찾는 것 말이에요. 선생님이 좀 더 경험이 있었다면, 상담을 진행하면서 대인패턴과 관련된 질문을 했을 거예요. 지금 당장 모형에 있는 질문에 대해 이야기를 나누어 봅시다. 이 내담자는 다른 사람들을 어떻게 지각하고 있고, 경험하고 있고, 행동하고 있다고 생각하나요?

실습생 2: 글쎄요, 내담자는 실습생 1을 잘 쳐다보지 않고 있어요. 저는 그게 내담자의 전형적인 모습인지, 불안해서 그런지, 아니면 다른 것 때문에 그런지 궁금해요.

실습생 3: 내담자가 아시아계 미국인이거든요. 내담자가 미국 문화에 많이 동화된 상태이기는 하지만요. 문화적 배경도 한 가지 요인이 될 수 있을 것 같네요.

실습생 2: 아, 맞아요. 아니면 충분히 가능한 요인이라는 생각이 들어요. 그렇지만, 그렇다고 해도 내담자가 언제나 그렇게 한다면, 다른 사람들에게 영향을 미칠 수 있겠네요.

수련감독자: 그러면 다른 것은 없나요? 내담자가 다른 사람들과의 관계에서는 어떤 경험을 하고 있다고 생각하나요?

실습생 1: 글쎄요, 저는 내담자가 무척 조심스러워 한다는 생각이 들어요. 내담자는 사람들을 알게 되고 자신에 관해서 많은 것을 드러내기까지는 시간이 많이 걸리는 것 같아요. 그래서인지 좋아하는 친구 몇 명과만 사귀고 있죠.

실습생 2: 아시아계 미국인들 사이에 자기노출은 유럽계 미국인들에 비해 그리 흔하지 않다는 점을 감안해야 할 것 같네요. 하지만 어쨌든 내담자는 자기를 드러내는 데 시간이 걸리는 편이네요.

수련감독자: 네, 다른 것은 없나요?

실습생 3: 내담자는 선생님과 이야기를 나눌 때도 공손하고 예의를 갖추고 있네요. 아마 이 상황에서는 상담자가 권위를 지닌 사람이어서 그런가 봐요.

실습생 1: 선생님 말이 맞아요. 그래서인지 내담자는 주도적으로 이야기 하지 않아요. 식사하러 가자는 말 같은 것 말이에요. 글쎄요, 처음에 저는 내담자가 너무 수동적이지 않나 생각했거든요. 내담자는 마치 제가 내담자에게 해야 할 일을 일러주어야 한다고 생각하는 것 같았어요. 하지만 그때 내담자는 그러한 점에 대해 생각했고, 남자친구에게 바로 가서, 독립성 문제에 대해 이야기를 했거든요. 그래서 저는 내담자가 실제로는 수동적이지 않다는 사실을 깨닫게 되었어요. ……그리고 전공 같은 것을 선택하는 데 아무런 문제가 없는 것 같았고요.

수련감독자: 좋아요. 다른 사람들은 내담자에게 어떻게 반응한다고 생각하나요? 내담자에 대한 선생님의 반응은 어떤가요, 실습생 1?

실습생 1: 아, 저는 내담자가 좋아요. 하지만 내담자를 아는 데 시간이 오래 걸릴 것 같아요. 그리고 함께 방을 쓰는 것처럼 정기적으로 접촉하는 상황이 아니라면, 확실치는 않지만, 내담자를 아는 데 시간이 좀 걸릴 것 같아요. 저는 외향적인 사람들에게 마음이 끌리는 편이거든요.

수련감독자: 좋아요. 내담자는 다른 사람들이 자신에게 어떻게 반응할 것으로 기대하고 있을까요?

실습생 3: 어휴, 그걸 어떻게 알 수 있겠어요?

실습생 2: 글쎄요, 아마 내담자도 마찬가지로 존중받기를 기대하겠죠. 내담자가 너무 정중하게 행동하니까요.

실습생 1: 모르겠어요. 저는 이따금씩 내담자가 다른 사람들이 자기를 좋아하지 않을까 봐 두려워하고 있다는 생각이 들곤 해요. 그래서 말도 조심스럽게 하는 것 같고요. 아주 기본적인 이야기 외에, 내담자가 처한 상황에 대한 감정을 드러내기까지는 시간이 많이 걸렸거든요.

아니면 내담자가 안전하다는 느낌이 들지 않았을 수도 있고요.

수련감독자: 어떤 것이 감지될 수 있나요? 자기가 말하는 것을 다른 사람이 어떻게 받아들일 것인지를 알기 전에 너무 많이 노출하는 것은 그리 현명한 게 아니겠죠. 우린 일종의 고백문화confessional culture 속에서 살고 있다는 생각이 들어요. 적어도 TV와 라디오에서 좋은 방송소재가 되고 있잖아요. 하지만 이것이 새로운 관계를 발달시키기 위한 좋은 모델인지는 확신이 서지 않네요.

실습생 1: 흠. 내담자의 룸메이트는 내담자에게 꽤 잘해 주는 것 같은데, 왜 그런지 두 사람의 관계는 그렇게 가깝다는 생각은 들지 않아요.

수련감독자: 좋아요. 그럼 이번에는 내담자의 개인사를 살펴봅시다. 이 사안과 관련해서 내담자에 대해 어떤 것을 알고 있나요?

실습생 1: 글쎄요, 내담자가 네 자녀 중 맏이라고 알고 있는데요. 어머니만 유일하게 아시아인이고요. 내담자의 부모님은 내담자가 중학교 다닐 때 이혼하셨고, 아버지는 그 뒤로 집을 나간 후로 한 번도 나타난 적이 없다는군요.

수련감독자: 음흠. 그러면 여러분은 이 사실이 내담자의 현재 딜레마와 어떤 관계가 있다고 생각하세요?

실습생 2: 글쎄요, 지금 생각해 보니까, 내담자의 어머니가 이혼에 대해 신랄하게 비판적이었다고 말했던 것이 기억나네요. 수련감독 시간에 이 부분을 보았잖아요. 어머니가 내담자에게 심하게 불만을 터뜨렸다고 말한 것 말이에요. 어머니는 미혼 때 결혼하려고 애쓰지 않았고, 좋은 직장도 있었고, 더할 나위 없이 좋은 시간을 보내고 있었다고 했거든요. 내담자는 부모님이 결혼할 때, 아버지께서 어머니에게 모든 것에 대해 일일이 약속하셨다고 했어요. 그런데 아버지는 결국 어머니에게 네 자녀만 남기고는 다른 여성과 집을 나갔다네요.

수련감독자: 그래서 그것에 대한 감정이 현재 내담자의 미결정 원인의 일부일 거라고 생각하는군요?

실습생 1: 이제 생각해 보니까 그러네요. 그렇지만 제가 내담자를 만나고 있을 때는 그러한 가능성에 대해서 한 번도 물은 적은 없었죠.

수련감독자: 여기에는 어떤 문화적 · 사회적 요인이 작용했을까요? 실습생 3, 혹시 좋은 아이디어가 있나요? 이 사례를 한 번 이상 보았을 텐데요.

실습생 3: 글쎄요, 내담자는 반은 아시아인, 반은 백인, 그리고 몇 안 되는 아시아계 아이들이 살았던 오리건(Oregon)주 중부의 중산층에서 자라났는데, 놀림 당하지는 않은 것 같아요. 그렇죠, 실습생 1?

실습생 1: 네.

실습생 3: 좋아요. 그런데 제 기억으로는 한 가지 다른 문화적 요인이 있었어요. 내담자의 아버지 때문에 가족들은 남성의 우월성을 신봉하는 엄격한 종교집단에 속해 있었고, 이러한 상황이 내담자에게도 영향을 미쳤을 거예요. 그렇지만 내담자에게는 그리 큰 문제는 아니었던 것 같아요. 아버지가 집을 나가고 나서, 내담자는 어머니에게 교회를 떠나자고 했거든요. 그 당시 내담자는 십대에 들어서고 있었고요.

수련감독자: 실습생 1, 그렇지만 이 점을 확인해 주시면 좋겠어요. 흔히 성별관계gender relations에 관한 초기 아동기의 메시지는 그 후로도 지속적인 효과가 있거든요. 동시에 여성의 자율성에 대한 신념으로 내담자에게 압박감을 느끼지 않게 하기 바랍니다.

실습생 1: 맞아요. 그렇게 하지는 않을 거예요. 저는 내담자가 여전히 그 종교 집단에 속해 있다고 생각하지는 않아요. 그런데 지금 생각해 보면 내담자의 초기 종교생활이 제가 생각한 것보다 더 중요할 수 있겠다는 생각이 드네요. 다시 내담자를 만나게 된다면, 그 점에 대해 좀 더 깊이 탐색해 봐야겠네요.

실습생 2: 때로 저는 여성주의 원리feminist principles를 강조하고 싶거든요. [웃으며] 그렇지만 더 잘 알게 되었네요.

수련감독자: 좋아요. 내담자의 개인적 자원에 대해 생각해 봅시다.

실습생 1: 글쎄요, 내담자는 내성적이고, 아주 기꺼이 자기 자신을 직시하고

자 해요. 이러한 점이 내담자가 상담을 통해 혜택을 누릴 수 있게 하는 것 같아요. 그래서 일단 어떤 생각이 들면, 독립성 문제처럼, 내담자는 곧바로 행동으로 옮겨 버려요. 내담자의 남자친구에게 말한 것처럼요.

수련감독자: 그러면 내담자는 아주 긍정적인 행동 패턴을 가지고 있군요. 내담자는 이 영역에서 어떤 개인적인 결함이 있나요?

실습생 1: 어휴, 잘 모르겠어요.

수련감독자: 글쎄요, 잠시 생각해 봅시다. 내담자에게 문제가 되거나 내담자의 관심사에 영향을 줄 만한 점이 눈에 띈 적 있었나요?

실습생 1: 흠……. 내담자가 정말 가까운 친구에 대해 이야기한 적은 없었던 것 같은데. 내담자는 많은 사람들을 알고 있기는 해요. 그런데 남자친구 외에 내담자가 진정으로 신뢰하거나 의지할 수 있는 다른 사람이 있는지 물어보았더니 생각나는 사람이 없다고 했거든요.

수련감독자: 그것도 중요한 정보가 될 수 있겠군요. 사회적 지지는 정신건강에 중요한 요인이거든요.

실습생 1: 아! 아마 그 점이 내담자가 남자친구에게 전적으로 의존하게 될까 봐 염려하는 이유일 것 같아요. 내담자는 별로 친한 사람이 없거든요. 그래서 그 남자친구가 동거하다가 떠난다면, 내담자가 다시 돌아갈 대상이 아무도 없게 되는 셈이죠.

수련감독자: 그런 것 같네요. 그 점에 대해 어떤 가설을 세웠나요?

실습생 1: 글쎄요, 내담자에게 좀 더 많은 친구가 필요한 것 같아요. 아니면 적어도 가까운 친구가 한 사람 더 있든지요. 내담자가 다른 사람들을 자신의 지원체계에 넣는다면, 이 남자와 동거해야 할 필요성을 느끼지 않아도 될 것 같다는 거죠. 다른 한편으로는, 그 남자와 동거하는 것을 두려워하지 않아도 될 것 같고요.

수련감독자: 그러면 내담자에 대해 두 가지 가설을 세웠군요. 하나는 내담자의 원 가족family of origin과 관련된 남성들에게 의존하는 것에 대한 감

정에 관한 것이고, 다른 한 가지는 내담자의 현재 사회적 상황에 관한 것이고요.

실습생 1: 예, 맞아요.

수련감독자: 좋아요. 이러한 점들을 고려한다면, 선생님이 좀 더 체계적인 방법으로 계약 내용과 목표에 대해 생각해 볼 수 있겠군요. 내담자는 자기 자신이나 타인들을 해할 정도의 위기상황에 처해 있지는 않은 것 같네요. 나중에 내담자와 상담하는 데 도전거리가 될 만한 것에 관하여 이야기를 나눌 수 있겠죠.

이 장면에서 수련감독자는 일련의 질문을 통해 실습생들과의 대화를 주도해 나갔다. 이 질문들은 내담자 자신과 내담자의 문제에 대한 가설 설정에 도움이 되는 사례개념화 모형과 관련된 것들이었다. 이렇게 보다 철저하게 조직된 정보를 토대로 상담을 진행한다면, 실습생은 이 내담자를 위한 상담목표와 계약 수립에 대한 생각을 보다 잘 전개할 수 있게 될 것이다. 이 모형은 또한 다양한 정보자원에 대해 생각해 보고 반응할 필요성을 강조함으로써, 실습생들이 반성적 자세를 개발해 나갈 수 있는 방식들을 제시하고 있다.

2-2 주 접수면접

강의

세부목표

1. 접수절차에 관한 훈련 기회를 제공한다.

접수면접 실시방법 소개

강의 시간의 전반부에 담당교수는 실습생들에게 접수면접을 실시하는 법을 가르친다. 접수면접의 일반 절차는 다음과 같다.

글상자 43. 접수면접의 일반 절차

1. 내담자를 편안하게 해 준다.
2. 내담자의 주요 호소문제를 확인한다.
3. 상담료를 조정하거나 징수한다.
4. 설명 동의(informed consent)를 구한다.
5. 상담 장면 녹화 · 녹음을 위한 동의를 구한다.(필요한 경우에 한함)
6. 사례 과제를 위한 절차를 내담자에게 설명한다.(필요한 경우에만)
7. 접수면접을 종료한다.

담당교수는 실습생들에게 표준 진단법의 사용과 병행하여 사정도구assessment instruments와 면접전략의 사용법에 대해 가르친다. 진단을 필수과목으로 지정한 대학원에서는 학생들이 이미 다른 과목에서 훨씬 더 폭넓게 공부했을 것으로 가정하고 접근한다. 담당교수는 수련감독 회기에 앞서, 실제 접수면접을 실시하는 것을 실습생들이 지켜보도록 한다. 반면, 학생들은 훈련시설 내에서 진행되는 접수면접 동영상을 시청하는 것만으로도 큰 도움을 얻을 수 있다.

회기가 종료될 무렵, 담당교수는 초기 접수면접 시 내담자와의 관계형성 방법에 관하여 설명한다. 이때 수련감독 전략 4와 5가 유용하다.

전략 4. 개입기법들을 가르치거나, 시범을 보이거나, 모델 역할을 한다.
전략 5. 구체적인 전략과 개입방법 이면의 근거를 설명한다.

담당교수는 접수과정이 구조화될수록 오히려 실습생들이 구속받는 느낌이 들 수 있다고 설명한다. 담당교수는 또한 정보수집이 목표인 접수면접과 상담회기 사이의 차이점에 관하여 언급한다.

끝으로, 담당교수는 질문에 답해 줌으로써 실습생들의 접수훈련 준비를 돕는다. 담당교수는 또한 접수면접 신청을 받는 방법과 학기 중 한 학생당 몇 명 정도를 필수적으로 받아야 하는지에 대해 설명한다.

훈련 클리닉 견학

강의의 후반부에 담당교수와 실습생들은 훈련 클리닉을 방문한다. 학생들은 다양한 접수 및 사정자료가 비치되어 있는 장소를 익히는 한편, 걸어서 접수절차를 돌아본다. 이때 연습은 하지 않는데, 그 이유는 역할연습이 수련감독 회기의 일부에 속하기 때문이다.

집단 수련감독

세부목표

1. 상담회기 동영상을 시청한다.
2. 접수면접 역할연습에 참여한다.

수련감독자는 실습생들을 두루 점검하고, 수련감독 시간에 무엇을 할 것인지에 대해 언급한다.

사례 수련감독 실시

사례가 있는 경우, 전반부 한 시간 동안 수련감독자는 실습생들이 보았던 사례들에 대해 수련감독을 실시한다. 여기서는 수련감독 전략 1, 6, 7, 8이 적절하다.

> 전략 1. 관찰된 상담회기의 상호작용을 평가한다.
> 전략 6. 상담회기에서 중요한 사건들을 해석한다.
> 전략 7. 상담회기 동안의 실습생의 감정을 탐색한다.
> 전략 8. 수련감독 회기 동안에 실습생의 감정을 탐색한다.

이 부분은 특히 짧으므로, 필요한 경우, 이번 회기 외에 수련감독 일정을 잡아서 추가적인 관심사에 대해 이야기를 나눌 수 있도록 한다.

모의 접수면접 실시(2시간)

수련감독 회기의 나머지 두 시간은 실습생들끼리 모의 접수면접을 실시한다. 내담자 역할을 맡은 실습생은 자신의 문제나 이전 학기에 만났던 내담자의 문제를 활용할 수 있다. 수련감독자는 실습생들에게 필요한 서류를 실제로 작성하는 것을 포함해서, 모의상담을 최대한 실제와 동일하게 실시해 줄 것을 당부한다. 내담자 역할을 하는 실습생은 또한 구체적인 주요 호소 내용을 염두에 두고 실습에 임하게 한다. 이 연습은 실습생들이 문제 영역을 확인하고 정의 내리는 방법을 습득하는 데 유용하다. 이때 수련감독 전략 10이 강조된다.

> 전략 10. 상담회기에서의 자신감 및 불안에 대한 실습생의 자기탐색을 격려한다.

실습생의 접수면접에 대한 피드백 제공

역할연습에 이어, 수련감독자는 실습생들에게 접수과정에 대해 논의하도록 한다. 추가로, 수련감독자는 다양한 사정도구들의 사용 능력과 얼마나 철저하게 접수면접을 수행했는가에 대해 구체적인 피드백을 제공한다.

여기서는 수련감독 전략 1, 4, 5의 중요성이 강조된다.

전략 1. 관찰된 상담회기의 상호작용을 평가한다. 전략 4. 개입기법을 가르치거나, 시범을 보이거나, 모델 역할을 한다. 전략 5. 구체적 전략과 개입방법 이면의 근거를 설명한다.

이 시점에서는 다음과 같은 질문들을 던질 수 있다. 즉, "사례 배정에 앞서, 이 내담자에 대해 여전히 알고 싶어 하는 점은 무엇인가?", "만일 있다면, 좀 더 보완해야 할 정보는 무엇인가?" 수련감독자는 실습생들의 정보수집과 관계형성 능력에 주의를 기울여서 내담자가 상담을 받으러 다시 돌아올 수 있도록 한다. 흔히 실습생들은 정보를 수집하느라 관계를 소홀히 하는 경향이 있다. 역으로 말하면, 접수면접을 실시하는 동안 필요 이상으로 상담에 몰입할 수 있으므로, 실습생들에게 관계형성과 정보수집, 두 가지 사항 모두 고려할 것을 재차 강조한다.

대화의 예

[이 상황에서는 실수에 관한 수련감독의 예를 제공하고 있다. 실습생들(실습생 1은 접수면접자 역할, 실습생 2는 내담자 역할을 맡음)은 방금 모의 접수면접을 끝마친 상황에서 대화를 시작한다.]

실습생 1: 언젠가 클리닉에서 접수면접하는 것을 보았을 때는 정말 쉬울 것 같았는데, 실제로 해 보니까 정말 어렵네요.

실습생 2: 예. 접수면접을 실시할 때, 정말 염려되는 점들이 너무 많았어요.

실습생 1: 저는 제가 배웠던 모든 상담기술에 역행하고 있는 것처럼 느껴졌어요. 계속해서 종이에 머리를 쑤셔 박고 있었거든요. 시선 접촉은 완전히 무시한 채 말이죠.

실습생 2: 어떤 말씀인지 알겠는데요. 그렇게 기분 나쁘지는 않았어요. 선생님도 저랑 같은 문제가 있었네요. 그러고 보니 기분이 좀 나아지네요. ……선생님도 그런 문제를 겪으셨다니 말이에요. 마치 제가 말하고 있는 것과 요청하고 있는 것을 이해하신 것 같았어요. 제가 말할 수 있는 것은 선생님이 서류작업 같은 일로 정신이 없었다는 것밖에는 없지만요.

실습생 1: 글쎄요, 그렇게 말씀해 주셔서 고맙습니다. 그렇지만 저는 여전히 제가 '서류작업이나 그러한 일에 좀 더 유연했어야 했는데…….'라는 생각이 들어요.……저는 정말 단절된 느낌이 들었거든요. 선생님한테서 정보만 수집하려고 했으니까요.……저는 또 그러한 태도가 문화가 다른 내담자에게 아주 공격적으로 비추어지지 않을까 염려가 되었거든요. 실습생 2, 그 점에 대해 정말 솔직한 피드백을 해 주셨으면 하는데 제가 정보를 수집할 때, 선생님의 문화적 배경을 존중하고 있다는 느낌이 들었나요?

실습생 2: 음, 대부분 그랬어요.

수련감독자: 실습생 3은 어떻게 생각하나요?

실습생 3: 저도 동감이에요. 선생님이 정말 내담자를 이해하고자 했다고 말할 수 있어요. 그렇지만 한 가지 궁금한점이 있는데, 내담자의 확대가족extended family에 관한 것인데요. 그 부분에서 저는 선생님이 내담자의 개인적인 경험에 대해 탐색하기보다는 미국 원주민Native Americans에 관한 기본 가정들을 감안했으면 어땠을까 하는 생각이 들어요. 그렇게 공격적이지는 않았지만, 내담자가 좀 더 자유롭게 반응할 수 있었을 것 같아요. 저는 그것 때문에 내담자가 다소 마음의 문을 닫지 않았을까 하는 생각이 들었거든요.

실습생 2: 선생님 말씀이 맞아요, 실습생 3. 저는 그게 너무 사소한 것 같아서 말하지 않으려고 했거든요. 그런데 선생님 말씀이 정확하게 맞아요.

실습생 1: 네, 선생님이 의미하는 바가 무엇인지 알 것 같아요. 저는 그 내용을 머리에다 압축해 넣고 있었거든요. 그러다가 잠시 선생님과 나누던 대화의 흐름을 놓치고 말았어요, 제 생각이지만, 두 분 모두 저에 대해 솔직하게 말씀해 주신 것에 감사드려요. 저는 그 점에 대해 좀 더 고민해 보고 싶어요.

수련감독자: 여러분들은 접수면접 진행에 관해서 정말 중요한 문제를 지적했어요. 여러분들은 내담자를 한 개인으로서 관계를 형성하는 것과 정보를 수집하고, 서류를 작성하고, 사람을 상담하는 일에 대해 여러분의 지식을 사용하는 일과 어떻게 균형을 유지하나요?

실습생 3: 모르겠어요. 그 모든 걸 다할 수는 없을 것 같고, 그러면서도 좋은 상담자 역할을 해야 할 것 같고요.

실습생 2: 하지만 접수면접을 실시할 때는 반드시 상담자 역할을 해야 한다고는 생각하지 않았어요.

실습생 1: 그렇지만 내담자는 아픈 상태에서 오잖아요. 그분들을 돕기 위한 일을 해야겠죠. 어떻게 상담자 역할을 하지 않을 수 있겠어요?

실습생 2: 글쎄요, 상담자 역할을 해서는 안 된다는 의미는 아니고요. 저는 단지 상담은 접수면접이 최우선적인 목표가 아니라는 거죠. 정보를 수집하는 데 활용할 필요는 있겠죠.

수련감독자: 좋아요, 이 문제는 중요한 논의거리랍니다. 단지 정보를 수집하고 있을 때조차 여러분은 여러 가지 기본적인 주의 기울이기 기술들을 사용하게 됩니다. 특히, 신뢰관계 형성을 돕는 기술들 말이에요. 물론 대다수의 내담자들이 그렇지만, 자신의 말이 경청된 적이 없었던 사람에게는 이것 자체만으로도 치료 효과가 있답니다. 그렇지만 여러분의 최우선 목표는 내담자에게 클리닉에 다시 올 수 있게 하는 이유를 제공할 수 있도록 관계를 형성하고, 상담자 배정에 필요한 문제를 정의하고, 기본 정보를 제공할 수 있도록 내담자에 관하여 필요한 정보를 얻는 것입니다. 그래서 접수면접에서는 해석과 같은 기술은 아마 사용되지 않을 겁니다. 접수면접에서 가장 어려운 일은 갑

자기 중간에 뛰어들어 내담자의 문제를 해결하려는 시도를 하지 않는 것일 수 있어요. [실습생들이 고개를 끄덕인다.]

실습생 1: 예, 이제 말씀드려야 할 것 같은데요. 저는 접수면접을 실시하면서 실습생 2를 위해 무언가 고쳐 주고 싶어 했다는 사실을 알게 되었어요. 다음에 탐색해야 하는 것으로 여기기보다는 해결에 대해서만 생각하고 있었거든요.

수련감독자: 이러한 많은 것들을 부단한 연습을 통해 습득하게 될 겁니다. 특히 접수면접을 하는 동안 서류작업과 다른 과업들을 서로 견주어서 균형을 유지하는 일 말이에요.

실습생 3: 네. 그런데 우리가 정말 올바른 정보를 수집하고 있다는 것을 어떻게 알 수 있을까요? 우리가 '타당한 정보'와 내담자에 대해서 보다 완전한 감각을 얻기 위해 수많은 정보를 모으는 법에 대해서 강의 시간에 많이 이야기했거든요. 때로 저는 정말 짧은 시간에 모은 정보의 양에 너무 부담이 커져서 과연 정보가 타당한지, 또 가치가 있는지 궁금했거든요.

실습생 2: 예, 저도 그 점이 궁금했어요. 우리가 중요한 것들과는 무관한 것들을 다루고 있거나 중요한 것들에 대해 전혀 다루지 않고 있다는 것을 어떻게 알 수 있을까요?

수련감독자: 글쎄요, 때로 중요하지 않은 정보를 얻으려고 질문을 던지거나 그 정보를 따르고 있음을 알아차리는 것이 중요하죠. 그렇지만 그것도 실제로는 별 문제는 없습니다. 접수면접의 목표는 정보를 충분히 모아서 몇 가지 일반적인 인상을 형성하고, 예비 진단을 내리는 것이거든요. 혹시 여러분이 내담자의 관심과는 무관한 것으로 판명된 것을 다루게 되었다면, 여러분은 그 정보를 활용하여 특정 문제의 가능성을 제거할 수 있으니까요.

실습생 2: 아, 그러면 내담자를 이해하는 데에 쓰이기만 한다면, 실제로는 '잘못된' 정보는 없는 셈이군요.

수련감독자: 맞아요.

실습생 3: 아, 정말 도움이 되었어요. 이제 어떤 특정한 종류의 정보를 수집해야 한다는 것에 대해 걱정하지 않아도 된다면, 내담자의 말에 좀 더 경청하고 이해할 수 있을 것 같아요.

수련감독자: 그럼요! 그 점이 여기서의 목표랍니다. 여러분들은 오늘 두 가지 중요한 문제들을 찾아냈네요. 서로 다른 상황에서 내담자를 상담할 때, 여러분이 담당하는 서로 다른 역할들을 계속해서 잘 인식하기 바랍니다.

수련감독 회기를 마치기 전에, 수련감독자는 접수면접 역할연습에서 발생한 절차상 혹은 기계적인 오류에 대해 언급하고, 사정도구 혹은 접수면접의 다른 측면에 관한 질문에 답하고 있다. 수련감독자는 또한 실습생들에게 다음 강의 시간과 수련감독 회기 전에 동료들과 접수면접 역할연습을 실시하게 될 것이라는 점을 상기시킨다. 만일 한 실습생이 지역사회 내담자를 대상으로 실제 접수면접을 실시한다면, 수련감독자는 사전에 실제적인 수련감독을 받을 수 있도록 해야 한다.

2-3 주 형성평가 · 실행단계: 우리는 지금 어디에 있고 어디로 가고 있는가?

강 의

세부목표

1. 상담이 진전된 정도를 평가하는 법을 가르친다.
2. 실행단계에 대해 소개한다.

3. 상담에서 이 시점까지 발전시켜 온 것을 토대로, 실행에 옮길 수 있도록 내담자와 작업하는 법을 학생들에게 가르친다.

내담자의 진전상황 평가의 중요성 강조

담당교수는 상담이 진행되는 과정에서 상담자가 수시로 내담자의 진전상황을 평가해야 한다는 점에 대해 언급한다. 문제를 탐색하고 통찰을 촉진한 후, 치료자는 예비목표가 달성되었는지의 여부를 확인한다. 예를 들어 내담자는 룸메이트와의 관계문제를 해결하였는가 혹은 사회적 상황에서 보다 편안해졌는가 등이다. 이를 위해 담당교수는 치료자들이 내담자에게 자신의 목표를 상기하도록 요구한다.

실행단계 소개

치료자는 내담자가 통찰을 얻게 되면서 그 목표가 변했는지 혹은 달성되어 가고 있는지에 대해 논의할 수 있다. 어떤 상황에서도 일단 원래의 목표나 이전에 수정된 목표가 명확해지면, 상담자는 내담자에게 그 목표의 진전된 정도를 탐색하도록 한다. 많은 경우, 내담자가 통찰을 얻게 되면, 실행과 경험을 변화시키기에 용이해진다. 이러한 평가과정에서 담당교수는 상담자가 종결하는 방향으로 내담자를 상담하거나, 아니면 상담이 더 필요한지의 여부를 결정할 수 있다는 점을 설명한다.

내담자의 실행촉진 방법 설명

그러나 설령 내담자 자신과 문제를 이해했다고 하더라도, 때로는 그 자리에 멈추어 서 있는 내담자들도 있다. 예를 들어, 가족들이 가족 외에는 아무도 믿지 말라고 하였고, 부모 역시 친구가 없었기 때문에 친구 사귀는 것을 두려워하게 되었다는 사실을 깨닫게 되는 사람들도 있다. 그러나 문제는 이들이 이제 친구를 사귀고 싶지만 어떻게 해야 할지 모른다는 것이다. 게다가, 이들은 다른 사람에게 나아가게 되면서 어리석게 보이고 싶지 않기 때문에 불안을 겪게 될 수 있다. 달리 말해서, 이들은 삶의 경험을 변화시킬 수 있다고 이해한 것을 실행에 옮기려면 상담자의 도움이 필요하다.

내담자의 실행촉진 작업 실습

담당교수는 학생들에게 그들 자신이나 다른 사람(이 연습에서는 '변화대상자changer'로 불림)이 자신의 문제를 이해하였으나, 앞으로 나아갈 수 없는 것처럼 보였을 때의 예를 생각해 보도록 한다. 학생들에게 이러한 예를 글로 작성하게 한다. 그러고 나서, 담당교수는 학생들을 소집단으로 나누어 글로 적은 예에 대해 서로 이야기를 나누어 보도록 한다.

이때 학생들은 실행할 시간을 어떻게 알았으며, 변화대상자를 가로막고 있다고 생각한 것이 무엇인가를 찾아 내어야 한다. 대략 10분이 경과하면, 담당교수는 학생들을 다시 불러 모아 결론을 내리도록 한다. 학생들은 실행할 시기를 알게 된 각각의 방법에 대해 발표한다. 담당교수는 다음 사항이 포함되었는지를 확인한다.

글상자 44. 실행단계에서 변화대상자의 특징

1. 상당한 정도의 통찰과 이해에도 불구하고, 변화대상자는 치료계획상의 가장 기본적인 목표를 달성하지 못하였다.
2. 변화대상자는 한 지점에 멈추어 서서 앞으로 나아가지 못하고 있다.
3. 변화대상자는 변화의 수행을 시작하는 방법을 모르고 있다.
4. 변화대상자는 도움 없이 앞으로 나아가는 기술이 부족하다.

흔히 초심치료자는 너무 조급하게 실행하는 방향으로 나아가는 경향이 있다. 담당교수는 치료자들에게 그들이 실행을 격려할 만큼 내담자와 내담자의 문제에 관하여 충분히 알고 있는지 고려해 보게 한다. 또한 학생들에게는 내담자의 실행 목표설정을 돕기에 앞서, 그 밖에 자신들이 알고 있을 필요가 있는 것들을 고려해 보도록 한다.

다른 한편으로, 학생들은 상담자가 마술을 부리는 것처럼 자신들을 변화시킬 것으로 믿고 있는 내담자들도 있다는 사실을 알고 있어야 한다. 치료가 무한정 계속되는 것으로 알고 있는 내담자는 흔히 자신의 삶에서 아무런 실행을 해 보지도 않은 채 자신의 삶에 대해 매우 불만족스러워하기도 한다. 이러한 것을 계속하도록 내버려 두는 것은 내담자와 치료자에게 똑같이 불만족스러운 일이 될 수 있다.

개선되지 않는 내담자를 계속해서 만나는 것은 윤리적 측면에서 의문이 제기될 수 있다. 담당교수는 상담의 진전 여부는 주어진 내담자를 고려해서 정의될 필요가 있다는 점을 설명한다. 즉, 자폐아동이 존칭어 'please'라는 말을 하게 된 것을 예로 들면, 이는 치료에 있어서 엄청난 진전이 있음을 나타내는 것이다. 다른 한편으로, 법학 전문대학원에 진학하고 싶지만, 매 학기 학과목에서 'F' 학점을 받고 있는 대학생은 진전되고 있다고 보기 어렵다.

담당교수는 어떤 사람의 문제는 비교적 명확하고 구체적이어서 상담자가 몇 가지 측면에서 탐색하면, 곧바로 실행단계로 신속하게 이동하여 내담자가 구체적인 목표를 달성할 수 있도록 도울 수 있다는 사실을 덧붙인다. 예를 들어, 홈스쿨링을 통해 대학에 진학하게 된 대학생은 앞으로 4주에 걸쳐 30명으로 구성된 학생들 앞에서 무난히 발표할 수 있도록 도움이 필요할 수 있다. 문제가 복잡하게 얽혀 있는 상태가 아니고 일단 문제가 잘 이해되기만 한다면, 상담자와 내담자는 실행 방향으로 바로 이동할 수 있다.

학생들의 상담사례 및 접수면접 연습 확인

강의 시간 후반부에, 담당교수는 학생들의 상담실습 사례나 접수면접을 역할연습한 동영상을 시청한다. 적절한 시점에 담당교수는 학생들에게 내담자가 치료에서 진전이 있다는 것을 어떻게 알수 있는지에 대해 이야기해 보도록 한다. 강의를 마칠 무렵, 담당교수는 학생들에게 질문이 있는지 물어보고, 다음에 이어질 일련의 강의 시간에는 실행과 실행전략action strategies을 위한 목표설정goal setting에 초점이 맞추어질 것이라고 공지한다.

연 습

1. 이 연습은 내담자 역할을 맡은 학생이 통찰 수준에 멈추어 있는 내담자 역할을 사전에 계획 · 준비할 수 있을 때 가장 효과가 높다. 이렇게 하는 것이 여의치 않다면, 역할연습을 하는 학생이 무엇을 말하고 어떻게 실행할 것인가를 계획하는 동안, 집단은 잠시 휴식시간을 가진다. 역할연습에 참여하는 학생은 실행이 필요함을 나타내는 단서를 제공한다. 강의 시간이건 수련감독 시간이건 간에, 실습생들은 집단 앞에서 상담자와 내담자 역할을 번갈아 가면서 한다. 관찰을 담당한 학생들에게는 상담자가 실행단계를 시작하기에 앞서, 좀 더 진행하여 상담자가 알고 있을 필요가 있는 것이라면 어떤 것이든지 결정할 시간이 되었다는 단서를 찾아보도록 한다.
2. 이 연습은 개별적으로 혹은 강의 시간에 실시할 수 있다. 실습생들은 교대로 다른 사람 혹은 수련감독자가 이미 알고 있는 내담자에 관하여 논의한다. 그러고 나서 내담자가 탐색과 통찰을 통해 설정된 목표에 도달했는지, 그리고 실행단계로 넘어가기에 적절한지에 관하여 논의한다.

개인 수련감독

세부목표

1. 실행으로의 이동shifting into action에 관한 실습생들의 질문에 대해 논의한다.
2. 실습생들의 접수면접 장면을 관찰 · 평가한다.
3. 이미 실시된 상담회기를 관찰 · 수련감독한다.

학생들의 상황을 점검한 후, 수련감독자는 실습생들에게 실행에 옮길 시기에 관하여 질문이 있는지 알아본다. 그리고 나서 수련감독자는 접수면접에서 잘된 점과 잘못된 점에 대해 알아본다. 실습생들은 접수면접을 실시한 동영상을 보여 주면서 수련감독자와 접수면접 과정에 대해 논의한다. 대화는 접수면접 역할연습에 관하여 이미 소개된 적이 있는 대화의 예와 같을 것이다.

실습생이 아직 사례를 맡지 않았다면, 여기서는 연습 2를 사용할 수 있다. 그러나 만일 실습생이 상담을 하고 있다면, 수련감독자와 실습생은 사례를 녹화한 동영상을 함께 본다. 그러면서 정보수집, 사례개념화, 그리고 상담과정, 즉 탐색, 통찰 혹은 실행단계에 관한 사안들을 주의 깊게 검토한다.

대화의 예

[이 상황은 내담자와의 네 번째 상담회기로, 내담자는 필수과목인 통계학 과목과 관련된 어려움을 호소하고 있다.]

수련감독자: 시작에 앞서, 선생님이 상담하고 있는 마틴(Martin)과의 상담

회기 동영상을 시청하면서 내가 어떤 점에 초점 맞추기를 원하세요?

실습생: 저는 우리가 어떤 방향으로도 나아가고 있다는 느낌이 들지 않아요. 내담자는 통계학 과목을 통과할까 봐 겁난다고 하거든요. 그 과목을 통과한다는 것은 바로 졸업을 의미하거든요. 졸업을 하고 나면, 내담자는 다음에 무엇을 해야 할지 모르겠답니다.

수련감독자: 그러면 선생님은 그것이 내담자가 털어 놓은 이야기의 전부라고 생각하세요?

실습생: 잘 모르겠어요. 저는 내담자가 대학생활을 정말 좋아한다고 알고 있어요. 내담자는 많은 시간을 밖에 나가서 친구들과 보내면서 맥주도 마시고 농구경기도 관람하고 있거든요.

수련감독자: 그래서 선생님은 단지 무엇을 해야 할지 모르는 것이 아니라고 생각하는군요. 그것 역시 내담자를 즐겁게 하고 있으니까요.

실습생: 네, 내담자는 학교를 졸업하면 취직을 해야 할 거라는 사실을 알고 있다고 인정도 하거든요. 그런데 내담자는 9시부터 5시까지 근무해야 하는 직장은 원치 않는데요. 내담자는 또 무엇을 하든 간에, 자신이 쓸 만큼 충분한 돈이 없을 것이기 때문에 자신의 레저 활동비도 줄여야 할 것으로 예상하고 있고요.

수련감독자: 음, 그래서 선생님은 내담자가 졸업에 대한 저항이 있다는 사실에 대해 통찰을 하고 있다고 생각하는군요. 내담자의 수학 적성에 관해서는 어느 정도 알고 있나요? 선생님은 내담자가 통계학 과목을 통과하는 것이 얼마나 어렵다고 생각하세요?

실습생: 잘 모르겠어요! 저는 그 점에 관하여 생각해 본 적이 없거든요. 저는 내담자가 내세우는 이유들을 인정했고, 그 이유들이 바로 중요한 통찰이라고 생각했거든요. 그렇지만 아마 내담자는 자기가 통과할 수 없을 거라고 염려하고 있는 것 같아요.

수련감독자: 그것은 선생님에게 중요한 정보 같네요. 내담자가 실패에 관하여 어떤 느낌이 드는지, 아니면 내담자가 두려워할 때 무엇을 하는

지에 대해 알고 있나요?

실습생: 글쎄요, 잘 모르겠는데요. 어휴, 통계과목을 통과하는 것과 관련된 현실에 대해 생각해 보지 않았다는 것이 저도 정말 믿을 수가 없네요!

수련감독자: 글쎄요, 어떤 식의 실행으로 옮겨 가기에 앞서, 선생님이 알고 있을 필요가 있는 것들이 많이 남아 있는 것 같네요. 이제 상담실습 동영상을 보면서 새로운 관점에서 생각해 봅시다.

이 대화의 예에서 수련감독자는 내담자가 통계학 과목을 끝마치지 못할 것에 관한 통찰을 한 반면, 상담자는 내담자가 진전이 되지 않아 좌절감을 겪었다는 말을 들었다. 그러나 수련감독자는 수련감독을 진행하기에 앞서, 대안가설alternate hypotheses을 탐색하였다. 초심자는 때로 통찰은 하면서 실행에는 옮기지 않는 것처럼 보이는 내담자 때문에 좌절하곤 한다.

그러나 그것은 의사통찰pseudo-insight이고 실질적인 쟁점이 아닌 경우가 있다. 예를 들어, '상호의존성co-dependency'이 있어서 학대를 일삼고 알코올 중독자인 남편을 떠나지 않을 거라고 말하는 여성 내담자는 의사통찰, 즉 변화를 가능하게 하는 것이 아닌 상태를 표출하고 있는 것일 수 있다. 이 사례에서 내담자가 수학능력을 제한해 왔다면, 상담자는 그것을 토대로 학생보습센터student tutoring center에의 의뢰와 같은 실행 방향으로 나아갈 수 있을 것이다.

2-4 주 실행전략: 문제명료화 · 목표설정 · 변화실행

강 의

세부목표

1. 내담자가 실행문제에 대해 명확하게 이해하도록 돕는 방법을 학생 치료자에게 가르친다.
2. 내담자와 실행을 위한 목표설정 작업과 내담자로부터 실행을 이끌어내기 위한 방법에 대해 설명한다.

실행문제 이해 도모

담당교수는 내담자와 치료자가 다음 단계에 실행이 필요하다고 결정하면, 내담자가 문제를 명료하게 이해하도록 치료자가 도와야 한다는 점을 강조한다. 이 과정에서 내담자는 측정 가능measurable하고 일반적인 행동목표behavioral goals를 제시해야 한다. 악몽을 제거하는 목표는 좀 더 구체적인 탐색과 통찰이 요구되므로, 여기서는 부적절할 것이다. 담당교수는 추구할 목표에는 심장박동수의 감소, 신체이완, 그리고 잡다한 생각이 없는 상태에서 다른 사람에게 외식이나 영화관람을 함께하자고 제안하거나, 항공기에 탑승하는 것이 포함될 것이라고 언급한다.

변화실행 촉진방법 소개

그런 다음, 담당교수는 내담자의 변화과정 이행을 촉진하는 방법에 대해 설명한다. 설명할 내용에는 반드시 거쳐야 할 단계와 변화를 위해 기대되는 시간의 길이에 관하여 반복적으로 설명해 주는 것이 포함된다. 일단 내담자와 상담자가 단계에 대해 논의하고 나면, 상담자는 내담자에게 변화를 위해 실행에 옮기도록 한다. 두 사람은 구두계약을 체결하거나 상담자가 내담자에게 두 사람이 공동으로 작성한 서면계약서에 서명하도록 요청한다.

학생들은 실제 사례나 문제 명료화와 목표설정에 대한 동영상을 시청함으로써 도움을 얻을 수 있다. 이는 탐색과 통찰이 이루어지고 난 다음에 하는 것이 좋다. 담당교수는 수련감독자나 기타 고급 단계에 있는 치료자에게 문제 명료화와 목표설정에 관하여 직접 학생들 앞에서 혹은 동영상으로 역할연습을 해 줄 것을 요청할 수 있다. 만일 상업용 CD나 DVD가 선호된다면, Microtraining Associates(http://www.emicrotraining.com/microskills3.html#042)를 포함해서 다양한 교수학습 제작기관에서 구할 수 있다.

집단 수련감독 실시

이어 실습생들의 상담사례들에 대해 집단 수련감독이 진행된다. 집단 수련감독은 수강생 전원이 기여한 점과 훈련에 강조점을 둔다. 각 사례에서, 담당교수는 실습생에게 실행전략이 요구되는 시기가 되었는지의 여부를 고려하도록 한다. 그런 다음, 수강 학생들은 논의에 참여한다.

연 습

---

1. 담당교수는 탐색과 통찰을 통해 진전을 보여 온 내담자들과 실행이 적절하다고 여겨지는 내담자에 관한 사례자료를 준비한다. 학생들은 3인 1조로 나뉘어, 각각 내담자, 상담자, 관찰자 역할을 담당한다. 치료자는 내담자와 함께 언급될 필요가 있는 문제를 명료화한다.
2. 3인 혹은 그 이상의 인원으로 구성된 집단에게 실행이 필수적으로 요구되는 문제가 주어진다. 학생들은 생각할 수 있는 모든 가능한 목표에 대해 브레인스토밍하고, 잠시 쉬었다가 작업을 계속한다. 강의 시간인 경

우, 담당교수는 각 집단마다 한 사람에게 집단 구성원들이 생각한 목표들을 열거해 보도록 한다. 엉뚱한 아이디어일수록 기억을 촉진하는 경향이 있다는 점에서 창의성과 웃음을 자아내도록 한다.

집단 수련감독

세부목표

1. 실습생이 내담자를 위한 목표를 개발하도록 돕는다.
2. 실습생이 몇 가지 실행전략들을 계획에 반영하도록 한다.
3. 실습생들의 사례를 수련감독한다.

수련감독자는 실습생들의 상황을 간단히 점검함으로써 수련감독 회기를 시작한다. 수련감독 회기의 다음 부분이 진행되는 동안, 수련감독자와 실습생은 실행전략과 목표설정을 고려하여 강의 시간에 집단경험을 하는 것과 유사하게 한 내담자에 관하여 논의한다. 적절한 시기가 되면, 새로운 실행 개입방법이 확인되고 결국 통합될 것이다.

한 실습생에 대해 수련감독이 끝나면, 담당교수는 다른 실습생들에 대한 수련감독을 실시한다(한 가지 실행에 관한 논의가 모든 사례에 적절하지 않을 것이다.). 이러한 논의에 도움이 되는 수련감독 고급 전략에는 전략 18과 19가 포함된다. 기타 수련감독 고급 및 초급 전략들은 적절할 때마다 사용될 수 있다.

전략 18. 변화이론에 대한 실습생의 탐색을 격려한다.
전략 19. 실습생의 사례개념화를 돕는다.

대화의 예

[이 상황에서 실습생은 내담자를 여러 회기에 걸쳐 상담해 왔으나, 내담자를 어떻게 상담할 것인가를 결정하는 데 어려움을 겪고 있다.]

수련감독자: 그러면 이번 주 강의 시간에 문제 명료화와 목표설정 작업을 시작하게 되었군요. 오늘 그 정보를 어떻게 적용하고 싶으세요?

실습생 1: 그러한 관점에서 조우(Joe)에 대해 생각해 보는 것이 도움이 될 거라고 생각합니다. 내담자를 상담할 때, 제 계획이 무엇일까 파악하기가 힘들었거든요. 그리고 이렇게 하는 것이 그 점에 대해 도움이 될 거라는 생각이 들고요.

수련감독자: 네, 좋습니다. 이 점에 대해 도전해 보고 싶다니 기쁘네요. 그리고 무척 도움이 될 거라는 생각이 듭니다. 조우에 대해 어떻게 생각하고 있고, 어떻게 변화할 거라고 생각하는지 말해 보시겠어요?

실습생 1: 네. ……어떤 의미에서는 그 부분이 어려운 것 같아요. 어떤 이유에서인지 조우의 변화를 파악하기가 무척 힘들거든요.

실습생 2: 선생님의 사례를 두 번 정도는 보아야 그 말에 동의할 수 있을 것 같은데요.

수련감독자: 글쎄요, 아마 잠시 뒤로 물러나 있는 것이 도움이 될 것 같네요. 선생님은 이미 내담자에 대한 탐색을 마친 상태죠. 직접 실행으로 가고 통찰은 건너뛰는 것이 가장 좋을 것 같다고 생각하나요?

실습생 1: 네, 내담자는 아주 자기반성적인 것 같지는 않아요. 그리고 내담자가 어떻게 통찰할 수 있을지 잘 모르겠어요.

수련감독자: 어떻게 생각합니까, 실습생 2?

실습생 2: 동감입니다. 여기서 가능한 것이 무엇인지 궁금한데요.

수련감독자: 아직 포기하지는 마세요! 실습생 1, 조우의 변화를 생각하기가 어렵다고 했죠. 조우는 자신이 변화하고 싶어 하는 것이 뭐라고 했나요?

실습생 1: 내담자는 직장을 옮기고 싶어 해요.

수련감독자: 너무 광범위하군요. 어떻게 하면 이것을 좀 더 구체적인 것으로 만들 수 있을까요?

실습생 1: 글쎄요, 내담자는 현재 직장에서 틀에 박힌 생활을 하고 있다고 느끼고 있어요. 그리고 현재 담당하고 있는 부기bookkeeping 업무에 많이 지쳐 있고요. 내담자는 관리직 쪽으로 직장을 옮기고 싶어 하는 것 같은데, 어떻게 해야 하는지 잘 모르고 있는 것 같아요.

수련감독자: 그렇군요. 내담자가 변화를 원하는 것처럼 들리네요. 그리고 아마 내담자의 직장상황을 변화시키기 위한 동기도 있고요. 명확한 방향을 정하지는 못하고 있지만요. 자, 내담자가 실제로 관리직으로 옮기고 싶다고 했나요?

실습생 1: 그렇게 정확하게 말하지는 않았지만 내담자가 하고 싶다는 일은 분명히 관리직이었어요. ……그런데 제가 실제로 그 점에 대해 물어본 적은 없었던 것 같네요. 대체로 내담자가 현재 하고 있는 일에 얼마나 불만족스러워하는가에 관해서만 이야기를 나누었거든요.

실습생 2: 저도 그렇게 보았어요. 내담자가 직장에서 지지받지 못하는 것 같아요. 그리고 내담자 가족은 내담자가 모험하는 것을 진심으로 바라는 것 같지도 않고요.

수련감독자: 참 좋은 지적이네요, 실습생 2. 지지에 대해서부터 시작해 봅시다. 실습생 1, 내담자가 직장 상황에 변화를 주려면 얼마나 지지해 주어야 할까요?

실습생 1: 아, 알겠어요. 실제로는 그렇게 큰 지지는 필요하지 않을 것 같아요. 지지해 줄 가족이 있거든요. 그리고 가족들은 내담자가 꽤 괜찮은 소득이 보장되는 직장을 포기할까 봐 걱정하고 있어요. 또 친구들 대부분이 내담자와 같은 수준의 직장을 다니고 있거든요. 그리고 그 친구들은 내담자가 위로 올라가는 것을 그리 달가워하지 않고 있고요. 그래서 실제로 내담자의 지지체제는 제한되어 있죠. 이 사안부터 작업을 시작해야 할 것 같네요. 저는 내담자의 진전에 대해 지지할 수 있거든요. 그리고 그렇게 함으로써 두 번째 사안으로 이어질 수 있을 것 같고요. 내담자는 목표를 세워 놓고 있기는 한데, 여전히 아주 모호한 태도를 취하고 있거든요. 내담자가 그 목표를 명료하게 정리하고 우리 둘 다 그 목표를 이해했는지 확인해 보는 것이 중요할 것 같네요. 그렇게 해야 우리가 함께 작업해서 구체적인 상담목표를 설정할 수 있겠죠. 내담자가 관리직으로 이동하고 싶다고 생각하고 있지만, 우리가 실제로 그 점에 대해 명료화하지 않았으니까, 시간을 그리 효과적으로 사용한 것은 아니네요.

수련감독자: 아주 좋아요! 선생님의 반응을 통해 상담의 가치를 높이는 방법을 볼 수 있게 되어 기뻐요. 선생님은 내담자가 변화할 준비가 되어 있다고 생각하나요?

실습생 2: 글쎄요, 저는 그렇지 않다는 생각이 들어요. 내담자는 자기 자신이 힘을 가지고 있다는 느낌이 들지 않나 봐요.

실습생 1: 예, 맞아요. 다른 한편으로 내담자는 자신의 직업 환경에 대해 생각하고 있지만, 이 시점에서는 그 일을 실행하기에 충분한 힘이 없기 때문에 다소 힘을 공급 받고 있다는 느낌이 들어야 할 것 같아요.

수련감독자: 그 점을 토대로 생각한다면, 어디서부터 시작해야 할까요?

실습생 1: 내담자가 힘을 공급 받고 있다는 느낌이 들 수 있도록 돕기 위한 방법에 대해 작업하는 것이죠. 어떤 변화에 영향을 주기에 충분한 정도로 말이에요. 그리고 아마 내담자가 진로에 있어서 좀 더 높은 위치에 갈 수 있는 자격이 된다고 느끼고 있는지 살펴보는 것까지는 할 수 있을 것 같아요. 일단 그 점이 명확해지면, 내담자는 목표를 설정할 준비가 될 것 같네요.

수련감독자: 그래요. 그러면 이제 실질적으로 문제를 명료화했네요. 선생님의 지지로 내담자는 자신의 진로목표를 명료하게 수립할 필요가 있게 되었네요. 내담자가 직장 상황에 변화를 주고 싶어 한다는 것을

알고 있잖아요.

실습생 1: 네. 그렇지만 제가 다음에 무얼 해야 하죠?

수련감독자: 어떻게 생각하세요, 실습생 2?

실습생 2: 글쎄요, 저는 내담자가 잘할 수 있다는 느낌을 명확하게 드러내야 한다고 생각하는데요.

수련감독자: 네, 그럴 것 같아요. 그래서 선생님은 내담자가 자신의 첫 번째 목표에 스스로 힘을 불어넣을 수 있도록 격려해야 할 것 같아요.

실습생 1: 예, 알겠어요. 그리고 저는 내담자가 다른 일들, 즉 전문대학에 진학해서 결국 4년제 대학을 졸업한 것과 같은 과업들을 성공적으로 완수했기 때문에 어떻게 도와야 할지 알고 있어요. 저는 내담자가 그 목표를 달성할 수 있을 거라고 생각하지만, 그걸 좀 더 구체화해야 할 것 같아요.

실습생 2: 글쎄요, 내담자에게 좀 더 야망이 큰 친구가 있다면, 그 친구와 이야기를 나눌 수 있었을 거예요. 그 친구가 그러한 것들을 변화시키기 위해 어떻게 했는가에 대해 물어볼 수도 있었을 거고요.

수련감독자: 제대로 잘하고 있네요, 실습생 2. 그리고 실습생 1, 일단 내담자가 힘을 공급 받고 있다고 느끼게 되면, 선생님은 내담자가 원하는 변화가 정확하게 무엇이고, 여기에 필요한 단계는 어떤 것이 있는지 명료하게 정리할 수 있어야 할 겁니다. 그리고 내담자가 실행하도록 해야 하고요.

실습생 1: 이러한 것들 중에서 내담자의 문화적 배경에 위배되는 것은 없는 것 같아요. 내담자가 자신의 원 가족과 그들의 진로에 대한 기대와 성취에 대해 이야기한 적이 있거든요. 그리고 이 부분은 우리가 나누고 있는 이야기 내용과 일치하고 있다는 느낌이 들고요. 실제로 다른 직장으로 옮긴다는 것은 가족들과 갈등을 일으키게 될 거예요. 제가 말씀 드렸던 것처럼, 상담과정에서 그 점에 대해 다룰 필요가 있을 겁니다.

수련감독자: 그러면 선생님은 이 사안을 결정하는 데 있어서 관심을 가지고 지켜볼 필요가 있겠네요. 내담자가 스스로 진로를 선택해야 한다는 선생님의 신념과 가족의 기대를 우선시하는 내담자의 가치관과 갈등이 있는 지의 여부 말이에요. 개인적 성취는 유럽계 미국인 문화에서 특히 강한 가치이거든요. 그렇지만 내담자는 유럽계 미국인 배경에도 불구하고, 가족이나 개인의 가치관과 갈등을 겪게 될 수도 있거든요.

실습생 1: 예, 저도 그렇게 생각해요. 그것은 제가 하나의 가치로서 전혀 눈치채지 못했던 뿌리 깊이 박혀 있던 관념이거든요. 그것에 대해 탐색해 볼 수 있을 것 같아요.

수련감독자: 좋아요. 그 점에 대해 생각하다 보니 목표설정에서 또 다른 중요한 사항이 떠오르네요. 내담자의 목표에 대해 우리가 함께 생각해 보는 것은 아주 중요하고, 수련감독에도 참 중요합니다. 두 분이 이 점에 대해 이야기를 나누어서 그것이 잘 들어맞는지, 그리고 적용할 예정인 전략들의 몇 가지 측면에 대해 책임져야 할 사람이 누구인지 결정하는 일이 아주 중요합니다.

실습생 1: 네, 이해합니다. 저는 제가 마치 내담자가 자신의 목표를 명료화하는 일을 도울 책임이 있는 것 같은 느낌이 들지만, 목표를 설정하는 것은 아니지요. 또 저는 지지와 격려를 해 줄 수는 있어요. 그렇지만 내담자가 원할 만한 지지를 모두 해 줄 필요는 없을 것 같아요. 내담자는 제 도움을 받아서 좀 더 자신 있고 힘을 공급 받는 것 같은 느낌에 대해 작업을 하고, 적어도 지지적인 한 친구와 이야기를 나누어야 할 거예요.

수련감독자: 알겠습니다. 다음 회기에 많은 중요한 정보를 얻어서 내담자와 일에 대해 이야기를 나누게 되겠군요. 일단 그것을 하고 나면, 두 사람은 보다 심도 있게 의견일치를 보게 될 것이고, 이러한 변화에 대해 좀 더 구체적으로 언급할 수 있는 방법 모색을 시작할 수 있겠네요.

이 대화의 예는 축약된 것이지만, 주어진 내담자에 대한 문제를 명료화하고 목표를 설정하는 중요한 사안들을 제시하고 있다. 이 접근을 통해 실습생들은 내담자의 문제를 명료화할 수 있는 계획을 세우는 한편, 구체적인 목표를 설정하는 작업을 할 수 있었다.

논의를 끝마치면서, 수련감독자는 실습생에게 내담자가 확실히 실행하겠다는 다짐을 받고 진행할 것을 상기시킨다. 그리고 나서 수련감독자는 다음 실습생의 사례로 옮겨 간다.

2-5 주 실행전략: 회기 내 활동 · 회기 간 활동

강 의

세부목표

1. 실행전략에 따라서는 회기 밖에서 특정 행동이 권장되기도 하지만 전적으로 회기 내에서 이루어져야 한다고 설명한다.
2. 실습생들에게 회기 내에서 실행할 기본 실행전략들을 가르친다.
3. 회기 밖에서 수행할 활동에 관하여 이야기를 나눈다.
4. 실제 역할연습 시범을 보인다.

실행전략의 개요 설명

담당교수는 어떤 전략들은 다소 단순하고, 단도직입적이며, 한 회기 내에서 이루어진다고 설명한다. 내담자에게는 상담 밖의 삶의 과정에서 배운 학습내용을 사용하고, 다음 회기에 그 결과를 보고하도록 한다. 중요한 것은 담당교수가 학생 치료자들에게 그 실행전략을 사용하는 이유에 대해 생각해 보도록 하는 것이다. 다시 말하면, 상담자가 이러한 전략들을 사용하기에 앞서, 내담자에 대해 깊이 이해하는 것이 중요하다. 그렇지 않으면 실행전략의 적용은 비효과적일 수 있고, 상담과정을 후퇴하게 할 수 있다.

기본 실행전략 소개

담당교수는 다음 몇 가지 기술들, 즉 정보제공, 피드백 제공, 지시적 안내direct guidance, 브레인스토밍 그리고 이완훈련에 대해 한 번에 한 가지씩 소개한다. 클라라 힐(Clara Hill, 2004)의 저서, 『조력기술: 탐색, 통찰, 그리고 실행 촉진하기(*Helping Skills: Facilitating Exploration, Insight, and Action*)』와 함께 영상물에는 이 특정 기술을 명확하게 하는 직접적인 지침에 대한 좋은 예들이 수록되어 있다. 회기 내 연습을 실행에 옮기는 시기와 방법에 대해 설명한 다음, 담당교수는 학생들에게 이러한 실행전략들이 그들의 내담자에게 유용한지의 여부와 시기에 대해 알아본다. 학생들은 소리내어 예들을 제시한다.

회기 밖 수행활동 설명

회기 내 전략들에 대한 논의에 이어, 담당교수는 회기 밖에서 수행될 필요가 있는 몇 가지 활동에 대해 설명한다. 많은 사례에서, 치료자와 내담자는 내담자가 수행할 과제에 대해 의견을 같이 하고 있다. 담당교수는 몇 가지 가능한 과제에 대해 예를 들어 설명한다. 이 과제에는 회기와 회기 사이에 음식, 연습일지 쓰기, 회기 중 작성한 확인목록을 정기적으로 사용하기, 치과 예약하기 혹은 마지막 말다툼과 연관된 감정에 대해 중요한 타인과 이야기 나누기에 관한 자신의 생각을 모니터링하기가 포함되지만, 반드시 이에 국한시키지는 않는다. 중요한 타인과 이야기 나누기의 경우에는 과거의 논의와는 다른 성과를 올리려면, 행동시연이 필요할 수도 있다.

역할연습 실시

담당교수는 내담자가 회기 밖에서 사용할 수 있게 회기 내에서 행동을 연습하도록 격려하는 방법에 대해 설명한다. 내담자가 상담자와 역할연습을 해 보도록 하는 경우, 상담자는 내담자에게 "이것을 시도해 보고 싶으세요?" 보다는 "이것을 기꺼이 시도해 보시겠어요?" 라고 물어야 한다. 만일 내담자가 전자의 질문에 싫다고 대답하는 경우, 치료자는 다음으로 이어갈 자리를 잃게 된다. 반면, 만일 내담자가 단지 기꺼이 하고 싶지 않다면, 상담자는 내담자가 주저하는 이유에 대해 논의할 수 있다.

역할연습을 어떻게 설정하는가는 그것의 성공적인 수행 여부에 중요하게 작용한다. 바람직한 방법으로는 치료자가 내담자에게 대인 시나리오에서 다른 사람의 역할을 연기해 보도록 하는 것이다. 담당교수는 이러한 방법으로, 내담자는 자신에게 제안된 것을 실행에 옮기는 방법을 습득하게 되는 한편, 치료자는 내담자가 어려워하는 것이 무엇인가를 알게 된다고 설명한다.

내담자 역할을 한 후, 치료자는 다른 사람의 역할을 담당하고, 내담자에게 새로운 행동을 해 보도록 한다. 수행에 대한 피드백과 때로 추가적인 연습을 통해 내담자는 특정 행동을 회기 밖에서 실행할 준비를 하게 된다. 과제와 관련해서 담당교수는 학생 치료자들에게 회기와 회기 사이에 내담자가 어떤 것을 했는지에 대해 물어보도록 한다.

연 습

---

1. 강의 시간에 앞서, 담당교수는 학생들이 역할연습을 할 수 있도록 시나리오를 준비한다. 적절한 시간에 학생들은 3인 1조로 나누어 각각 상담자, 내담자, 관찰자 역할을 담당한다. 각 집단에서 상담자는 내담자가 보다 효과적인 행동을 나타내는 역할연습에 참여하도록 한다. 두 사람은

연기를 하고, 관찰자는 성공한 점에 대해 의견을 말해 준다.

2. 담당교수는 내담자가 치료자에게 묻곤 하는 "마약 해 본 적 있으세요?" "섭식장애를 겪어 본 적이 있으세요?"와 같이 개인적이면서도 사생활을 침해한다고 여길 정도의 질문들을 던진다. 학생들은 이러한 질문에 대해 어떻게 반응할 것인가를 브레인스토밍한다. 담당교수는 학생들에게 좀 더 많은 생각을 해서 가급적 많은 제안들을 모으도록 하고, 학생들의 제안이 더 이상 나오지 않을 때까지 이 활동을 계속한다. 그러고 나서 집단은 그 반응의 유용성과 적절성을 평가한다.

개인 수련감독

세부목표

1. 실행반응에 대해, 그리고 실행반응이 적절한 때와 그렇지 않은 때에 대해 명료하게 설명한다.
2. 실습생들의 사례에 대해 실행전략을 위한 잠재성에 초점을 맞추어 수련감독을 실시한다.

수련감독자는 실습생들에게 실행반응에 대한 질문이 있는지를 알아본다. 그런 다음, 실습생들이 실행전략이 사용될 만한 것으로 염두에 두고 있는 사례가 있는지를 묻는다. 만일 있다고 하면, 그 사례에 대해 논의한다. 조심스러운 질문을 통해 수련감독자는 실습생들이 실행의 적절성을 확인하도록 돕는다. 그러고 나서, 실습생들은 자신의 나머지 사례들을 발표한다. 수련감독자는 주의 깊게 사례에 집중하고 실습생들과 함께 이번 주에 배운 실행전략들이 사용될 수 있는지의 여부에 주의를 기울인다.

대화의 예

[내담자는 젊은 여성으로, 자동차 수리 서비스를 받기 어려운 상황에 대해 이야기하고 있다. 내담자는 자신의 여성 치료자에게 차량서비스센터의 직원이 내담자와 사귀고 싶어 하는 행동 때문에 자동차 수리에 대해 상의할 수 없다고 설명하고 있다.]

수련감독자: 그러면 선생님은 내담자의 말을 들으면서 어떤 경험을 했나요?

실습생: 아! 저는 내담자가 무슨 말을 하고 있는가 바로 알았어요. 제가 여기로 이사 오기 전에 다녔던 대학이 있던 곳에서 비슷한 경험을 했거든요.

수련감독자: 그래요?

실습생: 글쎄요, 실제로는 조금 다르긴 한데요, 그 자동차 수리공은 저와 사귀었던 남자였거든요. 그래서 제 경험과 똑같다고 생각하지는 않았어요.

수련감독자: 선생님의 경험과 내담자의 경험을 혼동하지 않아야 한다는 점을 알고 있다니 다행이네요. 그러면서도 내담자의 경험에 대해 어느 정도 공감이 되겠군요.

실습생: 네. 그렇지만 내담자를 어떻게 도와야 할지는 잘 모르겠어요.

수련감독자: 글쎄요, 저는 내담자가 그렇게 힘들어하는 것을 보고 놀랐어요. 내담자는 선생님에게 아주 주장적이고 직선적인 태도를 보이고 있거든요.

실습생: 예, 그렇지만 이건 좀 달라요. 한 가지는 내담자가 저한테, 즉 한 여성에게 이야기를 나누고 있다는 것이고, 다른 또 한 가지가 있다면, 제가 내담자에게 개인적으로 꼭 해 주어야 할 일은 없고, 내담자도 그것을 알고 있다는 거죠.

수련감독자: 좋은 관찰이에요. 그러면 우리는 내담자가 주장적일 수 있지만, 내담자에게는 특별히 불편한 상황이라는 사실을 알고 있는 셈이네

요. 그것이 무엇에 관한 것인지 알고 있나요?

실습생: 글쎄요, 아마 내담자는 업무와 관련된 장면에서 부적절하게 희롱하는 행동에 대해 어떻게 반응해야 할지를 잘 모르고 있는 것 같아요. 그리고 저도 내담자가 어떻게 해야 할지 잘 모르겠고요.

수련감독자: 그러면 만일 선생님이 그 상황을 가장 잘 다룰 수 있는 방법을 알고 있다면, 선생님이 내담자와 역할연습을 통해 내담자가 그러한 상황에 대처하는 방법을 알 수 있도록 도울 수 있겠네요.

실습생: 그렇다는 생각이 드네요.

수련감독자: 그러면 실행으로 옮기기에 앞서, 여기서 언급할 필요가 있는 다른 잠재적인 문제가 있다고 생각하나요?

실습생: 글쎄요, 저는 없어요. 내담자는 강의조교T.A.에게 가서 자기 기말시험 점수가 왜 그렇게 낮게 나왔는지를 물었어요. 두 사람은 그 점에 대해 이야기를 나누었고, 강의조교는 실제로 점수를 올려 주었다고 했어요. 그렇지만 제가 어떻게 내담자를 도울 수 있을까요?

수련감독자: 그 상황에서 내담자에게 도움이 될 만한 아이디어가 있나요?

실습생: 네. 저는 내담자가 그 남자가 보인 관심에 대해 말을 하고 싶겠지만, 지금으로서는 자동차 수리에 초점을 맞추고 싶어 한다고 생각해요.

수련감독자: 좋아요. 그걸 어떻게 말로 옮길 수 있을까요?

실습생들의 상담실습 동영상을 보고 실습생들의 관심사를 들어보고 나서, 수련감독자는 이번 회기가 실습생들에게 회기 중 역할연습을 통해 내담자를 도울 수 있도록 준비시키기에 좋은 기회일 수 있다는 사실을 알게 되었다. 수련감독자는 내담자의 경험이 실습생의 것과는 동일하지 않다는 실습생의 관찰내용을 확인하였다. 그러고 나서 그 상황을 좀 더 탐색하였다. 전략 3을 사용하여 수련감독자는 한 회기 내에서 역할연습 경험을 사용할 것을 제안하였다.

> 전략 3. 적절한 개입방법을 확인한다.
> 전략 4. 개입기법들을 가르치거나, 시범을 보이거나, 모델 역할을 한다.

역할연습을 개발하는 일은 복잡해서 대화의 예에서는 다루지 않았지만, 수련감독자는 계속하기 전에 전략 4를 사용한다.

수련감독자로서는 목표가 언제 성취되는지를 상담자와 내담자가 알 수 있는 방법에 대해 논의하는 것이 중요하다. 따라서 수련감독자는 상담자에게 이 점에 대해 내담자와 논의하고 실행에 옮길 목표와 행동에 대해 의견을 제시할 것을 재차 강조한다. 실습생들의 다른 상담사례 동영상을 보거나 사례에 대해 알아보고 반응을 보이고 난 다음, 수련감독자는 다른 질문이 있는지를 물어보고 나서 수련감독 회기를 종료한다.

2-6 주 내담자의 변화과정 이해

강 의

> **세부목표**
>
> 1. 지금까지의 모든 변화전략들을 통합한 변화과정의 개요를 소개한다.
> 2. 학생들이 진전을 나타내는 작은 변화들을 인식하도록 돕는다.

변화과정 설명 및 실습

담당교수는 변화의 특성과 강의 시간에 다룬 이론적 접근에서 제시될 만한 방법에 대해 수강학생들과 이야기를 나눈다. 학생들에게는 특정 사례를 고려해 보고, 변화의 경로를 예견하도록 한다. 담당교수는 수강학생들에게 예를 들어 보도록 한 다음, 그러한 예들을 제시한다. 이때 수강학생들은 가장 먼저 발생할 수 있는 최적의 변화에 대해 고려해 본다.

사례평가 및 논의

사례를 발표한 학생들에게는 기대했던 변화가 어디에서 일어났는지 혹은 일어나지 않았는지를 강조하도록 한다. 논의에 이어, 담당교수는 상담을 마칠 때 실시하는 사례평가에 관하여 학생들과 이야기를 나눈다. 내담자와 치료자 둘 다 목표, 변화를 위해 취해야 할 행동, 그리고 그 결과에 대해 의견을 같이하는 것이 특히 중요하다.

연 습

1. 담당교수는 실습생들에게 자신의 삶에서 경험했던 변화와 변화를 가져오기까지 얼마나 걸렸는지에 대한 이야기를 글로 써 보게 한다. 또한 변화가 얼마나 힘들었는가와 변화에 성공할 수 있게 한 요인들을 고려해 보도록 한다. 그러고 나서 학생들에게 비교적 잘 알고 있는 다른 학생과 짝을 지어 자신의 변화에 관한 이야기를 서로 나누도록 한다.
2. 모임에 앞서 담당교수는 실습생들의 사례에 관하여 검토하고, 내담자가 처음에는 변화하기 힘들어했던 사례 하나를 고른다. 그 사례를 맡은 실습생에게는 어려웠던 부분을 나타내는 동영상 장면을 보여 주도록 한다. 학생들에게는 변화를 위한 새로운 접근에 대해 가치판단 없이 브레인스토밍하도록 한다. 여기서도 창의성과 유머가 권장된다. 브레인스토밍을 마칠 무렵, 학생들은 효과가 있을 것으로 판단되는 한두 가지 전략들을 선택한다.

집단 수련감독

세부목표

1. 상담회기에 대한 피드백을 제공한다.
2. 내담자 변화의 예들을 강조하고, 변화 촉진 요인을 확인한다.
3. 느린 변화 속도에서 비롯된 실습생들의 좌절에 반응한다.
4. 실습생들이 향상시키고 싶어 하는 전략을 연습하고, 그 전략을 사용할 때 어떤 느낌이 드는지 논의한다.

이번 회기에서는 한 실습생이 사례를 발표하고 동영상의 한 장면을 보여준다. 수련감독 전략 17을 사용함으로써, 수련감독자는 실습생들이 수련감독 회기를 조직해 보게 하고, 평상시와 같이 피드백, 논의, 그리고 조력하는 방식으로 필요한 것을 말해보도록 한다. 가능하다면, 수련감독자는 변화 요소에 대해 강조한다.

전략 17. 실습생이 수련감독 회기를 구조화하게 한다.

대화의 예

[이 상황에서 한 남성 실습생은 "선생님은 내 치료자일 뿐 내 삶 속에 존재하지 않아요."라고 말하며 상담자와 내담자 간에 어떤 관계도 없다고 불평을 해 온 여성 내담자와의 대화장면을 보여 주었다.]

수련감독자: 선생님에게는 참 어려운 회기였던 것 같아요. 하지만 아주 잘 처리했어요.

실습생 1: 고맙습니다. 저는 침착하고 개방적인 자세를 취할 수 있어서 아주 편안했거든요. 그 여성 내담자가 우리가 육체적인 관계를 가질 수 있다면, 우리가 꽤 가까운 느낌이 들 거라고 말했을 때도 놀라지 않았어요.

수련감독자: 예. 정말 많이 발전했네요! 난 선생님이 지난번에 내담자의 욕구를 눈치채고 그 사실에 대해 꽤 불편해했다는 것을 알고 있거든요. 선생님이 이번에 둘 사이에 일어났던 일에 대해 내담자에게 질문을 했을 때, 내담자는 바로 그 이야기를 꺼냈잖아요. 나는 좀 놀랐는데, 선생님은 눈 하나 깜짝 하지 않더군요. 선생님은 단지 상담자에게 그러한 말을 건네는 것에 대해 어떤 느낌이 드는지 내담자에게 물었을 뿐이었는데 말이죠.

실습생 2: 아주 침착하게 보였어요.

실습생 1: 네. 하지만 인정해야겠네요. 겉으로는 그렇게 보였을지는 모르겠지만, 속으로는 별로 침착하지 못했거든요.

실습생 3: 윤리적 · 전문적 경계boundaries(역자 주: 상담에서 할 수 있는 것과 할 수 없는 것들에 대한 진술)에 대해 아주 잘 말씀하셨어요. 나중에 물었잖아요. "○○씨가 나한테 말을 했다가 우리가 육체적인 관계를 갖지 않을 거라는 사실을 알게 되었는데 어떠세요?" 라고요.

실습생 1: 예. 저는 이번 학기에 꽤 많은 진전이 있었다고 생각해요. 하지만 내담자가 별로 진전이 보이지 않아서 아주 실망스럽다는 것을 말씀드리고 싶어요. 음, 약 3개월 전에 경계 문제에 대해서 나름 엄중하게 말을 했거든요. 그런데 내담자가 계속해서 그 말을 꺼내는 거예요.

수련감독자: 그러면 지금까지 어떻게 될 거라고 기대했나요?

실습생 1: 저는 내담자가 나를 유혹하거나 시험하는 것을 뛰어넘을 거라고 생각했어요. 그러면 내담자의 삶에서 남자들과의 관계를 형성하는 방향으로 변화되어 갈 거라고 생각했거든요. 그런데 내담자는 여전히 집에 앉아서 자기가 얼마나 외로운가에 대해서만 생각하고 있지

뭐예요. 다른 사람과 얼마든지 관계를 형성할 수 있는데도 그렇게 하기 위해서 아무런 노력도 하지 않으면서 말이에요.

수련감독자: 그렇군요. 그렇지만 생각해 보세요. 내담자와 내담자 가족 또는 내담자와 다른 가까운 사람 사이의 관계에서 일어나는 일에 관하여 내담자가 어떤 말을 해 왔나요?

실습생 1: 그런 말을 한 적이 없었는데요.

수련감독자: 그러면 내담자와 선생님과의 관계에서 일어나고 있었던 것에 대해 선생님이 처음 물었을 때, 내담자는 선생님과 어땠나요?

실습생 1: 아! 무슨 말씀인지 알겠어요. 제가 그 문제를 제기할 때마다 내담자는 화제를 바꾸거나, 저를 공격하거나 위기상황을 만들곤 했어요. 이번에는 우리 관계에서 내담자가 어떻게 느끼는지에 관해서 총체적인 논의를 했어요. 그것이 변화죠. 내담자가 저와의 관계에서 배워야 할 것 같은 생각이 드네요. 내담자의 과거 속에 있는 사람들과는 다른 새로운 관계를 진전시키기 전에 말이에요.

실습생 3: 아주 좋네요.

수련감독자: 그렇군요. 진전되는 것을 보고 싶어 하는 것은 당연합니다. 그리고 선생님은 진전되고 있는 상황을 보고 있고요. 그 문제는 내담자가 처음 상담을 받으러 올 때까지 35년간에 걸쳐서 형성되었다는 사실을 기억해야 할 겁니다. 그런 것을 3개월 동안 선생님과 함께하며 내담자의 행동에서 이런 많은 변화를 초래했다면, 선생님은 정말 변화를 일구어 낸 셈이죠.

이 대화의 예에서 수련감독자는 상담자의 향상된 기술에 대해 반응을 보였다. 그러고 나서 내담자가 눈에 띄게 진전이 안 되고 있다는 상담자의 관심사로 옮겨 갔다. 수련감독자는 성격 변화는 시간이 걸린다는 사실을 거듭 강조하면서 변화의 구체적인 요소들을 강조하였다.

실습생들의 사례를 검토하고 나서, 수련감독자는 실습생들이 좀 더 작업이 필요하다고 생각하는 개입방법을 연습하도록 한다. 수련감독자는 실습생들에게 그 전략들을 사용하는 데 어떤 느낌이 드는지를 묻는다.

수련감독자와 실습생들은 함께 현재 내담자들에게 사용하기에 적절한지 혹은 시기는 맞는지에 대해 검토한다. 전략 1을 적용함으로써, 수련감독자는 실습생의 직접적 접근에 대해 의견을 제시하였다. 수련감독자는 즉각적으로 경계 문제, 즉 전략 24에 대해 간단히 의견을 피력하였다. 만일 실습생이 그 문제를 이해하지 못하고 있는 것처럼 보였다면, 수련감독자는 그 문제에 대해 보다 깊이 탐색할 수 있었을 것이다.

> 전략 1. 관찰된 상담회기의 상호작용을 평가한다.
> 전략 24. 실습생 · 내담자의 경계 문제를 탐색한다.

2-7 주 상담의 특수 주제 1: 우울증

강 의

세부목표

1. 사례개념화 모형을 우울증에 적용한다.
2. 청소년기 우울증의 특징적인 양상들을 소개한다.
3. 청소년 우울증과 성인 우울증에 대한 치료전략에 관하여 설명한다.
4. 적절한 경우, 우울증 증상을 강조하면서 상담이 진행 중인 내담자들에 대한 집단 수련감독을 제공한다.

우울증에 대한 사례개념화 설명

우울증에 관한 임상적 범주에 대해 간략히 설명한 후, 강의 담당교수는 이 공통적인 문제를 위한 두 가지 이론적 개입방법에 대해 소개한다. 이때, 담당교수는 학생들에게 이것은 단순히 두 가지 기술적인 예에 불과하고, 자신의 이론적 접근에 따라서 이러한 기법들을 사용하지 않을 수도 있다는 점을 말해 준다. 개입방법에는 인지행동(Beck, 1995)과 실존주의(Norcross, 1987; Yalom, 1980)적 접근들이 포함된다. 담당교수는 또한 다양한 내담자들에 대해 이러한 개입방법의 사용 가능성에 대해 논의한다.

청소년 우울증의 특징적 양상 소개

덧붙여서, 담당교수는 청소년기 우울증의 원인과 우울증을 겪고 있는 청소년들에게서 나타나는 증상들에 대해 설명한다. 청소년의 경우에는 우울증의 신호가 직접적이기보다는 미묘하게 나타날 수 있다는 점에 특별히 주의를 기울이도록 한다. 담당교수는 또한 우울증을 겪고 있는 청소년의 부모와의 접촉과 관련된 윤리적 책임에 관해서도 언급한다.

집단 수련감독 실시

집단 수련감독에서는 진행 중인 임상사례에 대한 모형의 적용 가능성이 강조된다. 가능하면, 담당교수는 현재 우울증 증상을 보이고 있는 내담자에게 주의를 기울인다. 학생들에게는 사례개념화 모형이 제공하는 구조를 사용하여 이러한 내담자들의 증상들에 대해 논의해 보도록 한다.

연 습

1. 학생들에게 짝을 지어 우울증을 겪는 내담자들을 사정하는 연습을 하도록 한다. 모든 학생들에게 우울증의 특징적 증상 목록을 나누어 준다. 이

목록에는 다음과 같은 증상들이 포함된다.

- 절망감, 사라지지 않는 슬픔, 뚜렷한 이유 없는 무가치감이나 죄책감, 피로, 에너지 결핍, 과민성
- 죽음이나 자살 생각
- 집중력 감소, 불면증, 큰 폭의 체중 변화
- 일, 다른 사람들, 그리고 좋아하던 활동에 대한 흥미상실

첫 번째 학생은 자신의 내담자들 중 5~6가지 우울증 증상이 있는 사람의 부분적인 역할을 준비한다. 반면, 상담자 역할을 담당할 학생은 내담자의 증상에 관하여 알아보기 위한 좋은 방법들을 구상한다. 준비가 되면, 학생들은 적어도 5분간 면접을 진행한다. 시간이 충분하다면, 역할을 바꾸어서 연습을 반복한다.

개인 수련감독

세부목표

1. 내담자에 대한 개인 수련감독을 제공한다.
2. 관련 있는 수련감독의 고급 전략들을 탐색한다.
3. 강의 시간에 제시된 우울증에 관한 자료를 깊이 있게 논의한다.

실습생들은 임상적 관심사와 상담실습 동영상의 관련 부분에 대해 발표한다. 수련감독자는 수련감독 전략 19와 20을 사용하여 실습생의 사례개념화를 돕는다. 탐색이 끝나면, 수련감독자는 실습생들이 제시한 관심사와 관련된 수련감독 전략을 실행한다.

적절한 경우, 수련감독자는 실습생들이 상담회기에서 예기치 않은 사건에 대해 반성해 보도록 수련감독 전략 23을 사용한다. 실습생들에게는 최근 몇 주 동안 제시된 자료가 어떻게 보다 풍부한 사례개념화를 할 수 있도록 도움이 되었는지를 고려해 보도록 한다.

전략 19. 실습생의 사례개념화를 돕는다.
전략 20. 내담자에 대한 이해를 촉진하기 위해 실습생의 감정을 탐색한다.
전략 23. 발달상의 도전거리를 제시한다.

수련감독의 마지막 부분은 우울증에 대해 제시된 교육 자료를 탐색하는 데 사용된다. 수련감독자는 몇 분 동안 우울증에 대한 실습생들의 지식에 대해 논의한다. 다음으로, 강의 시간에 설명한 두 가지 접근에 대해 논의한다. 수련감독자는 실습생들이 상담이론의 관점에서 두 가지 치료적 접근들에 대해 고려해 보도록 한다.

나머지 시간은 한 가지 혹은 두 가지 다 우울증이 있는 내담자에 대한 실습생의 경험에 어떻게 부합되는지를 탐색하는 데 사용한다. 특별히 수련감독자는 개입방법이 실습생들의 내담자 변화이론과 어떻게 부합되는지, 아니면 갈등을 일으키는지에 대해 알아본다.

대화의 예

[이 상황에서 실습생은 강의 시간에 소개된 두 가지 개입방법 가운데 어느 것을 택해야 할지 갈피를 못 잡고 있다.]

수련감독자: 약간 혼란스러워 하는 것 같군요.

실습생: 글쎄요, 저는 강의 시간에 다루었던 두 가지 개입방법들이 다 좋았거든요. 그런데 둘 중에 어떤 것을 선택해야 할지 잘 모르겠어요.

수련감독자: 각각의 방법이 내담자에게 어떤 변화를 주는가에 대한 상담자의 관점과 일치하는 정도를 알아보는 것이 꽤 흥미로울 것 같은데요.

실습생: 흠. 실존적 접근이 쉬울 것 같아요. 저는 항상 제 자신을 실존주의자로 생각해 왔거든요. 저는 내담자가 자신의 삶에 대해 기꺼이 책임을 지고, 자신의 삶에서 실존적으로 주어진 것들을 수용할 수 있을 때 변화할 수 있다고 생각해요. 그런데 내 가슴에 와 닿는 것은 우울한 기분을 제거할 수 있는 참여의 힘에 대한 것이었어요. 내담자가 그것을 발견하도록 돕는다면 정말 신날 거예요.

수련감독자: 그러면 선생님은 참여의 모범을 보이고, 내담자가 삶에 몰두할 수 있도록 작업할 계획인가요?

실습생: 네, 정말 그렇게 하려고요. 그런데 저는 우울증이 있던 내담자를 상담했던 경험이 좀 있거든요. 그래서 인지행동적인 개입이 더 효과적일 거라고 생각해요. ……아니면 적어도 효과가 더 빠르거나 말이에요.

수련감독자: 그러면 선생님에게는 우울증이 있는 내담자에게는 속도가 중요한가 보군요.

실습생: 글쎄요……. 그럴 수도 있고, 그렇지 않을 수도 있어요. 만일 효과가 지속되지 않는다면, 빨리 고치는 쪽을 원하지는 않겠죠.

수련감독자: 그러면 선생님은 인지행동적 작업이 영구적인 효과가 없을 수 있다는 느낌이 드나요?

실습생: 어쩌면 왜곡된 인지가 우울증이 있는 내담자들의 저변에 깔려 있는 것의 전부일 수가 있잖아요. 저는 단지 그것이 어떤 것인지 알지 못할 뿐이고요.

수련감독자: 선생님은 두 가지 딜레마에 빠져 있는 것 같아요. 하나는 선생님의 개인적인 세계관에 가장 잘 들어맞는 개입방법을 선정하는 방법이고, 다른 하나는 내담자에게 가장 잘 들어맞는 개입방법을 선정하는 방법이고요.

실습생: 네.

이 대화의 예에서 수련감독자는 실습생들에게 강의 시간에 나누어 준 자료, 내담자들과의 경험, 그리고 실습생들의 세계관 사이의 관계에 대해 성찰해 보도록 하였다.

그런 다음, 수련감독자는 간단히 실습생의 상황을 점검하고 나서 회기를 종료한다.

2-8 주 상담의 특수 주제 2: 불안(아동에 초점)

강 의

세부목표

1. 사례개념화 모형을 성인의 불안에 적용한다.
2. 아동에게서 나타나는 불안의 양상들을 소개한다.
3. 아동기 불안과 우울증에 대한 치료 전략들을 제시한다.

불안의 유형 설명

담당교수는 강의 시간에 불안의 서로 다른 형태(불안적응장애, 범 불안, 공포장애 및 공포증)에 관하여 예를 들어 설명하고, 불안에 대해 보다 종합적으로 연구한 참고문헌 목록을 제공한다. 담당교수는 또한 성별, 문화적 요인, 그리고 종교적 배경이 불안의 표출에 영향을 미칠 수 있는 방식에 대해 강조해서 설명한다. 이어서 인지행동 모형(Beck, 1995; G. Butler, Fennell, Robson, & Gelder, 1991)과 정신역동 모형(Milrod & Shear, 1991)의 관점에서 범 불안generalized anxiety을 치료하는 것에 관한 기본 정보에 대한 논의를 한다.

아동의 불안에 관한 논의

아동의 불안에 관한 논의에서 담당교수는 아동기에 광범위한 경험이 있는 학생들을 자문 전문가로 대우한다. 담당교수는 그 학생들에게 아동의 불안과 공포가 연령 특성 패턴에 따라 어떻게 발생하는가를 알아보고, 필요한 경우 추가 정보를 제공한다. 담당교수는 논의를 통해 아동이 불안해지는 이유, 불안이 다른 사람에게 눈에 띄게 되는 방식, 성별과 민족의 기능에 따라 변형된 형태, 그리고 불안을 겪는 아동을 위한 상담전략에 대해 설명한다. 이때 아동과 성인의 불안 치료에서 성별, 민족, 종교, 그리고 문화적 요인들의 영향에 관하여 논의한다.

아동상담 사례발표

강의 시간의 마지막 부분은 사례발표를 위해 할애한다. 한 아동을 면접한 사례가 발표되는 경우, 담당교수는 수강학생들에게 신뢰관계 형성 기술과 아동의 연령에 적절한 언어를 사용하고 있는지의 여부에 대한 피드백을 제공 한다. 담당교수는 성인상담에 사용되는 동일한 기본 기술들이 아동에게도 사용되지만, 보다 단순한 언어로 보다 적극적인 방식으로 사용되어야 한다는 점을 강조한다.

연 습

1. 아동에게 느낌에 관하여 질문을 던질 때, 시각적인 보조 자료를 활용하는 것이 좋다. "오늘 느낌이 어떤가요?(How are you feeling today?)" 포스터(역자 주: 미국심리학회에서 제작한 포스터)에는 아이들이 서로 다른 정서를 경험하고 있는 얼굴 표정들이 그려져 있다. 이 포스터는 증상 탐색을 위해 아이들에게 그날의 감정을 나타내고 있는 그림을 손가락으로 가리켜 보도록 할 수 있다는 점에서 유용하다. 학생들은 리더가 제공한

감정 포스터로 이러한 연습을 할 수 있다. (Lauren Brookman-Frazee)

2. 학생들은 3인 1조로 나누어 치료자, 아동 내담자(학생은 아동의 연령을 진술할 필요가 있음), 그리고 관찰자 역할을 담당한다. 치료자는 회기를 시작하고, 아동에게 이야기를 하도록 한다. 아동은 불안을 나타내는 그림을 그린다. 그러면 치료자는 그것에 대해 묻는다. 때로 관찰자는 질문을 제안할 수 있다. 끝날 무렵이 되면, 세 사람은 그 연습에 대해 논의한다. 시간이 있다면, 서로 역할을 바꾸어서 연습을 계속한다.

집단 수련감독

세부목표

1. 실습생들이 자신의 이론적 지식, 변화이론, 그리고 우울증에 관한 새로운 정보를 통합하도록 돕는다.

2. 관련 있는 수련감독 고급 전략을 이용하여 불안과 우울증에 대한 실습생들의 이해 정도를 탐색한다.
3. 실습생들의 현재 임상사례에 초점을 맞춘다.

학기 중 이 시점에서, 실습생들은 불안과 우울증, 두 가지의 복잡하고 중요한 내담자 문제의 치료에 관한 방대한 양의 정보를 수집하게 될 것이다. 이러한 정보의 맥락을 제공하기 위해서는 실습생들이 초기에 훈련한 것을 다시 찾아보는 것이 중요하다. 그러므로 간단히 점검을 하고 나서, 이번 회기의 전반부는 불안과 우울증에 대해 실습생들이 확실히 이해할 수 있도록 하는 데 초점을 맞춘다.

실습생들에게는 이론에 관한 교과목에서 나누어 준 자료와 함께 이러한 정보를 통합해 보도록 한다. 그리고 특별히 실습생들의 변화이론과 통합해 보도록 한다. 수련감독 전략 9가 회기 내내 사용된다.

전략 9. 구체적 기법이나 개입방법에 관한 실습생의 감정을 탐색한다.

전반부 45분 동안, 수련감독자는 실습생들의 불안과 우울증에 대한 이해 정도를 탐색한다. 다음과 같은 질문들은 논의를 촉진한다.

글상자 45. 불안과 우울증에 관한 논의를 촉진하기 위한 질문 목록

1. 지난 두 차례의 강의 시간에 소개된 정보에 관하여 어떤 질문이 있습니까?
2. 내담자에게서 불안이나 우울증을 어떻게 확인할 수 있었나요?
3. 증상 확인에서 남성 내담자와 여성 내담자 사이에 차이가 있을까요?
4. 다양한 민족이나 문화적 배경을 가진 내담자는 어떻게 다를까요?
5. 우울증이나 불안에는 어떤 행동유형들이 동반될 것으로 기대합니까?
6. 변화에 대한 행동주의 혹은 인지행동이론에 따르면 불안이나 우울증은 어떻게 발달될까요? 정신역동적 변화이론에 따르면? 인본주의적 변화이론에 따르면?

대화의 예

수련감독자: 여러분은 지난 두 차례의 강의에서 특히 불안과 우울증 치료에 관하여 많은 정보를 들었을 겁니다. 나는 이것이 여러분에게 어떤 의미로 다가오는지, 그리고 여러분이 이 모든 내용을 여러분의 말로 나에게 설명할 수 있는지 궁금합니다.

실습생 1: 글쎄요, 약간 부담되는데요. 마치 단 두 시간 만에 불안에 관한 그 모든 것을 배워야 할 것 같은 느낌이 드네요. 그리고 가능한 것 같지도 않고요.

실습생 2: 우와, 무슨 말인지 알겠어요. 나도 똑같은 느낌이거든요. 알아야 할 게 너무 많아요. 그렇지만 조금씩 이해하기 시작한 것 같은 느낌이에요. 특히 우울증에 대해서요. 그것에 대해 생각할 시간을 좀 더 가졌거든요.

수련감독자: 네, 부담스러울 수 있다는 것을 압니다. 그래서 오늘 시간을 이용해서 여러분이 이러한 내용을 통합 · 정리하고, 여러분이 가질 수 있는 최소한의 궁금한 점들을 말끔히 정리하기 바랍니다.

실습생 1: 글쎄요, 저는 아이들과 이야기하는 방법을 이제 조금 알 것 같아요. 저는 동생이 없어서 지금까지 아이들과 이야기를 나누어 본 적이 없거든요. 지금 현재 근무하고 있는 학교 학생들의 행동이 불안으로 설명될 수 있다는 사실을 알게 되었어요.

수련감독자: 네. 얼마나 많은 아이들이 불안해하고 있는지 참 놀라워요.

실습생 1: 저는 우울증이 여러 가지 다른 형태를 취할 수 있다는 사실을 깨닫기 시작했어요. 사람들이 잘 웃는다고 하더라도 우울해할 수 있다는 걸 알게 되었고요. 몇 주 전보다 지금은 내담자에게서 우울증을 확인하기가 훨씬 쉬워졌어요. 하지만 여전히 적절한 개입방법을 선택하는 데 궁금한 점이 많네요.

수련감독자: 좋아요, 자, 그것에 대해 좀 더 이야기해 봅시다. 어떤 종류의 의

문점을 가지고 있나요?

실습생 2: 글쎄요, 강의 시간에 인지행동치료와 실존치료라는 두 가지 개입 방법에 대해 들었잖아요. 저한테는 인지행동적 접근이 이용하기가 더 쉽고 더 효과적인 것처럼 들리지만, 실제로 실존적 접근이 그 문제의 핵심에 가장 적합하다는 생각이 들거든요. 이 두 가지 방법을 결합해서 사용하고 싶어지네요.

수련감독자: 이러한 생각에 대해 어떻게 생각하나요, 실습생 1?

실습생 1: 흥미로운 것 같지만, 두 가지 접근이 서로 양립할 수 있을 것 같지 않은데요. 그 두 가지를 어떻게 이용할 수 있는지 잘 모르겠네요.

수련감독자: 이 상황에서는 몇 가지 대안이 있다는 생각이 드네요. 이 두 가지 방식을 어떻게 결합해서 사용할 수 있을지 좀 더 말해 보세요, 실습생 2.

수련감독자는 두 실습생들과 함께 이런저런 질문에 대한 탐색을 계속한다. 이때, 내담자의 문제에 대한 다양한 접근방법과 주어진 상황에 관하여 내려진 결정들의 가치를 인정하는 것이 중요하다. 이번 회기에서 모든 질문에 대해 일일이 답변하지는 않더라도, 실습생들은 이론적으로 이해한 것을 구체적인 사례에 적용해 보는 연습을 할 수 있다.

다음 45분 동안, 수련감독자는 실습생들에게 과거에 상담한 것들을 상기시켜서 그들의 변화이론을 개발하도록 돕는다. 또한 실습생들의 이론이 기존의 상담이론이나 강의 시간에 사용한 3단계 접근에 부합되는지 검토하는 것을 돕는다.

수련감독자는 실습생들에게 그들의 변화이론에서 새로운 발전이 있었는지 알아본다. 그리고 실습생들이 우울증과 불안에 대해서 수집해 온 새로운 정보를 어떻게 자신의 이론에 통합할 수 있는지, 그리고 어떻게 이 두 가지 문제에 대해 접근하려고 계획하고 있는지를 살펴보게 한다.

실습생 각자에게는 좀 더 다듬어진 변화이론을 기술하도록 한다. 그리고 다른 실습생들에게 의견, 반응, 그리고 질문을 하도록 한다. 다시 말해서, 여기서 중요한 것은 실습생들이 모든 해답을 얻고 떠나는 것이 아니라 그들 자신과 인간 변화에 대한 그들의 철학에 적합한 방식으로 이러한 문제들에 접근할 수 있다고 믿도록 하는 것이다.

수련감독 회기 후반부에 수련감독자는 실습생들과 그들의 사례에 대해 함께 작업한다. 실습생들에게는 과거 2주에 걸쳐 나누어 준 자료들을 통해 어떻게 하면 현재 내담자들에 대해 보다 의미 있는 사례개념화를 할 수 있을 것인가 생각해 보도록 한다. 덧붙여서, 수련감독자는 현재의 임상사례의 맥락에서 수련감독 전략 21 혹은 22를 적용한다.

> 전략 21. 실습생이 내담자와 치료자의 행동에서 단서를 확인하고 사용하도록 격려한다.
>
> 전략 22. 한 회기에서 실습생의 의도를 탐색한다.

2-9 주 상담의 특수 주제 3: 자신 · 타인에게 위험한 내담자

강 의

세부목표

1. 자살생각suicidal ideation에 관하여 알아볼 수 있는 방법을 가르친다.
2. 자살 계약suicide contract 체결방법을 제시한다.
3. 다른 사람들에게 해를 입힐 수 있는 잠재성의 탐색방법에 대해 설명한다.

4. 테라소프 판례Tarasoff case, 현재의 법적 필수요건, 그리고 보고서 작성법에 대해 설명한다.

이번 강의는 자살, 살해 생각 · 위협과 관련된 상담에 초점을 맞춘다. 이 주제는 광범위하므로 두 가지 주제만으로도 강의 시간을 다 사용하게 될 것이다. 강의 시간에 사례에 대한 수련감독은 없다. 만일 담당교수의 자문을 필요로 하는 사람이 있다면, 항상 그렇듯이, 그 학생은 정규 강의 시간 외의 시간을 활용해야 할 것이다. 그렇지 않으면, 사례 수련감독은 매주 실시되는 학생 수련감독자들과의 정규 회기에 갖게 될 것이다.

자 살

담당교수는 자신에 대한 위협에 대해 어떻게 언급할 것인가에 관하여 이야기한다. 여기서는 서면으로 된 유인물들이 도움이 된다. 담당교수는 내담자가 더 이상 살고 싶지 않다거나 자기 자신을 해하려는 의도에 대해 모호하거나 명시적인 진술을 할 때는 상담자가 반드시 개입하여 질문을 던져야 한다는 점에 대해 설명한다. 많은 초심 치료자들은 자살생각이나 계획에 관하여 불쑥 질문을 던지는 것에 대해 불안해하는 경향이 있다. 왜냐하면 질문을 던지는 것은 자칫 그러한 생각을 실행에 옮기게 할 수 있다는 두려움이 있기 때문이다. 하지만 이는 전혀 사실과 다르다.

대부분의 내담자들은 치료자의 관심에 대해 고마워한다. 그리고 사실상 이들은 흔히 치료자에게 개입해 줄 것을 요청하는 의미로 자살충동에 관하여 언급하기도 한다. 수련감독을 받는 치료자의 경우에는 내담자와 논의를 완결 짓기 전에 가급적 신속하게 사례 수련감독자나 소속 기관의 수련감독자에게 알리는 것이 중요하다.

치료자는 일반적인 구조 내에서 자살의도를 사정할 의도로 내담자에게 다음과 같은 질문을 던질 필요가 있다. 상담자는 이러한 질문들을 모두 던질 수는 없을 것이다. 그러나 상담자는 관찰, 이전 지식 혹은 질문들을 사용하여 모든 정보를 수입하려고 노력해야 한다(Orliss & Neufeldt, 2004).

글상자 46. 자신과 타인에게 위험한 내담자 파악을 위한 질문 목록

1. 이 사람은 누구인가? 과거에 내담자가 사용한 문제대처방법에 대해 얼마나 알고 있는가?
2. 내담자의 현재 자살 동기는 무엇인가? 현재의 우울 수준은 어느 정도인가?
3. 내담자의 현실검증력reality testing 수준은 어떠한가? 우울증의 현 수준은?
4. 죽음에 대해 내담자는 어떤 환상을 가지고 있는가?
5. 내담자의 행동화acting out, 충동조절에 대한 개인사는 어떠한가? 이전에 자살을 시도한 적이 있는가?
6. 지금까지 자살을 저지할 수 있었던 것은 무엇인가?
7. 내담자의 현재 정동(둔감한 혹은 무감각한)은 어떠한가? 현재 기분mood은?
8. 내담자는 계획을 갖고 있는가? 계획은 잘 세워져 있는가? 그것은 치명적인가? 그것은 구조가 가능한 것인가?
9. 내담자는 어떤 환경적 지지체계를 갖추고 있는가? 내담자의 지지 네트워크는 어떠한가? 다른 사람들로부터의 지지에 대해 내담자는 어떻게 지각하는가?
10. 내담자는 왜 내게 말하고 있는가? 내담자는 왜 '지금' 내게 말하고 있는가?
11. 그 밖에 아는 사람은 누구인가?
12. 내담자는 무엇을 해 왔는가? 어떤 준비를 해 왔는가? 내담자는 이미 어떤 형태의 계획을 실행하기 시작했는가?(p. 81)

이 시점에서 담당교수는 시범 보일 준비를 한다. 담당교수는 학생 수련감독자, 다른 고급 단계의 대학원생 혹은 강의 수강 학생에게 자살 내담자의 역할을 하도록 할 수 있다. 담당교수는 학생들에게 관찰 시 주의를 집중하게 하고 혹시 떠오르는 질문이 있다면 이를 글로 쓰게 한다. 이들은 한 회기의 짧은 부분을 시연해 보되, 내담자는 자신을 해하려 한다는 사실을 암시하면서 자신을 소개한다. 그 후, 담당교수는 학생들에게 질문을 하도록 한다. 그러고 나서 잠시 휴식을 취한다.

타인에게 해를 입힐 잠재성

쉬는 시간이 끝나면, 담당교수는 다른 사람에 대한 위협에 관한 논의로 옮겨간다. 이는 "소총을 들고 캠퍼스 시계탑에 올라가서 총을 쏘기 시작하는 것"과 같이 모호한 위협에서부터 특정인을 살해하거나 개인의 재산이나 공공 시설에 해를 입히겠다는 의도를 명백하게 밝히는 진술에 이르기까지 해당된다. 담당교수는 테라소프 판례(테라소프 대 캘리포니아 대학교 평의회/Tarasoff v. Regents of the University of California, 1976)와 이 판례에서 파생되어 대부분 주의 상담자와 기타 의무적으로 보고해야 하는 사람들에게 미치는 영향에 대해 설명한다.

테라소프 판례와 여기서 파생된 효과에 대한 설명에 이어, 담당교수는 학생들에게 피해 사정을 위해 탐색할 필요가 있는 것들에 대해 언급한다. 담당교수는 우선 학생들이 질문을 계속하기에 앞서, 가급적 신속하게 적절한 수련감독자에게 알릴 필요가 있음을 강조한다. 그러고 나서, 상담자는 내담자의 다음과 같은 점들을 탐색한다.

글상자 47. 타인에게 해를 입힐 잠재성을 지닌 내담자 사정 영역

1. 스트레스 수준
2. 폭력에 대한 동기
3. 느낌 혹은 정동 상태
4. 현실이해 능력
5. 치료자와의 개입방법 수준
6. 결과에 대한 이해
7. 폭력행위의 과거사
8. 다른 사람이 자신을 해하려 한다는 믿음

9. 해치려는 구체적인 방법과 실행 계획
10. 약물이나 알코올 남용의 정도

상담자는 또한 보고를 하기 위해 희생자를 확인할 수 있어야 한다. 내담자들은 대체로 본래의 치료계약을 토대로 그들이 저지르는 위협이 희생자나 희생자를 확인할 수 있는 관계기관에 보고되어야 한다는 사실을 알고 있다. 내담자에 따라서는, 예를 들어 "내 여동생을 성폭행한 사람의 이름은 마틴 스미스(Martin Smith)이고, 다음 달에 매사추세츠에 있는 교도소에서 출소할 예정입니다."라고 잠재적 희생자의 신분을 의도적으로 밝히기도 한다. 담당교수는 이처럼 내담자가 잠재적 희생자의 신분을 구체적으로 드러내는 것은 저지되기를 원하고 있음을 나타낸다고 설명한다.

희생자가 확인되고 위협수준이 어느 정도 명백해지면, 상담자는 이 사실을 수련감독자의 자문을 받아 반드시 보고해야 한다. 만일 이를 뒷받침할 만한 자료가 미약하다면, 치료자와 수련감독자는 다음에 취할 필요가 있는 조치에 대해 논의한다. 치료자가 취한 조치에 대한 설명과 수련감독자의 자문을 포함해서, 모든 사례에서 예외 없이 제반 상황에 대해 서류상으로 기록이 남겨져야 한다.

다시 말해서, 담당교수와 상급과정의 학생이 동영상을 통해서 혹은 실제로 시범보이는 것은 강의를 수강하고 있는 학생들에게 도움이 되고 학생들의 궁금증을 불러일으키게 될 것이다. 강의가 끝날 무렵, 담당교수는 둘 중 한 가지 주제에 대해 질문이 있는지를 확인하고 수강학생들에게 주중 수련감독 시간에 사례를 발표해야 한다는 것을 상기시킨다. 일반적으로, 연습을 위한 시간은 없을 것이다.

개인 수련감독

세부목표

1. 내담자의 자살 혹은 다른 사람에게 해를 입힐 잠재성 사정에 관한 질문을 받는다.
2. 실습생들에게 이러한 사정방법들이 적절하다고 여겨지는 사례들에 대해 질문한다.
3. 사례에 대해 수련감독을 실시한다.

수련감독자는 실습생들에게 강의에서 다룬 내용과 관련된 문제에 대해 질문이 있는지 알아본다. 그런 다음 수련감독자는 실습생들이 자살생각이나 살해 생각homicidal ideation 혹은 현재 사례와 관련된 행동에 염려되는 점이 있는지 알아본다. 만일 있다면, 그 사례부터 탐색한다.

대화의 예

수련감독자: 혹시 내담자들 중에 자기 자신이나 다른 사람들에게 해를 입힐까 봐 염려되는 사람이 있나요?

실습생: 네. 공교롭게도 이번 주에 이러한 염려를 하게 되네요. 이것이 실제로 제가 상담 중인 청소년 내담자에 대한 염려인지 아닌지는 결정할 수가 없네요.

수련감독자: 그 점에 대해 이야기를 나누어 봅시다. 어떤 점에서 마음이 불편합니까?

실습생: 글쎄요, 토마스(Thomas)는 자기 여자친구가 자기를 떠날 것이라는 생각을 견딜 수가 없다고 여러 번 말했거든요. "만일 여자친구가 떠나려 한다면, 나는 걔를 붙잡을 거예요."라고까지 말했거든요.

수련감독자: 아주 심각하게 들리네요. 내담자 여자친구가 진짜 떠날 거라고 생각하세요?

실습생: 그 점이 제가 염려하는 점이에요. 내담자 여자친구는 토마스를 무서워할 뿐만 아니라 떠나기가 겁난다고 친구에게 이야기한 적이 있다고 내담자가 말하더라고요. 그렇지만 이제 토마스는 저한테 자기 여자친구의 친구가 여자친구를 어려움에 처한 젊은 여성들을 위한 센터center for troubled young women의 상담자에게 데려 갔다고 했어요. 그리고 내담자는 상담자가 여자친구에게 토마스를 떠나라고 할 거라고 생각하고 있고요. 솔직히 말해서, 내가 내담자 여자친구의 상담자라면 저라도 그렇게 할 거예요.

수련감독자: 그럼요, 선생님이 내담자 여자친구의 상담자라면, 그 여성이 보호받을 수 있거나 적어도 안전한 환경으로 옮겨 주려고 하겠죠.

실습생: 그거 좋은 지적이네요. 저는 그 센터가 어떻게 운영되고 있는지 잘 모르겠어요. 센터의 상담자들은 전문가가 아니거든요. 어쨌든 토마스는 여자친구, 여자친구의 친구, 여자친구의 상담자, 아니면 세 사람 모두에게 해를 입히는 것에 대해 마음이 갈팡질팡하는 것 같아요.

수련감독자: 그러면 정말 염려가 되겠군요. 난 선생님이 이 점에 대해 언급한 적이 없다는 것이 놀랍네요.

실습생: 저는 섣불리 결론부터 짓고 싶지 않았거든요. 그리고 솔직히 말해서 선생님께서 제가 그것에 대해 무언가를 해야 한다고 말씀하실까 봐 겁도 났고요. 저는 토마스와의 관계를 해치고 싶지 않아요. 이 일만 아니면, 이러한 상황이 발생하기 전까지 저는 토마스가 어느 정도 진전을 보이고 있었다고 생각하거든요.

수련감독자: 만일 선생님이 비밀보장 원칙을 파기하고 보고해야 한다면, 작업동맹이 깨질까 봐 염려하는 것은 충분히 이해됩니다. 그렇지만 위협적인 상황에서 잠재적인 희생자들의 안전이 최우선시 되어야 하죠. 만일 내담자가 스스로 보고할 수 있거나 그런 조치를 취할 수 있

다면, 선생님이 내담자를 위해 할 수 있는 일이 있죠. 그런데 흔히 내담자는 그렇게 하는 것을 거부하거든요. 선생님은 관계가 파괴될지도 모르는 모험을 하고 있는 셈이랍니다.

실습생: 예, 알아요. 이런 이야기를 나누게 되면서, 제가 조치를 취해야 할 일들이 점점 더 명확해지네요.

수련감독자: 이 내담자에 관해서 선생님이 알고 있는 사항에 대해 이야기해 봅시다. 우리는 내담자가 학교에서 쫓겨날 상황에 처해 있다는 사실 때문에 스트레스를 받고 있다고 알고 있잖아요. 내담자는 좋은 일자리를 구할 수 있을 만큼 기술도 없고, 내담자 역시 그 점에 대해 염려하고 있다고 했잖아요.

실습생: 네, 내담자는 자신이 처한 상황 때문에 스트레스를 받고 있고, 심한 분노를 느끼고 있어요. 내담자는 매사에 다른 사람을 비난하는 경향이 있고요. 그래서 여자친구가 내담자와 헤어진다면, 폭력적인 반응을 초래할 수 있다는 생각이 들어요. 내담자가 화나면, 과장되게 받아들이는 경향이 있거든요. 내담자는 자신에게 어떤 일이 일어날 것이라는 결과에 대해 생각하지 않을 거예요.

수련감독자: 참 안됐네요. 내담자가 과거에 폭력적인 행위를 한 적이 있었나요? 그리고 내담자의 충동조절은 어떻죠?

실습생: 내담자가 싸움을 했던 적은 있어요. 바로 그 사건이 학교에서 쫓겨나게 될 위험에 처하게 된 이유이기도 하고요. 내담자는 사소한 말에도 자신을 비난하는 것으로 받아들여서 갑자기 분노를 폭발시키기도 하거든요. 내담자는 이러한 일들이 자신에게 발생하지 않기를 바란다고 말한 적도 있고요. 그렇지만 일단 그러한 상황에 놓이기만 하면, 내담자는 생각을 멈추지 않고 바로 주먹을 날리게 되죠. 글쎄요, 또 다른 사실은, 내담자가 지금까지 여자친구를 통제해 왔다는 것이지요. 저는 그 점에 대해 탐색해 보려고 했어요. 그리고 여자친구가 사소한 일이라도 하기 전에 반드시 핸드폰으로 내담자에게 확

인받는 것 같은 느낌이 들었어요. 내담자는 여자친구가 다른 친구들과 함께 시간보내는 것을 원치 않고, 여자친구가 수업시간에 남학생과 말도 못하게 하고 있거든요. 내담자가 말은 하지 않았지만, 저는 내담자가 여자친구에게 손찌검하지 않나 하는 생각이 들곤 해요. 언젠가 여자친구가 어딘가를 가고 싶어 했을 때, 내담자는 여자친구를 잘 감시해야 한다는 말을 했는데, 결국 여자친구가 가는 것을 포기하고 말았거든요.

수련감독자: 그러한 것들은 모두 좋지 않은 신호군요. 내담자는 마치 사람들이 자기를 잡기 위해 나선 것으로 생각하고 있는 것처럼 들리네요. 마찬가지로 여자친구가 자기를 버릴까 봐 두려워하고 있고요.

실습생: 지금 이 점에 대해 이야기를 나누고 있다 보니까, 그것이 점점 사실이라는 생각이 드네요. 그리고 무섭고요. 내담자는 칼을 갖고 다니는데 한번은 다른 남자를 칼로 찌른 적이 있대요. 내담자는 그 녀석이 너무 무서워하면서 아무에게도 말하지 못하더라고 말하더군요. 그리고 술을 마시면 상태가 더 악화되고요. 술도 자주 마시는데, 때로 술에 취해서 정신을 잃기도 한다고 했어요. 아무래도 그 점에 대해서 내담자와 이야기를 나누어 봐야겠어요. 저도 조금 두려워지네요.

수련감독자: 네, 내담자를 만나기 전에 우선 당직 수련감독자에게 이야기를 하는 것이 아주 중요할 것 같네요. 내가 와서 그 회기를 직접 관찰하겠습니다. 내담자에게 자신의 의도가 무엇이고, 정확하게 어떻게 "여자친구를 붙잡을" 것인지, 그리고 그러기에 앞서 어떤 조치가 필요한지에 대해 물어볼 필요가 있을 것 같네요.

실습생: 네, 그리고 만일 내담자가 여자친구를 해치려 한다는 생각이 들고 어떤 일을 저지를 것인지가 명확해지면, 그 상황을 여자친구에게 알려야 할 것 같아요. 그리고 여자친구가 15세밖에 되지 않았으니까, 여자친구의 가족에게도 알려야 할 것 같네요.

이 대화의 예에서 수련감독자는 실습생에게 전략 15를 사용하여 아주 구체적으로 질문을 던졌다. 그리고 전략 19를 사용하여 살해의도에 관한 문제를 둘러싼 사례개념화를 도왔다. 수련감독자는 실습생이 다음 회기에 다룰 구체적인 개입방법을 확인하도록 도움으로써, 전략 3을 사용하여 논의를 마쳤다.

전략 3. 적절한 개입방법을 확인한다.
전략 15. 실습생에게 내담자의 문제와 동기에 대해 논의하도록 격려한다.
전략 19. 실습생의 사례개념화를 돕는다.

또 다른 잠재적인 위기상황이 없다면, 수련감독자는 비록 짧은 시간이지만, 실습생들에게 다른 사례들을 발표하도록 한다. 만일 모든 사례에 대해 논의할 시간이 없다면, 수련감독자는 주중 다른 시간에 실습생들과 만날 약속시간을 추가로 잡아서 상담사례에 대한 수련감독이 시의적절하게 이루어지도록 한다.

학생 수련감독자는 또한 수련감독 회기가 종료되자마자 그 상황을 수석 수련감독자에게 가급적 빠른 시간 내에 보고한다. 또한 신뢰와 개방성을 유지하기 위해 수련감독자는 실습생들에게 수석 수련감독자에게 보고한 사실에 관하여 말해 준다.

2-10 주 상담의 특수 주제 4: 강점기반상담

강의

세부목표

1. 강점기반상담의 개념에 대해 가르친다.
2. 강점을 찾기 위한 단계에 대해 설명한다.

강점기반상담 vs. 긍정심리학

일반적으로 기초적인 상담교재에서는 강점기반상담Strength-Based Counseling과 긍정심리학positive psychology에 관한 내용을 다루고 있지 않다. 그러므로 이러한 개념이 익숙하지 않은 담당교수들은 엘지 스미스(Elsie Smith, 2006)의 『강점기반상담모형(*Strength-Based Counseling Model*)』을 읽어 볼 것을 권한다. 긍정심리학에 대해 좀 더 이해하고 싶은 사람들은 마틴 셀리그먼(Martin Seligman)과 동료들이 쓴 논문이나 저서들(Peterson & Seligman, 2004; Seligman, 2002; Seligman & Csikszentmihalyi, 2000)을 읽어 볼 것을 권한다. 강점에 대한 범문화적cross-cultural 관점에 대해 담당교수들은 달스버그, 피터슨, 그리고 셀리그먼(Dahlsberg, Peterson, & Seligman, 2005)의 논문들을 읽어 보기 바란다.

강점기반상담의 원리 소개

담당교수는 강점기반상담의 원리에 대해 설명한다. 일반적으로, 강점기반상담자들은 삶에는 고통의 원인이 되고 성장을 저해하는 피할 수 없는 사건들이 있다고 가정한다. 동시에, 모든 인간은 그러한 사건에 직면하게 되면, 그것을 바로잡으려는 경향이 있다고 믿는다(Bronfenbrenner, 1979;

Smith, 2006).

강점 탐색 단계 설명

긍정심리학으로 내담자를 돕는 데는 여러 단계가 있는데, 이번 강의내용은 심리적 강점 확인에 초점을 맞춘다(Smith, 2006). 여기에는 인지적, 정서적, 사회적, 경제적, 그리고 정치적 강점들이 포함되는데 이들 중 많은 부분들이 서로 다른 문화적 배경을 지닌 사람들 사이에서도 차이가 있다. 스미스(E. L. Smith)는 상담자들을 위해 다음과 같은 질문들을 제안하였다.

글상자 48. 내담자의 강점 파악을 위한 질문 목록

1. 당신은 어떻게 살아남게 되었습니까?
2. 당신은 무엇을 잘합니까?
3. 다른 사람들은 당신을 어떤 시각으로 봅니까?
4. 당신의 뛰어난 자질은 무엇입니까?
5. 당신은 어떻게, 그리고 누구와 동맹관계를 맺고 있습니까?
6. 당신은 어떻게 변화에 적응할 수 있었습니까?(Smith, 2006, p. 40)

이러한 질문과 또 다른 질문들로 치료자는 내담자가 자신의 강점을 확인할 수 있도록 돕는다. 일단 이 연습만으로도 내담자에게 희망과 낙천성을 북돋아 줄 수 있다. 강점을 확인하기 위한 또 다른 접근방법은 진정한 행복 웹사이트(Authentic Happiness Web site)(http://www.authentichappiness.sas.upenn.edu/)에서 찾을 수 있다. 담당교수, 학생, 그리고 수련감독자는 온라인에서 다양한 강점 사정도구에 접속할 수 있다. 셀리그먼(Seligman, 2002)의 저서 『진정한 행복(*Authentic Happiness*)』을 읽어 보기만 해도 내담자와 상담자에게 도움이 될 수 있다.

집단 수련감독 실시

시간이 충분하다면, 학생들은 다음의 연습들 중 한 가지를 할 수 있다. 그렇지 않으면, 지정된 학생들이 집단 수련감독에서 자신의 사례를 발표한다.

연 습

1. 학생들은 서로 짝을 지어 번갈아 가며 상담자 역할을 한다. 다른 학생은 자기 자신의 역할을 한다. 상담자는 학생에게 사전에 작성한 질문을 던진다. 이 연습을 진행하면서, 상담자는 학생의 강점 목록을 작성한다. 그러고 나서 역할을 바꾸어 동일한 방법으로 질문을 던지고 목록을 작성한다. 학생들은 목록을 교환하고, 연습에 대한 소감을 나눈다. 학생들은 통상적으로 자신의 강점에 대해 생각해 보는 것 자체만으로도 즐거워한다. 긴장이 고조되고 아주 까다로운 학위과정에 있는 경우에 특히 그렇다.
2. 학생들은 3인 1조로 모임을 갖는다. 가능하면, 각 집단마다 둘 혹은 그 이상의 문화적 배경을 지닌 학생들로 구성한다. 학생들은 함께 작업하여 대표성을 띠는 집단의 심리적 강점을 찾아낸다. 만일 강의 시간에 이 연습을 한다면, 그 후 그 집단에 돌아가서 각자 발견한 점에 대해 설명한다.

집단 수련감독

세부목표

1. 강점기반상담에 대해 명료하게 설명한다.
2. 실습생들의 사례들을 수련감독한다.

학생들을 점검하고 나서, 수련감독자는 강점기반상담에 관하여 질문이 있는지 알아본다. 그런 다음, 시간이 충분하면 실습생들은 강의 시간에 사용되지 않았던 연습들 중 한 가지를 실시한다. 연습이 끝나면, 실습생들은 수련감독을 위해 각자의 사례를 발표한다.

대화의 예

수련감독자: 아시다시피, 여러분들에게는 사례발표를 위한 시간으로 45분이 주어져 있습니다. 그러면 실습생 1, 오늘은 어떤 사례에 대해 가장 많은 시간을 할애하고 싶으세요?

실습생 1: 블랑카(Blanca)에 대해서요. 블랑카는 지금 대학원 때문에 아주 풀이 죽어 있거든요. 내담자는 자신이 대학원 생활을 제대로 해낼 것인가에 대해 자신 없어 하고 있어요. 저는 강점기반상담이야말로 내담자가 스스로를 보다 강하게 느끼고 앞으로 나아갈 수 있게 도울 수 있는 방법이라고 생각해요.

실습생 2: 그거 좋은 생각인데요. 내담자를 지켜보면서 저는 내담자가 정말 많은 도움을 받을 수 있다는 생각이 들었어요.

수련감독자: 좋아요. 강점기반상담은 여러 단계들로 구성되어 있습니다. 우선 블랑카의 강점에 대해 생각해 보는 것으로 시작해 봅시다. 우리 모두는 이 사례를 이미 여러 차례 본 적이 있죠. 내담자와 상담을 시작하기에 앞서, 실습생 1, 선생님과 여기에 있는 선생님 동료들은 블랑카의 강점이 뭐라고 생각하나요? 내담자의 인지적 강점부터 생각해 봅시다.

실습생 3: 글쎄요, 저는 내담자가 머리가 아주 좋다는 사실을 알 수 있었어요. 내담자는 아주 경쟁력 있는 대학원에 입학했거든요. 그리고 저는 내담자가 긍정적 조치affirmative action(역자 주: 차별철폐 조치, 즉 소수민족에 대한 차별철폐 및 여성고용 등을 적극 추진하는 미연방

정부의 정책)의 혜택을 받지 않았더라도 아무런 문제없이 입학이 가능했을 거예요. 내담자는 버클리(Berkeley)에서 4.0은 받았을 거예요. 아니면 적어도 내담자가 그렇게 말한 것 같아요.

실습생 1: 네, 그건 내담자가 말한 것이에요. 내담자는 틀림없이 문제해결을 잘하면서도 열심히 공부하는 사람일 거예요. 왜냐하면 내담자는 맥내어 장학금McNair fellowship을 받았을 정도거든요.

실습생 2: 그 장학금을 받은 친구를 알고 있는데, 그 친구는 학부 재학 중에 맥내어 장학금을 신청했거든요.

수련감독자: 그러면 정서적 강점emotional strengths은?

실습생 2: 내담자는 저처럼 멕시코계 미국인인데…… 보통 라틴계 가족들은 아주 가깝고 지지적이거든요. 다른 한편으로는 경우에 따라 딸이 고등교육 받는 것을 그리 달가워하지 않기도 하고요.

실습생 1: 글쎄요, 내담자의 가족은 그렇지 않았어요. 아마 가족의 에너지를 딸의 교육에 쏟아 부었던 것 같아요. 아들이 없었거든요. 그래서 다른 한편으로, 교육의 중요성을 절실하게 느낀 것 같아요. 내담자의 부모 모두 고등학교를 졸업했을 거예요. 라틴 아메리카에서 이민 온 사람들로서는 특별한 경우이거든요. 그리고 두 분 모두 멕시코에서 왔지만, 모두 영어를 배웠고요.

수련감독자: 그러면 내담자는 좋은 모델링을 하게 된 셈이군요. 그리고 가족의 지지도 받고 있고요. 그런데 자기훈육self-discipline과 대처기술은 어떤가요?

실습생 1: 내담자는 자기훈육이 아주 잘 되어 있어요. 그렇지만 내담자의 대처기술에 대해서는 잘 모르겠어요.

수련감독자: 그러면 강한 문화적 정체감cultural identity은 있나요?

실습생 1: 그건 잘 모르겠는데요.

실습생 2: 라틴계 사람들을 위한 행사가 열렸던 다문화센터Multicultural Center에서 우연히 내담자를 만난 적이 있어요. 그러니까 내담자에게 내담자의 정체성과 내담자와 같은 다른 사람들로부터의 사회적 지지에 관해서 물어볼 수 있을 거예요.

수련감독자: 그러면 내담자는 대학원에서 동료들과는 어떻게 지내고 있나요?

실습생 1: 어휴, 그것도 잘 모르겠어요. 이러한 사안에 대해 충분히 탐색해 오지 않았다는 것을 깨닫게 되네요. 내담자의 사회적 강점에 대해서는 잘 모르겠어요.

수련감독자: 내담자는 학업을 계속할 만큼 재정적으로 넉넉한가요?

실습생 1: 장학금을 받고 있으니까 그럴 거라고 생각해요. 하지만 다시 확인해 보겠습니다.

수련감독자: 그러면 여러분은 그 밖에 어떤 생각을 할 수 있을까요?

실습생 3: 글쎄요, 내담자에게는 어느 정도 정치적으로 강점이 있다는 생각이 들어요. 내담자를 캠퍼스 내의 민주 클럽Democratic Club 회의 때 보았거든요.

실습생 2: 허참, 내담자는 정말 발이 넓군요.

수련감독자: 난 선생님이 이미 강점을 도출해 내기 시작했다는 생각이 들어요. 내담자의 삶에서 그러한 강점들을 사용할 수 있도록 상담에서 선생님이 도울 수 있는 방법에 관하여 이야기해 봅시다. 강점기반 상담에서는 실행전략들도 통합을 하거든요.

이 대화의 예에서 수련감독자는 전략 4를 사용하였고, 다른 실습생들의 아이디어들을 도출해 냄으로써 전략 15를 다루었다.

> 전략 4. 개입기법들을 가르치거나, 시범을 보이거나, 모델 역할을 한다.
> 전략 15. 실습생이 내담자의 문제와 동기에 대해 논의하도록 격려한다.

수련생 모두에 대한 수련감독을 완결 짓고 나서, 수련감독자는 다른 질문이 있는지 확인하고, 오늘 수련감독을 통해 실습생들이 무엇을 배웠는지를 알아보고, 수련감독을 종료한다.

2-11 주 상담의 특수 주제 5: 지역사회 위기 · 자연재해 상담

강 의

세부목표

1. 재해 및 지역사회 위기상담에 대한 오늘날 세계의 요구에 관하여 논의한다.
2. 재해 및 위기상담의 기본 개념들에 대해 가르친다.

재해 · 위기상담의 필요성

수많은 사람들은 최근에 한 지역에서 여러 사람들이 목숨을 잃는 것과 같은 자연재해, 테러사건, 그리고 기타 사건들로 발생하는 엄청난 외상 trauma의 영향을 받아 왔다. 미국 내에서만 하더라도 2001년 9월 11일에 있었던 테러리스트들의 뉴욕세계무역센터 New York World Trade Center와 국무성 Pentagon으로 향했던 비행기 납치 사건, 콜롬바인 Columbine에서 있었던 콜로라도 학교 총격 사건, 카트리나 Katrina를 포함한 수차례의 엄청난 규모의 허리케인, 그리고 캘리포니아주 골리타 Goleta에서 발생한 6명에 대한 총격 사건, 2006년 우체국에서 한 사람에 의해 자행된 총격사건이 발생하였다.

재해 · 위기상담의 기본개념 소개

이러한 사건에서 생존한 많은 사람들이 심리적으로 심각할 정도의 큰 고통을 겪었다. 어떤 사람들은 시간이 흘러가면서 외상 후 스트레스 장애 posttraumatic stress disorder, PTSD와 다른 문제들로 고통을 겪었으나, 다른 사람들은 재난이 발생한 시점에서 단기상담 개입을 통해 도움을 받기도 하였다. 담당 교수는 그러한 사건들과 적절한 상담 대응의 즉각적인 효과에 대해 이야기한다. 이 강의 내용은 특별히 강점기반상담을 적용하여 자연재해 및 인재human-caused disasters로부터의 생존자들을 돕는 것에 초점을 맞춘다.

재해 · 위기상담 전략 소개

장시간 동안 담당교수는 결정적 사건 스트레스 보고critical incident stress debriefing, CISD(Mitchell, 1983), 즉 '안전한 장면에서 개인으로 하여금 훈련된 정신건강 요원들과 함께 외상적 사건을 되살려 보도록 격려하는 과정'이 치료를 위한 중요한 기준이었다는 점을 설명한다. 그러나 최근 들어 연구자들은 사건들을 떠오르게 하는 방법은 그 영향을 감소시키기보다는 오히려 PTSD의 발달을 촉진한다는 사실을 발견하였다(Housley & Beutler, 2007; Litz & Gray, 2004).

최근 들어, 전문가들은 "사람들 대부분이 사건 직후 여러 날 동안 PTSD로 고통 받지 않는다는 사실을 알게 되었다. 이들 전문가들은 사람들 대부분이 일시적인 스트레스 반응을 보이다가 시간이 가면서 원상태로 돌아가는"(Litz, Gray, Bryant, & Adler, 2002, p. 128) 새로운 접근방법을 권장하였다. 이 접근방법은 최우선적으로 반응을 보이는 사람과 생존자들이 대처기술에 접근할 수 있도록 돕는 데 초점을 맞추고 있다.

미국적십자사American Red Cross는 유사한 전략들을 권장해 왔다. 국립 아동 외상 스트레스 네트워크National Child Traumatic Stress Network와 국립 PTSD 센터National Center for PTSD(2005)의 웹사이트에는 유용한 정보자원과 유인물이 마련되어 있다. 담당교수들에게는 강의를 진행하기에 앞서 이러한 서적과 논문, 그리고 유인물을 읽어 볼 것이 권장된다. 이에 관한 연구는 계속되고 있으므로, 이러한 자료들은 경험적 연구를 기초로 한 최종적인 추천 대상은 아니다. 그럼에도 불구하고, 많이 추천되는 부분이 하우슬리와 뷰틀러(Housley & Beutler, 2007)의 것들인데, 이들은 다음과 같이 기본적인 제안을 하고 있다.

글상자 49. 지역사회 위기 · 자연재해 상담을 위한 지침

1. 다른 어떤 것보다도 먼저 음식, 보호시설, 그리고 중요한 타인들, 흔히 가족들과의 접촉과 같은 안전과 기본 서비스를 구축하는 것이 중요하다.
2. 필요한 경우, 유용하고 실용적인 정보를 제공한다.
3. 내담자와 관계를 형성하고 암묵적 혹은 명시적인 허가를 받게 되면 상담을 진행한다.
4. 내담자의 이야기를 경청하되, 내담자가 말하는 것에 머무르거나 내담자에게 그러한 경험을 떠올리게 하지 않는다.
5. 내담자의 강점과 대처를 위한 자원을 강조하고, 가능하다면 이를 바탕으로 관계를 구축한다.
6. 피해자들의 문제를 해결할 수 없다는 사실을 인식하고, 가능하다면 지역사회 자원으로 안내한다.

재해 · 위기상담 시범

만일 담당교수가 재난구조 작업에 대한 훈련과 경험이 있다면, 그러한 장면에서 내담자들과 적절하게 대화를 나누는 방법을 시범 보일 수 있다. 수강학생이나 고급 과정 학생이 내담자 역할을 담당하여 직접 시범을 보이거나, 동영상으로 보여 줄 수 있다. 담당교수는 내담자 역할을 하는 사람을 위한 시나리오를 작성하여 그 과정을 시범보일 수 있다. 시범이 끝나면 담당교수는 질문을 받는다. 만일 담당교수가 필요한 훈련을 받지 않았거나 경험이 없다면, 지역사회의 전문가에게 초청강연을 요청할 수 있다.

사례 수련감독 실시

강의 시간의 후반부에 담당교수는 사례를 수련감독하고 그것을 토대로 전체 수강학생들에게 강의를 한다.

연 습

1. 만일 담당교수가 『심리적 응급처치 영역 실행가이드(*Psychological First Aid Field Operations Guide*)』(National Child Traumatic Stress Network and National Center for PTSD, 2005)의 6쪽에 있는 유인물을 나누어 주면, 학생들에게 도움이 될 것이다. 학생들을 2인 1조로 나누어 일종의 외상적 사건을 겪어 온 두 명의 내담자에 관한 내용이 담긴 유인물을 나누어 준다. 조를 이룬 상태에서 한 사람이 한 가지 시나리오의 역할을 담당한다. 한 학생은 심리적 응급처치 유인물에 나와 있는 대로 상담자 역할을 한다. 두 사람은 개입을 위한 단계대로 진행한다. 그리고 나서 상담 결과를 평가한다. 첫 번째 학생이 새로운 시나리오상에서 내담자 역할을 하는 동안, 두 번째 학생은 상담자 역할을 담당한다. 그리고 다시 평가한다. 강의 시간이 끝날 무렵, 담당교수는 학생들에게 연습에서 경험한 것에 대해 소감을 나누게 한다.

개인 수련감독

세부목표

1. 강의 시간에 다룬 모형에 관한 질문에 대해 명료하게 설명해 준다.
2. 모든 사례에 대해 수련감독을 실시한다.

수련감독자는 실습생들이 외상적 사건의 생존자들에 대해 반응하는 것에 관하여 질문이 있는지 알아본다. 다음의 대화에서 실습생은 궁금한 점을 표출한다. 수련감독자는 전략 4를 사용하여 적절한 반응을 보이는 모델 역할을 한다.

전략 4. 개입기법들을 가르치거나, 시범을 보이거나, 모델 역할을 한다.

대화의 예

실습생: 사실, 몇 가지 궁금한 점이 있는데요. 선생님께서는 최근에 허리케인 희생자들을 위한 보호시설에서 봉사를 하셨다고 알고 있거든요. 내담자들과 어떻게 연결하셨고 그분들에게 어떻게 반응하셨나요?

수련감독자: 글쎄요, 내가 어떻게 했는가를 말해 줄 수는 있을 것 같아요. 나는 지침에 나와 있는 대로 했어요. 하지만 나 자신의 관계기술과 이야기 나누는 방법을 사용하기 위해서는 그 지침 내용을 다소 수정해야 했죠. 유사한 상황에서 여러분 나름대로의 적응이 필요할 거예요. 어쨌든, 내가 처음 보호시설에 도착했을 때는 바다처럼 널따란 농구경기장에 약 800여 개나 되는 침대가 눈에 들어왔어요. 이 보호시설에 있는 사람들 거의 모두가 가난한 아프리카계 미국인들이어서, 난 정말 많은 자원을 지니고 있구나 하는 생각이 들었어요. 만성적인 정신질환 환자들은 거의 없었고, 대부분이 좋지 않은 경험을 하였고, 여전히 불확실한 상황에 놓여 있는 사람들뿐이었죠.

실습생: 그러면 그 사람들은 선생님께서 정신건강 요원이라는 사실을 알게 되자마자 선생님께 다가오기 시작했나요?

수련감독자: 아니요. 사실, 내가 거기에 있었던 2주 내내 거의 아무도 정신건강 담당석에 있는 나를 찾지 않았어요. 나는 내 직함을 내 이름표에

서 없애야 한다는 사실을 알게 되었어요. 왜냐하면 많은 사람들이 정신건강 요원과 이야기를 나누는 것은 오점을 남기는 것이라고 여기기 때문이었죠.

실습생: 그러면 선생님께서는 허리케인에 대해 응급처치를 하던 구조요원들, 경찰, 그리고 의료진들과 함께 작업을 하셨나요?

수련감독자: 글쎄요, 그것이 제가 맡은 일이라고 알고 있었죠. 그렇지만 나는 본래 재난이 발생한 지역으로부터 500마일 정도 떨어져 있는 곳에 있어서 생존자들과 이야기를 나눌 수 있었고, 아주 이따금씩 이지만, 직원들과도 이야기를 나누었답니다. 보호시설은 잘 조직되어 있었고, 직원들도 훌륭했어요. 하지만 나는 곧 내가 맡은 일을 하기 위해서는 밖으로 나가서 사람들과 이야기 나누는 일부터 시작해야 한다는 사실을 깨달았어요.

실습생: 어려울 것 같은데. 우리는 내담자가 우리를 찾아오는 것에 익숙하잖아요.

수련감독자: 예, 사람들에게 접근하기 위해 온 힘을 다 내기까지 시간이 좀 걸렸어요. 한 가지, 거기에 있던 사람들은 거의 간이침대 위에 앉아 있거나 누워 있었거든요. 어떤 침대들은 밀려서 서로 붙어 있었어요. 나는 처음에는 가장자리에 있었어요. 왜냐하면 마치 사람들의 침대 사이로 걸어 다니고 있는 것처럼 느껴졌으니까요. 나중에 나는 사람들에게 언제 접근해야 하는지를 파악할 수 있었어요. 어떤 사람이 여러 간이침대들이 붙어 있는 곳의 한가운데 있을 때조차도 말이에요.

실습생: 그러면 선생님께서 말을 건 사람은 누구였나요? 그리고 어떻게 그 사람들과 이야기를 시작하셨죠?

수련감독자: 글쎄요, 나는 한동안 여기저기 걸어 다니면서 사람들에게 친절하게 말을 건네기만 했어요. 고통스러운 표정을 짓고 있던 사람들에게 다가가려고 노력했지만, 나는 모든 사람들에게 던졌던 똑같은 질문을 그 사람들에게 던지곤 했어요. "오늘은 좀 어떠세요?" "집은

구하셨나요?" "참 귀여운 아이네요. 그 아이를 돌봐야 한다는 것만으로도 엄마의 시름을 떨칠 수 있을 거라 믿어요." 등과 같은 표현 말이에요. 이윽고, 사람들은 내게 말을 걸어오기 시작했고, 자신들에게 어떤 일이 있었는가를 나한테 말해 주었죠. 그래서 나는 그저 들어주기만 했어요. 나는 그 사람들의 감정을 끄집어 내려고 하거나, 우리가 클리닉에서 하는 방식대로 그 감정을 심화시키려고 하지 않고, 그저 경청만 했어요.

실습생: 어렵지 않으셨나요?

수련감독자: 아니, 그렇지 않았어요. 나는 그저 "와, 그거 정말 힘들었겠는데요! 그걸 극복하신 것을 보니 정말 강한 분이시군요." 그러면 그분들은 보통 그렇다고 대답하죠. 그러면 나는 "그것을 어떻게 하셨어요?" 그러면 곧바로 그 사람들은 자신의 대처전략에 대해 말해 주었어요. 하나님께 의지하는 것, 아니면 자녀에게 매달리거나 미리 계획을 세우거나 하는 것 말이에요.

실습생: 그거 정말 흥미로운데요. 그 사람들의 기분이 좀 나아지는 것 같았나요?

수련감독자: 네, 몇몇 사람들은 그랬지요. 그 사람들은 꼿꼿이 앉아서 자신의 강점들을 기억했어요. 그리고 어떤 사람들은 아주 구체적인 욕구를 지니고 있었어요. 잃어버린 틀니 같은 것 말이에요. 글쎄요, 가난한 사람들은 치아가 좋지 않잖아요. 그리고 어떤 사람들은 "내 틀니는 그저 떠다닌다오."라고 말하기도 했어요. 그리고 나는 그 사람들이 의치를 해 본 적이 있는지 궁금했어요. 운 좋게도, 나는 그 사람들의 치아교정을 의뢰할 수 있는 곳을 알아냈어요. 결국 그분들 모두 치과치료를 받게 되어서 기분이 정말 좋았답니다.

이 장면에서 수련감독자는 실습생들에게 훨씬 더 많은 의미를 심어 주는 개입모형을 제공하였다. 왜냐하면 수련감독자가 직접 체험한 것이었기 때문이었다. 수련감독자는 실습생들이 다른 반응들을 요하는 다른 상황에 처하게 될 수 있음을 설명해 준다. 누구나 재해를 겪게 되는 것은 아니지만, 수련감독자는 어쨌든 지침에 대해 언급할 수 있다.

심리적 응급조치Psychological First Aid에 관한 논의를 마치고 나면, 실습생들은 수련감독을 받기 위해 사례를 발표한다. 수련감독을 마칠 무렵이 되면, 수련감독자는 실습생이 수련감독 회기 동안 무엇을 배웠는지 혹은 경험했는지를 알아본다.

2-12 주 상담의 특수 주제 6: 진로계획

강 의

세부목표

1. 한 가지 예로서 진로의사결정을 사용하여 사례개념화 모형을 문제해결에 적용한다.
2. 모형과 현 내담자 문제의 통합에 초점을 맞춘 집단 수련감독을 제공한다.

진로상담 · 진로의사결정 소개

이번 강의는 진로상담 혹은 진로의사결정 문제에 초점을 맞춘다. 진로상담에의 접근방법은 연습 지향적exercise-oriented 관점, 주로 행동주의적 관점(Yost & Corbishley, 1987)에서 논의된다. 강의 시간의 1/3은 다양성과 성별 문제에 초점을 맞추고, 다양한 집단에 속한 사람들이 진로의사결정을 내릴 때, 이들에게 부과되는 사회정치적 제재에 특별히 주의를 기울인다.

집단 수련감독 실시

집단 수련감독에서는 적절한 경우, 진로문제가 내담자들의 관심에 미치게 되는 영향에 대해 강조한다.

연 습

1. 학생들에게 자신이 얼마나 오랫동안 일을 하게 될 것으로 기대하는가에 대해 생각해 보도록 한다. 그러고 나서 학생들에게 자신이 일 년에 몇 주 동안 일을 했고, 일주일에 몇 시간 일을 했는가를 계산해 보도록 한다. 이 숫자를 곱해서 자신이 몇 시간 동안 일을 하게 될 것인가를 계산한다. 학생들은 지금까지 일한 시간을 자신이 계산해 낸 총 시간 수에 더한다. 그러고 나서 계산한 결과를 전체 집단에서 발표한다.
2. 실습생들은 조를 편성하여 번갈아 가며 상담자와 내담자 역할을 연습한다. 상담자는 내담자에게 어렸을 때 담당했던 집안일에 대해 질문한다(Yost & Corbishley, 1987). 그러고 나서 내담자 역할을 맡은 학생에게 선호하는 것을 결정하도록 한다. 그것을 토대로 내담자는 그 과업의 기초가 되는 것처럼 보이는 사항에 대해 설명한다. 이 연습은 과거와 미래의 직업에 관하여 생각할 때, 직업탐색에서 중요한 정보를 제공한다.

집단 수련감독

세부목표

1. 실습생들에게 서로 발달적 근로사developmental work history 면접을 실시해 보도록 한다.

2. 사례발표에 반응한다.

수련감독자는 간단한 점검을 마친 후, 실습생들이 서로 발달적 근로사 면접을 실시하도록 함으로써 진로상담에 대해 소개한다(Yost & Corbishley, 1991를 수정한 것임). 〈표 7〉에는 실제 근로사를 위한 질문들이 제시되어 있다. 여기서는 적절한 고급 전략들뿐만 아니라 수련감독 전략 4와 9가 강조된다.

전략 4. 개입기법들을 가르치거나, 시범을 보이거나, 모델 역할을 한다.
전략 9. 구체적인 기법이나 개입방법에 관한 실습생의 감정을 탐색한다.

근로사 연습은 1시간 정도 걸릴 것이다. 이 연습에 이어, 수련감독자는 실습생들이 서로 소감을 나눌 수 있도록 30분 정도를 할애한다.

짤막한 휴식을 취한 후, 수련감독 회기의 나머지 시간(약 80분)은 내담자 사례발표에 초점을 맞춘다. 여기서는 고급 수련감독 전략 21과 22를 강조하는 것이 유용할 것이다. 추가로, 실습생들에게 아직 언급하지 않았다면, 고급 수련감독 전략 25로 도움이 되는 훈련 기회를 제공할 수 있을 것이다.

전략 21. 실습생이 내담자와 치료자의 행동에서 단서를 확인하고 사용하도록 격려한다.
전략 22. 한 회기 내에서 실습생의 의도를 탐색한다.
전략 25. 내담자를 다루기 위한 적절한 전략을 모델링할 수 있도록 평행과정을 사용한다.

표 7. 근로사 면접/Work History Interview

1. 많은 아이들이 "이 다음에 어른이 되면, 난 무엇이 되고 싶을까?" 에 대해 꿈을 꿈니다. 당신이 어른이 되면, 이루고 싶었던 꿈들 중 가장 첫 번째 것은 무엇입니까? 그 밖에 어떤 일을 하고 있을 거라고 상상했나요?
2. 그 직업을 갖고 있었던 사람들을 알고 있나요? 그게 누구입니까?
3. 당신 주위에 있던 사람들은 어떤 일을 하고 있었나요? 부모님은? 형제자매들은? 조부모님들은? 기타 친척이나 친지들은? 기타 당신을 돌보아 주셨던 분들은? 이웃들은? 기타 당신에게 영향을 끼쳤던 분들은?
4. '일하러 가는 것' 에 대한 초기감정은 무엇이었나요? 기뻤나요, 의무감에 사로잡혔나요, 기대에 부풀었나요, 절망적이었나요, 무관심했나요? 이러한 감정은 집에서는 어떻게 표출되었습니까?
5. 아동으로서, 당신이 습득한 일에 대한 가치는 무엇입니까? 당신이 자라날 때는 일이 왜 중요하다고 생각했습니까? 현재는 일이 왜 중요하다고 생각합니까?
6. 아동으로서, 중학교 시절까지 당신이 책임졌던 과업은 어떤 종류의 것이었습니까? 이러한 것들에 대해 좋아했던 것은 무엇입니까? 이러한 것들에 대해 싫어했던 것은 무엇입니까?
7. 중학교와 고등학교 재학 시절, 당신이 책임지고 있었던 과업들은 어떤 종류의 것들입니까? 이러한 것들에 대해 좋아했던 것은 무엇입니까? 이러한 것들에 대해 싫어했던 것은 무엇입니까?
8. 고등학교 시절 이후로, 당신이 해 온 일이나 과업은 어떤 종류의 것들입니까? 이러한 것들에 대해 좋아했던 것은 무엇입니까? 이러한 것들에 대해 싫어했던 것은 무엇입니까?
9. 잠시 멈추고, 이전 질문들에 있어서 당신이 탐색해 왔던 모든 정보에 대해 고려해보세요. 어떤 패턴을 확인할 수 있습니까? 지금까지 알게 된 것을 토대로 탐색해 보고 싶은 주제는 무엇입니까?

대화의 예

수련감독자: 자, 여러분 각자가 진로상담을 해 보았는데 여러분의 최초 반응은 어땠나요?

실습생 2: 글쎄요, 저는 약간 놀랐어요. 전에는 항상 진로상담이 약간 지루하다고 생각했는데, 이번에는 꽤 재미있었거든요. 내 가족과 초기 신념의 맥락에서 일에 관해서 생각해 본 것이 재미있었어요. 실제로 그런 경험들과 지금 제가 하고 있는 것 사이에 분명한 어떤 관련성을 볼 수 있었거든요.

실습생 1: 저도 어떤 연관성을 실제로 볼 수 있는 비슷한 경험을 했어요. 그렇지만, 진로상담에 관해 생각할 때, 보통 제가 생각해 왔던 것과는 너무 달랐어요. 정말 진로문제가 좋았고, 진로상담에 대해 더 공부하고 싶어졌어요. 진로상담이라고 하면, 저는 항상 내담자에게 스트롱 흥미검사Strong Interest Inventory(E. K. Strong, Harmon, hansen, Borgen, & Hammer, 1994) 같은 지필검사를 나누어 주고는 기계가 채점한 프로파일에 대해 말해 주는 것으로만 생각했었거든요.

수련감독자: 그러면 이런 유형의 연습은 좀 더 상담처럼 느껴져서, 실제 사정처럼 느껴지지 않나요, 실습생 1?

실습생 1: 아니오, 그렇지 않아요……물론 그것이 타당한 정보를 분명히 제공하지만요. 그리고 다른 사정도구들과 더불어 내담자에 대해 보다 더 완전한 그림을 그릴 수 있도록 이용할 수 있거든요. 그래서 저는 정말 그것은 다른 형태의 사정이라고 생각해요.

실습생 2: 아, 참 재미있는 지적이네요. 저는 이런 연습을 통해서 내담자의 진로문제를 실제 상황에 놓고 비교하는 데 도움이 되었거든요.

수련감독자: 두 사람 다 진로상담이 이와 같으리라고는 정말 생각하지 못했었나 보네요. 물론 이것은 진로상담에서 여러분이 내담자와 할 수 있는 한 예일 뿐입니다. 그렇지만 궁금한 게 있어요. 난 여러분이 진

로상담에 대해 보통 어떻게 생각하는지 궁금합니다.

실습생 2: 글쎄요, 저는 항상 진로상담이 흥미로운 탐색방법이 아니라 분명한 대답과 기법들을 갖추고 있고, 아예 초점이 맞추어져 있는 구체적인 유형의 상담이라고 생각해 왔어요. 어디서 그런 인상을 받았는지는 확실치 않지만, 대인상담만큼 중요하거나 재미있는 것 같지는 않았어요.

수련감독자: 좋아요. 선생님은 어때요, 실습생 1?

실습생 1: 글쎄요, 제가 말씀드렸던 것처럼, 저는 진로상담의 사정 부분을 생각하는 경향이 있어요. 그렇지만, 저는 진로상담을 내담자 삶의 한 측면에 영향을 미치는 아주 구체적인 접근방법이라고 생각해요. 그냥 우연이지만 그러한 점이 정말로 재미있는 점이라고 생각했어요.

수련감독자: 두 사람은 진로상담을 내담자 삶의 일부에 영향을 미치는 것으로 생각하고 있군요. 하지만 진로불만족이나 진로만족이 내담자 경험의 큰 부분에 영향을 미치지 않을까요?

실습생 2: 아, 선생님 말씀을 들으니까 강의 시간에 했던 연습이 생각나네요. 우리가 남은 여생에서 얼마 동안 일하면서 보내야 하는지 계산했었는데, 내가 일할 시간은 대략 8만 시간 정도였거든요! 지금 생각해 보니까 진로상담이 내담자의 삶에 엄청난 영향을 미칠 수 있을 것 같네요. 음, 내담자는 그 어떤 것보다도 일을 더 많이 해야 할 테니까요. 그래서 진로상담을 할 때, 실제로 내담자의 생애에 영향을 미치는 상담을 해야 할 거라는 생각이 드네요.

수련감독자: 바로 그거예요. 사람들이 약 8만 시간 동안에 행복할지 아닐지는 그들의 개인적인 일 이외의 것들에 엄청난 영향을 미칠 거예요.

실습생 1: 어휴, 그건 확실히 맞아요. 정말 걱정하면서 슬픔에 잠겨 있는 내담자가 있는데, 거의 전적으로 직장문제 때문에 그렇거든요. 내담자가 파트너와의 갈등 때문에 상담을 받으러 왔지만, 어쩌면 내담자의 직장생활에 더 초점을 맞추어야 할 것 같은데요.

수련감독자: 글쎄요, 검토해 볼 가치가 있겠네요, 실습생 1. 사실, 오늘 그 내담자와의 상담 동영상이 준비되었다면, 그 맥락에서 내담자와 어떻게 작업을 할 수 있을지를 탐색할 수 있을 텐데요.

학기 중 이 시점에서 실습생들은 몇몇 내담자들에 대해 종결계획을 수립해야 한다. 다른 내담자에 대해서는 다른 상담자에게 의뢰하거나, 아니면 내담자와의 상담을 계속하기 위한 계획을 수립한다. 수련감독의 종결에 대해 실습생들이 수련감독자에 대해 갖는 감정과 실습생들 간의 감정을 사정하는 것 역시 중요하다. 회기 종료 시점에서 수련감독자는 계속해서 실습생들에게 개인 · 집단 수련감독이 몇 회기가 남아 있는지를 상기시킴으로써, 바람직한 종결 절차에 대해 시범을 보인다.

2-13 주 상담의 특수 주제 7: 사회적 기술

강 의

세부목표

1. 사례개념화 모형을 사회적 기술 구축에 적용한다.
2. 사례개념화 모형을 현재의 임상사례에 적용하는 집단 수련감독을 제공한다.

사회적 기술 구축에의 사례개념화 모형 적용

담당교수는 사례개념화 모형을 사회적 기술 구축에 적용하는 방안에 대해 논의한다. 또한 사회적 기술훈련에 대해 학생들이 어느 정도 지식을 갖추고 있는지 알아본다. 만일 지식이 거의 없다면, 담당교수는 기본적인 의사소통 기술(예, 나 전달법/ I-statements의 사용법에 대해 가르치기)과 주장훈련뿐만 아니라 인지행동적 사회적 훈련과 한계 설정에 대해 설명한다. 갬브릴과 리치(Gambrill & Richey, 1985) 그리고 홀린과 트라우어(Hollin & Trower, 1988)는 유용한 아이디어를 제공하였다. 힐(Hill, 2004)이 확인한 모델링과 행동시연 전략들 역시 적절할 것이다.

집단 수련감독 실시

집단 수련감독에서는 내담자가 제시한 사회적 기술들에 특별히 초점을 맞춘 사례들을 발표하고 상담사례 동영상을 시청한다.

연 습

1. 학생들에게 종이 한 장씩 나누어 주고 그들이 형성하고 있는 사회적 관계의 목표들을 적도록 한다. 자신에게 도움이 된다고 생각하는 사회적 목표와 비현실적인 사회적 목표의 목록을 작성하게 한다. 끝으로, 담당교수는 학생들에게 그 목록을 읽어 보게 하고 함께 이에 관한 이야기를 나눈다.
2. 학생들을 2인 1조로 나누어 각각 상담자와 내담자 역할을 담당하게 한다. 내담자 역할을 맡은 학생이 일상적인 사교 모임에서 다른 사람과 이야기를 나누고 싶어 하는 것에 관하여 이야기를 시작한다. 이때, 대화를 시작하는 것과 연관된 모험에 초점을 맞추도록 하고, 상담자는 내담자에게 다른 사람에게 접근하여 대화를 시작하는 데서 불편함이 초래될 수 있는 결과에 대한 목록을 작성하도록 한다. 이어 상담자는 내담자가 접근 혹은 시도하지 않음으로써 잃게 될 가능성이 있는 기회들에 대해 알아본다(Gambrill & Richey, 1985). 그러고 나서 역할을 바꾸어 본다. 끝

으로, 학생들은 연습 결과에 대해 집단에서 발표한다. 담당교수는 이 연습이 내담자에게 새로운 지인과 친구를 사귀게 하는 격려과정의 한 측면에 불과하다는 점에 대해 설명한다.

개인 수련감독

세부목표

1. 상담이 진행 중인 내담자들에 대한 관심에 주의를 기울이면서 실습생들을 점검한다.
2. 강의 시간에 다룬 사회적 기술 절차들을 실습한다.

수련감독 회기(45분)의 전반부에는 상담사례 동영상을 시청하고, 적절할 때 수련감독을 실시한다. 학기 말이 다가옴에 따라 종결 가능성에 주의를 기울이고, 종결에 대해 실습생과 내담자에게 있음직한 감정에 대해 이야기를 나누는 것이 특히 중요하다. 사례발표에 대해 의견을 피력하고 나서, 수련감독자는 회기의 후반부를 실습생들과 한두 가지 역할연습으로 활용한다. 학습에 아주 효과적인 접근에서 실습생들은 우선 현재 상담 중인 내담자 역할을, 수련감독자는 상담자 역할을 담당한다.

그러고 나서 역할을 바꾸어 상담자는 내담자 역할을 하는 반면, 실습생은 상담자 역할을 담당한다. 두 번째 역할연습이 끝나면, 수련감독자는 실습생들에게 가능한 개입방법과 치료를 위한 계획들과 함께 그 사례에 대해 개념화를 해 보도록 한다. 수련감독 전략 3, 9, 14가 강조된다. 역할연습을 계속하면서 계획된 개입방법들을 통합한다.

전략 3. 적절한 개입방법을 확인한다. 전략 9. 구체적인 기법 혹은 개입방법에 관한 실습생의 감정을 탐색한다. 전략 14. 실습생이 전략과 개입방법에 대해 브레인스토밍하도록 격려한다.

대화의 예

[이 논의는 실습생들이 상담자 역할을 담당한 역할연습 경험 이후에 이루어질 수 있다.]

수련감독자: 내담자인 나한테 나 전달법에 대한 소개를 참 잘하셨습니다. 선생님이 나의 행동변화에 필요한 아주 구체적인 정보를 주면서도, 얼마나 지지적이면서도 비판단적이었다는 것을 인식할 수 있었답니다.

실습생: 감사합니다. 듣기 좋은데요. 몇 번 제가 너무 지시적이라는 느낌이 들었는데 어떤 때는 너무 자연스럽지 못한 방법으로 상담을 하고 있다고 느낌이 들기도 했고요.

수련감독자: 이해할 수 있어요. 사례개념화 방법이나 선생님의 변화이론을 아주 구체적인 문제에 적용할 때, 처음에는 약간 인위적인 느낌이 들기는 했어요. 그렇지만 아주 잘했다고 생각해요. 역할연습을 하는 동안 선생님이 아주 진솔하다는 느낌이 들었거든요.

실습생: 기분 좋네요……. 글쎄요, 저는 항상 사회적 기술 상담을 아주 기본적인 것으로, 심지어 쉬운 것으로 생각한 것 같아요. 마찬가지로, 사회적 상황에서 사람들이 더 편안해질 수 있는 방법을 배울 수 있도록 돕는 것은 우리가 다룰 문제와 비교해서 큰일은 아닌 것 같아요. 하지만, 생각해 보면, 그것이 훨씬 더 중요하다는 생각이 들어요.

수련감독자: 어떤 의미에서 그것이 더 중요하죠?

실습생: 글쎄요, 먼저, 사람들은 흔히 어떻게 해서든 살아남기 위해서 사회적 기술들을 이용해야 하잖아요. 제 말은, 이 내담자가 자신의 의사

소통 방식을 바꾸지 않는다면 결혼하지 못할 거라는 겁니다. 사람에 따라서는 직업이 적절한 사회적 기술을 갖는 것에 좌우되고, 사람들과 관계를 맺는 것은 그 사람들과 상호작용할 수 있는 능력에 달려 있거든요. 실제로, 이것은 내담자 삶의 전반적인 측면에 영향을 미칠 수 있다고 생각해요.

수련감독자: 지금 선생님이 말한 것은 아주 중요합니다. 내담자가 상담을 받으러 오는 것은 어떤 식으로든 도움을 원하기 때문입니다. 내담자의 호소문제가 무엇이든 간에, 그들의 관심사를 사소한 것으로 취급하지 않는 것이 중요하죠.

실습생: 네. 맞아요. 심각한 병리severe pathology 증상이 있는 내담자들이 더 많은 주의를 끄는 것 같다는 생각이 들 때가 있어요.

수련감독자: 맞아요.

실습생: 저도 생각하고 있었는데요. 제가 사용하는 기법들 중에는, 특히 제가 보통 때보다 더 지시적이었다고 느꼈기 때문에, 다른 배경을 가진 내담자들에게 다른 영향을 미칠 수 있다고 생각해요. 제가 그 기법들을 사용할 때, 특히 강의 시간에 다루었던 주장훈련과 같은 것들에 대해서 주의 깊게 내담자와의 상황을 확인할 거예요.

수련감독자: 좋은 지적이네요. 예를 들어, 주장성assertiveness은 성별, 문화적 배경, 그리고 가족 규범에 근거해서 사람마다 매우 다른 것을 의미할 수 있거든요. 내담자 개개인에게 밀착되어 있는 가치관을 이해하고, 또 부적절한 방식으로 선생님의 가치관을 주입하지 않는 것이 중요합니다.

실습생: 생각나는 것이 있어요. 때로 좀 혼란스러운데요, 사회적 기술은 개인의 삶의 여러 부분에 영향을 미칠 수 있고, 사람들 삶의 여러 요인들에 의해 영향을 받을 수 있잖아요. 그런데 내가 어떤 수준에서 작업해야 하는지 어떻게 알 수 있나요?

수련감독자: 선생님 말뜻을 잘 이해하지 못하겠네요.

실습생: 글쎄요, 만일 내담자가 사회적 기술 결손이 있고, 그 사회적 기술의 어려움 때문에 관계 위기로 치닫고 있다면, 제가 상담 초점과 관련해서 어떤 종류의 선택을 내려야 합니까?

수련감독자: 아, 알겠어요. 사례개념화 모형으로 다시 돌아가 보는 것이 어떨까요? 사례를 개념화하는 것에 대해 배운 것과 내담자에 대한 선생님의 접근방법에 대해 배운 것에 근거해서, 선생님은 선택하는 데 어떤 점을 고려할 건가요?

실습생: 글쎄요, 첫 단계는 이 두 가지 부분에 대해 내담자와 이야기를 나누어서 어떤 것이 내담자에게 더 중요한가를 알아보는 거라는 생각이 드는데요. 또 작업관계 기간을 고려해서 얼마간의 시간을 함께 작업해야 하는지, 그리고 그러한 유형의 제한점들을 고려할 필요가 있을 것 같아요. ……하지만 뭔가 빠진 것 같은 느낌이 드는데요. 무엇인지는 확실치 않지만…….

수련감독자: 아마 어느 정도까지 심도 있는 작업을 해야 하는지에 대해 궁금한 것 같군요. 그러한 결정을 내리려면, 어떤 요소들을 고려할 필요가 있을까요?

실습생: 음, 단순한 기술로 할 것인가, 아니면 좀 더 깊이 있는 기술로 작업할 것인지에 대해 생각해 봐야 할 것 같아요. 표면적으로는, 제가 역할연습에서 제시한 내담자는 기술 초점, 즉 의사소통 방식을 바꾸도록 작업하는 것에 관심이 있는 것 같거든요. 하지만, 그와 더 많은 시간을 갖는다면, 의사소통 방식을 바꾸기 위해 다른 변화가 필요하다는 것이 좀 더 분명해지겠죠. 아닐 수도 있지만요. 어쨌든 사회적 기술에서의 변화는 상담 성과를 이끌어 내기에 충분할 정도로 내담자의 다른 삶의 영역에도 긍정적인 영향을 미칠 것 같네요.

수련감독자: 그리고 경우에 따라서, 선생님이 어떤 수준을 선정하든 간에 내담자의 작업 의지를 확인할 필요가 있을 겁니다. 글쎄요, 이 점에 대해서는 아주 잘 하셨어요. 그 모형을 선생님의 상담접근에 잘 통합

시켰거든요. 그리고 지금은 그것을 아주 구체적인 내담자 문제에 잘 활용했고요. 선생님의 기술, 윤리적 이해, 그리고 다양한 문제들을 나타내는 내담자 사례들을 개념화할 수 있는 능력을 선생님이 어떻게 이용할 수 있는지 이제 아시겠어요?

실습생: 예, 새로운 문제에 어떻게 접근하는가에 대해 아이디어를 구상할 수 있게 되었다니 기분이 좋은데요.

수련감독자: 그럼요. 글쎄요, 역할연습에 대해 다른 질문이 있나요?

이 대화의 예에서 수련감독자는 실습생이 학습한 모형을 새로운 상황에 적용하는 것을 도왔고, 그것을 할 수 있는 실습생의 능력을 인정하였다. 또한 수련감독자는 작업수준에 관한 선택의 역할을 강조하였고, 실습생에게 상담의 수준 사이에 선택하는 것을 상기시켰다. 그리고 실습생은 다양한 내담자들에 대한 반응문제를 끄집어냈고, 수련감독자는 이러한 문제에 대해 의식하고 있도록 강조하였다. 물론 이러한 문제와 기타 문제들에 대해 대화의 예에서 다룬 것보다 더 상세하게 다룰 필요가 있다.

2-14 주 상담의 특수 주제 8: 가족상담

강 의

세부목표

1. 하나의 단위로써 가족면담과 관련된 관계기술에 대해 소개한다.
2. 한 번에 한 사람 이상 면담하는 것이 얼마나 복잡한 것인지에 대해 설명한다.
3. 진행 중인 실습생들의 사례에 대해 수련감독을 실시한다.

가족상담 기술소개 및 시범

담당교수는 한 가족에 대한 첫 번째 상담회기를 담은 비디오테이프, CD 혹은 축어록을 제공한다. 가족상담 회기를 진행하고, 가족 구성원 모두에게서 정보를 도출해 내기 위한 기술들에 대해 시범을 보인다.

가족상담의 복잡성 설명

담당교수는 학생들에게 한 번의 강의로는 능숙한 가족 상담을 할 수 없다는 점을 상기시키는 동시에, 실습생들이 지금까지 얼마나 많은 구체적인 기술들을 능숙한 정도로 습득해 왔는지를 상기시킴으로써 실습생들을 격려한다. 담당교수는 가족상담에는 아동과 성인, 그리고 집단 대상의 면담 기술을 사용한다고 설명한다. 이번 강의를 담당하는 교수는 가족상담에 대한 전문적인 훈련을 받은 사람이어야 한다.

논의 · 평가를 위한 사례 발표

강의 시간 후반부에 학생들에게는 논의와 평가를 위한 사례를 발표하도록 한다. 현재의 가족문제 혹은 내담자의 원 가족과 관련된 문제를 참조하여 각 사례에 대해 논의한다. 담당교수는 내담자의 가족 구성원들을 치료에 포함시킨 것에 대한 잠재적인 혜택이나 금기사항에 대해 탐색한다.

연 습

1. 강의 시간이나 수련감독 시간 전에 학생들에게 가족구도family tree 혹은 가계도genogram(Ivey, D'Andrea, Ivey, & Simek-Morgan, 2002)를 준비하도록 한다. 이러한 것들을 작성할 때 적어도 그들 세대, 부모와 조부모, 그리고 자녀와 손자, 손녀들을 포함시키도록 한다. 남성은 정사각형, 여성은 원으로 표시하게 한다. 선은 혈연관계를 나타내고, 결혼은 다른 형

태의 선으로 표시되는데, 결혼 연도는 숫자로 기입한다. 아이비 외(Ivey et al., 2002)는 하디와 라즐로피(Hardy & Laszloffy, 1995)의 질문들을 수정하여 가계도 개념에 문화를 추가하였다. 학생들에게 다음의 문화에 관한 질문에도 답변을 하도록 한다.

1. 당신의 가족은 언제, 왜 미국으로 오게 되었습니까?
2. 당신의 가족들이 왔을 때, 억압을 받은 경험이 있습니까?
3. 인종, 피부색, 성별, 사회계급, 그리고 기타 문화적 요인이 당신의 원가족에 어떤 영향을 미치고 있습니까?
4. 당신의 문화적 정의에 따르면, 가족에 소속된 사람은 누구입니까?

2. 강의 시간인 경우, 담당교수는 학생들을 2인 1조로 나누어 그들의 가계도와 가족이 성장해 나가는 것을 경험한 방식, 그리고 현재 새 가족에 속해 있는지의 여부에 관하여 논의해 보도록 한다. 수련감독 시간인 경우에는 수련감독자와 이 문제에 대해 논의한다.

집단 수련감독

세부목표

1. 한 가족과 작업동맹을 형성하는 데서의 복잡성을 고려해 본다.
2. 가능하다면, 가족에 대한 사례가 부각된 실습생 사례에 대해 피드백을 제공한다.

학생들의 상황을 점검한 후, 첫 번째 부분은 가족면담에 관한 논의를 위한 시간으로 할애한다. 수련감독자는 수련감독 전략 9에서 제안하고 있는 가족 개입방법에 대한 반응들을 이끌어 낸다.

전략 9. 구체적 기법이나 개입방법에 관한 실습생의 감정을 탐색한다.

질문과 관심사에 대해 답하고 나면, 수련감독자는 실습생들에게 작업동맹이 가족과 그 구성원들과 어떻게 형성되는지를 고려해 보도록 한다. 가족의 맥락 속에서 유대bonds, 목표, 그리고 과업들이 발달된 것에 특별한 주의를 기울인다.

대화의 예

수련감독자: 시범 보이는 것을 관찰해 보고, 강의 시간 논의에 참여하면서, 가족면담 과정에 대해 어떤 생각과 느낌이 들었나요?

실습생 1: 모두 이해되지만, 상담실에서 한 명 이상의 사람들을 상담하는 것이 어려울 거라는 느낌이 들었어요. 한 번에 그 모든 사람들에게 어떻게 주의를 집중할 수 있나요? 만일 그 사람들이 싸움이라도 벌인다면, 어떻게 하시겠어요?

실습생 2: 그 점이 제가 궁금해하는 부분이에요.

수련감독자: 다른 무엇보다도 경계를 설정하고 회기를 관리하는 것에 대해 염려하고 있는 것 같네요.

실습생 1: 네.

실습생 2: 선생님은 한동안 교직에 몸담고 계셨죠, 실습생 1?

실습생 1: 네, 그랬어요.

수련감독자: 좋은 지적이에요. 아마도 한 사람과 작업하는 법을 배운 후에 가족 전체와 작업하는 법을 배우는 것은 일대일로 가정교사를 하다가 한 학급에서 가르치는 법을 배우는 것과 같다고나 할까요?

실습생 1: 아, 글쎄요, 그 말이 맞는 것 같아요. ……한 학급 전체를 맡게 되면 훨씬 더 많은 규칙과 경계를 설정해야 하거든요. ……그리고 아마도 그러한 점이 바로 선생님이 가족과 해야 할 일이겠죠.

수련감독자: 그렇죠. 상담기법을 이용하는 데에는 차이가 있겠지만, 어떤 점에서는 가족 구성원의 성장을 저해하는 것을 해결하는 것과 가족에게 더 효과적으로 살 수 있는 새로운 기술들을 가르치려는 목표는 비슷하답니다.

실습생: 네, 그 점도 이해할 수 있어요. ……하지만 여전히 다른 목표를 가진 사람들 모두와 함께 작업하는 것이 걱정돼요. 강의실에서 모든 학생들이 읽기를 배울 필요가 있다는 의견일치가 있는 것처럼 말이에요.

수련감독자: 그러면 선생님이 걱정하는 것은 어느 정도 원만한 작업동맹 형성을 촉진하기 위한 목표에서 충분한 의견일치를 얻어내는 방법이군요.

실습생 1, 2: 네.

수련감독자: 자, 가족들과의 작업동맹을 형성하는 방법에 관하여 생각해 봅시다. …… 우선, 내담자는 누구로 봐야 하나요?

실습생 2: 가족이요.

수련감독자: 예. 그러면 가족이 내담자라는 점에서, 상담자의 동맹은 전체 가족과 형성되어야겠군요. 그러면 그 점에 대해 생각해 볼 때, 전체 가족을 위한 목표는 어떻게 설정해야 할까요? 보통 가족은 단 한 가지에도 의견을 같이할 수 있거든요.

실습생 1: 그럼요. 사람은 자기가 좋아하지 않는 것이라도 의견의 일치를 볼 수는 있죠.

수련감독자: 네. 예외가 있지만요. 그렇지만 청소년이나 성인은 문제의 원인이나 해결책에 대해서 의견을 달리할 수 있지만, 그들 모두 지금보다는 더 나아져야 한다는 점에 대해서는 의견을 같이하겠죠. 바로 그 점이 선생님이 접근할 수 있고 가족들에게 분명히 해 줄 수 있는 목표가 될 수 있겠네요.

실습생 2: 하지만 과업은 어떤가요? 내 말은, 가족 중 한 사람이 다른 사람이 집안일을 더 많이 해야 한다고 생각할 수 있는 반면, 그 사람은 변화를 위해 가족들이 함께 더 많은 대화를 원할 수 있다는 거죠.

수련감독자: 그러면 마치 가족들이 여러 가지 불일치를 해결할 수 있는 방법을 찾고 싶어 하는 것 같겠네요.

실습생 1: 아, 예, 바로 맞추신 것 같아요.

수련감독자: 그렇군요! 그러면 첫 번째 과업은 그 가족과 유대를 쌓는 겁니다.

실습생 1: 글쎄요, 개별 내담자에게 하는 것처럼, 그런 유대를 쌓기 위해 존중과 공감을 나타내야 한다는 것이겠죠. 하지만, 가족 구성원들이 서로에게 소리를 지르기 시작하면 어쩌죠? 이런 상황에서 계속 고개만 끄덕일 수도 없고, 또 계속 "음흠" 같은 소리를 낼 수도 없다는 거예요. 그리고 상담자가 누군가의 말을 가로막으면, 다른 사람의 편을 드는 것처럼 여겨질 수도 있다는 거예요.

수련감독자: 그것도 문제가 될 수 있겠네요. ……하지만 교사가 주도권을 쥐고, 모든 사람이 누군가를 괴롭히는 일 없이 서로 존중하면서 상대의 말에 경청해야 한다고 주장할 때, 학급 분위기가 얼마나 편안해질 수 있는지를 생각해 보세요.

실습생 2: 예, 무슨 말씀인지 알겠어요. 어떤 사람도 자신의 말이 중단되기를 원치 않겠지만, 교사가 책임 있게 주도권을 장악한다면, 전체 집단이 더 편안함을 느끼겠죠.

수련감독자: 그럼요. 그리고 한 번의 강의만으로 가족치료 전문가가 될 수는 없겠지만, 선생님은 가족과의 작업동맹을 어떻게 형성할 수 있는가를 알고 있다는 생각이 드는군요.

이 대화의 예에서 수련감독자는 실습생들의 이전 경험을 떠올리게 해서 가족과의 작업동맹working alliance을 형성하도록 돕고 있다. 실습생들이 과거 경험을 떠올려 보도록 하는 것은 새로운 자료를 개념화하는 데 도움을 주는 동시에, 비슷한 영역에서의 자신의 역량을 상기시켜 줄 수 있다.

수련감독 회기 시간의 대부분은 사례 수련감독에 사용된다. 수련감독자는 내담자와 실습생의 작업에 대한 반성을 촉진한다. 그러고 나서 실습생들에게 회기를 요약해 보도록 한다. 실습생들에게는 다음 주 중에 평가를 위해 과정 담당교수와 만날 예정이고, 그러고 나서 모두 함께하는 마지막 회기가 이어질 것이라는 점을 상기시켜 준다. 실습생들에게는 자기평가를 준비하도록 하고, 자기평가를 토대로 앞으로의 목표를 세우도록 한다. 수련감독자는 실습생들에게 작업의 마무리를 함께 다룰 시간이 있을 것이라고 알린다.

2-15 주 실습 과정 되돌아보기 · 수련감독 종결

강 의

세부목표

1. 상담관계의 측면과 상담관계 형성과 관련된 기술들을 요약한다.
2. 사례개념화 모형의 적용을 요약해 준다.
3. 실습생들이 상담과정에서 내담자와 그들 자신에 관하여 생각하는 법을 습득해 온 방식을 탐색한다.
4. 학생들이 두 학기 동안의 과정과 학습을 평가하도록 한다.

상담관계 및 사례개념화에 관한 종합 논의 촉진

담당교수는 실습생들에게 작업동맹, 전이, 그리고 상담관계의 개념들에 대해 논의해 보도록 하고, 사례를 들어 각각의 예를 제공하도록 한다. 그런 다음, 사례개념화 모형의 관점에서 선택된 사례들에 대한 논의가 이어진다. 학생들에게는 모형의 어떤 측면을 자주 사용하는지, 그리고 두 학기 동안 내담자들을 상담해 본 후에 얼마나 다르게 사례개념화하는지에 대해 고려해 보도록 한다.

상담관계 및 사례개념화 과정 촉진

상담관계와 사례개념화의 탐색과정에서, 담당교수는 학생들이 자신의 내담자 상담에 관하여 생각하는 방식에 대해 자주 질문한다. 이러한 논의 다음에, 실습생들의 관점에서 그 과정에 대한 평가가 이어진다. 담당교수는 학생들이 모형에 따라 개념화할 수 있도록 접수면접을 받는 내담자에 관한 동영상을 보여 주는 것으로 강의를 종료한다. 이번 주는 연습이 없다.

개인 · 집단 수련감독

실습생들은 담당교수와 수련감독자를 개별적으로 만나 평가를 받는다. 그러고 나서 실습생들 전원이 수련감독자와 함께 만나 상담업무를 완결하고 집단으로서의 모임을 종결한다.

세부목표

1. 실습생들에게 자신이 상담한 것들을 사정하도록 한다.
2. 실습생들에게 앞으로의 목표를 설정하도록 한다.
3. 실습생들이 서로, 그리고 수련감독자와의 작업을 마무리 짓고 양호한 종결을 나타내는 방식으로 작별인사를 나누도록 한다.

수련감독 시간의 처음 부분에 실습생 각자는 담당교수와 수련감독자를 따로 만난다. 평가는 1학기 말에 했던 것(A-15 주)처럼 진행된다. 평가 모임을 마치면서, 담당교수와 실습생들은 상담실습에서 함께 작업해 온 것을 정식으로 종료한다. 실습생 개개인에 대해 이러한 작업을 마치면, 각 수련감독 집단에 속한 실습생 전원은 그들의 학생 수련감독자와 만난다. 수련감독자는 실습생들이 학기가 끝나는 것에 대해 일반적으로 어떻게 느끼는지를 확인한다. 그러고 나서 수련감독의 종료에 대한 실습생들의 감정 탐색으로 옮겨간다.

실습생 개개인에게는 다른 실습생들의 상담과 수련감독에 기여한 점에 대해 의견을 나누도록 한다. 실습생들 각자는 편안함을 느낄 수 있는 한도 내에서 수련감독자가 그들의 발달에 기여한 점에 대해 사정한다. 추가로, 수련감독자는 실습생들이 이러한 장면에서 배울 수 있었고, 상담장면에서 다른 사람들과 작업하였으며, 그들의 작업과 성장에 대해 반성을 해 온 특별한 공로를 치하한다. 끝으로, 수련감독자는 수련감독을 하는 동안 어떤 어려움을 해결하게 된 것과 종료에 따른 슬픔과 만족감을 인정하는 것으로 수련감독을 종결한다.

대화의 예

[이 대화는 실습생들이 진술한 후, 두 실습생들을 위한 수련감독 회기의 후반부를 나타낸 것이다.]

수련감독자: 우리가 함께 성취해 왔던 것에 대해 여러분이 깊은 인상을 받았다는 말을 들으니 기쁩니다. 두 사람 모두 일 년을 마무리하느라 약간 피곤해 보이지만, 상담실습에서 배운 것을 눈으로 확인할 수 있을 겁니다.

실습생 1, 2: 예.

수련감독자: 난 여러분이 사례를 통해 사고방식을 개발하고, 이를 통해 반성하는 방식을 개발한 것 같아서 정말 기뻐요. 왜냐하면 이러한 경험

이 앞으로 여러분이 전문가로서 살아가는 동안 매우 유용할 것이기 때문이죠.

실습생 1: 예, 동감이에요. 어떤 점에서, 무엇인가에 대해 생각하는 법을 배우는 것이 가장 재미있는 부분이었어요.

수련감독자: 그랬다니 기쁘군요. 그렇지만 여러분도 알다시피, 학기 초에 여러분이 서로에게, 그리고 저한테 화가 나 있을 때 정말 힘들었습니다. 그것에 대해 지금은 어떤 느낌인지 알고 싶군요.

실습생 1: 글쎄요, 음, 합동수련감독 시간에 제가 상담사례 동영상을 보여 드리지 않은 것에 대해 선생님께서 저한테 직면하셨던 것이 별로 좋지 않았거든요. 실습생 2가 너무 비판적인 것처럼 보여서 실습생 2 앞에서 제 상담사례 동영상을 보여 주기가 너무 겁이 났었거든요.

실습생 2: 예, 저도 이젠 알고 있어요. 제가 그렇게 비판적인 것처럼 보였는지 저 자신도 몰랐거든요. ……제가 볼 수 있던 것을 수련감독자에게 보여 주려고 했었고, 선생님이 그것에 대해 어떻게 느끼는지에 대해서는 미처 관심을 기울이지 못했던 것 같아요.

수련감독자: 그런 얘기를 직접 하니까, 두 사람 다 좀 편안해진 것 같네요.

실습생 1: 글쎄요, 우리가 서로에게 얼마나 경쟁심을 느꼈었는지에 대해 이야기를 나누었어요. …… 우리 둘 다 스타 역할에 익숙했었는데, 이 대학원 과정에서는 스타가 되기는 어렵던데요.

수련감독자: 그렇죠, 여기에 오는 모든 사람들은 누구나 일종의 스타인 셈이죠.

실습생 1: 그리고 선생님은 우리의 수련감독자이시고, 정말 우리에게 관심을 기울여 주신 분이세요.

실습생 2: 그리고 제가 선생님 마음에 드는 사람이 되고 싶어 했다는 점을 인정해요. 글쎄요, 그것에 대해 얘기를 했었죠.

실습생 1: 저도 그랬어요. 그렇지만, 그 이야기를 나누고 난 후에는 우리가 서로에게 지지자가 될 수 있었다는 사실을 기억합니다.

실습생 2: 그리고 저는 집단 수련감독에서 우리가 해야 할 일 중 하나가 서로에게 중요하고 실력 있는 사람으로 느끼도록 돕는 것이었다는 생각을 갖게 되었어요. 저는 좋은 실습생이 되려면 어떻게 해야 하는지의 일부로 그 점에 대해서는 생각하지 못했거든요. 그래서 내가 집단의 부적합한 구성원이라는 생각이 들게 한 것 같아서 두 분께 무척 화가 났었거든요!

수련감독자: 이해할 수 있어요. 그러면 이제 수련감독을 종결해야 하는데, 이 모든 것에 대해 두 분은 어떤 느낌이 드나요?

실습생 2: 기분이 훨씬 좋아졌어요. 꽤 오래 전의 일 같네요. 저는 정말 제가 대학원 과정과 이 전문직에서 무엇을 할 것인가에 대해 다시 생각해 보게 되었어요. ……음, 제가 여기 오기 위해서는 꿈을 크게 가져야 하고, 성적 같은 것도 뛰어났어야 했죠. ……이제 제가 알게 된 점은 굳이 다른 사람들을 경쟁에서 물리치지 않아도 꿈을 크게 가질 수 있고 성공할 수도 있다는 사실입니다. 적어도 그것을 볼 수 있을 때가 있답니다.[웃으며] 실습생 1, 어떤 경우에도 선생님에게 긍정적인 방식으로 반응하면서도 나 자신이 위축되는 느낌을 갖지 않을 수 있다는 것을 깨닫게 되었답니다.

실습생 1: 예에, 저는 선생님의 지지를 느껴 왔어요. 그리고 상담에서 제가 실수한 것들을 보여 주는 것에 대해 훨씬 더 용감해졌어요. 선생님이 덜 비판적이었기 때문이 아니라, 제가 상담이 잘 안된 상담사례 동영상 부분을 보여 주었을 때가 잘된 부분을 보여 줄 때보다도 훨씬 더 많은 것을 배울 수 있었기 때문이죠. 그리고 수련감독자 선생님께서는 제가 잘 안 된 부분을 보여 주는 것이 그 자체로 하나의 성취라는 것을 느끼도록 도와주셨거든요. 그래서 그 점에 대해 감사드려요.

수련감독자: 두 분 모두 학업과정에서 오랫동안 여러분과 함께 해 왔던 문제들에 대해 상당한 진전을 이룬 것 같네요.

실습생 1, 2: 네.

수련감독자: 대단합니다! 그러면 여러분이 수련감독을 활용해 왔던 방식은 단지 기술을 배우는 것을 넘어서, 개인적으로 그리고 일반적으로 전문가로서 성장하는 것입니다. 이 과정을 거쳐 가면서, 그리고 이런 과정을 마치고 나서도, 여러분은 그러한 것을 계속할 거라는 생각이 듭니다. ……그러면 이제 작별을 해야 할 텐데, 이에 대해 어떤 느낌이 드세요?

실습생 2: 글쎄요, 너무 피곤해서 정말 여름이 기다려져요! 하지만 올해 우리 모임의 편안함과 친숙함에 익숙해졌어요. 그리고 내년에도 수련감독자 선생님처럼 경험 있는 전문가에게 수련감독을 받을 수 있을지 궁금해요.

실습생 1: 예, 저도 그 점이 궁금해요. 또 좀 더 뛰어난 학생과 만난 것이 기분이 좋기도 하고요. 저는 지금의 수련감독자 선생님이 저와 아주 잘 맞았다는 생각이 들어요. 그리고 선생님과 작업하던 것이 많이 생각날 거예요. 앞으로 일 년간 인턴십 때문에 바쁘시겠지만, 선생님을 뵙지 않으면서 여기에 있으면 왠지 낯선 느낌이 들 것 같아요.

수련감독자: 저도 같은 심정이에요. 우리 모두 전문가가 되는 경로를 따라 다음 단계를 손꼽아 기다릴 수 있지만, 올해 여러분을 수련감독 하는 것이 정말 좋았어요. 그리고 저도 여러분이 보고 싶을 거예요. 저는 이번 여름에 여기 있을 거고, 내년에도 가끔씩 들를 거예요. 이젠 더 이상 여러분의 수련감독자가 아니니까, 다음에 만나면 동료의 입장에서 커피나 점심을 함께할 수 있으면 좋겠어요. 여러분이 그동안 배웠던 것을 새로운 수련감독자와의 작업에 적용하는 것은 변화이면서 기회겠지요.

회기가 끝나가고, 집단으로 모일 수 있는 시간이 종료할 때가 임박하게 되면서, 수련감독자는 실습생들과 수련감독의 종료에 따른 감정에 대해 이야기를 나눈다. 실습생들은 다음 해에도 계속해서 동료로서 만나겠지만, 같은 수련감독 집단의 구성원들로서 서로 작별인사를 나누는 작업은 매우 중요하다.

첫 해가 종료되면서 실습생들은 상담의 복잡성을 이해하기 시작하게 된다. 뢰니슈타트와 스콥홀트(Rønnestad & Skovholt, 2003)의 '제 2국면: 입문 학생Beginning Student'의 후반부에 나오는 상담자들처럼, 실습생들 대부분은 다음에 어떤 장면에 들어가더라도 작업할 수 있을 만큼 충분한 기술들을 습득해 왔다.

더욱 중요한 것은, 실습생들 대부분이 전문가로서의 삶에 대해 정기적으로 반성하기 시작해서 지속적인 발달이 이루어질 것이라는 점이다. 동시에, 수련감독자 역시 자신의 발달에 대해 반성할 수 있다. 훌륭한 멘토링으로, 수련감독자들은 치료자로서뿐만 아니라 교육자로서도 그만큼 성장하게 된 것이다. 수련감독자가 실습생들과 함께 반성적 탐구과정에 참여했기 때문에 반성에 대한 능력에 향상을 가져왔고, 내담자들과 실습생들과 함께 한 작업에서 보다 높은 수준의 전문적 자율성에 도달하게 되었을 것이다.

참고문헌

American Association for Marriage and Family Therapy. (2001). *AAMFT code of ethics.* Retrieved June 26, 2005, from http://www.aamtf.org/resources/LRMPlan/Ethics/ethicscode2001.asp

American Counseling Association. (2005). *ACA code of ethics.* Retrieved October 23, 2005, from http://www.counseling.org/Content/Navigation Menu/RESOURCES/ETHICS/ACA_Code_of _Ethics.htm

American Psychiatric Association. (2000). *Diagnostic and statistical manual of mental disorders DSM-IV-TR.* Washington, DC: Author.

American Psychiatric Association. (2001). *The principles of medical ethics with annotations especially applicable to psychiatry.* Retrieved June 26, 2005, from http://www.psych.org/psych_pract/ethocs/medicalethics 2001_42001. cfm?pf=y

American Psychological Association. (2000). Guidelines for psychotherapy with lesbian, gay, and bisexual clients. *American psychologist, 55*, 1440-1451.

American Psychological Association. (2002). Ethical principles of psychologists and code of conduct. *American Psychologist, 57*, 1060-1073.

American Psychological Association. (2003). Guidelines for multicultural counseling proficiency for psychologists: Implications for education and training, research and clinical practice. *American Psychologist, 58*, 337–402.

American School Counselor Association. (2004). *Ethical standards for school counselors.* Retrieved June 26, 2005, from http://www.schoolcounselor.org/content. asp?contentid=173

Ancis J. R., & Ladany, N. (2001). A multicultural framework for counselor supervision. In L. J. Bradley & N. Ladany (Eds.), *Counselor supervision: Principles, process, and practice* (pp. 63–90). Philadelphia: Brunner-Routledge.

Argyris C., & Schön, D. A. (1974). *Theory in practice: Increasing professional effectiveness.* San Francisco: Jossey-Bass.

Association for Counselor Education and Supervision. (1995). Ethical guidelines for counseling supervisors. *Counselor Education and Supervision, 34*, 270–276.

Association of Directors of Psychology Training Clinics. (2005a). *ADPTC resources: Training resources: Evaluation materials and forms.* Retrieved July 6, 2005, from http://www.adptc.org/orb/search/now/

Association of Directors of Psychology Training Clinics. (2005b). *ADPTC resources: Training resources: Evaluation materials and forms.* Retrieved July 6, 2005, from http://www.adptc.org/orb/resources/main/13/

Association of Directors of Psychology Training Clinics (2005b) (ADPTC) Practicum Competencies Work Group. (2004). *Report on practicum competencies.* Retrieved July 6, 2005, from http://www.adptc.org/

Atkinson, D. R., & Lowe, S. (1995). The role of ethnicity, cultural knowledge, and conventional techniques in counseling and psychotherapy. In J. G. Ponterotto, J. M. Casas, L. A. Suzuki, & C. M. Alexander (Eds.), *Handbook of multicultural counseling* (pp. 387–414). Thousand Oaks: Sage.

Atkinson, D. R., Morten, G., & Sue D. w. (2004). *Counseling American minoritiles* (6th ed). Boston: McGraw-Hill.

Baker, S. B., Exum, H. A., & Tyler, R. E. (2002). The developmental process of clinical supervisors in training: An investigation of the supervisor complexity model. *Counselor Education and Supervision, 42,* 15–30.

Beck, J. S. (1995). *Cognitive therapy: Basics and beyond.* New York: Guilford.

Berliner, D. C. (1998). *The development of expertise in pedagogy.* Paper presented at the Association of Colleges for Teacher Education, New Orleans, LA.

Bernard, J. M.(1979). Supervisor training: A discrimination model. *Counselor Education and Supervision, 19,* 60-68.

Bernard, J. M.(1979). The discrimination model. In C. E. Watkins Jr.(Ed.), *Handbook of psychotherapy supervision* (pp. 310-327). New York: Wiley.

Bernard, J. M. (1999). Receiving and using supervision. In L. S. Cormier and H. Hackney, *Counseling strategies and interventions* (5th ed., pp. 163-180). Needham Heights, MA: Allyn & Bacon.

Bernard, J. M., & Goodyear, R. L. (2004). *Fundamentals of clinical supervision* (3rd ed.). Boston: Allyn & Bacon.

Beutler, L. E., & Clarkin, J. F. (1990). *Systematic treatment selection: Toward targeted therapeutic interventions.* New York: Brunner/Mazel.

Beutler, L. E., Machado, P. P. P., & Neufeldt, S. A. (1994). Therapist variables. In A. E. Bergin & S. L. Garfield (Eds.), *Handbook of psychotherapy and behavior change* (3rd ed., pp. 229-269). New York: Wiley.

Binder, J. L. (1993). Is it time to improve psychotherapy training? *Clinical Psychology Review, 13,* 301-318.

Binder, J. L. & Strupp, H. H. (1993). Recommendations for improving psychotherapy training based on experiences with manual-guided training and research: An introduction. *Psychotherapy, 30*(4), 571-572.

Blocher, D. H. (1983). Toward a cognitive developmental approach to counselor supervision. *Counseling Psychologist, 11*(1), 27-34.

Borders, L. D. (1989). Developmental cognitions of first practicum supervisees. *Journal of Counseling Psychology, 36,* 163-169.

Borders, L. D. (1992). Learning to think like a supervisor. *Clinical Supervisor, 10*(2), 135-148.

Borders, L. D., Bernard, J. M., Dye, H. A., Fong, M. L., Henderson, P., & Nance, D. W.

(1991). Curriculum guide for training counseling supervisors: Rationale, development, and implementation. *Counselor Education and Supervision, 31*, 58-80.

Borders, L. D., & Fong, M. L. (1989). Ego development and counseling ability during training. *Counselor Education and Supervision, 29*, 71-83.

Borders, L. D., & Fong, M. L. (1994). Cognitions of supervisors-in-training: An exploratory study. *Counselor Education and Supervision, 3,* 280-293.

Bradley, L. J., & Kottler, J. A. (2001). Overview of counselor supervision. In L. J. Bradley & N. Ladany (Eds.), *Counselor supervision: Principles, process, and practice* (3rd ed., pp. 1-27). Philadelphia: Brunner-Routledge.

Bridge, P. A., & Bascue, L. (1990). Documentation of psychotherapy supervision. *Psychotherapy in Private Practice, 8*, 79-86.

Bronfenbrenner, U. (1979). *The ecology of human development.* Cambridge, MA: Harvard University Press.

Bruffee, K. A. (1995, January/February). Sharing our toys: Cooperative learning versus collaborative learning. *Change*, 12-18.

Butler, G., Fennell, M., Robson, P., & Gelder, M. (1991). Comparison of behavior therapy and cognitive behavior therapy in the treatment of generalized anxiety disorder. *Journal of Consulting and Clinical Psychology, 59,* 167-175.

Butler, S. F., Strupp, H. H., & Binder, J. L. (1987). Cyclical psychodynamics and the triangle of insight: An integration. *Psychiatry, 50*, 218-231.

Chen, E. C. (2001). Multicultural counseling supervision. In J. G. Ponterotto, J. M. Casas, L. A. Suzuki, & C. M. Alexander (Eds.), *Handbook of multicultural counseling* (pp. 801-821). Thousand Oaks, CA: Sage.

Chen, E. C., & Bernstein, B. L. (2000). Relations of complementarity and supervisory issues to supervisory working alliance: A comparative analysis of two cases. *Journal of Counseling Psychology, 47*, 485-497.

Chi, M. T. H., Glaser, R., & Farr, M. J. (1988). *The nature of expertise.* Hillsdale, NJ: Erlbaum.

Clingerman, T.L., & Bernard, J. M. (2004). An investigation of the use of e-mail as a supplemental modality of clinical supervision. *Counselor Education and Supervision, 44*, 82-95.

Collins, W. D., & Messer, S. B. (1991). Extending the plan formulation method to an object relations perspective: Reliability, stability, and adaptability. *Journal of Consulting and Clinical Psychology, 3*, 75-81.

Constantine, M. G. (1997). Facilitating multicultural competency in counseling supervision: Operationalizing a practical framework. In D. B. Pope-Davis & H. L. K. Coleman (Eds.), *Multicultural counseling competencies: Assessment, education and training, and supervision* (pp. 310-324). Newbury Park, CA: Sage.

Constantine, M. G. (2003). Multicultural competence in supervision: Issues, processes, and outcomes. In D. B. Pope-Davis, H. L. K. Coleman, W. M. Liu, & R. L. Toporek(Eds.), *Handbook of multicultural competencies in counseling and psychology* (pp. 383-391). Thousand Oaks, CA: Sage.

Constantine, M. G., & Landany, N. (2001). New visions for defining and assessing multicultural competence. In J. G. Ponteotto, J. M. Casas, L. A. Suzuki, & C. M. Alexander (Eds.), *Handbook of multicultural counseling* (2nd ed., pp. 482-498). Thousand Oaks, CA: Sage.

Constantine, M. G., & Sue, D. W. (2005a). Overview of the American Psychological Association's multicultural guidelines on multicultural education, training, research, practice, and organizational psychology: Initial development and summary. In M. G. Constantine & D. W. Sue (Eds.), *Strategies for building multicultural context in mental health and educational settings* (pp. 3-15). New York: Wiley.

Constantine, M. G., & Sue, D. W. (Eds.). (2005b). *Strategies for building multicultural context in mental health and educational settings*. New York: Wiley.

Cook, D. A. (1994). Racial identity in supervision. *Counselor Education and Supervision, 34*, 132-141.

Copeland, W. T., Birmingham, C., de la Cruz, E., & Lewin, B. (1993). The reflective practitioner in teaching: Toward a research agenda. *Teaching and Teacher Education, 9*, 349-359.

Corey, G., Corey, M. S., & Callanan, P. (1998). *Issues and ethics in the helping professions.* Belmont, CA: Brooks/Cole.

Cormier, S., & Hackney, H. (2005). *Counseling strategies and interventions* (6th ed.). Boston: Allyn & Bacon.

Curtis, J. T., & Silberschatz, G. (1997). The plan formulation method. In T. D. Eells (Ed.), *Handbook of psychotherapy case formulation* (pp. 116-136). New York: Guilford.

Dahlsberg, K., Peterson, C., & Seligman, M. E. P. (2005). Shared virtue: The convergence of valued human strengths across culture and history. *Review of General Psychology, 9*, 203-213.

Daniels, T. G., Rigazio-Gillio, S. A., & Ivey, A. E. (1997). Microcounseling: A training and supervision paradigm for the helping professions. In C. E. Watkins Jr. (Ed.), *Handbook of psychotherapy supervision* (pp. 277-295). New York: Wiley.

Dawes, R. M. (1994). *House of cards: Psychology and psychotherapy built on myth.* New York: Free Press.

Elliott, R. (1984). A discovery-oriented approach to significant events in psychotherapy: Interpersonal process recall and comprehensive process analysis. In L. Rice & L. Greenberg (Eds.), *Patterns of change* (pp. 249-286). New York: Guilford.

Elliott, R., Watson, J. C., Goldman, R. N., & Greenberg, L. S. (2004). *Learning emotion-focused therapy: The process-experiential approach to change.* Washington, DC: American Psychological Association.

Ellis, M. V., Dell, D. M., & Good, G. E. (1998). Counselor trainees's perceptions of supervisor roles: Two studies testing the dimensonality of supervision. *Journal of Counseling Psychology, 35*, 315-354.

Ericsson, K. A., Krampe, R. T., & Tesch-Romer, C. (1993). The role of deliberate practice in the acquisition of expert performance. *Psychology Review, 100*, 363-406.

Ericsson, K. A., & Lehmann, A. C. (1996). Expert and exceptional performance: Evidence of maximal adaptation to task constraints. *Annual Review of Psychology, 47*, 273-305.

Falender, C. A., & Shafranske, E. P. (2004). *Clinical supervision: A competency based approach*. Washington, DC: Americal Psychological Association.

Fall, M., & Sutton, J. M., Jr. (2004). *Clinical supervision: A handbook for practitioners*. Boston: Pearson.

Falvey, J. E. (with Bray, T. E). (2002). *Managing clinical supervision: Ethical practice and legal risk management*. Pacific Grove, CA: Brooks/Cole.

Falvey, J. E., Caldwell, C. F., & Cohen, C. R. (2002). *Documentation in supervision: The focused risk management supervision system*. Pacific Grove, CA: Brooks/Cole.

Fischer, A. R., Jome, L. M., & Atkinson, D. R. (1998). Reconceptualizing multicultural counseling: Universal healing conditions in a culturally specific context. *Counseling Psychologist, 26*, 525–588.

Flavell, J. H. (1985). *Cognitive development* (2nd ed.). Englewood Cliffs, NJ: Prentice Hall.

Fly, B. J., van Bark, W. P., Weinman, L., Kitchener, K. S., & Lang, P. R. (1997). Ethical transgressions of psychology graduate students: Critical incidents with implications for training. *Professional Psychology: Research and Practice*, 5, 492–495.

Fong, M. L., Borders, L. D., Ethington, C. A., & Pitts, J. H. (1997). Becoming a counselor: A longitudinal study of student cognitive development. *Counselor Education and Supervision, 37*, 100–114.

Fong, M. L., & Lease, S. H. (1997). Cross-cultural supervision: Issues for the White supervisor. In D. B. Pope-Davis & H. L. K. Coleman (Eds.), *Multicultural counseling competencies: Assessment, education, training, and supervision* (pp. 387–405). Thousand Oaks, CA: Sage.

Freire, P. (1993). *Pedagogy of the oppressed*. (M. B. Ramos, Trans., Rev. ed.). New York: Continuum.

Friedlander, M. L., Siegel, S. M., & Brenock, K. (1989). Parallel processes in counseling and supervision: A case study. *Journal of Counseling Psychology, 36*, 149–157.

Gambrill, E., & Richey, C. (1985). *Taking charge of your social life*. Belmont, CA: Wadsworth.

Gelso, C. J., & Carter, J. A. (1985). The relationship in counseling and psychotherapy: Components, consequences, and theoretical antecedents. *Counseling Psychologist, 13*, 155-243.

Gelso, C. J., & Carter, J. A. (1994). Components of the psychotherapy relationship: Their interaction and unfolding during treatment. *Journal of Counseling Psychology, 41*, 296-306.

Gilbert, M. C., & Evans, K. (2000). *Psychotherapy supervision.* Buckingham, England: Open University Press.

Gilligan, C. (1982). *In a different voice: Psychological theory and women's development.* Cambridge, MA: Harvard University Press.

Ginsburg, H., & Opper, S. (1969). *Piaget's theory of intellectual development: An introduction.* Englewood Cliffs, NJ: Prentice Hall.

Giordano, M. A., Altekruse, M. K., & Kern, C. W. (2000a). *Supervisee's bill of rights.* Retrieved July 5, 2005, from http://www.coe.unt.edu/altekruse/ Supervision.html

Giordano, M. A. Altekruse, M. K., & Kern, C. W. (2000b). *Supervision contract based on the Supervisee's Bill of Rights.* Retrieved July 5, 2005, from .html

Glickauf-Hughes, C., & Campbell, L. F. (1991). Experiential supervision: Applied techniques for a case presentation approach. *Psychotherapy, 28,* 625-635.

Glickauf-Hughes, C., & Wells, M. (1997). *Object relations psychotherapy: An individualized and interactive approach to diagnosis and treatment.* Northvale, NJ: Jason Aronson.

Goleman, D., Boyatzis, R., & McKee, A. (2002). *Primal leadership: Realizing the power of emotional intelligence.* Boston: Harvard Business School.

González, R. C. (1997). Post-modern supervision. In D. B. Pope-Davis & H. L. K. Coleman (Eds.), *Multicultural counseling competencies: Assessment, education and training, and supervision* (pp. 350-386). Thousand Oaks, CA: Sage.

Goodyear, R. K. (1982). *Psychotherapy supervision by major theorists* [Videotape]. Manhattan, KS: Kansas State University Media Center.

Goodyear, R. K., & Sinnett, E. D. (1984). Current and emerging ethical issues for counseling psychologists, *Counseling Psychologist, 12,* 87-98.

Grace, M., Kivlighan, D. M., Jr., & Kunce, J. (1995). The effect of nonverbal skills training on counselor trainee nonverbal sensitivity and responsiveness and on session impact and working alliance ratings. *Journal of Counseling and Development, 73,* 547-552.

Guiffrida, D. A. (2005). The emergence model: An alternative pedagogy for facilitating self-reflection and theoretical fit in counseling students. *Counselor Education and Supervision, 44,* 201-213.

Haley, S. J. (2002). The influence of supervision training on supervisor self-efficacy among doctoral interns at university counseling centers. *Dissertation Abstracts International Section B: The Sciences and Engineering, 62,* 3378.

Hardy, K., & Laszloffy, T. (1995). The cultural genogram: Key to training culturally competent family therapists. *Journal of Marital and Family Therapy, 21,* 227-237.

Helms, J. E., & Cook, D. A. (1999). *Using race and culture in counseling and psychotherapy: Theory and process.* Boston: Allyn & Bacon.

Henry, W. P., Schacht, T. E., Strupp, H. H., Butler, S. F., & Binder, J. L. (1993). Effects of training in time-limited dynamic psychotherapy: Mediators of therapists' responses to training. *Journal of Consulting and Clinical Psychology, 61,* 441-447.

Henry, W. P., Strupp, H. H., Butler, S. F., Schacht, T. E. & Binder, J. L. (1993). Effects of training in time-limited dynamic psychotherapy: Changes in therapist behavior. *Journal of Consulting and Clinical Psychology, 61,* 434-440.

Heppner, P. P., & Roehlke, H. J. (1984). Differences among supervisees at different levels of training: Implications for a developmental model of supervision. *Journal of Counseling Psychology, 31,* 76-90.

Herr, E. L., Cramer, S. H., & Niles, S. G. (2004). *Career guidance and counseling through the life span: Systematic approaches.* (6th ed.). Neednam Heights, MA: Allyn & Bacon.

Hill, C. E. (2004). *Helping skills: Facilitating exploration, insight, and action* (2nd ed.). Washington, DC: American Psychological Association.

Hill, C. E., Charles, D., & Reed, K. G. (1981). A longitudinal analysis of changes in counseling skills during doctoral training in counseling psychology. *Journal of Counseling Psychology, 28*, 428–436.

Hill, C. E., Helms, J. E., Tichenor, V., Spiegel, S. B., O'Grady, K. E., & Perry, E. S. (1988). Effects of therapist response modes in brief psychotherapy. *Journal of Counseling Psychology, 35*, 222–233.

Hill, C. E., & O' Grady, K. E. (1985). List of therapist intentions illustrated in a case study and with therapists of varying theoretical orientations. *Journal of Counseling Psychology, 32*, 3–22.

Hoffman, M. A., Hill, C. E., Holmes, S. E., & Freitas, G. F. (2005). Supervisor perspectives on the process and outcome of giving easy, difficult, or no feedback to supervisees. *Journal of Counseling Psychology, 52*, 3–13.

Hogan, R. A. (1964). Issues and approaches in supervision. *Psychotherapy: Theory, Research, and Practice, 1*, 139–141.

Hollin, C. R., & Trower, P. (1988). *Handbook of social skills training: Applications across the life span.* New York: Pergamon.

Holloway, E. L. (1992). Supervision: A way of teaching and learning. In S. D. Brown & R. W. Lent (Eds.), *Handbook of counseling psychology* (2nd ed., pp. 177–214). New York: Wiley.

Holloway, E. L. (1995). *Clinical supervision: A systems approach.* Ventura, CA: Sage.

Holloway, E. L. (1997). Structures for the analysis and teaching of supervision. In E. E. Watkins Jr. (Ed.), Handbook of psychotherapy supervision (pp. 249–276). New York: Wiley.

Holloway, E. L., & Hosford, R. E. (1983). Towards developing a prescriptive technology of counselor supervision. *Counseling Psychologist, 11*(1), 73–77.

Holloway, E. L., & Neufeldt, S. A. (1995). Supervision: Contributions to treatment efficacy. *Journal of Consulting and Clinical Psychology, 65*, 207–213.

Holloway, E. L., & Wampold, B. E. (1983). Patterns of verbal behavior and judgments of satisfaction in the supervision interview. *Journal of Counseling Psychology, 30*,

227-234.

Holloway, E. L., & Wampold, B. E. (1986). Relation between conceptual level and counseling-related tasks: A meta-analysis. *Journal of Counseling Psychology, 33,* 310-319

Housley, J., & Beutler, L. E. (2007). *Treating victims of mass trauma and terrorism.* G' ötingen, Germany: Hogrefe & Huber.

Ivey, A. E., D'Andrea, M., Ivey, M. B., & Simek-Morgan, L. (2002). *Theories of counseling and psychotherapy: A Multicultural perspective* (5th ed.). Boston: Allyn & Bacon.

Ivey, A. E., Ivey, M. B. (2007). *Intentional interviewing and counseling: Facilitating client development in a multicultural society* (6th ed.). Pacific Grove, CA: Brooks/Cole-Thomson Learning.

Jennings L., Goh, M., Skovholt, T. M., Hanson, M., & Banerjee-stevens, D. (2003). Multiple factors in the development of the expert counselor and therapist. *Journal of Cancer Development, 30*, 59-72.

Jennings, L., & Skovholt, T. M. (1999). The cognitive, emotional, and relational characteristics of master therapists. *Journal of Counseling Psychology, 43*, 3-11.

Jones, N. A., & Smith, A. S. (2001). Census brief: Two or more races. In U.S.C. Bureau(Ed.).

Kagan, N. (1983). Classroom to client: Issues in supervision. *Counseling Psychologist, 11*(1), 69-72.

Kanfer, F. H., & Schefft, B. K. (1988). *Guiding the process of therapeutic change.* Champaign, IL: Research.

Kazdin, A. E.(2001). *Behavior modification in applied settings* (6th ed.). Belmont, CA: Wadsworth/Thomson Learning.

Kiesler, D. J. (1982). Interpersonal theory for personality and psychotherapy. In J. C. Anchin & D. J. Kiesler (Eds.), *Handbook of interpersonal psychotherapy* (pp. 3-24.) New York: Pergamon.

Kiesler, D. J. (1996). *Contemporary interpersonal theory and research: Personality, psy-*

chopathology, and psychotherapy. New York: Wiley.

King, P. M., & Kitchener, K. S. (2004). Reflective judgment: Theory and research on the development of epistemic assumptions through adulthood. *Educational Psychologist, 39*, 5-18.

Kitchener, K. S. (1984). Intuition, critical evaluation and ethical principles: The foundation for ethical decisions in counseling psychology. *Counseling Psychologist, 12,* 43-55.

Kitchener, K. S. (1988). Dual role relationships: What makes them so problematic. *Journal of Counseling and Development, 67,* 217-221.

Kleintjes, S., & Swartz, L. (1996). Black clinical psychology trainees at a "White" South African University: Issues for clinical supervision. *Clinical Supervisor, 22*, 489-495.

Knapp, S., & VandeCreek, L. (1997). Ethical and legal aspects of clinical supervision. In C. E. Watkins, Jr. (Ed.), *Handbook of psychotherapy supervision* (pp. 589-599). New York: Wiley.

Kohlberg, L. (1984). *Essays on moral development: Vol. 2. The psychology of moral development.* New York: Harper & Row.

Kurtz, R. (1990). *Body-centered psychotherapy: The Hakomi method.* Mendocino, CA: Life Rhythm.

Ladany, N., Brittan-Powell, C. S., & Pannu, R. K. (1997). The influence of supervisory racial identity interaction and racial matching on the supervisory working alliance and supervisee multicultural competence. *Counselor Education and Supervision, 36,* 284-304.

Ladany, N., Friedlander, M. L., & Nelson, M. L. (2005). *Critical events in psychotherapy supervision: An interpersonal approach.* Washington, DC: American Psychological Association.

Ladany, N., Hill, C. E., Corbett, M. M., & Nutt, E. A. (1996). Nature, extent, and importance of what psychotherapy trainees do not disclose to their supervisors. *Journal of Counseling Psychology, 43,* 10-24.

Ladany, N., Inman, A, G., Constantine, M. G., & Hofheinz, E. W. (1997). Supervisee multicultural case conceptualization ability and self-reported multicultural competence as functions of supervisee racial identity and supervisor focus. *Journal of Counseling Psychology, 44,* 284-293.

Ladany, N., Lehrman-Waterman, D., Molinaro, M., & Wolgast, B. (1999). Psychotherapy supervisor ethical practices: Adherence to guidelines, the supervisor working alliance, and supervisee satisfaction. *Counseling Psychologist, 27,* 443-475.

Ladany, N., O'Brien, K. M., Hill, C. E., Melincoff, D. S., Knox, S., & Petersen, D. A. (1997). Sexual attraction toward clients, use of supervision and prior training: A qualitative study of predoctoral psychology interns. *Journal of Counseling Psychology, 44,* 413-424.

LaFromboise, T. D., & Foster, S. L. (1992). Cross-cultural training: Scientist-practitioner model and methods. *Counseling Psychologist, 20,* 472-489.

Lambert, M. J., & Arnold, R. C. (1987). Research and the supervision process. *Professional Psychology: Research and Practice, 18*, 217-224.

Larrabee, M. J., & Miller, G. M. (1993). An examination of sexual intimacy in supervision. *Clinical Supervisor, 11*(2), 103-126.

Leong, F. T. L., & Wagner, N. S. (1994). Cross-cultural counseling supervision: What do we know? What do we need to know? *Counselor Education and Supervision, 34,* 117-131.

Levenson H., & Strupp, H. H.(1997). Cyclical maladaptive patterns: Case formulation in Time-Limited Dynamic Psychotherapy. In T. D. Eells (Ed.), *Handbook of psychotherapy case formulation* (pp. 84-115). New York: Guilford.

Lippitt, G. L., & Lippitt, R.(1994). *The counseling process in action* (3rd ed.). La Jolla, CA: University Associates.

Litz, B. T., & Gray, M. J.(2004). Early intervention for trauma in adults. In B. Litz(Ed.), *Early intervention for trauma and traumatic loss* (pp.87-111). New York: Guilford.

Litz, B. T., Gray, M. J., Bryant, R. A., & Adler, A. B. (2002). Early intervention for trauma: Current status and future directions. *Clinical Psychology: Science and Practice, 9,* 112-134.

Loganbill, C., Hardy, E., & Delworth, U. (1982). Supervision: A conceptual model. *Counseling Psychologist, 10*(1), 3-42.

López, S. (1997). Cultural competence in psychotherapy: A guide for clinicians and their supervisors. In C. E. Watkins Jr. (Ed.), *Handbook of psychotherapy supervision* (pp. 570-588). New York: Wiley.

Mahoney, M. J. (1991). *Human change processes: The scientific foundations of psychotherapy.* New York: Basic.

Mayfield, W. A., Kardash, C. M., & Kivlighan, D. M. (1999). Difference in experienced and novice counselors' knowledge structures for clients: Implications for case conceptualization. *Journal of Counseling Psychology, 46,* 504-514.

McNeill, B. W., & Worthen, V. (1989). The parallel process in psychotherapy supervision. *Professional Psychology: Research and Practice, 20,* 329-333.

Meara, N. M., Schmidt, L. D., & Day, J. D. (1996). Principles and virtues: A foundation for ethical decisions, policies, and character. *Counseling Psychologist, 24,* 4-77.

Mirrod, B., & Shear, M. K. (1991). Dynamic treatment of panic disorder: A review. *Journal of Nervous and Mental Disease, 179,* 741-743.

Mitchell, J. (1983). The Critical Incident Stress Debriefing process. *Journal of Emergency Medical Services, 8,* 36-39.

Miville, M. L., Rosa, D. & Constantine, M. G. (2005). Building multicultural competence in clinical supervision. In M. G. Constanstine & D. W. Sue (Eds.), *Strategies for building multicultural competence in mental health and educational settings* (pp. 192-209). New York: Wiley.

Muse-Burke, J. L., Landany, N., & Deck, M. D. (2001). The supervisory relationship. In L. J. Bradley & N. Ladany (Eds.), *Counselor supervision: Principles, process, and practice* (3rd ed., pp. 28-62). Philadelphia: Brunner-Routledge.

National Association of Social Workers. (1999). *Code of ethics of the National Association of Social Workers.* Retrieved June 26, 2005, from http://www.naswdc.org/pubs/code/code.asp

National Child Traumatic Stress Network and National Center for PTSD. (2005).

Psychological first aid: Field operations guide. Retrieved from http://www.ncptsd.va.gov/pfa/PFA.html

Nelson, M. L., & Holloway, E. L. (1990). The relation of gender to power and involvement in supervision. *Journal of Counseling Psychology, 37*, 473-481.

Neufeldt, S. A. (1994a). Preparing counselors to work with today's clinic clients. In J. Myers (Ed.), *Developing and directing counselor education laboratories* (pp. 107-113). Alexandria, VA: American Counseling Association.

Neufeldt, S. A. (1994b). Use of a manual to train supervisors. *Counselor Education and Supervision, 33,* 327-336.

Neufeldt, S. A. (1997). A social constructivist approach to counseling supervision. In T. L. Sexton & B. L. Griffin (Eds.), *Constructivist thinking in counseling practice, research, and training* (pp. 191-210). New York: Teachers College, Columbia University.

Neufeldt, S. A. (1999). Training in reflective processes in supervision. In M. Carroll & E. L. Holloway (Eds.), *Training counseling supervisors: Strategies, methods and techniques* (pp. 92-105). London: Sage.

Neufeldt, S. A. (2001). Educating supervisors: A constructivist approach to the teaching of supervision. In K. Eriksen & G. MacAuliffe (Eds.), *Teaching counselors and therapists: Constructivist and developmental course design* (pp.169-184). Westport, CT: Bergen & Garvey.

Neufeldt, S. A. (2004). Critical factors in supervision: The patient, the therapist, and the supervisor. In D. Charman (Ed.), *Core processes in brief psychodynamic psychotherapy: Advancing effective practice* (pp. 325-341). Mahwah, NJ: Lawrence Erlbaum.

Neufeldt, S. A., Doucette, A., & Nelson, M. L. (2003, June). *Qualitative analysis of journals of supervisors-in-training.* Paper presented at the Society for Psychotherapy Research, Weimar, Germany.

Neufeldt, S. A., Karno, M. P., & Nelson, M. L. (1996). A qualitative study of experts' conceptualization of supervisee reflectivity. *Journal of Counseling Psychology, 43,*

3-9.

Neufeldt, S. A., & Nelson, M. L. (1999). When is counseling an appropriate and ethical supervision function? *The Clinical Supervisor, 18,* 125-135.

Neufeldt, S. A., Pinterits, J. M., Moleiro, C. M., Lee, T. E., Yang, P. H., Brodie, R. E., & Orliss, M. J. (in press). How do graduate student therapists incorporate diversity factors in case conceptualization? *Psychotherapy.*

Norcross, J. C. (1987). A rational and empirical analysis of existential psychotherapy. *Journal of Humanistic Psychology, 27,* 41-68.

Orlinsky, D. E., Rønestad, M. H., & Collaborative Research Network of the Society for Psychotherapy Research. (2005). *How psychotherapists develop: A study of therapeutic work and professional growth.* Washington, DC: American Psychological Association.

Orlinsky, D. E., Rønestad, M. H., & Willutzki, U. (2004). Fifty years of psychotherapy process-outcome Research: Continuity and change. In M. J. Lambert (Ed.), *Bergin and Garfield's handbook of psychotherapy and behavior change* (pp. 307-389). New York: Wiley.

Orliss, M, & Neufeldt, S. A. (2004). *Hosford Clinic manual.* Retrieved February 6, 2006, from http://www. adptc. org/orb/resource/main/

Pajak, E. (2000). *Approaches to clinical supervision: Alternatives for improving instruction* (2nd ed.). Norwood, MA: Christopher-Gordon.

Palmer, P. J. (1998a). *The courage to teach.* San Francisco: Jossey-Bass.

Palmer, P. J. (1998b, September). The grace of great things: Reclaiming the sacred in knowing, teaching, and learning. *The Sun*, pp. 24-28.

Pedersen, P. B. (1991). Multiculturalism as a generic approach to counseling. *Journal of Counseling and Development, 70*, 6-12.

Pedersen, P. B. (2000). *A handbook for developing multicultural awareness* (3rd ed.). Alexandria, VA: American Counseling Association.

Pedersen, P. B. (2003). Increasing the cultural awareness, knowledge, and skills of culture-centered counselors. In F. D. Harper & J. McFadden (Eds.), *Culture and coun-*

seling: New approaches (pp. 31-46). Needham Heights, MA: Allyn & Bacon.

Pedersen, P. B. (2004). *110 experiences for multicultural learning.* Washington, DC: American Psychological Association.

Pelling, N. J.(2001). Supervisory identity development and its relationship to supervisory experience, counseling experience, and training in supervision. *Dissertation Abstracts International Section A: Humanities and Social Sciences, 61*, 34-76.

Persons, J. B., Curtis, J. T., & Silberschatz, G. (1991). Psychodynamic and cognitive-behavioral formulations of a single case. *Psychotherapy, 28,* 608-617.

Peterson, C., & Seligman, M. E. P. (2004). *Character strengths and virtues: A handbook and classification.* Washington, DC: American Psychological Association.

Piaget, J. (2003). The language and thought of the child. In M. P. Munger (Ed.), *The history of psychology: Fundamental questions* (pp. 368-388). London: Oxford University Press.

Pica, M. (1998). The ambiguous nature of clinical training and its impact on the development of student clinicians. *Psychotherapy, 35,* 361-365.

Pope, K. S., Levenson, H., & Schover, L. R. (1979). Sexual intimacy psychology training: Results and implications of a national survey. *American Psychologist, 34,* 682-689.

Pope, K. S., Schover, L. R., & Levenson, H. (1980). Sexual behavior between clinical supervisors and trainees: Implications for professional standards. *Professional Psychology: Research and Practice, 11,* 157-162.

Priest, R. (1994). Minority supervisor and majority supervisee: Another perspective of clinical reality. *Counselor Education and Supervision, 34,* 152-158.

Prieto, L., & Scheel, K. R. (2002). Using case documentation to strengthen counselor trainees' case conceptualization skills. *Journal of Counseling and Development, 80,* 11-21.

Putney, M. W., Worthington, E. L., & McCullough, M. E. (1992). Effects of supervisor and supervisee theoretical orientation and supervisor-supervisee matching on interns' perception of supervision, *Journal of Counseling Psychology, 39*, 258-265.

Rambo, A. H., & Shilts, L. (1997). Four supervisory practices that foster respect for difference. In T. C. Todd & C. L. Storm (Eds.), *The complete systemic supervisor* (pp. 83-92). Needham Heights, MA: Allyn & Bacon.

Reising, G. N., & Daniels, M. H. (1983). A study of Hogan's model of counselor development and supervision. *Journal of Counseling Psychology, 30,* 235-244.

Rest, J. R. (1984). Research on moral development: Implications for training counseling psychologists. *Counseling Psychologist, 12,* 19-29.

Rest, J. R., & Thoma, S. J. (1985). Relation of moral judgment development to formal education. *Developmental Psychology, 21,* 709-714.

Rønestad, M. H., & Skovholt, T. M. (1993). Supervision of beginning and advanced graduate students of counseling and psychotherapy. *Journal of Counseling and Development, 71,* 396-405.

Rønestad, M. H., & Skovholt, T. M. (1998). Berufliche Entwicklung und Supervision von Psychotherapeuten [The professional development and supervision of psychotherapists]. *Psychotherapeutics, 42,* 299-306.

Rønestad, M. H., & Skovholt, T. M. (2003). The journey of the counselor and therapist: Research findings and perspectives on professional development. *Journal of Career Development, 30*(1), 5-44.

Rosen, H. (1985). *Piagetian dimensions of clinical relevance.* New York: Columbia University Press.

Rosenberg, J. E. (1997). Expertise research and clinical practice: A suicide assessment and intervention training model. *Educational Psychology Review, 9,* 279-296.

Rosenberg, J. E. (1998, August). *Reconstructing supervision training: How cognitive psychology informs clinical practice.* Paper presented at the annual meeting of the American Psychological Association, San Francisco, CA.

Safran, J. D., & Segal, Z. V.(1990). *Interpersonal process in cognitive therapy.* New York: Jason Aronson.

Satir, V. (1967). *Conjoint therapy.* Palo Alto, CA: Science and Behavior.

Schacht, T. E., Strupp, H. H., & Binder, J. L. (1984). The dynamic focus. In H. H. Strupp & J. L. Binder (Eds.), *Psychotherapy in a new key* (pp. 65-109). New York: Basic

Books.

Schön, D. A. (1983). *The reflective practitioner.* New York: Basic.

Schön, D. A. (1987). *Educating the reflective practitioner.* San Francisco: Jossey-Bass.

Seligman, M. E. (2002). *Authentic happiness.* New York: Free Press.

Seligman, M. E., & Csikszentmihalyi, M. (2000). Positive psychology: An introduction. *American Psychologist, 55,* 5-14.

Shaw, B. F. (1984). Specification of the training and evaluation of cognitive therapists for outcome studies. In J. B. W. Williams & R. L. Spitzer (Eds.), *Psychotherapy research: Where are we and where should we go?* (pp. 173-188). New York: Guilford.

Singelis, T. M. (Ed.). (1998). *Teaching about culture, ethnicity, & diversity.* Thousand Oaks, CA: Sage.

Skovholt, T. M., & Jennings, L. (2004a). *Common factors in training and supervision through the master therapist prism.* Paper presented at the annual meeting of the American Psychological Association, Honolulu, Hawaii.

Skovholt, T. M., & Jennings, L. (2004b). *Master therapist: Exploring expertise in therapy and counseling.* Boston: Pearson.

Skovholt, T. M., & Rivers, D. (2004). *Skills and strategies for the helping professions.* Denver, CO: Love.

Skovholt, T. M., & Rønestad, M. H. (1992). Themes in therapist and counselor development. *Journal of Counseling and Development, 70,* 505-515.

Skovholt, T. M., & Rønestad, M. H. (1995). *The evolving professional self: Stages and themes in therapist and counselor development.* Chichester: Wiley.

Skovholt, T. M., & Rønestad, M. H. (2001). *The resilient practitioner: Burn-out prevention and self-care strategies for counselors, therapists, teachers, and health professionals.* Needham Heights, MA: Allyn & Bacon.

Skovholt, T. M., & Rønestad, M. H. (2003). Struggles of the novice counselor and therapist. *Journal of Career Development, 30,* 45-58.

Skovholt, T. M., Rønestad, M. H., & Jennings, L. (1997). Searching for expertise in counseling, psychotherapy, and professional psychology. *Educational Psychology Review, 9,* 361-369.

Smith, E. J. (2006). The strength-based counseling model. *Counseling Psychologist, 34,* 13-79.

Stenack, R. J., & Dye, H. A. (1982). Behavioral descriptions of counseling supervision roles. *Counselor Education and Supervision, 21,* 295-304.

Steven, D. T., Goodyear, R. K., & Robertson, P. (1998). Supervisor development: An exploratory study in changes in stance and emphasis. *Clinical Supervisor, 16,* 73-88.

Stoltenberg, C. D., & Delworth, U. (1987). *Supervising therapists.* San Francisco: Jossey-Bass.

Stoltenberg, C. D., McNeill, B. W., & Crethar, H. C. (1994). Changes in supervision as counselors and therapists gain experience: A review. *Professional Psychology: Research and Practice, 25,* 416-449.

Stoltenberg, C. D, McNeill, B., & Delworth, U. (1998). *IDM supervision: An integrated developmental model for supervising therapists.* San Francisco: Jossey-Bass.

Stone, G. L (1997). Multiculturalism as a context for supervision: Perspectives, limitations, and implications. In D. B. Pope-Davis & H. L. K. Coleman (Eds.), *Multicultural counseling competencies: Assessment, education and training, and supervision.* (pp. 263-289). Thousand Oaks, CA: Sage.

Strong, E. K., Harmon, L. W., Hansen, J. C., Borgen, F. H., & Hammer, A. L. (1994). *Strong Interest Inventory.* Palo Alto, CA: Consulting Psychologists Press.

Strong, S. R. (1968). Counseling: An interpersonal influence process. *Journal of Counseling Psychology, 15,* 215-224.

Strong, S. R., & Claiborn, C. D. (1982). *Change through interaction: Social psychological processes of counseling and psychotherapy.* New York: Wiley.

Strupp, H.H., & Binder, J. L. (1984). *Psychotherapy in a new key: A guide to time-limited dynamic psychotherapy.* New York: Basic Books.

Sue D.(1997). Multicultural training. *International Jounral of Intercultural Relations, 21,* 179-193.

Sue, D. W., & Sue, D. (2002). *Counseling the culturally different: Theory and practice.* New York: Wiley.

Sullivan, H. S.(1968). *The interpersonal theory of psychiatry.* New York: Norton.

Szasz. T. S. (1974). *The myth of mental illness* (Rev. ed.). Oxford, England: Harper & Row.

Tanaka-Matsumi, J., & Draguns, J. G. (1997). Culture and psychopathology. In J. W. Berry, M. H. Segall, & C. Kagitcibasi (Eds.), *Handbook of cross-cultural psychology: Social behavior and applications* (Vol. 3, pp. 449-491). Boston: Allyn & Bacon.

Tarasoff v. Regents of the University of California. 551 P.2d 334 (California 1976).

Teyber, E. J. (1997). *Interpersonal process in psychotherapy.* Pacific Grove, CA: Brooks/Cole.

Teyber, E. J. (2006). *Interpersonal process in psychotherapy: An integrative model* (5th ed.). Belmont, CA: Brools/Cole.

U.S. Department of Education. (1974). *Family Educational Rights and Privacy Act (FERPA).* Retrieved December 27, 2005, from http://www.ed.gov/policy/gen/guid/fpco/ferpa/index.html

Vaillant, G. E. (1977). *Seasons of a man's life.* Boston: Little Brown.

Valsiner, J., & Lawrence, J. (1980). Human development in culture across the lifespan. In J. W. Berry, P. R. Dasen, & T. W. Saraswathi (Eds.), *Basic processes and human development* (2nd ed., vol. 2, pp. 69-106), Boston: Allyn & Bacon.

Vasquez, M. J. T. (1992). Psychologist as clinical supervisor: Promoting ethical practice. *Professional Psychology: Research and Practice, 23,* 196-202.

Wampold, B. E. (2001). *The great psychotherapy debate.* Mahwah, NJ: Erlbaum.

Wampold, B. E., Mondin, G. W., Moody, M., Stitch, F., Benson, K., & Ahn, H. (1997). A meta-analysis of outcome studies comparing bonafide psychotherapies: Empirically, "All must have prizes." *Psychological Bulletin, 122,* 203-215.

Watkins, C. E., Jr. (1997a). Defining psychotherapy supervision and understanding supervisor functioning. In C. E. Watkins, Jr. (Ed.), *Handbook of psychotherapy supervision* (pp. 1-10). New York: Wiley.

Watkins, C. E., Jr. (1997b). *Handbook of psychotherapy supervision.* New York: Wiley.

Watkins, C. E., Jr., Schneider, L. J., Haynes, J., & Nieberding, R. (1995). Measuring psychotherapy supervisor development. *Clinical Supervisor, 13,* 77-90.

Whiston, S. C., & Emerson, S. (1989). Ethical implications for supervisors in counseling of trainees. *Counselor Education and Supervision, 28,* 318-325.

Wiley, M. O., & Ray, P. B. (1986). Counseling supervision by developmental level. *Journal of Counseling Psychology, 33,* 439-445.

Worthington, E. L., Jr. (1987). Changes in supervision as counselors and supervisors gain experience: A review. *Professional Psychology: Research and Practice, 18,* 189-208.

Worthington, R. L., & Gugliotti, T. (1997, August). *Toward guidelines for ethical behavior among supervisory trainees.* Paper presented at the annual meeting of the American Psychological Association, Chicago, IL.

Worthington, E. L., Jr., & Roehlke, H. J. (1979). Effective supervision as perceived by counselors-in-training. *Journal of Counseling Psychology, 26,* 64-73.

Worthington, R. L., Mobley M., Franks, R. P., & Tan, J. A. (2000). Multicultural counseling competencies: Verbal content, counselor attributions, and social desirability. *Journal of Counseling Psychology, 47,* 460-468.

Yalom, I. D. (1980). *Existential psychotherapy.* New York: Basic.

Yost, E. B., & Corbishley, M. A. (1987). *Career counseling: A psychological approach.* San Francisco: Jossey-Bass.

Yost, E. B., & Corbishley, M. A. (1991). A psychological interview process for career assessment. *Journal of Business and Psychology, 5,* 513-523.

찾아보기

저자 소개

수잔 알스테터 노이펠트(Susan Allstetter Neufeldt)는 학사학위(B.A.)와 석사학위(M.A.)를 스탠퍼드 대학교(Stanford University)에서, 그리고 박사학위(Ph.D.)를 캘리포니아 대학교 산타바바라 캠퍼스(University of California, Santa Barbara)에서 받았다. 그는 15년간 개인상담소에서 근무하다가 대학원생 훈련과 지역사회 서비스를 담당하는 하스포드 클리닉(Ray E. Hosford Clinic)을 맡게 되면서 대학으로 돌아왔다. 지난 16년에 걸쳐 수많은 논문과 수련감독에 관한 저서의 저자라는 것 외에도, 국내뿐 아니라 국제적으로도 강의와 전문가 자문을 담당하고 있다. 그는 2004년 대학에서의 생활을 그만두고, 현재는 미국적십자사 재난 정신건강 서비스부(American Red Cross Disaster Mental Health Services Unit)에서 필요할 때마다 봉사하고 있다.

역자 소개

강진령(Jin-ryung Kang, Ph.D. in Counseling Psychology)

미국 인디애나 대학교 상담심리학 석사(M.S.) · 박사(Ph.D.)

미국 일리노이 주립대학교 임상인턴

미국 플로리다 대학교 초빙교수 역임

현재 경희대학교 교수

〈주요 저서〉

상담연습: 치료적 의사소통 기술(학지사, 2016)

학교상담과 생활지도: 이론과 실제(학지사, 2015)

반항적인 아동 · 청소년 상담(공저, 학지사, 2014)

상담과 심리치료(개정판, 양서원, 2013)

학교 집단상담(학지사, 2012)

집단과정과 기술(학지사, 2012)

집단상담과 치료(학지사, 2012)

집단상담의 실제(2판, 학지사, 2011)

상담자 윤리(공저, 학지사, 2009)

상담심리 용어사전(양서원, 2008) 외 다수

〈주요 역서〉

학교상담 핸드북(학지사, 2017)

DSM-5 평가문항집(학지사, 2017)

DSM-5 Selections(전 6권, 학지사, 2017)

학교에서의 DSM-5 진단(시그마프레스, 2017)

DSM-5 임상사례집(학지사, 2016)

APA 논문작성법(원서 6판, 학지사, 2013)

간편 정신장애진단통계편람/DSM-IV-TR: Mini-D(학지사, 2008) 외 다수

상담심리치료 수퍼비전

SUPERVISION STRATEGIES FOR THE FIRST PRACTICUM(3rd ed.)

2017년 10월 30일 1판 1쇄 발행
2022년 9월 20일 1판 3쇄 발행

지은이 • Susan Allstetter Neufeldt
옮긴이 • 강 진 령
펴낸이 • 김 진 환
펴낸곳 • (주) 학지사
04031 서울특별시 마포구 양화로 15길 20 마인드월드빌딩 5층
대표전화 • 02) 330-5114 팩스 • 02) 324-2345
등록번호 • 제313-2006-000265호

홈페이지 • http://www.hakjisa.co.kr
페이스북 • https://www.facebook.com/hakjisabook

ISBN 978-89-997-1399-6 93180

정가 18,000원